"十二五"国家重点图书出版规划项目

数字出版理论、技术和实践

数字版权保护技术与应用

张 立 童之磊 张 博 陈立峰 编著

电子工业出版社

Publishing House of Electronics Industry

北京·BEIJING

内 容 简 介

本书以内容产业和版权制度为大背景，以互联网和数字技术为主线条，介绍了数字版权保护技术的各种要素及其相互关系，并介绍了数字版权保护技术在内容产业中的具体应用。本书在全面介绍数字版权保护技术的同时，对其局限性和未来趋势也有所探讨。本书对普通技术工作者了解法律准则和产业知识，对内容生产者了解技术保护措施，均有帮助，可作为一般的版权知识、数字版权保护技术的基础教科书。

未经许可，不得以任何方式复制或抄袭本书之部分或全部内容。
版权所有，侵权必究。

图书在版编目（CIP）数据

数字版权保护技术与应用 / 张立等编著．—北京：电子工业出版社，2013.9
（数字出版理论、技术和实践）
ISBN 978-7-121-19159-6

Ⅰ. ①数… Ⅱ. ①张… Ⅲ. ①电子出版物－版权－保护－研究 Ⅳ. ①D913.04

中国版本图书馆 CIP 数据核字（2012）第 294545 号

策划编辑：李　弘
责任编辑：沈艳波
印　　刷：北京天来印务有限公司
装　　订：北京天来印务有限公司
出版发行：电子工业出版社
　　　　　北京市海淀区万寿路 173 信箱　邮编：100036
开　　本：720×1 000　1/16　印张：20.75　字数：402 千字
印　　次：2013 年 9 月第 1 次印刷
印　　数：2 000 册　定价：72.00 元

凡所购买电子工业出版社图书有缺损问题，请向购买书店调换。若书店售缺，请与本社发行部联系，联系及邮购电话：（010）88254888。
质量投诉请发邮件至 zlts@phei.com.cn，盗版侵权举报请发邮件至 dbqq@phei.com.cn。
服务热线：（010）88258888。

指导委员会

主　任　孙寿山

委　员（按姓氏笔画排序）

王关义　王志成　方中华　田胜利　朱伟峰　李宏葵

余昌祥　张志强　张增顺　张毅君　郝振省　敖　然

聂震宁　谢俊旗　谢新洲　薛松岩

编辑委员会

主　任　魏玉山

副主任　刘九如

委　员（按姓氏笔画排序）

　　　王　强　王晓光　王德胜　方　卿　邢立强　吕肖庆

　　　刘成勇　刘拥军　刘锦宏　孙　坦　孙广芝　李　弘

　　　沈艳波　张　立　张　峻　张宝元　陈　丹　陈源蒸

　　　郝黎明　秦绪军　徐丽芳　高　昂　黄肖俊　程三国

序
Introduction

  数字出版方兴未艾。作为新闻出版业的重要发展方向和战略性新兴产业，数字出版近年来发展迅速，已经成为当前我国新闻出版业转型发展的助推器和新的经济增长点。基于互联网、移动通信网、有线电视网、卫星直投等传播渠道，并以 PC 机、平板电脑、智能手机、电视、iPad 等阅读终端为接收载体的全新数字出版读物，已成为人民群众精神文化生活不可或缺的组成部分。

  从毕升的活字印刷到王选的激光照排系统问世，技术元素始终是出版业发展壮大的重要源动力。进入 21 世纪，信息通信技术（ICT）的飞速发展成为新经济发展的主要引擎，使得以思想传播、知识普及、文化传承、科学交流和信息发布为主要功能的出版业可以持续、广泛地提升其影响力，同时大大地缩短了信息交流的时滞，拓展了人类交流的空间。计算机芯片技术、XML 及相关标记语言技术、元数据技术、语义技术、语音识别和合成技术、移动互联技术、网络通信技术、云计算技术、数字排版及印刷技术、多媒体技术、数字权利管理技术等一大批数字技术的广泛应用，不但提升了传统出版产业的技术应用水平，同时极大地扩展了新闻出版的产业边界。

  如同传统出版业促进了信息、文化交流和科技发展一样，数字出版的多业态发展也为 20 世纪末期开始的信息爆炸转变为满足个性化需求的知识文化服务提供了技术上的可能。1971 年，联合国教科文组织（UNESCO）和国际科学联盟理事会（ICSU）便提出了 UNISIST 科学交流模型，将出版业所代表的正式交流渠道置于现代科学交流体系的中心位置。进入 21 世纪，理论界又预见到，网络出版等数字出版新业态的出现正在模糊正式交流和非正式交流的界限，更可能导致非正式交流渠道地位的提升。随着以读者（网络用户）为中心的信息交流模式，比如博客、微博、微信和即时通信工具等新型数字出版形态的不断涌现，理论构想正在逐渐变为现实。

  通过不断应用新技术，数字出版具备了与传统出版不同的产品形式和组织特征。由于数字出版载体的不断丰富、信息的组织形式多样化以及由于网络带来的不受时空限制的传播空间的迅速扩展，使得数字出版正在成为出版业的方向和未来。包括手机彩铃、手机游戏、网络游戏、网络期刊、电子书、数字报纸、在线音乐、网络动漫、互联网广告等在内的数字出版新业态不断涌现，产业规模不断扩大。据统计，在 2006 年，我国广义的数字出版产业整体收入仅为 260 亿元，而到了 2012 年我国数字出版产业总收入已高达 1935.49 亿元，其中，位居前三位的互联网广告、网络游戏、手机出版，总产出达 1800 亿元。而与传统出版紧密相关的其他数字出版业务收入也达到 130 亿元，增长速度惊人，发展势头强劲。

党的十七届六中全会为建设新时期的社会主义先进文化做出战略部署，明确要求发展健康向上的网络文化、构建现代传播体系并积极推进文化科技创新，将推动数字出版确定为国家战略，为数字出版产业的大发展开创了广阔的前景。作为我国图书出版产业的领军者之一，电子工业出版社依托近年来实施的一批数字出版项目及多年从事 ICT 领域出版所积累的专家和学术资源，策划出版了这套"数字出版理论、技术和实践"系列图书。该系列图书集中关注和研究了数字出版的基础理论、技术条件、实践应用和政策环境，认真总结了我国近年发展数字出版产业的成功经验，对数字出版产业的未来发展进行了前瞻性研究，为我国加快数字出版产业发展提供了理论支持和技术支撑。该系列图书的编辑出版适逢其时，顺应了产业的发展，满足了行业的需求。

毋庸讳言，"数字出版理论、技术和实践"系列图书的编写，在材料选取，国内外研究成果综合分析等方面肯定会存在不足，出版者在图书出版过程中的组织工作亦可更加完美。但瑕不掩瑜，"数字出版理论、技术和实践"系列图书的出版为进一步推动我国数字出版理论研究，为各界进一步关注和探索数字出版产业的发展，提供了经验借鉴。

期望新闻出版全行业以"数字出版理论、技术和实践"系列图书的出版为契机，更多地关注数字出版理论研究，加强数字出版技术推广，投身数字出版应用实践。通过全社会的努力，共同推动我国数字出版产业迈上新台阶。

2013 年 8 月

前 言
Preface

版权不是与生俱来就与出版或内容创作相伴而生的。手抄本时代，没有版权，出版或内容创作依然存在。中外古代辉煌灿烂的文明成果，与版权无关。当人类社会进入到工业文明时代，特别是欧洲人发明了金属活字印刷机以后，内容作品的批量复制成为可能，批量复制的目的已不仅仅是为了自用或传播，同时还有了商业追求，只有这时版权概念和版权机制才有了诞生的基础。与此同时，出版或内容创作真正进入到产业化生产的时代。所以，严格地说，版权虽肇始于文艺复兴后期，但本质上是工业文明的产物。

版权虽然没有与出版或内容创作相伴而生，但它是否会相伴而终或常生不老呢？没人知道！

版权本身是对内容作品的保护，它通过保护印有内容的介质不被非法复制，从而保护了作品不被非法复制，保障了版权所有者的权益和利益。世界上第一部版权法是诞生于 300 多年前的《安娜法》，它保护的是纸介质的内容作品。随着承载内容的介质形态不断演进，先后出现了底片、胶片、唱片、磁带、磁盘等介质，版权条款也相应地进行了修订和扩充。这些修订和扩充之所以能够适用，是因为介质形态虽然发生了变化，但内容作品的最终形式——出版物，仍然是封装型的，即内容与介质是合一的，内容离不开介质而独立存在。

终于有一天，内容与介质分离了，内容可以与介质分开而独立存在，独立传播，甚至可以在不同介质上呈现。这个时代就是数字化时代。数字化时代，使内容变成了比特流，以比特流的形态在互联网、各种终端设备上传播和被使用。西方甚至有人认为比特流不可保护。所以数字化时代，版权机制受到了前所未有的冲击和挑战。看看今天的互联网，内容泛滥成灾，优秀的作品得不到保护。互联网提供的是"免费的午餐"，互联网本身也成了盗版的天堂。

面对这种形势，单纯靠修订法律已无法适应版权环境发生的变化。尽管美国人制订了《数字千年版权法》，但它的"避风港"条款仍然默认了网络盗版的存在。

数字化时代的另一个特点是用户创作内容，这使盗版有可能成为个人行为，它与封装型出版物时代的印刷厂、光盘生产线这种有组织、成规模，甚至是机构的盗版不同。个人盗版有可能是原版内容的，也可能是改编后的；有可能是有非法传播目的的，还可能是纯粹提供知识共享的。这一切都使法律的打击对象变得分散、个体和模糊。

数字化时代的第三个特点是，数字作品的复制手段极其简便，简便到只需两个手指动作即可完成，即 Ctrl+C 和 Ctrl+V。

当法律变得无助的时候，技术也许是无奈之中的唯一选择或补充。这时，数字版权保护技术应运而生。

最初的数字版权保护技术只是单纯的加密封装、限制使用。它好比给数字内容作品加了把锁，只有花钱拿到钥匙的人，才可能打开使用。这是一种预先防范式的保护。这种方式虽然保护了内容作品不被非法侵权，但同时也给消费者带来了困扰，使内容阅读变成了一件麻烦的事情。当消费者因麻烦而放弃阅读时，内容作品的销售便会出现下滑，内容提供商的利益受到打击，作者的利益也受到影响。

于是另一种事后追惩的技术出现了，即数字水印技术。数字水印不影响消费者对内容的使用，但由于内嵌了特殊的痕迹，对非法盗版行为可以追踪打击。

今天，数字版权保护技术已经演变成了具有多种分支形式的数字内容作品的版权保护解决方案，有软件层面的、硬件层面的、内容格式层面的、传输层面的，等等。同时，根据内容产业的发展特征，新的研发探索也在不断尝试，包括版权标准的制定、多种内容粒度的授权机制、灵活的硬件绑定技术、面向不同网络和使用模式的分发技术，以及针对多种媒体形式的版权保护机制等。

如果没有了版权保护，谁还敢把自己的内容作品放到网上供大家使用呢？谁还会进行内容原创呢？如果没有了版权保护，内容生产商将怎样生存和发展呢？内容产业将会成为一种什么样的形态呢？我们都不是预言家。内容产业将来完全有可能演变成另一种模式存在。开源的路径已经为内容产业的新模式掀开了一角。在未来，有些内容也未必会以直接的商业价值存在，它可能是一种新的产业链启动的引擎。纵观国内外内容产业的发展态势，加强版权保护和开放版权两种模式在并行发展，而数字版权保护技术，严格说，是为那些需要保护的内容作品，在现阶段提供一种基本可行的解决方案。本书编写者正是在这个基点上，向读者介绍数字版权保护技术及其在内容产业上的应用。希望这种介绍能使我们的从业者对这个变化的时代，及我们的应对技术有所了解。本书由张立（第 1、8 章）、童之磊（第 4、7 章）、张博（第 2、3 章）、陈立峰（第 5、6 章）共同编著，张立完成全书统稿工作。

编著者

2013 年 5 月

目 录
Contents

第 1 章 Chapter 1　数字版权概述 ………………………………………… 1

1.1 数字版权保护简介 …………………………………………………… 2
1.1.1 版权的产生 …………………………………………………… 2
1.1.2 技术的进步对版权法律的影响 ……………………………… 3
1.1.3 技术措施在版权保护中的应用 ……………………………… 4
1.1.4 版权管理的数字化与数字版权管理 ………………………… 6
1.2 数字版权保护技术发展 ……………………………………………… 7
1.2.1 DRM 技术的提出 …………………………………………… 7
1.2.2 典型的 DRM 体系结构 ……………………………………… 9
1.2.3 DRM 标准 …………………………………………………… 12
1.2.4 反盗版与盗版之争 …………………………………………… 15
1.3 数字版权保护技术研发现状 ………………………………………… 18
1.3.1 数字权利登记注册 …………………………………………… 18
1.3.2 多粒度授权技术 ……………………………………………… 20
1.3.3 硬件绑定技术 ………………………………………………… 21
1.3.4 多种分发技术 ………………………………………………… 24
1.3.5 富媒体内容版权保护技术 …………………………………… 27
1.4 数字版权保护技术市场格局 ………………………………………… 30
1.4.1 数字版权保护技术产品种类 ………………………………… 30
1.4.2 数字版权保护技术市场分类 ………………………………… 33

第 2 章 | Chapter 2
数字权利描述语言 ... 37

- 2.1 数字权利描述语言的体系结构和实体模型 ... 38
  - 2.1.1 DREL 相关概念 ... 39
  - 2.1.2 DREL 体系结构 ... 40
  - 2.1.3 DREL 实体模型 ... 41
  - 2.1.4 DREL 语言模型 ... 43
  - 2.1.5 DREL 的意义 ... 44
  - 2.1.6 国内研究现状 ... 44
  - 2.1.7 现有研究的不足 ... 45
- 2.2 开放式数字权利语言 ... 46
  - 2.2.1 ODRL 的模型 ... 46
  - 2.2.2 ODRL 权利数据字典语义 ... 52
  - 2.2.3 XML 语法标记 ... 54
  - 2.2.4 ODRL 的扩展定义 ... 54
  - 2.2.5 ODRL 的主要特点与相关应用 ... 55
- 2.3 可扩展权利标记语言（XrML） ... 56
  - 2.3.1 XrML 数字内容传播流程 ... 56
  - 2.3.2 设计原则与目标 ... 56
  - 2.3.3 XrML 优缺点 ... 57
  - 2.3.4 XrML 语法结构组成 ... 58
  - 2.3.5 XrML 核心概念 ... 58
  - 2.3.6 XrML 核心扩展能力 ... 63
  - 2.3.7 XrML 一致性 ... 63
  - 2.3.8 XrML 标准扩展与内容扩展 ... 64
  - 2.3.9 XrML 应用现况 ... 65
  - 2.3.10 XrML 应用实例：MPEG-21 ... 65
- 2.4 数字权利描述语言的比较 ... 74
- 2.5 其他数字权利语言 ... 79

第 3 章 | Chapter 3
数字内容信息加密及信息隐藏技术 ... 81

- 3.1 数字加密 ... 82
  - 3.1.1 加密技术简介 ... 82

目录

　　3.1.2　加密技术标准和格式 …………………………………… 86
　　3.1.3　加密方法 …………………………………………………… 89
　　3.1.4　密钥的攻击分析 …………………………………………… 96
　　3.1.5　密钥的管理 ………………………………………………… 98
　　3.1.6　相关加密衍生技术 ………………………………………… 101
3.2　数字摘要 …………………………………………………………… 101
　　3.2.1　基本原理 …………………………………………………… 102
　　3.2.2　数字摘要的应用 …………………………………………… 102
　　3.2.3　相关算法介绍 ……………………………………………… 104
3.3　数字水印 …………………………………………………………… 106
　　3.3.1　概述 ………………………………………………………… 106
　　3.3.2　特征/特点与评价标准 ……………………………………… 110
　　3.3.3　研究与发展 ………………………………………………… 113
　　3.3.4　数字水印的分类 …………………………………………… 116
　　3.3.5　数字水印的原理 …………………………………………… 120
　　3.3.6　攻击分析 …………………………………………………… 121
　　3.3.7　数字水印系统模型 ………………………………………… 124
　　3.3.8　常见水印算法介绍 ………………………………………… 128
　　3.3.9　数字水印的安全性设计 …………………………………… 131
3.4　媒体指纹 …………………………………………………………… 135
　　3.4.1　媒体指纹概述 ……………………………………………… 136
　　3.4.2　媒体指纹的分类 …………………………………………… 137
　　3.4.3　媒体指纹的相关研究 ……………………………………… 140
　　3.4.4　媒体指纹系统的关键设计点 ……………………………… 142

第 4 章 | Chapter 4
数字标识与认证 …………………………………………………… 145

4.1　版权标识 …………………………………………………………… 146
4.2　内容元数据及标识 ………………………………………………… 147
　　4.2.1　内容元数据 ………………………………………………… 147
　　4.2.2　内容标识 …………………………………………………… 148
　　4.2.3　其他标识系统 ……………………………………………… 154
4.3　客户端标识 ………………………………………………………… 155
　　4.3.1　软件标识方案 ……………………………………………… 155

4.3.2　设备标识方案 156

4.4　用户身份认证和识别 157
　　4.4.1　用户信息认证方式 157
　　4.4.2　智能卡认证方式 158
　　4.4.3　生物特征方式 158
　　4.4.4　PKI 认证方式 160

4.5　用户身份认证的发展趋势 163

第 5 章 | Chapter 5
数字版权保护技术体系 …… 165

5.1　体系模型 166
　　5.1.1　业务模型 166
　　5.1.2　数据流模型 168
　　5.1.3　技术体系与业务系统的关系 169
　　5.1.4　典型的系统构架 170

5.2　OMA 技术体系 172
　　5.2.1　信任模型 173
　　5.2.2　基础下载 174
　　5.2.3　超级分发 175
　　5.2.4　流媒体 177
　　5.2.5　域 178
　　5.2.6　离线设备支持 179
　　5.2.7　广告管理 180

5.3　Marlin 技术体系 181
　　5.3.1　内容获取用例 182
　　5.3.2　共享与超级分发 186
　　5.3.3　超级分发 187
　　5.3.4　使用 OMArlin 进行移动分发 187

5.4　WMRM 技术体系 189
　　5.4.1　使用的加密算法 190
　　5.4.2　获取一个证书 192
　　5.4.3　获取内容密钥 193
　　5.4.4　解密内容 194

第 6 章 Chapter 6
数字版权交易与保护 ……197

- 6.1 数据的安全传输 ……199
  - 6.1.1 IPSec 安全传输技术 ……199
  - 6.1.2 SSL 安全传输技术 ……202
  - 6.1.3 SSL VPN 与 IPSec VPN 技术比较 ……204
- 6.2 基于软件的版权保护技术 ……205
  - 6.2.1 软加密技术 ……205
  - 6.2.2 硬加密技术 ……206
- 6.3 流媒体加密 ……209
  - 6.3.1 流媒体加密的特点 ……210
  - 6.3.2 流媒体数据的网络传输方式 ……211
  - 6.3.3 流式网络传输协议 ……212
  - 6.3.4 多媒体数据编解码技术 ……216
  - 6.3.5 数据流化技术 ……218
  - 6.3.6 流媒体加密技术 ……221
  - 6.3.7 用分组密码进行流式文件加密 ……222
  - 6.3.8 用序列密码对媒体流加密 ……224
  - 6.3.9 流媒体数据加密 ……225
  - 6.3.10 MPEG-1 加密方法 ……227
  - 6.3.11 基于 DirectShow 的流媒体加密传输 ……230
- 6.4 电子交易安全技术 ……233
  - 6.4.1 基于 SET 协议的安全电子交易 ……233
  - 6.4.2 CA 认证系统 ……237
  - 6.4.3 安全电子交易（SET）协议与 CA 认证 ……243
- 6.5 数字内容封装与分段控制 ……245
- 6.6 内容交易与分发管理 ……246
  - 6.6.1 超级分发 ……247
  - 6.6.2 二次分发 ……248
  - 6.6.3 批量分发 ……249
- 6.7 基于可信机制的交易管理 ……250
- 6.8 数字版权跟踪 ……254
  - 6.8.1 完整版权的交易跟踪 ……254

XIV 数字版权保护技术与应用

  6.8.2 作品细粒度交易跟踪 ·········· 255
  6.8.3 盗版跟踪 ·········· 256

第 7 章 | Chapter 7
数字版权保护技术的典型应用 ·········· 261

7.1 电子图书 ·········· 262
7.2 原创文学 ·········· 263
  7.2.1 原创模式的数字出版平台 ·········· 263
  7.2.2 原创模式的数字出版服务方式 ·········· 265
7.3 移动数字音乐 ·········· 266
7.4 数字电视 ·········· 267
  7.4.1 付费数字电视领域 DRM 应用 ·········· 268
  7.4.2 数字版权保护技术在数字电视领域应用现状 ·········· 271
7.5 基于智能卡的数字版权保护 ·········· 272
  7.5.1 智能卡技术 ·········· 272
  7.5.2 基于智能卡的数字版权保护系统 ·········· 273
7.6 Real 公司数字版权保护方案 ·········· 274
7.7 苹果公司应用版权保护 ·········· 276
7.8 亚马逊 Kindle 应用版权保护 ·········· 279
7.9 移动出版业务的数字版权保护 ·········· 282
  7.9.1 应用场景一：客户端的数字内容版权保护应用 ·········· 283
  7.9.2 应用场景二：彩信方式的数字内容版权保护应用 ·········· 284
  7.9.3 应用场景三：WAP 方式的数字内容版权保护应用 ·········· 285
  7.9.4 应用场景四：通过渠道进行内容分发 ·········· 286
  7.9.5 应用场景五：在线阅读 ·········· 286
7.10 互联网出版应用 ·········· 287
  7.10.1 互联网出版业务 ·········· 287
  7.10.2 互联网出版平台各组成部分 ·········· 288
7.11 我国政府对数字版权保护技术的重视 ·········· 289

第 8 章 | Chapter 8
数字版权保护技术发展趋势与思考 ·········· 291

8.1 数字版权保护技术的局限性 ·········· 292
  8.1.1 产业界对 DRM 的反思 ·········· 292

8.1.2　DRM 的法律禁区 ································· 293
　　8.1.3　DRM 技术的不足 ································· 295
8.2　理论与技术的进步对版权保护的潜在影响 ················ 296
　　8.2.1　本体论的产生 ····································· 296
　　8.2.2　语义网、知识库等内容碎片化技术的出现 ········· 297
　　8.2.3　云计算、大数据等内容管理技术的发展 ··········· 300
　　8.2.4　P2P 等内容传播技术的崛起 ······················· 302
8.3　开源与开放催生了新的授权模式 ························ 303
　　8.3.1　互联网的新特征 ··································· 303
　　8.3.2　Copyleft 与 CC ···································· 305
　　8.3.3　Open Access 等 Open 系列 ······················· 306
　　8.3.4　加强版权保护与开放版权将并存 ·················· 308

参考文献 ·· 311
后记 ·· 315

第 1 章
Chapter 1

▶数字版权概述

随着信息技术的飞速发展,信息表达传播的效率和准确度得到了显著提高。但是由于数字媒体内容具有复制、分发便捷的特点,数字媒体产品和内容的侵权、盗版、非法使用日益猖獗,使版权所有者蒙受巨大的经济损失。据不完全统计,全世界每年因盗版而造成的经济损失高达 50 亿美元,美国软件业的盗版损失则达 200 多亿美元,盗版使美国电影业每年的收入减少约 25 亿美元。因此,盗版侵权行为制约着数字出版业可持续发展,在当前复杂的网络环境中实施有效的版权保护措施成为一个迫在眉睫的现实问题。

面对新技术和媒体形式的不断更新,数字内容提供商和内容运营商通常采用这样一种数字保护方法:在满足消费者需求的同时,保护其产品免遭非授权的使用和共享,这种技术称为 DRM(Digital Rights Management),即数字版权管理或数字版权保护。DRM 的目的是为了保护数字内容的版权,从技术上防止数字内容的非法复制,以一定的计算方法,实现对数字内容的保护,包括电子书、视频、音频、图片等数字内容,最终用户必须得到授权后才能使用数字内容。当前,要推动数字出版产业的不断发展,首先必须保护相关群体利益不受侵害,由此可见,大力研发并推广 DRM 技术是数字出版产业蓬勃发展的核心。

1.1 数字版权保护简介

1.1.1 版权的产生

版权肇始于文艺复兴后期，发展于工业文明时代，是人类社会进入近代以来最伟大的发明之一。它既是人类文学艺术科学创作的保护器，也是人类文学艺术科学创作的促进器。版权体现的是人类社会的一种精神财富。今天，离开版权，我们几乎无法描述什么是文学作品，什么是艺术创作，什么是科学著作了。

比版权更为宽泛的概念是知识产权。知识产权的三大分支是版权、专利、商标，分别对应内容作品、实物发明、商业成果。

与版权相关的另一概念是著作权。版权的英文词汇是 copyright（copy + right），即复制（copy）的权力。著作权的英文词汇是 author's right，即作者（author）的权利。单纯从字面上看，前者强调的是作品，后者强调的是作品的创作者。从起源上看，版权在先，著作权在后，当科技进步使出版物从单一的印刷品向多种载体形态发展后，版权一词就显得过于狭窄，涵盖性不足了，因此日本和中国都开始采用著作权一词。但在我国的法律规定上，两者没有本质的区别。我国《著作权法》第五十六条明确指出："本法所称的著作权即版权"。

由于"数字版权"已成为数字时代版权或著作权的统一称谓，本书除提到具体的法律著作外，一般都采用版权的说法。

版权发展于工业文明时代。历史上，版权一词是指复制的权利。印刷术出现之前，版权概念和版权机制并不存在。中世纪时，书籍都是抄写而成的，所以几乎不存在盗版动机，因为盗版的成本同生产原书相差无几；同时，那个时代作者写书也无稿费。文艺复兴后期，有了授权的概念，但还不是今天意义上的版权。

十五世纪中期，发明了印刷术，使出版成为批量生产的行为。为了保护印刷商的利益，使得某些政府希望流通的书籍不至于没人印刷，意大利的一些王国最早规定了印刷特许权制度。王室将某些书籍的印刷特许权授予某些出版商，在某个期限内（一般不超过 14 年），他人不得印刷该书。

十六世纪，印刷术传到英国，于是英国也出现了类似由王室授予的"印刷垄断"制度（monopolies）。1662 年，英国通过了《授权法》（the Licensing Act），规定印刷书籍必须有许可证，同时必须将一部印刷好的副本存放在伦敦出版业公会

(the Stationers Company）。1710 年，英国通过《安娜法》(Statute of Anne，也译为《安妮法》)，将版权的保护范围从印刷商扩展到了作者，禁止印刷商不经作者同意擅自印刷和出版书籍。同时，该法规定版权的有效保护期为 28 年，此后该书就进入公共领域（public domain）。

一般认为，《安娜法》是历史上第一部版权法，它规定版权源于作者，印刷商只有得到作者让渡的权利才能获得版权。而先前的"印刷特许权"制度只是将版权授予印刷商，版权成了印刷行会成员的私有权利，《安娜法》的规定使任何人都可以拥有版权，从此版权成了一种公有权利。

1.1.2　技术的进步对版权法律的影响

版权制度已延续了 300 多年的历史，300 多年中，它有效地保障了著作权人的各项权益，从而有效地保障了内容作品的创作与繁荣，从而也更为有效地保障了知识产品的持续不断的创新。

300 多年内，从欧洲人开始，漫延到全世界的版权观念、版权机制与版权法律，在带来内容作品繁荣创新的同时，也使这一观念、这项制度深入人心，甚至深入人类血脉和骨髓！人们渐渐地认为，侵权盗版就像偷东西一样可耻。尽管 300 多年中，盗版与反盗版的斗争一直存在，甚至以"知识共享"为名蔑视版权法律的行为也一直存在，但版权本身已成为近代以来内容作品的代名词。出版活动，本质上已经成为一种版权产品的生产与交易的活动。

当人们认为现有的版权法律已经可以准确地规范内容作品的生产与传播时，随着技术的进步，内容作品的形态却一次又一次地突破了版权法律的适用范围。

首先是技术的进步推动了介质的革命，使版权法不得不做出相应的调整、补充或修订，以适用新的介质形态的流行。如留声机、录像机、录音机的发明，催生了以机械光学电磁为技术特征的"机械复制权"；摄影机、放映机以及活动照相技术的出现，催生了摄制电影、电视、录像的"制片权"等。

其次是技术的进步推动了传播方式的革命，再次使版权法不得不做出相应的调整、补充或修订，以适用新的传播形态的普及。如无线电或有线电缆用于传播载有节目的信号，产生了以传送广播与电视为内容的"播放权"等。[1]

随着技术的进步，国际上不仅缔结了《伯尔尼公约》和《世界版权公约》，还于 1961 年缔结了《保护表演者、唱片录制者和广播组织公约》，于 1971 年缔结了《保护唱片录制者防止其唱片被擅自复制的公约》，于 1974 年缔结了《人造卫星播送载有节目信号公约》等专门的条约。

随着互联网的出现，美国于 1998 年制订并颁布了《数字千年版权法》(Digital

Millennium Copyright Act）。它以著作权人为中心，在加强网络作品权益保护的同时，又对网络服务提供商（Internet Service Provider，ISP）的责任予以限制，以确保网络的发展和运作。我国也于 2006 年制订颁布、并于 2013 年修订了《信息网络传播权保护条例》。它是为适应计算机网络环境下著作权保护的迫切需要而颁布的法规。这里所谓的"信息网络传播权"是指"以有线或者无线方式向公众提供作品、表演或者录音录像制品，使公众可以在其个人选定的时间和地点获得作品、表演或者录音录像制品的权利。"（《信息网络传播权保护条例》）

1.1.3 技术措施在版权保护中的应用

正如前面所述，在版权制度诞生的 300 多年历史里，由于技术的不断进步，导致新的作品形态和新的传播方式不断涌现。最初，当新的作品形态或新的传播方式出现时，人们发现只要对现有版权条款进行一定程度的修订，其保护的范围马上就能涵盖新的作品形态或新的传播方式，同时这种修订后的法律措施在版权保护方面一直是非常有效的。

但非常不幸的是，当数字技术出现后，数字内容作品的形态从本质上已经完全不同于以往任何一次作品形态的革新。它所具有的内容创作的开放性、作者与读者的交互性、传播与复制的合一性、传播机制的转播化、作品形式的碎片化等，使法律条款的修订已完全不能有效地适用。

技术的问题还需技术本身来解决。于是各种形式的数字版权保护技术措施便应运而生。按保护形式来说，这些技术措施可归结为两大类，即软件加密技术和硬件加密技术；按介质形式可归结为软盘保护技术、光盘保护技术等；按内容形态可归结为文本保护技术、图片保护技术、音视频保护技术等；按传播方式又可归结为互联网下载阅读保护技术、在线阅读保护技术等。有些保护技术，随着介质形态和传播方式的更新已逐渐淡出我们的视野，甚至已完全退出使用；有些保护技术虽然退出使用，但其原理仍是指导我们今天进行数字版权保护技术研发的方向。我们这里分别介绍两类非互联网上使用的版权保护技术。

1. 软盘防复制技术

包括硬加密和软加密两种。

（1）硬加密包括激光孔加密技术、电磁加密技术、加密狗技术等。

激光孔加密技术是用激光在数据区或扇区标识符上烧若干个痕迹，使磁盘的某几点失去磁性，在软盘上产生永久不可恢复记忆。由于激光孔很小，不容易被发现，软盘在激光处理过的区域读写时，当判断有 CRC 校验错误时就认为磁盘是原盘，反之，则认为磁盘是复制品，软件无法运行。

电磁加密技术是借助于专用的电磁技术,在所需加密的磁盘上随机产生一系列密钥信息,以供被加密程序识别使用的一种加密技术。

加密狗技术是一个插在计算机打印口上火柴盒般大小的设备,其内部存有一定的数据(如指纹)和算法,软件运行时必须通过访问其中的数据来解密。加密狗经历了从简单的检测设备是否存在,到从设备中读取解码所需资料,到当前的以 USB 接口设备为主的发展过程。

(2)软加密包括利用异常扇区、磁道号加密法,及磁道接缝指纹法、双机加密法、弱位加密法等。

2. 光盘防复制技术

目前,在一些第三方的刻录软件中,提供的加密技术有:SecureBurn、光盘加密大师、加密金刚锁、Roxio Media Creator 等,通过它们制作的加密文件,在刻录后的光盘中需要密码才能打开,以此保护光盘数据不被盗用。下面介绍几种主流的方式。

(1)"试后买"方式。这种方式是在 CD-ROM 上包含了经过编码保护的程序或资料。经编码保护过的程序通常即为展示版程序,使用者可以很容易在 CD-ROM 上找到并执行该展示程序,如认为其确实符合需要,可付费后取得密码。但由于经解码后的程序已无保护,可以无限制地被复制。

(2)辨识记号方式。如 SID(Source Identification Code)或 IFPI 码。由于生产 CD-ROM 的设备均被赋予一个独特的 ID,这些设备所制造的 CD 产品,也都会有其 ID 用于标识光盘的唯一性和出处。

(3)导入区方式。导入区记载了有关 CD 片的类型、TOC(Track On CD)等信息,其重要性相当于硬盘的分区表。由于 CD-R 是自行产生的,当无法制作非正常的导入区时,便能有效地制止非法的复制。

(4)修改 ISO 结构方式。由于 CD-ROM 的档案都有其记载起始位、长度、属性等的指标值,使用者只要修改这些指标值就可实现保护效果。举例来说,只要修改档案的起始位就可以造成此档案只能阅读不能复制。

(5)不连续轨(坏扇区,指纹)方式。这种方式保护的 CD-ROM,不但在经过 CD-R 的程序做轨对轨的复制时会产生读错误(Reading Error)信息,也可以避免大量翻制。但如果将 CD-ROM 上的档案复制到硬盘再重新烧录成 CD-ROM,这种保护就不起作用了。

以上是对软盘、光盘版权保护技术的简要介绍。关于互联网的版权保护技术,我们将在后面的 DRM 中予以详细介绍。

1.1.4　版权管理的数字化与数字版权管理

版权管理的数字化与数字版权管理是两个不同的概念，讲的是两件事情。版权管理的数字化讲的是用数字化手段管理版权，它面对的是所有形态作品的版权，既包括数字作品的版权，也包括非数字作品的版权，如传统纸质作品的版权。因此，它是一种管理软件。数字版权管理是仅对数字作品的版权进行的管理，它特指 DRM 管理技术，通常人们把它翻译为"数字版权保护"。

本书主要介绍的是后者，采用的译法是"数字版权保护"。但为了明确概念，我们也在此将版权管理的数字化情况进行一下简单的介绍。

版权管理的数字化，包括版权登记系统、版权交易系统、授权追踪系统、版权转让系统、版权合同备案系统、版权合同质押系统等。这些系统多由各地版权登记机关、各地版权代理中心、著作权集体管理者组织等使用。

目前，我国除软件版权采取全国统一机关登记外，其他各类作品在登记机关上存在着多元的局面。各省、自治区、直辖市版权局负责本辖区的作者或其他著作权人的作品登记工作。国家版权局负责国外以及中国台湾、香港和澳门地区的作者或其他著作权人的作品登记工作。中国版权保护中心受国家版权局委托，负责国外以及中国台湾、香港和澳门地区的作者或其他著作权人的作品登记工作。

据了解，2012 年全国作品登记涉及作品总量为 687651 件，较 2011 年的 461363 件增长了 49.05%。为解决作品登记程序不统一、登记证书不统一、登记信息不统一等问题，规范并完善作品登记制度，国家版权局于 2011 年 10 月 24 日下发了《关于进一步规范作品登记程序等有关工作的通知》，从作品登记申请受理、审查、时限、证书内容、登记表证格式、信息统计等方面作了详细规定，在全国范围内统一了作品登记程序、作品登记证书格式等内容。

除版权登记机关外，还有一些版权代理组织。在国家版权局批准的几十家版权代理机构中，除少数影视代理、音像代理公司外，多数为图书版权代理公司。据悉，英国有 200 多家版权代理公司，美国有 600 多家版权代理公司。目前我国的版权代理公司还不发达，规模小，代理范围单一，甚至一些代理机构仅仅向作品使用者提供版权法律咨询、代理收转版权使用费和图书代理等基础性服务，能够提供诉讼代理、协调处理版权纠纷的很少。

2005 年 3 月 1 日起，我国正式颁布并施行《著作权集体管理条例》。该条例"所称著作权集体管理组织，是指为权利人的利益依法设立，根据权利人授权，对权利人的著作权或者与著作权有关的权利进行集体管理的社会团体。"其中"著作权法规定的表演权、放映权、广播权、出租权、信息网络传播权、复制权等权利人自己难以有效行使的权利，可以由著作权集体管理组织进行集体管理。"[2]

1.2 数字版权保护技术发展

1.2.1 DRM 技术的提出

PC 出现以前，通过文件访问许可机制来保护多用户计算机上的数字文件，已经在我们今天所用的 Web 服务器和数据库服务器上广泛存在。后来，随着 PC 的出现，人们可以使用软盘来传播软件等数字文件。针对软盘很容易被复制的特点，软件销售商们通过使用产品序列号和加密锁等方式对软件作品予以保护，防止盗版。到了 20 世纪 80 年代后期，局域网（LAN）的广泛应用使得在不同用户的机器上共享数字内容更加便利，使用加密的手段来保护数字文件、进行访问控制成为主要的版权保护方式。

随着互联网的普及和数字化技术的发展，特别是 P2P 技术（如 Napster、Gnutella、KaZaA 等）的发展，网上传播的数字内容作品越来越多，盗版现象日益严重。传统的版权保护方式已不能满足需要。1994 年，Xerox PARC 研究室的 Mark Stefik 博士在他的文章 "Letting Loose the Light：Igniting Commerce in Electronic Publication" 中，首次将人们引入了一个自动定义和控制版权的世界，给出了第一个数字内容版权描述语言 DPRL 和一个控制数字内容使用的可信系统[15]。但是，Stefik 的可信系统并不是一个 DRM 系统，它不支持数字内容的交易和版权的转移。在接下去的两年内，出现了第一个基于硬件的 DRM 系统（EPR 公司的 end-to-end 系统）和纯软件的 DRM 系统（IBM 公司的 infoMarket 系统）。尽管 Xerox 的 DPRL、IBM 的 infoMarket 和 EPR 的 end-to-end 都不算成功，但数字版权保护技术从此兴起。当前，Xerox（现在的 ContentGuard）的 DPRL 已经发展成为 XrML，infoMarket 已经发展成为一个主要的流媒体版权保护系统 EMMS，而 EPR 则发展成为业界最为著名的 DRM 研究机构和产品提供商 InterTrust。

DRM 就是对各类数字内容的知识产权进行保护的一系列软硬件技术，用以保证数字内容在整个生命周期内的合法使用，平衡数字内容价值链中各个角色的利益和需求，促进数字化市场的良性发展和信息的传播。具体来说，包括对数字内容各种形式的使用进行描述、识别、交易、保护、监控和跟踪等各个过程[3-11, 16]。对数字内容的版权进行保护，必须根据所保护的数字内容特征及相应的商业模式和现行的法律体系进行。

DRM 自产生以来，得到了工业界和学术界的普遍关注，被视为数字内容交易和传播的关键技术，特别是在数字出版领域，DRM 已经成为必需的技术[3-11]。国内外许多著名的计算机公司和研究机构纷纷参与到 DRM 技术的研究和开发中，这些公司和研究机构遍及世界各地，包括 Microsoft、Adobe、IBM、Intel、北京方正阿帕比等，涉及香港大学、北京大学、清华大学等著名高校，主要的产品和系统有微软的 WMRM[18]和 Digital Asset Server[20]、InterTrust 的 DigiBox[21]和 RightsSystem[22]、Adobe Content Server[28]、SealedMedia DRM[29]、Authentica Active Rights Management[30]、OMA DRM[17]、Apabi DRM[19]等。

现有的 DRM 系统，根据保护对象，可分为针对软件的 DRM 系统和针对电子书、流媒体等一般数字内容作品的 DRM 系统；根据有无使用特殊的硬件，可分为基于硬件的 DRM 系统和纯软件的 DRM 系统；根据采用的安全技术，可分为基于密码技术的 DRM 系统、基于数字水印技术的 DRM 系统，以及两者结合的 DRM 系统。由于数字水印技术本身的不完善性，基于水印的版权保护系统存在各种问题[31, 33]。现有大部分 DRM 系统都是基于密码技术或者密码技术和数字水印技术两者相结合而实现的[3, 4, 7-9, 11, 16-30]。

目前，DRM 已从单纯的加密、授权技术，演变为数字内容作品的传输、管理和发行等环节在内的一套完整的解决方案。因此，DRM 正在成为一个系统的概念，它包含数字版权信息使用、受版权保护的数字内容作品的管理和分发，是对有形/无形的版权资产和版权所有者关系的定义、辨别、交易、保护、监控和跟踪的手段。

广义的 DRM 是指"版权管理的数字化"，而非数字版权管理，即 DRM 是管理所有各种权利而不仅仅是管理对数字化内容的许可权。

更广义的 DRM，是指在网络及数字化环境下，以权限管理技术为核心，旨在有效保护数字内容与支持数字版权贸易的新型商业模式。这种商业模式涉及技术、法律、社会等各方面的因素。由于本书编写者所处的行业，本书关注的重点是 DRM 在数字内容产业中的应用。

综上所述，DRM 是一项涉及技术、法律和商业各个层面的系统工程，贯穿数字内容作品的整个生命周期，它包括内容制作、内容存储、内容发行、内容接收、内容播放、内容显示等。它以数字加密技术为基础，结合一系列软/硬件技术，融合了加密、签名、摘要、PKI、DOI、XML、元数据、电子支付等多种技术手段，为数字内容作品的商业运作提供一套完整的解决方案，它从技术上防止数字内容的非法复制，确保最终用户必须得到授权后才能使用内容作品。

根据 W3C 组织的建议，DRM 涉及数字内容使用权限的描述。它包括对数字内容使用权限进行描述、认证、交易、保护、监测，对使用在有形和无形资产上的各种权限的跟踪和对版权所有人的关系管理等内容。因此，DRM 要实现对数字内容的"永久性"保护。产业界从技术规范和商业模式的角度，对 DRM 的概念做了以下几种典型的概括：

（1）指涉及数字内容使用权限的设置、认证、交易、保护、监测、跟踪，以及界定使用者和权利人之间关系的数字版权管理技术（W3C 定义）。

（2）指结合软件和硬件技术的数字内容的存取机制，即通过技术手段设置数字内容存取的权限，使得数字内容在其生命周期内从产生到消失，不管其使用过程是否被复制等，仍可追踪与管理数字内容的使用状况（IDC 定义）。

（3）指通过技术、法律和（或）社会机制以保护数字内容版权的技术（AAP 定义）。

（4）一种关于对（版权）内容的复制、发行或者以电子方式接触数字内容进行（权利）设置或保护的技术（OeBF 定义）。

（5）指一种保障作品的安全发行，促进数字媒体作品在线销售的技术（Microsoft 定义）。

（6）指通过数字技术对数字形式的知识产权（版权）进行权利管理的技术（Rosenblatt 定义）。

上述定义虽然侧重角度不同，但作为共性，都显现了 DRM 不仅是一种被动的数字版权保护，还是一种主动的数字版权作品许可发行方式。DRM 不仅仅控制未经授权的数字作品，对合法获得的数字作品的使用也进行控制。

DRM 技术的原理是：首先，通过加密和附加使用规则对数字内容进行保护，附加的使用规则不仅可以断定用户是否符合播放数字内容的条件，同时可以防止内容被复制，以及限制其播放次数。其次，操作系统和多媒体中间件负责强制实行这些规则。最后，用户必须满足相关条件并得到授权后才能使用数字内容，这就从技术上防止数字内容的非法复制、篡改、假冒，使最终用户必须得到授权后才能使用数字内容。

1.2.2 典型的 DRM 体系结构

如何确保数字内容的合法使用，防止非法复制和非法扩散，是所有 DRM 系统需要考虑的首要问题。目前众多的 DRM 系统虽然在侧重的保护对象、支持的商业模式和采用的技术等方面不尽相同，但是它们的核心思想是相同的，都是通过使用数字许可证来保护数字内容的版权。用户得到数字内容后，必须获得相应的数字许可证才可以使用该内容[3, 4, 7-9, 11, 16-30]，并且，用户只能按照数字许可证中授予的使用权利使用数字内容。

图 1-1 给出了典型的 DRM 系统的体系结构[3-4]，包括三个主要模块：内容服务器（Content Server）、许可证服务器（License Server）和客户端（Client）。

内容服务器通常包括存储数字内容的内容仓库、存储产品信息的产品信息库和对数字内容进行安全处理的 DRM 打包工具。该模块主要实现对数字内容的加密、插入数字水印等处理并将处理结果和内容标识元数据等信息一起打包成可以分发销售的数字内容。另外，一个重要功能就是创建数字内容的使用权利，将数字内容密钥和使用权利信息发送给许可证服务器。

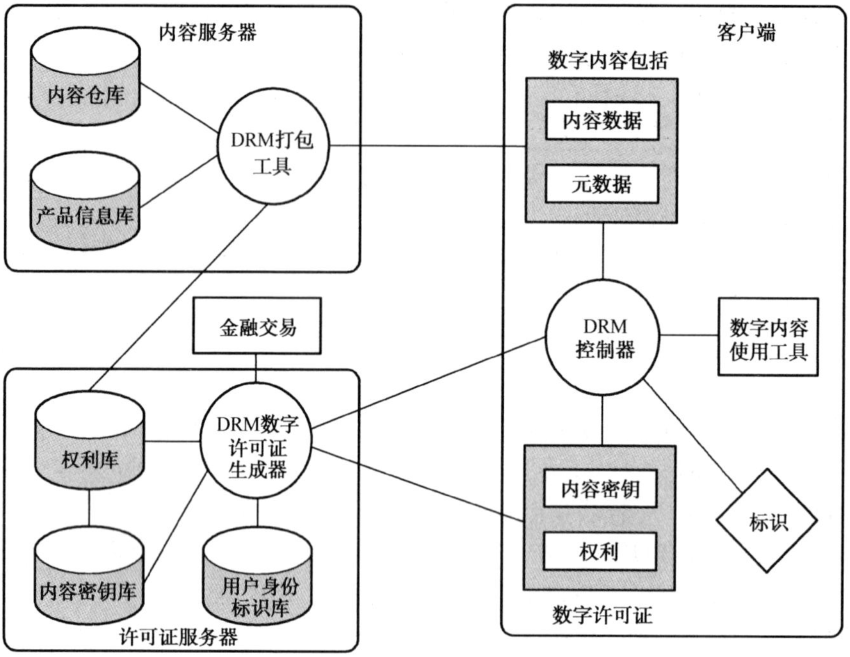

图 1-1　典型的 DRM 体系结构

许可证服务器包含权利库、内容密钥库、用户身份标识库和 DRM 数字许可证生成器，通常由一个可信的第三方，即清算中心负责。该模块主要用来生成并分发数字许可证，还可以实现用户身份认证、触发支付等金融交易事务。数字许可证是一个包含数字内容使用权利（包括使用权限、使用次数、使用期限和使用条件等）、许可证颁发者及其拥有者信息的计算机文件，用来描述数字内容授权信息，由权利描述语言描述。大多数 DRM 系统中，数字内容本身都经过加密处理。因此，数字许可证通常还包含数字内容解密密钥等信息。

客户端主要包含 DRM 控制器和数字内容使用工具。DRM 控制器负责收集用户身份标识等信息、控制数字内容的使用。如果没有数字许可证，DRM 控制器还负责向数字许可证服务器申请数字许可证。数字内容使用工具主要用来辅助用户使用数字内容。

当前大部分 DRM 系统都是基于该参考体系建立的，如 Microsoft WMRM、InterTrust Rights System、Adobe Content Server、RealNetworks RMCS 和 IBM EMMS 等。通常情况下，DRM 系统（特别是支持数字内容网上交易的 DRM 系统）还包括分发服务器和零售门户网站。分发服务器存放打包后的数字内容，负责数字内容的分发。零售门户网站直接面向用户，通常作为用户和分发服务器、版权服务器以及（金融）清算中心的桥梁，用户本身只与门户网站交互。

随着网络技术与数字出版技术的发展，以及多种终端设备的普及，新的数字内容服务模式日益显现。数字内容作品除了传统的整本零售、批发、借阅模式外，还出现了超级分发、预览、试读等多种促销模式和按章节销售、按权利销售、按需印刷、多内容个性化组合、内容共享等多种内容服务模式。

DRM 的发展大致可分为两个时代。

第一代 DRM 系统侧重于对内容加密，限制非法复制和传播，主要利用网络安全和加密认证等方法来解决非法复制问题，目标是将数字内容的发布锁定和限制在合法用户的范围内。第二代 DRM 系统在第一代的基础上，在权限管理方面有了较大的拓展，包括了定义、描述、认证、交易、保护、监控和跟踪记录数字内容发布流程中的各种权利和使用形式，其中也包括对流程各参与方之间关系的管理。国外大多数 DRM 解决方案已进入这一阶段。

对 DRM 的研究目前主要集中在以下两方面。

1. 包含 DRM 技术的产品

（1）IBM 公司基于超级分发的 Cryptolope 系统。

IBM 的 Cryptolope 的特征是用安全加密技术封装要保护的信息技术内容。Cryptolope 是一种基于 Java 的软件，它由三部分组成。第一部分的 Cryptolope Builder 是打包工具，它允许构造加密的软件包，包中有使用的商业规则和内容，这一部分的工具为内容提供者使用。第二部分是为信息的消费者设计的，其 Cryptolope Player 是访问 Cryptolope 内容的解释器。它通过一个 HTML 的观看器与第三部分的 Cryptolope Clearing Center 交互。第三部分是可信任的第三方，它提供密钥管理、付费系统、事件登录和使用测量。这种方法面临的主要问题是这是一个封闭的所有权系统。用户被迫在 IBM 的 InfoMarket 网络环境中使用。这也是 Cryptolope 技术暂时未被广泛接受的原因。这项技术成功的要素是要能集成更多的商业伙伴，需要将版权保护与金融机构、内容提供者等多方密切地联系起来。

（2）Adobe 公司的 Merchant 系统。

这是和 Acrobat 电子图书阅读器相配合的电子图书交易和版权管理系统。Merchant 是基于服务器的软件，它充分利用 XML（eXtensible Markup Language）语法，可以直接集成到电子商务和交易服务器中。网络出版商在 DRM 的早期阶段用 PDF Merchant 为 Adobe PDF 文件指派访问权限和加密钥匙，这些文件可能包含整部 eBooks，也可能是单个受保护文件。

（3）GlassBook 公司 Glass Book Content Server 是一个电子图书的制作、存储、发布的电子图书版权管理服务软件。

（4）方正阿帕比是我国最早研究数字媒体 DRM 技术的厂商之一，提出了一套针对电子图书、数字报纸、互联网杂志等数字出版物的 DRM 系统，系统由 Apabi Maker、Apabi Rights Server、Apabi Retail Server 和 Apabi Reader 等支柱产品构成，涵盖了文档格式转换、作品流通和阅读等环节的版权保护。系统技术特点包括丰富的权利描述，针对不同粒度的权利控制，多种设备的内容共享等，并可以根据不同业务系统需求扩展其特有的权利项，设定满足自身需求的权利控制粒度。

（5）书生公司也是我国 DRM 技术厂商之一。书生公司的 SureDRM 系统以安全和加密技术为基础，包括版权描述语言、身份标识系统、设备标识绑定技术等。SureDRM 为书生各种产品包括文档共享管理系统、数字图书馆系统、公文服务器等提供了文档保护的技术基础。作为一套整体解决方案，SureDRM 提供不同安全级别、不同粒度、不同形式的版权管理机制，既有离线的数据绑定，也有在线的数据 DRM。

2. DRM 开发平台

（1）Intertrust 公司的 DigiBox 为其他 DRM 应用开发商提供与应用无关的 DRM 开发平台。DigiBox 的结构是一种安全的内容封装程序。在这种方法中，内容称为财产，定义它们使用的措施称为控制。一个 DigiBox 能够拥有一个或几个财产作为任意使用的数据。控制能在一个 DigiBox 中传送，也能在不同的 DigiBox 中传送。控制通过加密的手段与财产相联系。如果需要，财产能被其他的密钥加密。传输密钥由两部分组成，一部分存储在 DigiBox 中，而且与另一密钥结合存储在一个被保护的地方，它可以通过 DigiBox 打开。在 DigiBox 中的部分用公开密钥算法加密。这样做的主要好处是防止任意两个密钥之间的互相可计算。但是这种方法要求在不同的参入方中分配密钥（密钥管理），从而进一步要求每个主机上有一个称为 InterRight 点的安全存储。加密算法用三重 DES 和 RSA。完整性认证要使用加密的哈希函数。一旦 DigiBox 打开，按照掌管控制的原则，有两种不同的信息流会发生，一方面是计费的目的，另一方面是根据 DigiBox 的控制集要求收集运回的用户使用信息。

（2）ContentGuard 公司的 ContentGuard 是支持 COM、Java 等多种接口的 DRM 产品开发包。ContentGuard 完整的 DRM 工具箱使版权持有人能够为自己的数字产品和服务（包括从电影下载、软件使用到网站访问的所有内容）创建和强制执行许可证制度。

1.2.3 DRM 标准

作为一种先进的数字产品所有权保护措施，DRM 应具有以下特性：非法复制探测能力，用来确定非法的产品复制行为；内容鉴定，用于鉴别可能经过伪造和各种信号处理的侵权产品；准确的所有权证明，必须能充分证明真正用户对作品的所有权。

1．Windows Media DRM 标准和解决方案

微软的 DRM 系统包括内容打包程序、版权许可分发程序、媒体许可服务和用户验证 4 个模块。

（1）内容打包程序。内容打包程序使用密钥加密数字内容，它把密钥标识和用于版权许可分发的互联网地址置于内容头，然后再把内容头和需要加密的数字内容一起打包到一个 Windows 媒体文件中。密钥是由一个许可密钥种子和一个密钥标识生成的。许可密钥种子是在内容打包程序和版权许可分发程序中共享的秘密，它是一个不少于 5 字节长的随机值。密钥标识是全局唯一标识符。

（2）版权许可分发程序。版权许可分发程序使用由内容打包程序生成的相同密钥，然后版权许可分发程序加密该密钥。之后，版权许可分发程序生成了一个版权许可，并将加密的内容密钥添加到版权许可中，再添加一个从 Windows 媒体版权许可服务中获得的证书，然后使用证书中的公有密钥对版权许可进行签名。版权许可分发程序将签名后的版权许可传送到客户计算机的 Windows 媒体版权管理器上。

（3）媒体许可服务。Windows 媒体版权管理服务器搜索版权库以获得播放内容合法版权许可。如果 Windows 媒体版权管理服务器搜索所需的版权许可失败，它将会从版权许可分发程序中申请一个版权许可，用于匹配请求内容头中包括的版权许可及与用户计算机相关的信息。

（4）用户验证。Windows 媒体版权管理器验证该签名，并将该许可放在许可库中。Windows 媒体版权管理器进行解密，并将所请求的多媒体内容包发送到播放器。用户的播放器请求 Windows 媒体版权管理服务器确定其所请求的 Windows 媒体文件是否可以播放。

2．Helix DRM 标准和解决方案

Real Networks 公司 2002 年发布的面向全球家电制造商和内容所有者的数字版权管理系统平台"Helix DRM"对媒体播放格式没有任何限制，可以向包括计算机、数字家电，以及数字移动终端设备在内的所有数字接收装置上发送受保护的数字媒体内容。

Helix DRM 把受保护的数字内容和使用许可进行封装，同时跨越所有传输平台和多种接收设备，传输高质内容给得到授权使用的用户。它扩展了 RealPlayer 和 Helix 平台的开放结构，支持多种 DRM 系统。它可以方便地和现有所有类型的基础设备集成，支持多种业务模式，如流媒体服务、订阅、购买，等等。

Helix DRM 是一个功能完整的数字版权管理系统平台，主要由 4 个部分组成。

（1）Helix DRM Packager。Helix DRM Packager 使用强大的加密算法和安全的组件容器技术，把通过流式传输、下载或其他传输方法分发的数字内容进行封装，防止非法用户使用该数字内容。封装的媒体内容和与之关联的打开、使用数字内容的规则是分开存储的，这样，单个文件在不同的时间可应用不同的规则。Helix DRM Packager 支持多种媒体格式，包括 Real Audio、Real Video、MP3、MPEG-4、AAC*、H.263 和 AMR*等媒体格式，它与 Helix 编码器一起使用，可以安全地传输直播内容。

（2）Helix DRM License Server。Helix DRM License Server 是一个可扩展的服务器，允许网络内容服务供应商发放许可、报告交易内容等。Helix DRM License Server 鉴定请求并核发许可给可信任的最终用户客户端，若有用户违规，内容拥有者还可以撤回许可。

（3）Helix DRM 客户端。Helix DRM 客户端可在反篡改环境里下载和点播安全的媒体格式内容。这个环境是基于内容拥有者定义的使用规则。客户端程序可根据 Helix DRM 客户端标准开发制作。

（4）Helix Universal Server DRM 插件。这个插件能使 Helix Universal Server 中受保护的数字内容以流媒体的形式进行点播、传输。

Helix DRM 系统平台的应用优点如下：
- 支持多种使用权限，如允许用户在指定时间内播放、限制每个媒体文件播放的次数等。
- 支持多种商业模式，如租赁、订阅服务、内容联合、内容交易和推广、付费观看和视频点播等。
- 支持多种传输模式，安全内容可以通过流式传输（直播或点播）、下载、物理介质或 P2P 文件共享网络来分发等。
- 后台系统兼容性，能与已有的信息交换系统、支付系统、零售店面、数据库、客户关系管理软件和其他基本的商业系统兼容互联。
- Helix DRM 系统平台中的数字内容和权限管理是分离的。这就意味着内容的拥有者可随时修改与内容关联的商业规则，而无须重新编码封装。

3. Apple DRM 标准和解决方案

Apple 公司基于 Veridisc 技术开发了 Fair Play DRM 系统。Fair Play 被制作成具体的 Quick Time 多媒体软件，提供给 Apple 公司的各种多媒体播放设备和数字内容作品的网上商店，如 iPhone、iPod、Apple TV、iTunes、iTunes Store、the App Store 等。用户在 iTunes Store 上购买的所有数字内容都会经过 Fair Play 加密成 AAC 音频文件。所有经过 Fair Play 加密的数字内容都必须使用 iTunes 软件在 iTunes

Store 上进行购买，iTunes 软件需要经过 Quick Time 多媒体软件对加密过的数字内容进行解密和播放。

经过 Fair Play 加密的数字内容产品文件一般是 MP4 格式的文件，加密采用 AES 算法，密钥也会被同时封装在 MP4 格式的文件中。用户每次使用 iTunes 来购买一个数字内容作品，一个用户密钥就会随机生成并被用来加密主密钥。随机用户密钥连同账户信息存储在苹果的服务器上，并同时被发送给 iTunes 软件，iTunes 是能够利用随机密钥检索用户密钥解密所需的主密钥。使用主密钥，iTunes 才能够解密 AAC 音频流并进行播放。

当用户确定播放数字内容产品的设备时，iTunes 会发送这台播放设备的 ID 给主服务器，主服务器会发送用户所有密钥给播放设备进行存储，一方面用户播放设备只能播放用户购买的数字内容产品，另一方面也限定了用户权限只能在这台播放设备上使用。当用户撤销播放设备的播放权限时，所有信息会从播放设备中一并删除。

4．OMA DRM 标准和解决方案

2002 年，OMA 提出了 OMA DRM 1.0 版本的规范，并被 OMA 联盟所采用。当用户通过支付的方式取得了版权许可后，就能对相应的数字内容进行传播，并且这种传播是不得被非法复制的，从而保证内容的发布者对属于自己的数字格式内容版权能有效地控制与保护。但其缺陷在于标准的安全度较低，尤其是密钥的安全传输及版权内容的防篡改技术不足，只能针对低端的移动通信设备，在媒体内容的呈现上也受到极大的限制，不能支持对音/视频媒体文件的使用。

1.2.4 反盗版与盗版之争

道高一尺，魔高一丈。世界上没有绝对安全的事物，版权保护技术也是一样。尽管市场上各种保护措施已相当丰富，但随着技术的进步，盗版工具也在与时俱进。目前，市场上常见的盗版方式主要有如下几种。

1．网络盗版

网络盗版是当前盗版侵权的主要途径，最常见的盗版的方式包括规避装置、可下载媒体、产品盗版和流媒体盗版四类。

1）规避装置

规避装置是指能规避或解除设置于电影拷贝、录像带、光盘等载体上的内容保护装置的任何物质媒介或数字文档。

规避技术措施的行为包括三类：第一类是避开或者破坏技术措施。这里所称避开是指绕过技术措施，使得技术措施对自己失去效用，但是对他人仍然能够发生效用；破坏是指毁损技术措施，使得技术措施对任何人都失去效用。美国《数字千年版权法》对规避技术措施的行为作了列举式的规定，可以作为参考。该法第1201条（3）（A）规定，规避技术措施的行为包括对已经编码的作品进行解码，对已经加密的作品进行解密，或者以其他方式避开、越过、清除、破解或者损坏技术措施。第二类是制造、进口或者向公众提供主要用于避开或者破坏技术措施的装置或者部件。这里所称的"主要用于避开或者破坏技术措施的装置或者部件"，参考其他国家的相关规定，可以从目的和用途等方面判断，是指主要为避开或者破坏技术措施设计、制作，除此目的外，没有或者很少有其他用途或者价值的装置或者部件。第三类是为他人避开或者破坏技术措施提供技术服务，主要是指为他人避开或者破坏技术措施提供技术或者设备的支持。

上述三类行为中，第一类属于直接规避技术措施的行为，各国法律都予以禁止，立法和实践中并无太多争议。第二、三类属于间接规避技术措施的行为，是否应当予以制止，各国的立法和具体做法尚不一致。

2）可下载媒体

可下载媒体是指把数字内容作品压缩并上传到网上，以便直接下载到一台计算机上。这是在线盗版非常重要的方式之一。

3）产品盗版

产品盗版是指通过互联网非法销售、发行及交易任何一种形式的数字内容作品。盗版的产生在于其生产的低成本，因而售价低廉，因此可以很大程度地满足市场需求。将盗版来的内容压制到光盘上的过程，在技术上与正版的制作几乎别无二致，这就使盗版产品在质量上几乎没有损失，对消费不产生影响。

4）流媒体盗版

流媒体是指能够在一段时间内持续地将数据传输给用户或观看者的技术，它能使文件上的数据在剩余数据与文件尚在传输的时候就被打开并观看。许多合法的网站，都以这种方式将电影作品放在网上，供在线视频点播。随着宽带技术的发展，P2P点对点传输更容易导致盗版的泛滥，服务提供者和管理者也很难限制使用者侵犯版权。

在P2P技术环境下，侵犯版权的行为包括两种：一种是直接侵权行为，即行为人未经版权人许可和法律授权，擅自从事受版权人专有权利控制的行为，如发表、修改、复制作品等，直接侵权行为人应承担严格责任。另一种是间接侵权行为，分为帮助侵权（辅助侵权）和替代侵权。前者是指行为人知道或有理由知道直接侵权行为的情况下，向直接侵权人提供实质性帮助的行为；后者是行为人在具有监督他人行为的能力和权利，却没有及时发现和制止直接侵权行为，并从中获得直接经济利益时，应为他人的侵权行为承担责任。通常而言，在 P2P 侵犯版权案件中，终端用户承担直接侵权责任，而 P2P 软件提供者和网络服务商承担间接侵权责任。

2. 电子图书盗版

电子图书盗版主要有以下三种形式。

（1）将受版权保护的书籍（包括印刷型）另外制作成电子书，在网上提供复制下载。对于印刷型文献，要么直接扫描成图片，要么稍加处理转换成文本格式，最后通过专门的制作软件生成电子书；对加密过的电子书则是进行截图等非解密性质的处理。

（2）合法拥有正版的电子书，但是违背协议规定进行多次复制。因为现在的电子书基本都有加密程序，一般的消费者无法破解。所以这种形式已经越来越少。

（3）破解加密程序，无偿或有偿提供下载。这种形式与上述两种形式的最大区别在于需要解除电子书的加密程序，或是由专业性的技术公司提供解密服务。

3. 软件破解

当我们的软件开发完成后用于商业行为时，为了盈利，就需要设置权限让未购买者不能使用部分功能。这个时候注册码、激活码显得非常重要，未购买者会加上一些限制，如使用天数的限制、部分功能不能正常使用、软件定时提示注册等。但是随之而来的是软件被破解，现在软件破解技术越来越强大，几乎国内外大型的软件都有注册机，但是大都不断被破解了。以下为常见的软件破解方式。

1）暴力破解

暴力破解是最常见也是最简单的方法。破解者通过一些破解工具（如 Cain and Abel）对可以执行的文件.exe 进行修改。暴力破解是一种针对于密码的破译方法，根据组合原理，将数字、字母的组合逐个推算、测试直到找出真正的密码为止。

2）算法注册机破解

现在的软件商一般都自己写一些算法来保护自己的产品。例如，数字加密、字符串加密（将字符串转码、加上特定字符串）等。算法注册机是在充分了解了软件的算法基础上，制做出的一种可以自动生成软件注册码的程序。

3）补丁破解及注册表破解

补丁破解法是指用相关的补丁程序来修改软件，以达到破解软件的目的。此方法一般是破解软件的验证注册码或时间，基本上都是修改源程序的判断语句。注册表破解主要指通过修改注册文件.reg 来实现破解。例如，软件试用限制时间是一个月，那么破解者就可以通过修改注册文件.reg 来延长甚至无限制地使用该软件。

4）程序破解

目前市场上大多数控件是开源的，以 C#为例，在市场上有很多的软件是通过 C#来编写的。从商业利益角度看，软件商设置了很多的限制，但是破解者一样可以长驱直入。Reflector 就是大多破解者选择的破解工具，利用该软件，可以清楚地看见源程序的代码。因而破解者可以轻易根据软件商的算法得到软件注册码。

在软件编程语言里，Java 语言是最为安全的编程语言之一。如果不拿到源代码，几乎不可能破解 Java 程序。即使下载拿到了源代码，打开 Java 文件后看到的也全是乱码，但使用 Java 反编译工具 XJad 仍能把编译后的 Java 文件反编译成正常代码。

5）加密狗破解

硬件加密锁 FreeEIM，俗称"加密狗"，对于加密狗的破解大致可以分为 3 种方法：一种是通过硬件克隆或者复制；一种是通过 Soft-ICE 等 Debug 工具调试跟踪解密；一种是通过编写拦截程序修改软件和加密狗之间的通信。

1.3 数字版权保护技术研发现状

1.3.1 数字权利登记注册

数字内容产业的发展，推动了数字版权管理模式和保护体系的变革，针对作品的全流程进行版权管理是当前发展的重点之一，而数字作品权利的登记注册又是全流程版权管理和保护的基础。

1. 数字版权管理与服务

版权管理与服务的主要内容包括：版权贸易信息管理，如版权的许可使用信息、版权转让信息的收集、整理等；版权权利内容管理，如版权登记注册、版权数据存储与编目、版权合同登记、版权质押登记等；反盗版信息管理，如作品使用跟踪、盗版行为的证据记录、盗版作品信息披露等。这些任务的完成必须依靠版权管理与服务系统作为有力的支持。

美国版权局的 CORDS 系统则是版权管理与服务系统的成功代表。该系统开发始于 1993 年，宗旨是通过互联网实现数字作品的在线版权登记申请、注册与保存。该系统的工作机制大体如下：当接收版权登记申请人通过电子邮件寄送的电子申请表格后，版权局进行一系列记录与存储活动，如进行数字化签名的确认、编制跟踪记录并反馈给申请人，审查作品的版权性质及其他要求、给定有效登记日、给定登记号、打印版权确认证书、确定版权标识、进行作品编目、将记录输入版权数据库等。这样，其他网络用户就可通过版权局的版权数据库进行版权数据的检索。从这一系列过程可以看出，CORDS 是一组管理系统与软件组件的集成，分别进行版权登记、注册、存储、信息处理、检索等功能的实现。

在我国，近年来也有很多版权管理与服务的系统或平台投入使用，但在提供的功能上还不够全面和完善。中国版权保护中心著作权登记管理信息系统于 2009 年 3 月正式启用，系统初步实现了著作权登记申请和登记业务办理的网络化。该系统具有在线填报、登记受理、审查、审批、发证、公告等功能。

2. 数字资源唯一标识符的研发

数字资源的唯一标识符是互联网上重要的基础设施和名称管理机制，是实现目前互联网上数字版权管理应用系统互操作的关键之一。

目前，已经形成了一批应用在不同环境下的标识符方案。但是，很多标识符方案仅仅定义并形成了一个标识符名称空间及标识符构成机制，尚未构成一个完整的包含解析系统的标识符系统，如 SICI、BICI、PII 等。这类标识符详细定义了构成规则并由特定机构对其进行登记管理，但是在制定时并没有为其设计一套用于互联网环境的分布式的解析和管理机制，当前最为普遍和实用的标识符解析机制仍然是基于 HTTP/DNS 的。

由美国 CNRI（Corporation for National Research Initiatives）建立的 Handle System 是互联网上比较成功的唯一标识符系统。近年来，我国已有若干机构对唯一标识符系统进行了深入研究，开展了基于 Handle System 的应用试验，并取得了实质性的研究成果和进展，在此基础上建立的系统已经在国内投入了实际应用。

1994 年，美国出版商协议（American Associate of Publishing，AAP）成立了非盈利组织 IDF（International DOI Foundation），在 CNRI Handle System 的基础上，

专门研发了一种既能保护知识产权又能保障版权所有者商业利益的系统——数字对象标识符（Digital Object Identifier，DOI）。DOI 系统由标号体制、元数据、解析系统和政策框架 4 部分组成。目前，DOI 已经得到了广泛认可，大约 90%以上的出版商都通过 DOI 注册机构 Crossref 使用了 DOI。Elsevier、Blackwell、John Wiley、Springer、Science Direct、Web of Knowledge 等大型出版商大多都使用了 DOI 系统。DOI 已经广泛应用于期刊、学位、图书、科学数据等领域。实现了引文与全文的开放式链接，建立了不同信息资源之间的链接关系，使参与 DOI 系统的所有资源形成了一个有机整体，最大限度地保持了知识体系的完整。

北京万方数据股份有限公司联合中国科学技术信息研究所于 2007 年 3 月成为全球唯一的中文 DOI 注册机构（RA），其在 Handle System 基础上开发了中文 DOI 注册与服务系统，提供学术期刊论文和科学数据 DOI 注册、DOI 元数据查询、DOI 解析等方面的服务，该系统获得了 2009 年第三届中国数字出版博览会创新技术奖。截至 2012 年 9 月，中文 DOI 的注册数量超过 190 万，居全球所有 RA 中的第二位，已经为 1500 余种科技期刊提供了 DOI 注册、查询与解析服务。

1.3.2 多粒度授权技术

随着网络技术和阅读终端的发展，人们的阅读和消费习惯发生了变化，数字版权保护技术针对的内容粒度和销售形式更加丰富。数字内容作品除了传统的整体封装型销售模式外，还出现了超级分发、预览、试读等多种促销模式和按章节销售、按权利销售、按需印刷、多内容个性化组合、内容共享等多种内容服务模式。更进一步的是，在实际应用中，这些新的内容服务模式存在很大的潜在市场。用户可能更关心数字内容中的局部内容，或者只是想体验一下开头的部分内容再决定是否付费购买，内容提供者也可能希望为用户免费提供前面部分的数字内容以吸引更多的客户，或者对数字内容的不同部分提供不同的权限。例如，为了促进电子图书的销售，很多电子图书需要开放部分免费预览服务和允许分章节购买。一个用户可以先翻阅图书的第一章，再决定是否购买该书，还可以仅购买其中的第三章和第五章，并按章付费。此外，还可以根据用户的需求，为用户颁发多个数字内容的分段授权的数字许可证，实现定制化授权，方便用户购买多个数字内容作品的部分内容，为用户提供个性化服务。

现有数字版权保护的整体封装型授权模式无法对数字内容作品进行更细致的权限管理和使用控制。数字内容的服务需要更加易用的 DRM 技术支持，实现更加灵活的商业模式，可以根据用户的实际需求进行"按需授权"，支持超级分发等分发模式，兼容整体授权、分段授权、多硬件环境下的适应性授权等多种授权模式。然而，对于这样的需求，现在的技术厂商和运营商都是采用将电子图书拆分成几个文件分别控制的方式。但这样的拆分销售方式事实上破坏了电子图书作为一本具有独立版权的出版物的整体性，常常造成商业行为上的漏洞，带来版权方面的诉讼。因此，如何在保持电子图书完整性的情况下，实现电子图书的分段保护和分段付费，就成为一个影响到电子商务模式继续发展的重要问题。

1.3.3 硬件绑定技术

随着 Kindle、iPad、智能手机等终端设备的日益丰富和广泛应用，针对不同设备的数字版权保护技术也越来越多。国内外相关企业开始关注数字内容作品与承载设备之间的绑定技术。这种技术旨在通过数字许可证将数字内容与承载设备或者额外的专用设备绑定，使得数字内容只能在特定的设备或者带有特定专用设备的机器上使用[4, 9-11, 13-19]。加密后的数字内容可以随意传播，数字许可证却只能为一台设备使用。

但是，硬件绑定技术引入了硬件适应性问题，即当用户升级系统、更换机器的一个或者几个相关硬件设备后，原先购买的数字内容就不能使用了。系统选定的用于绑定数字许可证的硬件设备统称为相关硬件设备。无论是用户升级数字内容使设备的软件系统或者硬件配置后原数字内容不能使用，还是非法用户通过设备软/硬件环境变更实现对版权内容的非法共享，这都是不合适的。

针对设备硬件部件变更引发的数字内容使用问题，Macromedia 公司通过与版权服务器联系，重新获取许可证的方式来解决这个问题。WinXP 则是通过保存原先硬件配置信息、比较新旧硬件配置信息的方式来解决这个问题。这两种方式部分解决了一定范围内硬件部件变更的自适应问题。但是，前者需要用户有良好的网络连接，并且需要对用户硬件配置信息进行跟踪，存在隐私问题[28]，还会增加用户上网费用和服务器负担；而后者将原先硬件配置信息存在本地，新旧信息的比较点容易成为攻击点，存在安全隐患。

针对上述问题，北京大学计算机研究所的研究团队结合秘密共享方法和硬件绑定方法，提出了一种具备硬件适应性的数字内容与硬件绑定的方法[29]。可以根据部分硬件设备信息保持原有的加密机制。通过该方法，用户在购买数字内容并获得数字许可证后，可以变更许可申请设备的部分硬件而不会影响数字内容解密密钥的恢复和数字内容的使用，而非法复制到其他设备的数字内容及其许可信息，将会由于设备硬件配置差别太大而无法使用，确保了版权的安全性。

对于多机授权的数字内容使用问题，关键在于提供一种局部共享机制，使得用户能够方便地在所拥有的多个同类或者不同类型的设备上使用受保护的数字内容，同时又需要保护数字内容的版权，使数字内容复制到其他用户的设备上无法使用。最初，人们采用一种简单的安全策略，允许用户在几个设备上下载购买的数字内容及使用权利以实现数字内容在多个设备上的使用[36]，或者采用 Rights

Locker 架构方式[31-32, 36]，将用户购买的所有数字内容及使用权利保存在中心服务器 Rights Locker 上，通过中心服务器的在线控制实现数字内容在不同设备上的使用。这两种方法都要求所有用户设备连接服务器下载数字内容和数字许可证，存在多台设备重复下载同一个数字内容及数字许可证的问题。随着移动终端的普及，这种共享策略已经不能满足用户的需求。目前，某些移动设备，如有些电子书阅读器不能直接上网，需要通过 PC 作为代理下载数字内容和数字许可证，较为烦琐。

为了避免多台设备重复下载同一个版权内容，Microsoft 和 Adobe 公司通过将数字许可证与个人绑定、个人与多台计算设备绑定的方式，允许用户在一定数量的设备上共享受保护的数字内容[33-35]。但是，这类共享只考虑一定范围内设备的增加问题，没有考虑设备的删除问题，共享的动态性差，无法满足用户更换授权设备的需要。针对该问题，IBM、Marlin、OMA、Philips 等[37-40]引入了授权域（Domain）架构，实现数字内容在多台设备上的共享与保护。授权域架构最早是由 DVB 联盟[41]提出的，其目的是为了便于组建安全的家庭网络。用户合法获得的数字内容可以在授权域内各设备间无缝流动，但域和域之间的内容传播有严格限制。目前，基于授权域的方法主要包括：基于域密钥共享、基于域成员信息共享。

基于域密钥共享的主要思想是令域内所有成员设备拥有一个共同的秘密——域密钥，通过域密钥将有版权的数字内容绑定到域，使得数字内容可以在域内的任何一台设备上使用，并通过域密钥的更新和管理实现域内设备的更换和域的更新。OMA DRM V2.0[38]正是采用了基于域密钥共享的方法来实现多设备内容共享与保护的。OMA DRM V2.0 的密钥管理是基于域密钥来实现的，内容密钥与域密钥相绑定，域密钥与域成员设备的设备密钥相绑定。域成员设备获得许可证后，利用其设备密钥可以解密获得域密钥，进而利用该域密钥解密获得内容密钥，使用数字内容。域成员设备之间可以传输许可证，而不必连接 RI（Rights Issuer）获得，这对设备与 RI 之间的连通性降低了要求。OMA DRM V2.0 采用基于域密钥共享的方法可以有效实现数字内容共享，并能够实现设备的动态加入/离开，但设备变更时，域密钥也需要更新。对于设备变更频繁的授权域来说，域密钥更新操作将占据较大的开销。

基于 OMA DRM V2.0 架构，有人[40, 42]提出了将域管理与权限管理相分离，引入域管理器（Domain Management，DM）负责域管理事务，为 RI 减轻了负担。有人[43]在 OMA DRM V2.0 的基础上，提出了新的 ROAP 协议，该协议支持新颖的电话支付功能。该协议引入了一个 Network Operator，移动电话通过 Network Operator 请求 RO，获取付费信息，用户确认支付后由 Network Operator 生成电话账单并执行电话支付。支付成功后由 Network Operator 获取 RO 并返回给移动电话。该协议有助于域内的移动电话更加方便地使用数字内容。另外，针对注册协议发生频率低、RO 获取协议及加入域协议发生频率高的状况，采用对称加密算法来替

第 1 章 数字版权概述

代高频协议中出现的非对称加密算法,提出了一种轻量级的密钥管理方法。

Carlos 等人[44]也采用基于域密钥共享的方法实现多设备内容共享与保护,并撰文提出将移动电话作为身份设备,利用该身份设备将设备加入授权域,并需要满足物理接近原则,一定情况下可以避免陌生设备非法接入。另外,该文献中还提出了计数机制来限制设备的频繁变更,防止数字内容的无限扩散,加强了域的管理机制。

Ryoichi 等人[45]在 OMA、Marlin 等 DRM 共享机制的基础上,结合域与基于上下文的访问控制策略,完善并加强了域的管理,给出一个多设备共享数字内容的版权保护模型,通过域许可证描述的上下文信息审核终端设备,决定该设备是否可以加入域并访问该域所拥有的数字内容。

基于域成员信息共享方法的主要思想是令域内设备共享域成员的相关信息,使得域内任何两台设备之间可以执行相互的身份认证,确认彼此为域成员,并进行安全的内容交换,从而实现数字内容在整个授权域内的共享。Wired 等人[46]是这类方法的典型代表,其发表的文章也是目前引用率最高的内容共享与保护类文献之一。该文献中,域管理机制主要包括适应设备加入和适应设备离开。适应设备加入域时需要与域管理器进行相互的身份认证,即校验设备证书。认证成功后,域管理器为其分发其他所有域成员相关信息。如上所述,设备离开域时,撤销机制较为复杂,它依赖于撤销列表。撤销列表分为本地撤销列表和全局撤销列表,主动申请离开的设备或因丢失/损坏而离开的设备将被域管理器加入到本地撤销列表中,但被强制撤销的不安全设备则被授权机构加入到全局撤销列表中。更新后的全局撤销列表与数字内容相捆绑,由内容管理器引入到域中,提交给域管理器处理。域管理器将其中的有效部分合并到本地撤销列表中。只有不在撤销列表上的设备才可以相互执行内容交换。另外,设备变更时,所有在域的适应设备需要更新其存储的离域设备的相关设备信息。

Axel 等人[47]提出为每台加入域的设备分发一个域证书,域证书中包含域信息、版本号及当前在域的成员设备信息,如设备 ID。根据域证书,域成员设备之间可以执行身份认证,认证成功后进行内容交换,实现内容共享。设备变更时,域证书将会更新其中的在域成员设备信息并提升版本号,然后分发给各个域成员设备。如同域密钥更新,域成员信息更新也依赖于良好的网络连接,以便在设备加入或离开授权域时更新所有设备上保存的域成员信息,共享成员之间不具备独立性。但是,这对移动设备或离线设备带来了挑战。

基于授权域的多设备内容共享与保护方法在使用方面过于复杂。目前,不基于域的多设备内容共享一般通过将内容与智能卡相绑定[49]或将内容与用户证书相绑定[50]来实现。基于智能卡的方法往往限制了多台设备的同时使用,并且智能卡需要随身携带,具有一定的不便性。基于用户证书的方法,则要求每个授权用户申请并拥有一个数字证书,这也为用户带来了一定的不便性。而且数字证书机制相对复杂，因此往往存在效率低的问题。基于上述问题，北京大学计算机研究所的研究团队提出了基于遍历加密的多设备内容共享与保护方法[48]，以满足版权的安全性、系统的灵活性和用户使用的方便性。

1.3.4 多种分发技术

互联网的发展使数字内容产业链发生了变化，交易与分发模式更加丰富，新颖的内容获取形式随着终端设备和传播渠道的变化层出不穷。目前，网络中典型的分发模式包括：B2B 交易分发模式（如图书批发）和 B2B 二次分发模式（如图书馆馆际互借）、B2C 交易分发模式（如图书零售）和 B2C 二次分发模式（如批发图书的机构将批发得到的图书销售/出借/出租给消费者）、C2C（Consumer to Consumer）分发和 C2C 二次分发模式（如用户将购买的图书赠送给其他用户）和超级分发等。其中以 B2C 交易分发、B2B 交易分发、B2B 交易分发融合 B2C 二次分发（简称 B2B2C 分发）和超级分发等模式最为常见。

与 B2C 交易分发不同的是，超级分发指的是用户之间通过邮件、P2P 平台、蓝牙、记忆棒或者其他分发渠道传播诸如文字、音乐、视频、游戏或者软件等数字内容的一种多级分发方式。超级分发概念起源于软件保护领域。1990 年，Ryoichi Mori 和 Masaji Kawahara 首次提出了超级分发的概念和超级分发体系，他们指出"超级分发是一种软件分发方式，是一种在保护软件不被修改和未经授权的使用前提下，支持软件可以毫无限制地被自由分发的分发方式"[17]。1994 年，Brad Cox 将超级分发概念扩展到整个数字内容领域[18]。

现有的 DRM 技术在支持数字内容超级分发内容交易与分发版权保护研究方面取得了一定的成果。B2C 内容交易与分发版权保护技术是人们最先研究也是取得较好成果的内容交易与分发版权保护技术。现有的 DRM 技术在支持数字内容 B2C 交易分发方面已经有了比较完善的研究并开发了一系列应用系统，已经有了较好的应用，如微软的 WMRM 和 DAS、Adobe Content Server、OMA DRM、北大方正的 Apabi DRM 等。

现有的 DRM 系统能够很好地支持数字内容的 B2C 分发，也能够支持超级分发。但它存在以下特点和不足：

（1）依赖于可信第三方。这种由可信第三方进行授权的方式，使得数字内容提供商/发行商必须完全信赖可信第三方（Trusted Third Party，TTP），提供商本身无法对计数进行审核，且必须通过 TTP 才能与销售商进行交易。而且，在实际应用中，一个高度可信的 TTP 必然对应一至多个内容提供商，而一个内容提供商的数字内容也可以由多个销售商进行分发销售，随着提供商的增多和并发用户的增加，TTP 的负担就会加重，并很有可能成为系统的"瓶颈"。

(2) 超级分发版权保护的灵活性不够。超级分发有益于用户分享与获取数字内容的授权，提高 DRM 系统的易用性。现有 DRM 系统虽然能够为数字内容的超级分发提供一定的支持，如 Microsoft Digital Asset Server、Adobe Content Server、RealNetworks HelixDRM、InterTrust Rights System、OMA DRM 等，但这些 DRM 系统都是以整个数字内容作品为单位来支持超级分发的。而针对 P2P 等网络的内容下载，当传输节点发生问题、用户无法获得完整作品时，现有的超级分发方案均不能提供有效的版权保护。因此，需要给出一种机制，使得用户在超级分发模式下，即便只获得部分数字内容，也可以获得该数字内容的授权和完整的数字内容文件。

(3) 二次分发指的是用户购置的数字内容及其授权在不同设备、不同用户之间的转移，是数字内容使用权的转移。其难点在于如何确保权利的有效转移，确保源用户暂时或永久丧失已转移的数字内容使用权，目标用户暂时或永久拥有相应的数字内容使用权利。

对于 B2B 内容交易与分发模式下的版权保护问题，在电子图书领域，NetLibrary[50, 51] 和 OverDrive[52] 采用基于 Web 的数字图书馆模式来实现电子图书从提供商到图书馆的 B2B 交易分发，图书馆购买的电子图书并未真正交给图书馆，读者必须通过由 NetLibrary/OverDrive 管理的数字图书馆系统借阅本馆的电子图书。因此，并未真正实现 B2B 授权，其后续的 B2C 采用的是传统的 B2C 分发模式，而非 B2C 二次分发，不支持授权的转移，不能满足不同数字图书馆的不同需求，不利于数字内容批发模式的开展。Apabi DRM 在一定程度上实现了批量分发授权和二次分发授权，并取得了不错的应用效果。但是还需要进行系统化的研究和提升，特别是在批量分发授权流程、动态权利信息的安全存储和保护等方面需要进行进一步的研究。此外，目前还未见有 DRM 系统支持的数字内容 B2B 二次分发技术。

对于 C2C 二次分发模式下的版权保护问题，有人[53, 54, 22, 21] 从纯软件角度进行了详细的研究并得到了一定的结果[53, 54, 23]。通过在客户端引入 DRM 服务中心的方式来实现二次分发。这种方式只涉及分发者和接收者，不需要第三方参与。但是，该方式增加了客户端程序的复杂性和运行负担，同时这种在用户本地处理二次分发、生成对等许可证的方式对 PC 等通用设备存在安全隐患。而且，不存在任何机制来跟踪用户在转让数字内容后的行为，用户可以通过硬盘克隆等方式，恢复已转移的数字内容及其许可证并可以再次进行转让。

还有人[22] 利用内容发行商（CD）和数字水印技术实现二次分发。这种方式只能在发现盗版后进行验证，不能防止盗版，且在每次二次分发中，用户都要向 CD 发送数字内容副本，CD 要对数字内容进行插入水印、公钥加密等处理，服务器负担重、花费时间长。更主要的是，在源用户转让数字内容后，虽然不能再次转让该数字内容，但仍可以使用该数字内容，而且只能通过 CD 从用户本地的数字内容副本中提取交易标识水印信息的方式来发现这种盗版行为，难度较大。

O.Sibert 等人[21]提出，通过可信第三方，利用激励机制，在 P2P 网络上实现数字内容的二次分发和传播，通过提高 Peers（按照协议分发）的积极性来减少盗版。事实上，这不是一种 C2C 二次分发解决方法，而是一种商业模式，是一种让用户参与分发销售并分享收益的行为，需要用户自觉遵守分发规则，对用户获取数字内容后的行为没有任何约束，用户可以随意共享获得的数字内容及其密钥。

所有这些均无法实现权利的真正转移，无法保证原购买者在内容所有权转移后不能再使用相应的数字内容了。就纯软件的 DRM 而言，是不可能完全解决用户通过硬盘克隆方式恢复 PC 上已转移数字内容的非法行为的。但是，可以给出一定的机制，跟踪并发现用户在转让数字内容后的非法恢复行为，防止用户再次分发已转移的数字内容，并能采取一定的措施隔离非法设备。而现有的二次分发版权管理机制均缺少有效的跟踪检测机制。数字内容所有权的转移问题，是 DRM 技术中的一大难点问题，权利转移问题的关键在于权利的监控和跟踪上。

权利管理系统[30]提到，通过在客户端安装可信计算模块（Trust Platform Module，TPM），并依赖可信的授权中心（Licensing Organisation，LO）对数字内容提供商和设备制造商进行授权，实现了数字内容及其权利由内容使用者分发到其他内容使用者的 C2C 二次分发模型。该方法的缺点在于：

（1）依赖合法设备及其 TPM，实现存在一定的难度。

（2）对于非法用户的追踪效率低且时效性差，需要耗费数字内容提供商的大量计算资源。

Dhamija R.等人[31]还提出了一种不依赖安全硬件的二次分发方法，版权安全性由数字内容提供商的中央服务器控制，移动 Agent 用于供服务器向客户端传送内容密钥密文和权利信息。为了防止移动 Agent 遭受攻击从而泄露内容密钥，可以使用在一定时间段内具有抗攻击能力的黑盒（Time Limited Blackbox）机制来实现移动 Agent。该方法的缺点在于，二次分发的安全性依赖于可信服务器，服务器维护授权状态，开销很大。

现有的 DRM 技术在支持数字内容 B2C 交易分发模式方面已经取得了比较多的研究成果并开发了一系列的应用系统。但在支持数字内容的超级分发、B2B 交易分发、B2C 二次分发与权利转移，以及 C2C 二次分发等方面存在不足。因此，针对上述内容交易与分发版权保护研究现状，以及新的应用环境，还存在如下关键问题亟待解决：

（1）数字内容超级分发版权保护技术。它支持超级分发模式下对数字内容的整体保护与细粒度保护，实现对数字内容的安全传输、动态授权与授权使用，并实现对多硬件环境下适应性授权的支持。

（2）数字内容批量分发版权保护技术。它实现对数字内容作品的批量授权，以及批量授权的验证、解析、管理与保护，确保批量数字内容作品购买方能得到所购买的数字内容作品及其权限，并能根据权限进行二次分发。

（3）数字内容二次分发版权保护技术。它实现对数字内容作品权利的有效转移。

1.3.5 富媒体内容版权保护技术

数字内容作品向移动化和富媒体化发展已逐渐成为趋势。富媒体是由文字、图片、音视频、Flash、显示样式、超级链接、Applet 应用程序等多种类型的媒体资源组合而成的新一代复合媒体形式。目前，富媒体已经开始大量出现在数字报刊、广告等平面媒体形式中。数字化的富媒体资源很容易遭到非法复制和扩散，为了保护发布富媒体内容资源的版权不受侵犯，需要对富媒体内容版权保护技术进行研究。

富媒体概念自 2000 年被提出之后，开始只使用在广告领域，在 2005 年之后，由于各大门户网站的加入，使得富媒体真正大规模应用到非广告领域，越来越成为重要的、新型的媒体形式。随着富媒体内容数据的快速增长，富媒体的版权问题日益凸显，亟待解决。

1. 富媒体内容加密封装技术

在数字图像加密算法方面，研究比较广泛的有基于混沌系统的图像加密算法。混沌是非线性动力系统中出现的一种确定性的类随机过程，具有遍历性、混合性、确定性，以及对初始条件和控制系数的敏感性等特点，这使得混沌系统很适合于数据的加密。另一方面，高维混沌映射也很适合对图像进行置乱。基于这一原理，主要研究有基于广义 Baker 映射、三维 Cat 映射和标准映射提出的未压缩图像的加密算法。国内学者也对该领域进行了广泛而深入的研究，采用了广义映射、类标准映射、Henon 映射、Lorenz 系统、混沌掩盖和单向耦合映射格子等多种混沌映射和技术实现图像的快速加密。

在多媒体加密算法方面，由于 MPEG 系列标准是目前流行的视频编码标准，针对 MPEG 系列标准的快速加密算法被广泛研究，包括 DCT 系数选择加密、移动向量和预测模式的加密，以及系数置乱等加密方法研究。尽管多媒体加密技术与传统加密技术的目的都是保护数据的安全性，但两者在研究对象、研究方法和研究重点上均有所不同。传统加密技术的研究对象是普通的二进制数据，它通过设计并组合基本的加密运算来构造加密算法。传统的加密算法不关心数据本身的结构和含义，而着重研究算法的效率和安全性。多媒体加密技术的研究对象则是视觉或听觉上可感知的图像、视频或音频，它利用多媒体的特性，调用传统加密算法对多媒体对象的部分数据或结构进行加密。多媒体加密技术假定传统加密算法本身是安全的，着重研究如何根据多媒体的特性来选择被加密的数据和结构，并保证加密后的多媒体对象从视觉感知的角度是安全的。

2. 富媒体权利描述

数字权利描述语言（Digital Rights Expression Language）为数字版权管理提供特定词汇供版权拥有人及著作权人使用，可以限定提供的内容及使用者使用的方式。常见的权利描述语言有 ODRL、XrML 等。

Lanella 在 2000 年提出 ODRL 这个开放性的权利描述语言。ODRL 目前由十多个团体共同研发，同时也是 W3C 所认可的国际标准。ODRL 目前被许多在澳洲及欧洲的学院、数字图书馆使用，也有商业的应用。2003 年时被纳入成为 W3C 的标准，2005 年又被 NISO 纳入成为 NISO 标准。ODRL 是一种以 XML 为基础的语言，它提供了数字权利描述语言与资料字典和数字权利管理表达语义，适合所有形态的数字内容作品。ODRL 是设计给各类工业使用的，保留了延伸性，并提供互通性的机制，可以免费自由取用，并没有版权上的要求。ODRL 主要目的在于提供数字资源发行、散布、消费时，描述其灵活性，并建立跨平台、互通的数据共享机制。

XrML（Extensible Rights Markup Language）是由 ContentGuard 公司提出的一种版权描述语言，专门用来描述数字内容版权及版权使用限制的 XML 语言，为目前使用最多的数字版权描述语法标准，主要目的在于提供一个国际通用的方式，来达到指定版权、使用条件与保护内容的目的。XrML 可应用于各种模式上的各种数字化资源，包括数字形态的内容、线上服务或应用程序等，可针对不同对象提供多种授权方式及限定各种使用限制，并使用数字签名技术，让收到版权描述文档的数字内容使用者无法私自窜改版权描述文档内容。

3. 标识符嵌入与检测技术

在标识符嵌入与检测技术方面，目前主要的研究集中在图像、音频、视频方面。

（1）二值图像即黑白图像，其每个像素点只用一位表示，"0"代表黑，"1"代表白，这个特点决定了任意修改像素值是不可行的。在嵌入水印时，不能像灰度图像和彩色图像中那样孤立地考虑一个像素点，而必须考虑该像素邻域情况，否则会引起视觉异常。与灰度图像和彩色图像相比，二值图像的视觉冗余少，水印技术重点考虑视觉上的隐蔽性问题。水印技术的嵌入容量与鲁棒性是一对矛盾。鲁棒性越强嵌入容量越小，鲁棒性越弱嵌入容量越大，增强技术的鲁棒性会以牺牲隐藏容量作为代价。因此，需在鲁棒性与嵌入容量之间寻求一种平衡，根据应用需求不同对鲁棒性与嵌入容量做不同的侧重。

二值图像水印算法可按嵌入原理的不同分为行移或字移、基于图像分块的水印算法、变换域水印算法等几类。其中，分块嵌入的二值图像水印算法是一种较为典型的水印算法，由于其算法简单、嵌入容量大，相对于其他算法而言具有更强的实用性。在变换域水印算法方面，变换域嵌入水印信息，再返回到空间域后，为了确保图像的二值性，需进行二值化处理，通常会大大削弱水印强度，甚至会除去水印信息，因此，不能通过简单地修改变换域上系数来嵌入水印。

（2）数字音频水印技术就是在不影响原始音频质量的条件下向其嵌入具有特定意义且易于提取信息的过程。根据应用目的的不同，被嵌入的信息可以是版权标识符、作品序列号、文字（如艺术家和歌曲的名字），甚至是一个小的图像或一小段音频等。数字音频水印算法需要具备透明性、安全性、鲁棒性。目前，比较成熟的音频数字水印技术有低比特位替代法、回声隐藏方法、相位编码方法、扩展频谱方法、量化索引调制法和压缩域方法等。

（3）数字视频水印技术大都是从水印的嵌入、提取角度出发进行研究的。一般来说，按水印嵌入域分类可将视频水印划分为非压缩域视频水印和压缩域视频水印两类。

第一类嵌入方案是直接将水印信息嵌入到原始视频中，形成含水印的原始视频信息，然后进行 MPEG 视频编码。其优点是可以利用某些现有的静止图像水印算法，且不影响现有 MPEG 编/解码器的使用。这种方法的最大优点就是可以抵御编码方式变换时的攻击；其缺点是嵌入水印需要对视频进行全解全编，大大增加了水印算法的时间复杂度。在非压缩域的视频水印算法中，原始视频序列被看作一个连续的视频帧，各种成熟的图像水印技术直接应用于视频帧当中。Hartung 等借鉴扩频通信的基本思想，提出了在未压缩视频序列中嵌入水印的算法，将视频信号看作一维信号，水印信息经过扩频调制后，变成伪随机序列，采用加法将该伪随机序列嵌入到视频信号上。Pik-Wah Chan 等提出了一种新的基于场景的视频水印算法，该方法也是直接对未压缩的视频序列做 DWT 变换，然后利用小波系数的大小关系嵌入不同场景的水印信息中。

第二类嵌入方案是直接将水印信息嵌入到 MPEG 压缩码流中，其最大的优点在于无须完全解码和再编码过程，因此对视频信号造成的影响较小。但视频系统对视频压缩码率的约束将限制水印的嵌入信息量，同时可能对运动补偿环路造成影响，为抵消这一影响采取的措施明显增加了该算法的复杂度。Hartung 等人利用扩频思想在 MPEG-2 压缩视频流中嵌入水印，对 MPEG-2 视频流进行部分解码，得到每一帧图像的 DCT 系数，然后选择其中不会增加视频比特率的系数进行修改。用这种方法得到的视频码率在 4～12Mb/s 之间，适用于 DVD 和数字电视广播技术。Adnan MAlattar 等人提出了一种鲁棒的低比特率视频水印算法，把水印信号嵌入到 MPEG-4 ASP 压缩视频流中。水印信号由原始消息信号和一个同步模板组成，经直接序列扩频调制后，嵌入到 I 帧和 P 帧的 AC 系数中，嵌入强度由全局增益因子和局部增益因子控制，同时还利用漂移补偿和比特率控制算法，进一步减小水印对原始视频流的影响。该方法最后的视频比特率小于 784kb/s。Jordan 等通过修改 MPEG-4 编码流的运动矢量来隐藏信息，该方法使用一定的嵌入规则，选择运动矢量的不同分量，在运动估计的搜索范围内修改运动矢量的大小。MauroBarni 等人利用 MPEG-4 基于对象压缩的特点，通过随机选择的宏块中 DCT 系数对之间的关系，在每个视频对象中嵌入水印。Gang Qiu 等人提出了另一种 H.264/AVC 视频流上的等级视频水印算法，他们在每个 I 帧的 AC 系数中嵌入 1bit 鲁棒水印，在每个 P 帧的运动矢量上嵌入 1bit 的易损水印，所提出的水印框架既能用于版权保护，又能用于内容认证。

1.4 数字版权保护技术市场格局

1.4.1 数字版权保护技术产品种类

1. 移动设备市场

在移动数字版权管理市场，参与者多是来自北欧和德国的小公司，如 Core Media、Beepscience、Openbit 等；也有部分来自美国的中小型公司，如 Qpass 和 SafeNet 等；另外，还有英国老牌 NDS 的移动通信分部。多数小公司以媒体和软件生产厂商为目标客户，为其提供跨平台插件（由此构成 DRM 客户端）、集中版权管理的 DRM 服务器和相应的维护服务。

2006 年 7 月赛迪顾问发布的《中国移动 DRM 市场现状及投资前景研究报告》显示，2005 年中国 DRM 厂商在无线业务中的收入规模达到 1000 万元，到 2006 年年底，DRM 厂商的收入规模达到 4400 万元，同比增长达到 340%。用户规模方面，2005 年中国无线业务中应用 DRM 技术的用户达到 750 万人，到 2006 年年底，该数字达到 1900 万人。

中国移动用户人数达到 4.2 亿人，仅中国联通一家的 DRM 用户就达到 150 万人，而据赛迪顾问分析，到 2010 年全国移动用户人数将达到 6.56 亿人，其中 DRM 用户将达到 1.5 亿人。这对 DRM 技术厂商来说是一个具备巨大发展潜力的市场。

将 DRM 技术引入移动增值业务，可以确保数字内容在移动网内传播，保证内容提供商的利益。当前，已经出现了支持 OMA DRM 的移动设备，如 Nokia6620 手机。但是，就目前的下载速度和下载费用而言，移动 DRM 产品的普及使用还存在一定的困难。随着 3G 移动技术及 OMA DRM 的发展，DRM 在移动领域的应用研究将更进一步，国内市场上将会出现更多的移动 DRM 系统和产品。

2. IPTV 市场

交互式网络电视（Internet Protocol Television，IPTV），是指基于 IP 协议的电视广播服务。该业务将"电视机+机顶盒"或个人计算机作为显示终端，利用运营商提供的各种宽带有线电视网的基础设施，应用通信、多媒体等多种技术，通过互联网络协议来提供包括电视节目在内的多种数字媒体服务。IPTV 的核心是数字内容传播，数字传播的关键是数字版权的保护，从技术上防止数字内容的非法复制，或者在一定程度上使复制变得很困难，最终用户必须得到授权后才能使用数字内容。

DRM 技术的工作原理：首先建立数字节目授权中心，将数字节目内容编码压缩后，利用密钥将之加密保护，加密后的数字节目文件头部存放着 Key ID 和节目授权中心的 URL。合法用户在点播时，将验证节目头部的 Key ID 和 URL 信息，通过验证的同时将收到授权中心送出的相关密钥解密，节目随后播放。被加密的数字节目内容，即使被用户下载保存到本地，如果没有得到数字节目授权中心的验证授权密钥，也无法打开内容。现在市面上有多种流行的 DRM 系统，如 RealNetworks 的 RealSystem MediaCommerce Suite（RMCs）、微软公司的 Windows Media DRM（WMDRM）。

IPTV 的应用场景包括：时移、预定、下载、赠送、消费、内容管理、持续观看、设备绑定、域绑定、委托代理、域内受限访问、访问、域合并与拆分、转让、导出、备份，以及机顶盒更换。

目前，国内 IPTV 采用的主要技术是 MPEG-4，MPEG-4 是由运动图像专家组（Moving Picture Experts Group，MPEG）定义的，与 MPEG-1 和 MPEG-2 相比，MPEG-4 更适于交互 AV 服务及远程监控。此外，我国在大连已经建成了以中国自主的 AVS 解码技术为核心的 IPTV 商用网，并由辽宁网通大连分公司投入运行。

3. 3G 市场

3G 是第三代移动通信技术（3rd Generation）的简称，特指支持高速数据传输的蜂窝移动通信技术。相对第一代模拟制式手机（1G）和第二代 GSM、CDMA 等数字手机（2G）来说，第三代手机（3G）是指将无线通信与国际互联网等多媒体通信结合的新一代移动通信系统。3G 与 2G 的主要区别是在传输声音和数据的速度上的提升，它能够在全球范围内更好地实现无线漫游，并处理图像、音乐、视频流等多种媒体形式，提供包括网页浏览、电话会议、电子商务等多种信息服务，同时也要考虑与已有第二代系统的良好兼容性。3G 的应用场景包括实时下载、预定、超级分发、完整性检查、持续观看、实施绑定、备份，以及终端更换等。

技术的升级使得数字内容产品开始存在于移动的用户面前，而非以往用户只有固定在一个空间中才能接受某些数字内容产品，因而 DRM 技术也会相应地出现在 3G 市场中。随着数字内容产品的扩大，中国移动、电信和联通已经开始或者准备开始进行无线增值业务数字版权管理技术的测试。

4．PC 流媒体市场

PC 流媒体实际指的是一种新的媒体传送方式，而非一种新的媒体，将整个 A/V 及 3D 等多媒体文件经过特殊的压缩方式分成一个个压缩包，由视频服务器向用户计算机连续、实时传送。在采用流式传输方式的系统中，用户不必像采用下载方式那样等到整个文件全部下载完毕，而是只需经过几秒或几十秒的启动延时即可在用户的计算机上利用解压设备（硬件或软件）对压缩的 A/V 及 3D 等多媒体文件解压后进行播放和观看。此时多媒体文件的剩余部分将在后台的服务器内继续下载。PC 流媒体主要应用于远程教育、互联网视频点播、互联网直播，以及视频会议等。

IPTV 应用和基于 PC 的流媒体应用是目前宽带视频点播服务中密切相关的两大分支，也是目前最具有宽带特色的网上应用服务。IPTV 应用和基于 PC 的流媒体应用既有相同的地方，也有不同的特点。

使用 PC 终端在流媒体系统中 700kb/s 的码流下可得到优良的视频效果，而使用机顶盒则需要保证 1.2Mb/s 的码流才可得到优良的视频效果，两者对码流的要求不同，造成两个系统的网络组网有所不同。基于 PC 的流媒体系统适用于个人 PC 宽带用户，而多终端流媒体应用除了家庭电视用户外，比较偏重一些集体用户，如宾馆、证券、教育等。

PC 终端以传统 IE 浏览器的方式，与在流媒体系统中的 Web 门户系统进行交互，而机顶盒则以内嵌浏览器或者客户端格式，与系统的 IPG 进行交互，内嵌浏览器的方式在功能上限制了 IPG 在展示界面功能的扩展，同时也影响了业务应用的发展。

从后台管理的角度，流媒体系统更多关注系统本身的资源管理、网络监控、运营状况等方面，而多终端流媒体应用在后台管理的一个重点是对机顶盒的管理。

目前，国内流媒体市场发展随着互联网网络的发展不断壮大着，除了门户网站，最近以流媒体业务为主业的视频网站也如雨后春笋般出现，伴随着数字内容的无限制复制，采用合理的 DRM 技术来规范这个市场已经拭目以待。

5．数字音乐市场

目前，在音乐保护领域最具代表性的 DRM 技术是 Apple 公司的 FairPlay 系统。

这一系统是当今占统治地位的数字音乐版权保护系统，它使得苹果在美国数字音乐市场上占有垄断地位，使得 Apple 公司的 iTunes 在美国的合法歌曲下载市场上独揽 88%的份额，iPods 则占领了美国数字音乐播放器市场的 75%的份额。最近苹果公司的 iTunes DRM 技术被破解。同时，由于受到音乐爱好者的抱怨，环球唱片公司、英国百代公司和 iTuens 网站等又在准备重新推出部分没有 DRM 技术限制的 MP3 音乐文件。

我国也在组织进行音视频 DRM 技术标准的研究。由工业和信息化部科技司于 2002 年批准成立的数字音、视频编码技术标准工作组（简称 AVS）就是一个有组织的音视频编解码技术研究组织，其编制的标准中有一个专门的部分就是音视频 DRM 技术标准的研究和制定，主要由中国科学院计算技术研究所等单位参加。近年来，各类国家级 DRM 技术研究课题中，关于音视频方面的 DRM 技术研究占据了很大一部分。

6. 电子书市场

对于电子书的 DRM 技术，国内有方正 Apabi、书生、超星等公司的 DRM 技术。在电子书市场上，方正、超星、国图、书生等企业的数字图书馆系统已经将我国的数字图书馆应用水平推向了国际领先地位。而其中的优秀系统，甚至已经能够将电子图书从出版社发行、数字图书馆和电子书店的图书上线、再到最终用户阅读的整个出版后流程完美地利用 DRM 技术给予控制，通过安全可信的统计中心实现出版商、销售商之间的利益自动分配。可以说，电子图书应用是目前国内 DRM 技术应用最为成熟的领域。

在学术界，国内外近几年对 DRM 技术的合理使用、局部共享、互操作性等方面的研究较多。例如，国外英国哥伦比亚大学、牛津大学、美国密西根大学、卡内基梅隆大学等发表了相关的学术论文。国内的北京大学在局部共享、硬件适应性等 DRM 技术方面也取得了较好的成果。

在电子图书的新兴传播形式——原创文学应用中，一些著名的原创文学网站，如起点中文网、17K 等已经开始利用简单的手段进行图书 VIP 章节的阅读控制。虽然这种模式在安全性上较为薄弱，但对于网络原创文学的阅读而言，不失为一种有意义的尝试。

1.4.2 数字版权保护技术市场分类

1. 流媒体解决方案提供商

目前，国内的流媒体解决方案提供商主要有海海软件和 China-DRM。

（1）2005年，海海软件公司推出了新一代Media DRM解决方案，支持更多的便携式设备（如SDMI的手机、MP3、MP4，等等），并且将Media DRM解决方案拓展到电信级别，建立IPTV数字电视和IP Music数字音乐平台。后来又推出了Media DRM 2.0和对网络直播流加密Haihaisoft Live DRM，以及后来的数字版权保护平台Media-DRM.com。

2007年，海海软件在全球同步发行DRM-X数字版权保护系统，它基于海海软件完全独立自主研发的DRM内核，不仅解决了上一代基于微软技术的Windows Media DRM被FairUse4WM软件破解问题，同时也提出了全新的基于网络的数字版权管理平台DRM-X.com。无论是在安全性方面，还是在操作便捷性及功能完善性方面，都远远超过了上一代DRM，是全新一代的数字版权管理系统。

海海软件DRM-X数字版权管理系统支持加密市面上几乎所有流行的媒体格式文件，包括可以加密.wma、.wmv、.asf等格式的Windows Media文件，加密.avi格式文件，加密.rm、.rmvb等格式的Real文件，加密.flv（在Flash动画中播放的视频格式），加密MP4媒体文件和加密PDF电子文档、书籍。它引入了独有创新的保护技术、动态数字水印、与硬件绑定、黑名单等功能，能够确保内容传送到任何地方都在版权控制之中。

（2）China-DRM号称国内应用最广泛的数字版权管理方案供应商，提供文档加密、多媒体加密、软件加密、企业方案定制，以及加密狗等DRM解决方案。

China-DRM称，《China-DRM WMDRM数字版权管理整体解决方案》是国内应用最广泛的DRM数字版权保护解决方案。整套方案主要包含：加密系统（直播加密与点播加密）、证书发放与管理系统、业务与接口系统、批量编码与转换系统。该系统可以实现批量文件加密、目录树加密；证书由客户自己的服务器控制发放；商家可以为产品指定产品编号，便于用户管理多个文件；可以授权用户播放次数、播放时间、播放截止日期等。该系统灵活的业务接口可以很方便地与各种商家现有平台结合；可以多个文件共用一个许可证，一次向所有文件发放许可证书。

China-DRM飓风视频加密推出的智能防屏录功能可以有效避免视频被翻录盗版的危险，用V10.0版加密的视频播放时会智能分析客户计算机内所有进程的动态行为和操作，在播放后的3~10分钟内即可做出较为准确的判断，并阻止用户的翻录行为。

China-DRM推出的Flash文件加密器V6.6.0819可以加密.swf文件或者Flash格式的.exe文件；用户必须得到授权才可以播放，同时还可以防止Flash文件被反编译；发布者可以为用户创建播放密码，播放密码与用户的电脑硬件绑定，用户无法传播播放密码和文件，它还新增了防止屏幕翻录功能。

DRM Plus Packer针对.wmv、.wma、.asf格式文件进行DRM加密，可以生成.exe自动播放格式（高强度加密，三重防护，无破解，防翻录），此种加密方式适合提供下载播放时使用；也可以不改变文件格式进行加密。此种方式也适合网页中播放或者提供在线流媒体服务时使用；可以精确控制文件的播放次数、播放时间、截止播放日期等；服务器端可以与用户的会员管理系统或计费平台轻松接口，是企业进行音视频保护的最佳解决方案。整套 DRM Plus 解决方案包括：加密端、服务器端、会员管理与计费业务接口等。

2．移动 DRM 解决方案提供商

目前，国际上针对移动 DRM 技术开展了大量的研究工作。开放移动联盟（OMA）组织的 OMA DRM 技术标准得到了广泛的认同和支持。以 Nokia、SaftNet、德国电信为代表的手机厂商、运营商和设备提供商都支持这个标准。

OMA 已经在 2005 年 6 月发布了 2.0 版本。当前，已经出现了支持 OMA DRM 技术的移动设备，如 Nokia6220 手机。然而，OMA 现在也面临着巨大的挑战。在移动领域，微软正计划通过智能手机中的 Windows Mobile 平台，最终垄断移动 DRM 技术标准。由于下载速度和费用问题，移动 DRM 技术产品的普及使用还存在一定的困难。

此外，OMA 标准未必完全适合所有的移动应用领域。例如，OMA 最主要的约束是限制内容的分发和传播，针对整个的手机软件或彩信固然比较合适，但对内容具体使用（操作）上的支持并不丰富。

2008 年，SafeNet 推出 SafeNet 移动数字版权管理解决方案（DRM Mobile），这是一款快速的、灵活的、可伸缩的服务器端移动数字版权管理解决方案。DRM Mobile 解决方案支持完整的 DRM 流程：内容保护、权限管理及向手持设备交付许可证。SafeNet DRM Mobile 解决方案全面遵循 OMA DRM V1.0 规范。同时，SafeNet DRM Mobile 还是一款具有前瞻性设计的 DRM 解决方案，未来版本将对 OMA DRM V2.0 规范予以全面支持。其优势主要有：基于 OMA DRM 规范，提供开放的应用程序编程接口（API），可方便地在现有设施中集成 DRM；高端的、可伸缩的、电信级平台；全面、完备的端到端数字版权管理解决方案；支持众多业务模式；支持多个角色模式；定义权限的方式灵活多样；前瞻性设计，易于扩展；遵循业内的相关标准。

移动 DRM 技术开发公司 Secure Digital Container（SDC）开发了一种由 M-Systems 公司 MegaSIM 平台驱动的、用于高密度 SIM 卡部署的 DRM 应用方案。它将高密度存储、绑定 SIM 的移动 DRM 技术及 SDC 公司基于 Symbian 和 Java 的音乐播放器结合起来，从而保护音乐、游戏、视频和其他多媒体内容无法在移动手机上被非法共享和复制。

国内一些电子书阅读设备采用了方正 Apabi 的 DRM 技术，已经可以支持电子图书阅读的版权保护 DRM 技术应用。而手机阅读方面最近一年发展较快，如 17K

等原创文学网站已经开始提供对手机上购买阅读原创文学图书的支持。相对于手机书而言，手机报更适合于手机阅读这种快餐式的阅读消费，中国移动等电信运营商已经推出了一些手机报刊，以包月形式收费，以彩信模式传输和阅读。然而，由于手机应用的特性，目前的手机阅读 DRM 技术解决方案还不够成熟，上述手机上的阅读基本上是不受 DRM 技术保护的。虽然在市场上已经有一系列基于 OMA 的移动 DRM 技术解决方案，如 CoreMedia DRM 技术、NDS DRM 技术、ZRRT DRM 技术等，但基于 OMA 标准的 DRM 技术方案多适用于对短信或游戏程序、彩铃等应用的支持，而难以完全支持移动阅读的要求。

2009 年，提供内容和业务模式安全保护解决方案及服务的 Irdeto 公司与中兴通信公司签署协议，为后者提供 OMA DRM 解决方案来确保多媒体内容的交付。作为全球电信设备和网络解决方案顶尖供应商，中兴通信公司将把部署 OMA DRM 解决方案作为其品牌和客户端产品在全球业务拓展的一部分。Irdeto 公司的 OMA DRM 解决方案不但能轻松实现整合，而且对内容交付提供支持，这将保证中兴公司在各个市场上的部署工作得以顺利实施；中兴公司的 500 多个电信运营合作伙伴也将从中受益。

国内的各大服务运营商和技术厂商在加入 OMA 组织的同时，也在考虑构建我国自主知识产权的移动 DRM 技术标准。我国的移动多媒体技术联盟（MMTA），也在组织进行类似 OMA 的 DRM 技术标准研究。

第 2 章
Chapter 2

数字权利描述语言

　　权利描述语言是数字版权管理的关键技术，数字出版物通过权利描述语言描述主体、版权、资源相互间的关系。主体包括出版商、创建者、用户等；版权主要是使用条件和限制，如定价、是否可以转录、可以播放多少次、可以在什么时候播放等。权利描述涉及数字资源的出版、交易、分发和消费等环节，并辅助实现对数字内容的规范化访问和使用控制。

　　数字权利描述语言的发展主要包括两个方面：一方面，权利描述的功能越来越丰富，描述对象不断增加，所支持的商业模式也越来越多；另一方面，为了实现不同数字版权保护系统的资源共享，需要研究权利描述语言的相互操作。当前典型的数字权利描述语言包括开放式数字权利语言（ODRL）和可扩展权利标记语言（XrML），这两种描述语言都是基于可扩展标记语言（XML）实现的，具有表示方便、容易扩展、操作简单的特点，在很多应用领域得到了推广和使用。

2.1 数字权利描述语言的体系结构和实体模型

数字权利描述语言（Digital Rights Expression Language，DREL）旨在描述数字内容作品的授权信息，以支持不同商业模式下数字内容作品的使用。因此，数字权利描述语言又称为权利表达语言，是数字版权管理的关键问题。

数字权利描述语言定义和描述了所有者对数字内容作品的权利获取方式、权限类型、允许的操作方式等信息。这些信息必须使用计算机可识别的方式进行描述，以便数字版权保护系统自动对权限进行识别、解析和记录，达到权限控制的目的。

DREL 从语法（Syntax）和语义（Semantics）上描述内容作品的使用条件、限制等，它是构造用户许可证或权利对象的基础，是 DRM 技术体系的关键与核心。数字权利描述语言描述了主体、版权和资源及其相互间的关系，主体如出版商、创建者、用户等，版权如定价、是否可以转录、可以播放多少次、可以在什么时候播放等。从整个 DRM 架构来看，与加密、签名等通用模块相比，权利表达是 DRM 独有的特色。另外，权利表达语言是 XML、加密、签名等基础技术与 DRM 具体应用相结合的枢纽。权利表达与处理贯彻在 DRM 的完整工作流中。最后，权利表达语言是 DRM 技术体系中较早形成具体产品应用的，至今已发展出多种不同的语言。

数字权利描述语言没有统一的格式，因主体、客体、权利及属性、条件、义务等概念和含义各异，目前数字权利描述语言主要分为两类：一类是基于逻辑的，以 LicenseScript 和 DigitalRights 为代表，简单易懂，但功能不够强大；另一类是基于 XML 的，更为成熟，并已进入实用阶段，如 ODRL 和 XrML，这两种标准也是当前最成熟、竞争最激烈的权利表达语言，本节将主要针对它们进行分析和比较。

在数字内容产业应用中，权利描述语言还在不断发展，技术研究和应用的重点主要包括两个方面：一方面基于某一类描述标准进行标准体系的扩展，逐步完善和改进标准功能。例如针对移动环境中的版权描述改进，以及针对复杂授权和分发模式的标准完善。另一方面是不同描述标准体系之间的相互沟通协作，不同标准逐步呈现互通互信的发展趋势，为产业中的版权保护体系整合与互信操作建立标准互通基础。

2.1.1 DREL 相关概念

要想了解 DREL，首先必须知道以下几个相关概念。

1．合同（Contract）

版权法中所不包含的权利或许可，通常会放在合同（Contract）或许可（License）中。版权持有人通过这种合同机制，可以扩展复制和分发权利。合同通常是应用于个人、组织、机构之间的，而不会应用于公开场合。

DREL 领域的典型合同语言通常会考虑这些元素：命名主体和他们的角色；版权法之外的访问和使用资源声明；服务或行为的价值（付费）交换等。

一般情况下，DREL 是一个主体授权给另一个主体的特权声明。

2．控制（Control）

由于数字内容作品必须通过软件和硬件来传播，因此可以进行先验控制，然后再获得和使用作品。控制的执行有两个关键点，一是作品的获取，二是作品的使用。

控制和合同所包含的元素在功能上具有一致性，因为它们都是许可条款，但是控制的特别之处就是：它是机器强制执行的，需要高度正规化的表达。

以控制为导向的权利描述语言包括 MPEG-21 和 ODRL，它们的控制都是基于许可证的，采用数字许可的方式向用户呈现。

3．数据元素（Data Elements）

DREL 是由表达权利的数据元素所组成的，一般情况下，这些元素包括：资源（Resource）、代理（Agent）、权利（Rights）或权利集（Permissions）、约束（Constraints）、要求（Requirements）等。

（1）资源：该元素用来指代资源标识符。

（2）代理：该元素用来指明权利描述中的相关主体，可以代表不同环境下的不同角色。

（3）权利或权利集：该元素是 DREL 的核心，通常包含了多种不同的术语，意义各自不同，但目的都是为了描述对资源允许采取的行为。通常权利包括：管理（Manage）、重用（Re-use）、转让（Transfer）和使用（Use）。

（4）其他数据元素还包括约束（Constraints）、要求（Requirements）、条件（Conditions）等。

2.1.2 DREL 体系结构

数字权利描述语言涉及到一个复杂的语言知识体系，如图 2-1 所示。建立这个体系的首要任务是搜寻权限管理中的各种可能情况，并建立相应的概念体系，为 DRM 提供一个标准的术语集。唯一标识符和通用术语集（数据字典）是该体系的基础。首先，DREL 依赖唯一标识符技术（如 URI 或 ISBN/ISSN/ISWN/ISRC 等）来唯一地标记和确认在数字权利管理中的各个实体（包括数字作品、交易参与方、交易过程及相应的协议等），并为各个实体建立元数据格式；其次，为描述元数据内容建立通用术语集及转换映射机制，为描述数据字典中的概念及其逻辑语义关系建立相应概念集；最后，在此概念集基础上建立权利描述语言。根据元数据和权利描述语言来实际描述和标记关于特定数字作品在特定交易过程中的特定权利。

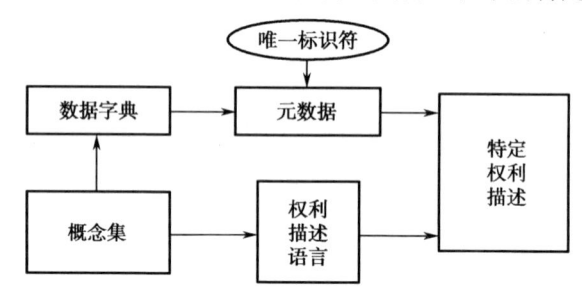

图 2-1 权利描述语言体系

1. DREL 的需求

一个版权模型是否开放、灵活和可扩展，从根本上依赖于采用何种 DREL 进行版权建模。采用一个标准的 DREL 将有利于 DRM 系统之间的互操作，DREL 必须考虑许多技术和理论上的需求。

（1）通用性：语言应适合描述任何类型数字内容或服务（如电子书文件系统、视频信息或软件）的数字权利。

（2）机器可读性：即具有好的交换格式，便于机器的读取和解释。

（3）精确性：DREL 能由语法和处理规则唯一地进行解释，不会产生歧义。

（4）全面性：DREL 应适合表达工作流程任意阶段简单和复杂的数字权限描述，并且应适合描述任何类型数字内容或服务的数字权限。

（5）开放性和扩展性：由于不同领域的应用差异，对 DREL 的具体需求也会不同，所以 DREL 必须是开放的和可扩展的，并且在满足第三方特定需求的同时，不破坏原有语言体系。

（6）时机条件：语言能在实践的基础上表达条件，包括固定的、不固定的间隔时间。

（7）以计数为基础：必须能够在计数器的基础上表达条件，如使用的次数。

（8）范围性：语言必须能够在地点的基础上表达条件，如自然区域、国家和数字领域等。

（9）跟踪：必须能够表达信息使用报告的条件。

（10）权利顺序：必须能够表达先前报告的使用条件。

另外，权利描述语言的使用还需满足一次性付费、语义良好、根据时间定价等条件。

2．DREL 的内容

权利描述语言需求描述和定义的具体内容包括以下几个方面。

（1）交易模式。它包括免费使用、免费登记使用、个人购买、组织购买、长期订阅、出租、出借、购买使用许可、按用户类型或地区销售、按阅读次数或阅读时间销售、按不同内容组合或内容形态销售、按不同阅读设备销售等，并应能扩充新的交易模式。

（2）权利执行。它包括信息创建者的发行权利（如发行地区或用户范围、发行数量、发行交易模式类型、信息内容形态类型、信息内容组合方式、阅读设备类型、价格范围等），信息传播者的服务权利（如地区或用户范围、服务模式类型、提供信息内容形态和组合方式限制、阅读设备限制、复制与长期保存限制、附加增值服务限制等），信息使用者使用权利（如显示、打印、复制、修改、删除、出借、转售等）。

（3）权利管理。各交易参与方在建立用户隐私保护条款、对不同信息内容组合或不同内容形态建立不同条款、转换内容形态（如将 PDF 文件转换为 TXT 文件）、析取和重组内容、集成到其他产品、转换阅读设备、在出版或发行后修改权利条款、设置新权利条款、嵌入验证信息等方面的权利。

2.1.3 DREL 实体模型

1．DREL 基本模型

权利描述语言的基本模型包括 3 个最核心的实体：主体、客体和权限，它们之间的关系如图 2-2 所示。

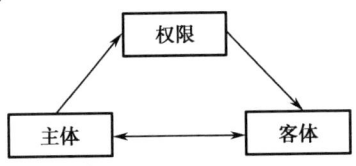

图 2-2 权利描述语言的基本模型

（1）主体是对客体拥有或行使某种权限的实体。在数字权利描述语言中，主体定义了不同环境下的角色，通常指权利的发布者和权利获得者，可以表示为具体的人、组织、机器设备、应用程序、网络终端或某类角色等。主体是一种强制性的对象元素，也是抽象类型元素，主体元素本身不代表任何具体的实体，主体类型的元素在许可证（License）中至少出现一次。主体可分为消费者主体（Consumer Subject，CS）、生产者主体（Provider Subject，PS）和审计主体（Identifier Subject，IS）。

（2）客体是主体拥有权限、能够访问和使用的实体对象。客体分为原始客体和派生客体。客体可以是信息、文件、记录等集合体，也可以是网络上的硬件设备、无线通信中的终端等。

（3）权限是主体可以对客体访问的功能集。这一集合定义了主体对客体的作用行为和客体对主体的条件约束。客体必须被唯一识别，可以包括许多部分，并采用不同的格式。如果从安全角度来考虑，资源也可以被加密。

权限可以有很多种分类，如按权限主体可分为消费权限（CR）、生产权限（PR）和审计权限（IR）；也可以按着权限的用途分为使用权限、委托权限和管理权限等。权限是一种强制性的对象元素，也是抽象类型元素，Rights元素本身不代表任何具体的操作，Rights元素在许可证（License）中至少出现一次。细分可以分为普通权限和高级权限等。

2. DRM 中的 DREL 模型

DRM系统中的DREL必须使用方便，具备开放性、灵活性、可扩展性和可机读性，支持各种数字内容的各类使用权利描述。目前存在两类权利描述语言（基于逻辑和基于XML），比较成熟的权利描述语言包括XrML、ODRL和我国的AVS DREL。MPEG21-REL属于MPEG21多媒体框架的一部分，它主要对多媒体描述框架的知识产权管理进行权利描述。MPEG21-REL是以XrML为基础形成的，是一种机器可读的语言，可以使用在权利数据字典中定义的术语来声明权利和许可。

MPEG-21 REL的数据权限表达模型包括4个实体：主体、权限、资源和条件。ODRL侧重于权利描述语言的语义和数据字典元素的定义。ODRL权利信息模型主要由3个主体组成：资源、权利、主体。AVS DREL是中国数字音视频标准组织提出的一种基于XML的权利描述语言，用来描述资源、权利和实体之间的约束和关系。AVS DREL数据模型由5个实体组成：主体、权利、资源、约束和义务。这些权利描述语言在实体元素的语法、语义和语用方面存在差异，难以实现数字版权保护系统之间的互操作。DREL是DRM的基础，只有合理有效地对权限进行描述后，才能实行真正的数字权限管理。因此，DREL是DRM研究的一个重点。

在数字内容递送过程中，管理和保护递送链上各个角色拥有的权限（如生产者拥有著作权、分销商拥有的传播权限等）是一个需要解决的关键问题。目前的情形是递送链上的每个角色各自为政，都使用自己的权限管理技术和系统，这样就降低了角色之间的互操作性，同时也降低数字内容的可信度。所以，我们需要一个共同的权利描述语言标准。参与者在整个工作流程中可以遵守这个共同的标准，而不仅仅是简单地交互。

2.1.4 DREL 语言模型

权利描述语言模型描述了使用权利描述语言的典型方法，一般包括以下几种模型。

1．收入模型（Revenue Model）

收入模型通常与系统的支付框架有关。现在有很多种支付方式，如 Pay-per-use，Pay-upfront、Pay-flatrate、Flood-payment（如现在免费以后付费）、Pay-to-multi-entities（如一半付给发布商，一半付给分销商）、Fraction Payment（如打折、税收等）。现在还会不断出现新的收入模型。

2．预备模型（Provision Model）

当权利（Rights）和义务（Obligation）不满足约束（Constraints）的时候，预备模型可以提供一种可选的方案。例如，当播放高分辨率的视频条件不能被满足时，可以自动切换到播放低分辨率的视频。另外，预备模型还可以解决方案中限制的不一致情况。

3．操作模型（Operational Model）

操作模型主要处理系统技术方面的问题，如服务质量、水印、缓存、网络、带宽等。

4．合同模型（Contract Model）

合同模型主要是在主体之间建立关于条款、条件的合同、协议等。

5．版权模型（Copyrights Model）

版权模型主要是关于版权法相关法律法规的执行，如 Fair-use、First.Sale 等。

6．安全模型（Security Model）

安全模型定义了一系列的安全机制，如识别、认证、授权、访问控制、抗抵赖、完整性、审计、隐私等机制。

2.1.5 DREL 的意义

数字版权管理持续地管理已授权数字资源的发布，以及在权限的许可下如何使用相关的内容和服务。它包括了一系列的硬件、软件、服务和技术，还包括在整个生命周期内或者整个工作流程内管理以何种顺序发布和使用这些资源。要建立一个高效的 DRM 系统需要各个参与者在整个生命周期或者整个工作流程之内能够对权利信息进行标识和通信。比如，一个内容消费者必须知道该内容到底具有什么样的权利。一个内容发布商必须知道某一个内容到底具有哪些消费权利，而且要知道发布这个数字资源时需要哪些权利。在"提供－发布－消费"的价值链最上层的资源提供者必须能够精确地给价值链中的每一个参与者定义他或她所拥有的使用或发布权限。

因此，我们需要一个共同的权利描述语言标准。在整个工作流程中，参与者便可以遵循这个标准，以实现资源的交互；并且不仅仅是简单的交互，一个用来解析认证和信任问题的 DREL 还可以用来处理权利描述的完整性、可信任性和认证性等。

2.1.6 国内研究现状

国内 DREL 的研究主要分为国家标准研究和个别学者的学术研究。

其中，国家层面的主要研究机构涉及工业和信息化部、原国家广播电影电视总局（以下简称原广电总局）和科学技术部（以下简称科技部）。

（1）工业和信息化部：数字音视频编解码技术标准工作组。其开展的工作有制定 DRM 框架，研究权益描述语言和通信标准。

（2）原广电总局：China DRM 中国广播影视数字版权管理论坛（以下简称 China DRM）。截至 2012 年 4 月 9 日，论坛规模已发展到 62 家会员单位。该论坛宗旨是促进全社会对数字版权管理的重视，推动数字版权管理的发展，保障数字媒体内容发布链中所有参与者的权利。建立一个良好的内容发布和消费环境。论坛重在研究、探讨中国数字媒体版权管理的应用需求、解决方案、技术标准、发展方向、发展战略及其与国家数字媒体发展密切相关的问题，关注最新的 DRM 技术动态，促进会员间的交流与合作，为构建一个良好的数字媒体版权管理发展环境创造条件。

China DRM 已颁布《中国广播影视数字版权管理（DRM）技术白皮书》及《数字版权管理系统与 IPTV 集成播控平台接口技术规范》。目前，已起草完成《广播影视数字版权管理广播电视内容制作——数字内容版权标识》、《广播电视数字版权管理元数据标准》、《移动多媒体广播：业务和内容保护技术规范》、《广播影视数字版权管理广播电视内容分发和广播控制标记》、《IPTV 内容分发数字版权管理技术标准》、《B2B 内容分发数字版权保护技术标准》、《家庭网络数字版权管理技术标准》等标准草案。

（3）科技部：国际合作项目《建立中国数字对象唯一标识体系的研究与应用》。该研究通过建立中国数字对象唯一标识体系与解析服务，实现在数字权益保护等领域的推广应用。依据原新闻出版总署、版权保护中心在版权标识与登记方面的需求，参考国际标准，结合中国国情，研究权益描述、登记、管理、交易等课题。目前的研究重点包括：DREL 的研究、国家级 DRM 系统管理机制与技术架构研究、唯一标识符与 DRM 技术的结合研究及实现。

国内学者的研究最近呈现上升趋势，从权益保护法律、标准到技术，几乎涵盖 DRM 的各个方面。但上升到语义层面来研究描述语言、结合唯一标识符体系研究互操作性 DRM 系统及开发项目，目前还不多见。

2.1.7 现有研究的不足

现有数字权利描述语言存在的不足主要有以下几点。

1. 权利和义务的平衡问题

数字资产的权利描述要求权利与义务的平衡，即对称的权利描述语言。但是现有的权利描述语言缺乏权利拥有者的权利和义务的明确表述，通常只说明了权利接受者的义务（如"需要付费"）和权利（如"付费后可以观看某个电影"）。普通人可以根据以往物理世界合同的概念，理解权利描述语言中隐含的对权利拥有者的要求，但是如果由计算机进行自动处理，则很难由 XML 文件自动推导出，归根结底，还是现有的权利描述语言缺乏明确表达合同双方权利和义务的元素。

2. 基于 XML 的问题

现有的权利描述语言基本上都是基于 XML 格式的，基于 XML 的 DREL 具有以下不足：语法较复杂，特别是当使用条件比较复杂的时候，DREL 的编写将变得十分难懂；缺乏一个规范语义（Formal Semantics），许可证的意义很大程度上依赖于人的解释；不能表达一些与版权相关的法律法规。

3. Fair-use 的保障

数字资产权利中还有一个单独的部分，称为 Fair-use 权利，即根据主体角色不同，受版权法等相关法律保护的主体在不需要获得内容拥有者相应的许可下，就可获得的权利。根据主体角色的不同，存在着不同的 Fair-use 的权利子集，但是现有的权利描述语言都缺乏该技术上的保障。

4．个人隐私

现有的权利描述语言都缺乏对个人隐私的关注。

2.2 开放式数字权利语言

开放式数字权利语言（Open Digital Rights Language，ODRL）的发展可追溯到 1997 年，以自动化权利保护为研究专题的 John S. Erickson 从 Dartmouth 大学毕业后，在 HP 实验室继续对这块领域进行研究。目前，ODRL 由十多个团体共同研发，同时也是 W3C 所认可的国际标准，在许多澳洲、欧洲的学院和数字图书馆中都得到了应用，另外在商业上也有应用。

ODRL 1.1 版本发表于 2002 年 8 月，其最大优点就是这是一个开放的标准，使用者可以将自己的版权数据字典通过 ODRL 的扩展方法纳入到 ODRL 中来。目前，开放移动联盟（Open Mobile Alliance，OMA）基于 ODRL 规范制定了权利描述语言标准 OMA DRM REL，已经被推荐用在所有的移动内容上。

ODRL 补充了现有的模拟权利管理标准，可用于可信或不可信系统，并且支持新的网络环境和新的服务范围，具有良好的扩展性。其整个规范包括权利表达语言、数据字典语义、XML 语法标记和扩展定义 4 个部分，下面分别对其进行详细介绍。

2.2.1 ODRL 的模型

ODRL 是一种用于表达内容使用相关权限的 DRM 语言。ODRL 基于 XML，其目的是在数字作品（如电子出版物、数字图像、音频和电影、计算机软件及其他数字格式作品）的出版、发布、消费过程中，提供一种灵活的互操作机制来支持对数字资源透明地使用。ODRL 以"开放源码"软件的精神自由使用，没有许可证要求。

ODRL 已经被 OMA 接受并作为一个标准的权限表达语言用在所有的移动内容上。ODRL 作为一个轻量级的、简单的表示权限的语言，容易实现，可以优化权限表达式，并能独立于内容类型和传输机制来表达权限，可以满足它们对权限语言的要求。

ODRL 是一套标准化的版权描述语言，通过一系列的模型来说明语言表达式

第 2 章 数字权利描述语言

的结构域核心语义,这些模型组成了权利数据字典中的元素,并被应用形成表达式的整体框架。

1. ODRL 基础模型

ODRL 基础模型是建立在一个可扩展的权利表达式模型基础之上的,这个模型涉及许多核心实体及它们之间的相互关系,如图 2-3 所示。

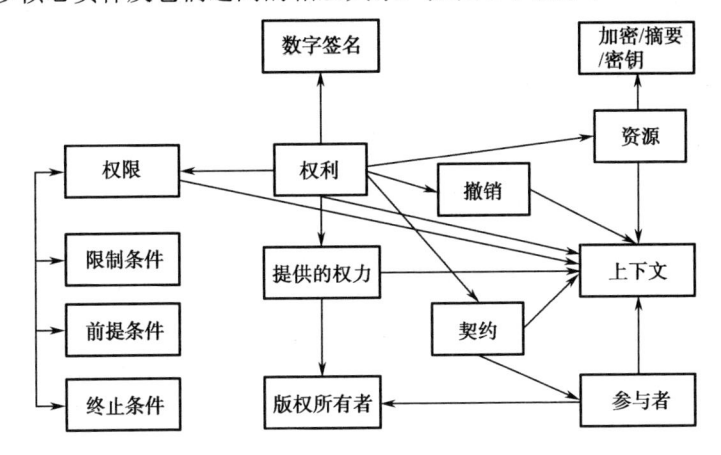

图 2-3 ODRL 基础模型

ODRL 基础模型包括了 3 个核心实体,如图 2-4 所示。

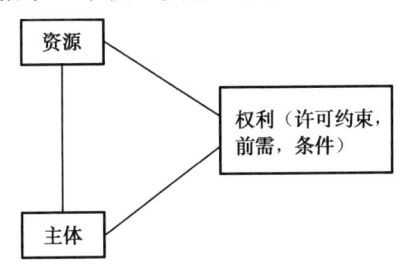

图 2-4 ODRL 基础模型中核心实体

"资源(Asset)"实体包括有形载体和数字内容,可以是图书、音频、视频乃至软件等各种资源。资源往往被加密,以保证内容的安全分发,且必须被唯一地标识。资源可以由多部分组成,不同部分有不同的格式。资源也可以是无形的、以某种特殊方式呈现的作品表达式。

"权利(Rights)"实体描述了 Party 和 Asset 之间的权限关系,包括若干"许可(Permission)"实体,而"许可"则由"许可约束(Constraint)"、"前需(Requirement)"和"条件(Condition)"构成。"许可"是被允许在资源上发生的实际使用与活动(如播放一部影片)。"许可约束"是对许可的限制(如播放该影片最多不超过 20 次)。"前需"是执行许可所需履行的义务(如每播放一次该影片需交 10 美金)。"条件"指明一些例外,当例外发生时,许可将失效并可能需要重新协商许可(如当信用卡失效时,所有的影片播放许可都将被撤回)。

"主体(Party)"包括最终用户(End User)与权利持有人(Rights Holder)。主体可以是人、组织与定义好的角色。最终用户通常是资源的消费者。权利持有人通常是在资源的创作、生产、发行中扮演某种角色,并对资源及资源许可拥有某种所有权的实体。

利用这三个实体,基础模型能够表示 ODRL 的另外两个重要实体——建议(Offer)和协议(Agreement)。这两个实体也是 ODRL 的核心元素。"协议"是当各个主体为特定的"建议"进行合同买卖时形成的特殊使用权(当然,"建议"和"协议"的撤销也可由该模型表示)。针对资源的使用可以构建许多不同的 Offers 来满足不同的商业模型应用,Agreements 可用来表达参与者相互达成的条款与条件。模型中大部分实体都支持一个特定的"上下文(Context)",上下文用来描述实体的属性和实体间的关系。例如,Party 的语境可用来规定他们的角色作用,Agreement 的语境可用来规定交易的日期。尽管语境在 ODRL 中并不是必须的使用项,但是 ODRL 推荐使用语境来给权利表达附加相关独特的说明。

这些实体加在一起,能够对不同的内容制定相应的、广泛的、灵活的 ODRL 权限,也可对表达式进行数字签名、摘要和加密。

2. 许可模型

ODRL 对"建议"和"协议"两者的、许可的表达都支持,许可实体必须通过一个"建议"或"协议"与一个或多个资源相联系,联系可以是显式的,也可以是隐式的。许可实体由 4 类抽象实体构成,即使用、复用、转移和资源管理。

(1) 使用。它包括显示、打印、播放、执行等。

(2) 复用。它包括修改、摘录、注释、组合等。

(3) 转移。它包括出售、外借、赠与、出租等。

(4) 资源管理。它包括移动、复制、删除、验证、备份、恢复、存储、安装、卸载等。

许可模型还支持:

(1) 排他性授权。被授予的许可仅限于指定的交易方。

(2) 上下文实体。为特定的许可集赋予唯一标识符。

3. 约束模型

约束模型包括若干抽象实体,代表一类相似的约束群。

(1) 用户。它是指对已知身份的用户做出某些使用上的限制,具体实现是个人和群体。

（2）设备。它是指对有形设备或系统使用上的某些限制，具体实现为 CPU、网络、屏幕、内存、打印机、软件、硬件等。

（3）范围。它是指将使用限制在某个固定数目或程度、广度上，具体实现为次数、范围、空间等。

（4）暂时性。它是指将使用限制在临时性边界上，具体实现为日期与时间、累积性、阵发性等。

（5）特征。它是指将使用限制在某些独特的特征或资源表达式上，具体实现为质量、格式、单元、水印等。

（6）目标。它是指限制使用资源在何处，以怎样的方式被使用。具体实例为目的、行业等。

（7）权利。它是指仅适用于拥有一张"转移"许可的资源，并可指定许可往下接力的某些约束。具体实现为转移许可。此外，所有的约束元素都可能含有一个上下文元素（以支持 UID 唯一标识符的使用）和一个"类型"属性，该类型属性表示约束的一些附加信息。任何被表达出但不为消费系统所支持的约束，不得被授权，也就是说，如果一个系统不知道怎样保证一个指定的约束可以得到满足，那么它就不能被授予该许可；如果许可中的约束之间产生冲突，则系统将产生错误报告。

4．需求模型

ODRL 需求模型指的是在获取相关操作允许前必须获得的预条件集。每个需求（Requirement）实体可转换成一条 IDB 规则，并将规则头或相应的标志加入相应的动作实体规则中。同约束模型一样，如果需求得不到满足，系统则不会向用户授予许可。

ODRL 需求模型如图 2-5 所示。

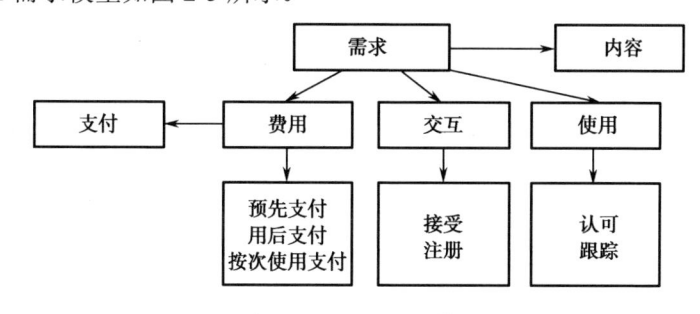

图 2-5　ODRL 需求模型

"需求"实体包括 3 个抽象实体，这 3 个抽象实体及其具体需求都收录在 ODRL 规范的权限数据字典中。

（1）费用（Fee）。费用具体实现为预先支付、用后支付、按次使用支付等。

（2）交互（Interaction）。交互具体实现为接受和注册。

（3）使用（Usage）。使用具体实现为认可和跟踪。

5．条件模型

"条件"实体重用两类现有的实体，以说明当条件满足时相应的操作不再被允许：

（1）许可——触发事件的许可；

（2）约束——触发事件的约束。

如果条件为真，系统则停止给用户发放许可，并将这种情况通知用户，提供协商新协议的信息。

"条件"、"约束"和"许可"的行为方式相近，但效果完全相反。一项用"许可"或"约束"来表达的权利，若换成"条件"（语义不变），则当条件满足时，权利就终止。

ODRL 条件模型如图 2-6 所示。

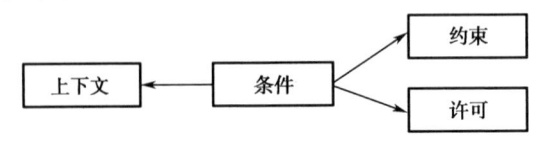

图 2-6 ODRL 条件模型

下面给出一个条件实例，该实例说明了不允许使用软件 RealPlay 播放对象，以及在澳大利亚不允许播放和销售该对象。

```
<permission>
    <sell/>
    <play>
        <condition>
            <constraint>
                <software>RealPlay</software>
            </constraint>
        </condition>
    </play>
    <constraint>
        <spatial>
            <context><uid>iso3166：AU</uid></context>
        </spatial>
    </constraint>
</permission>
```

6．权利持有人模型

"权利持有人"实体，只含有一个抽象实体——"版税"，它包括比率、固定

第 2 章　数字权利描述语言

额等。权利持有人可以包含一个或多个交易方，并与一个或多个资源相关联。交易方也可以嵌套，以指明相互之间的依赖，如 A 收取 B 所得版税的 20%，而 B 则收取固定金额的版税。

7. 上下文模型

上下文实体由十二类实体聚合而成，包括实体唯一标识符 UID（可采用多个 UID）、名称（用来描述实体）、角色、评论、版本、日期（实体产生或有效截止日期）、事件、物理地址（事件/实体的物理地址）、数字地址（事件/实体的数字地址）、外部引用（有关实体附加信息的一个链接）、交易（与实体买卖交易有关的信息）和服务（指向提供实体的服务的链接）。

为了某种目的，上下文可以与任何实体关联。例如，在定义资源时，可以用它给资源指定唯一标识符；在定义交易方时，可用来指明交易方的唯一标识符、角色及名称。甚至整个权利表达式也可拥有上下文，以指明表达式的唯一标识符。另外，协议实体可以采用上下文模型来提供与交易相关的信息。

8. 协议模型

协议实体由 4 个子实体组成，即资源、交易方、许可和上下文。尽管不是强制必须的，但仍推荐采用该模型进行细节的表达。

9. 供给模型

"供给"实体包含 4 类其他实体，即资源（与资源有关的信息）、权利持有人（与提供供给的交易方有关的信息）、许可（与所提供的使用许可有关的信息）和上下文（与供给有关的细节信息，如同期、时间、位置、标识等）。

供给实体不是强制的，但一般情况下，推荐使用该模型，以进行细节的表达。

10. 撤销模型

"撤销"实体只包含上下文这一类实体的集合，用来标识被撤销的建议或者协议。由于唯一标识符可以在上下文中应用以下任何一个：整个权利表达式、供给、协议、许可，所以以上任何实体都可以被撤销。可以在一个撤销声明中使用多个上下文，或者一次撤销多个表达式。

11. 安全模型

ODRL 既支持数字签名，也支持对资源进行加密以实现安全的权利表达，即安全模型。安全模型采用 W3C XML 签名及 W3C XML 加密技术，来对整个权利表达式进行封装。ODRL 安全特性描述采用这两个规范中元素的子集，从而实现互操作性。

12. 容器模型转换

除了以上这些基本模型外，ODRL 还支持 3 种将实体聚合成容器（Container）的关系：

（1）And 关系。即逻辑与，必须支持所有实体。

（2）Exclusive Or 关系。即非或，仅支持单一实体。

（3）Inclusive Or 关系。即与或，支持单一或多个实体。

2.2.2 ODRL 权利数据字典语义

ODRL 规范还制定了权利数据字典，并定义了数据字典中每个数据元素的语义。每个数据元素都是通过 ISO-11197 中定义的元数据（如名称、标识符、定义、注释等）来定义的，分为标识符、元素名称、定义和评论 4 个部分。ODRL 数据字典元素构成了权利表达语言的基础，可被扩展。

ODRL 数据字典按许可、约束、要求、权利持有人、上下文 5 大类对各元素进行定义和语义说明。

1. 许可元素

许可元素主要有以下 4 种。

（1）使用许可，与资源的最终使用有关。它包括显示、播放、打印、执行等。

（2）转移许可，与资源的往下转移权利有关。它包括出售、外借、赠与、出租等。

（3）资源管理许可，与资源的数字化管理有关。它包括复制、移动、删除、验证、备份、恢复、存储、安装、卸载等。

（4）再利用许可，与利用资源创建新的资源有关。它包括摘录、修改、注释、组合等。

2. 约束元素

约束元素主要有以下 7 种。

（1）用户约束：包括任何个人或组织。

（2）设备约束：包括任何数字设备与系统，如 CPU、网络、屏幕、外部存储设备、内存、打印机、软件、硬件等。

（3）界限约束：包括计数、地域、范围。

（4）时间性约束：包括日期时间，如起、止及固定时间、累积性时间、阵发性时间等。

（5）特征约束：资产的独特特征，包括质量、格式、单元、水印等。

（6）目标约束：在什么地方及如何使用资产的限制，包括目的、行业、可否重新配置上下文等。

（7）权利约束：对权利许可的约束。

3．要求元素

要求元素主要有以下 4 种。

（1）公共实体，只有一个支付元素。该元素有数额、税率两个子实体及币种、税收代码两个属性。

（2）支付要求，包括预付、用后支付、按次支付等。

（3）交互要求，包括接受、注册等。

（4）使用要求，包括认可、跟踪等。

4．权利持有人元素

权利持有人元素，即前文所说的版税，含百分比、固定额两个元素实体。

5．上下文元素

上下文元素含有唯一标识符 UID、角色、名称、评论、版本、日期、事件、物理地址、数字地址、外部引用、交易、服务等实体。

下面给出的是 ODRL 语言权利表达的一个例子。例子中有两个许可：sell 和 play。其中，play 许可对某一特殊的软件具有约束，即当这一软件被用来播放该资源时，play 许可必须被终止。另外，对 sell 和 play 有个共同的地域约束，即不可以在澳大利亚执行 sell 和 play 操作。

```
<permission>
<sell/>
<play>
<condition>
<constraint>
<software> ... </software>
<constraint/>
</condition>
</play>
</permission>
<condition>
<constraint>
<spatial>
<context>
<uid>iso3166: AU</uid>
</context>
</spatial>
```

```
<constraint/>
</condition>
```

2.2.3　XML 语法标记

ODRL 采用 XML 语法来表达，并采用 XML Schema 来进行规范性约束。

1. ODRL XML 模式

ODRL 使用了两个 XML 模式定义，一个模式定义了表达语言元素与结构，另一个模式定义了数据字典元素。这两个模式都支持有效的 ODRL 表达式，而前者对元素的定义受到了语言表达模型的制约，因此，数据字典模式是依赖于语言模式的。

2. ODRL XML 命名空间

ODRL 支持命名空间以表示其元素及其他内容描述元素的范围与本体。例如，ODRL 表达语言 V2.0 版的 XML 命名空间 URL 为 http://odrl.net/2.0/。

上述 URIS 应被视为试验性的，直到 ODRL 规范被某个合适的团体正式采用并为之指派新的 XML 命名空间和 URI。

3. ODRL 链接

ODRL 用 XML Schema 中的 ID 与 IDREF 从一个 XML 片段引用另一个 XML 片段。它们被用来表达核心 ODRL 实体（包括资源、许可、供给、协议）之间的关系。这些元素能够用 ID 属性来标识而通过 IDREF 属性来引用。当 ODRL 表达式变得较为复杂时，链接机制允许创建十分复杂的表达式，同时保持整个权利语言的易理解性。

2.2.4　ODRL 的扩展定义

ODRL 既定义了表达语言的核心结构，也定义了作为数据字典一部分的核心元素集，还可以定义附加的数据字典并在 ODRL 框架内使用。如要定义新的数据字典，必须引入 ODRL 表达语言模式并创建一个新的 XML 模式。表达语言定义了一些元素来为数据字典中的元素"占位"。这些元素被定义为"抽象"的，以保证它们不会出现在 ODRL XML 实例中；同时，其数据类型为"任何"类型，以允许最大程度的可扩展性。

数据字典元素的数据类型既可以是相应的数据类型，也可以是与元素定义有关的任何特定数据类型，如字符串或布尔值。数据字典模式使用 XML Schema 中的"SubstitutionGroup"机制来保证，只有合适的元素可以被用于 ODRL 表达语言的正确位置，可以被用于额外的数据字典的替代元素共有 6 个，即

（1）PermissionElement（PermissionType）；

（2）RequirementElement（RequirementType）；

（3）ConstraintElement（ConstraintType）；

（4）ConditionElement（ConditionType）；

（5）ContextElement（ContextType）；

（6）RightsholderElement（RightsholderType）。

在定义数据字典元素时，必须保证它们在定义中使用一个（且只能有一个）上述替代元素。数据字典元素可以拥有上述列出的数据类型或任何衍生的数据类型。附加的数据字典元素也可以定义扩展，如属性或其他复杂数据结构。

2.2.5 ODRL 的主要特点与相关应用

1. ODRL 主要特点

ODRL 的设计理念不仅是为了数字化的版权管理（包括有形的和无形的数字资源），还注重版权管理的效率，强调公开性和可扩展性。其主要特点包括：基于 XML、由国际 ODRL Initiative 负责开发的开源软件；支持的数字资源为图像、音频、动画、学习对象、计算机软件等；提供可信任和开放环境下的 DRM 语义表述；通过标准语言和词汇进行描述；聚焦在表述权益语言的语义和定义数据字典中的元素；对有关 DRM 的政策，不做任何强加和命令，但提供表述这些政策的机制；定义中立和可扩展的语义集合，实现跨部门间的互操作。

总的来说，ODRL 的优点包括：语言效率性表现良好；支持版权转让；在架构和语法上较为简单且容易明了，功能上看重数字内容的使用；适合所有形态的数字资源。

缺点包括：付费上的机制较少，只能做到简单的付费信息交换；不适合实体担当不同角色的情况，特别是一个权利拥有者同时也是消费者的时候；不支持对要求的约束，如"在出货以后必须在四周之内付款"；不支持以物易物的描述。

2. 相关应用

ODRL 是 W3C 认可的国际标准，具有广泛应用性，包括对知识财产归档、数字合约、教育学习、数字出版、动态影音下载、移动式权利规格，以及金融文献权利表达与管理等，可用在电子刊物、数字影像、声音、电影等各种形式的数字

媒体的出版与发行上。目前，ODRL 多用于数字资源与电信通信领域，实行的计划包括 OpenIPMP 计划、OMA 移动数字权利管理规则计划、Dublin Core 和 ODRL 计划、Open Archives Initiative 和 ODRL 计划、OzAuthor Ebook 服务计划、OfferDox 金融文献计划、ODRL 和高等教育计划等。

2.3 可扩展权利标记语言（XrML）

XrML 是 ContentGuard 公司提出的基于 XML 格式的权利描述语言。XrML 1.0 版本于 2001 年发布，2.0 版本于 2002 年问世，2003 年 XrML 被使用为 MPEG-21 的基础，后来，在 XrML 基础之上发展起来的标准还有 OASIS Rights Language Technical Committee 和 Open eBook Forum（OeBF），采用 XrML 基础的厂商包括 Microsoft、Adobe、Sonny、HP、Xerox 等。

2.3.1 XrML 数字内容传播流程

与数字版权管理流程一致，XrML 将数字内容的发布也看作一个流程，一个包括创建者、传播者（包括出版者、分发者）和使用者的多层模型。每一层有着不同的交易环境，各层之间传递的数字权利信息也不尽相同。例如，信息创建者和传播者之间的许可协议往往比传播者和使用者之间的许可协议更加优惠一些。数字权利信息的传递是双向交互的，从信息的提供者到信息的利用者传递授权、许可等信息，相反的方向上则传递申请、版税等信息。此外，信息的使用者之间也可以相互转让数字权利，从而形成对等（Peer to Peer）交易。

2.3.2 设计原则与目标

XrML 是专为描述数字内容属性而设计的，适用于数字内容的各种格式，包括电子邮件、数据库资料、计算机程序、音乐、电影等。XrML 定义了内容所有者所规定的多种授权方式，如是否允许复制、打印、修改、屏幕复制等，还定义了数字内容的费用，以及使用的条件、授权策略定义和管理、授权协议管理、风险管理等功能。与 ODRL 相比，XrML 更完善，也更复杂，并且由于受专权保护的原因，使用 XrML 必须得到 ContentGuard 公司的许可，因此，XrML 的推广与使用不及 ODRL 普遍。XrML 还采用了数字签章技术，使受到版权描述的数字内容使用者无法私自篡改其版权描述内容。

XrML 的一个主要设计目标是适应并支持可扩展性与可定制性的要求，在设计上遵循以下几个原则。

（1）语法标记采用 W3C 定义的 XML Schema 来描述与定义。该语法标记充分利用了 XML Schema 类型系统的优势。XML Schema 是比 DTD 更强大、更具表达力的手段，使得 XrML 2.0 体系的丰富性和灵活性达到最大化。

（2）能适应第三方对 XrML 2.0 进行独立的扩展而不必受现有类型体系的限制。XrML 能够以多种方式进行扩展，包括定义新的、面向具体应用的权利、资源与条件。对 XML 名称空间的严谨使用保证了扩展，不会引发冲突，即使第三方在定义时没有与 XrML 核心模式的修订与更新保持协调和同步。

（3）提供公平、无倾向性的许可。例如，为单个的交易方签署若干许可，与为多个不同参与方签署有关某数字作品的若干许可并涉及多个不同的动作，都一样的简单、直接、公平。公平原则的重要性在于保证了实际应用中能够方便地使用跨越多个领域的许可。

（4）提供一种简单的、统计无关的正交机制（Orthogonal Mechanism）来避免许可证内部标识性信息的重复，使之对整个 XML 元素结构的影响最小化。

XrML 的设计目标主要有：使内容所有者与发行商能以与其所选商业模式相适合的方式描述权利、费用与条件；以有用、简洁、易懂的方法为使用权提供规范词汇；为技术厂商提供对受信任系统进行合理的操作定义，以便测试与评价；尽可能采用现有标准，包括 W3C XML Schema、XML 数字签名、XPath 等。

2.3.3　XrML 优缺点

1. XrML 优点

XrML 的优点主要包括：通过提供在工作流程不同阶段表达数字权利的开放性框架实现了全面性；通过定义大量的格式和独立于特定商业模式的条款（约 100 种）实现了通用性；通过唯一的语法解释和处理规则保证了精确性。基于 XML Schema 的语法结构，使得 XrML 能够扩充以支持新的商业模式，并且能和其他系统联结，未来可降低更换成本。也正是如此，XrML 成为迄今为止最先进和最成熟的数字权利描述语言。

XrML 的句法由 XML 定义，XrML 的文法由 XML 模式规则（XSD）定义，由 XML 和 XSD 带来的语言可扩展性使得引入新的元素（权利项）不会破坏整个语言体系。XrML 利用 XML 技术实现了语言的机器自动处理、扩展语言以支持新的商业模型，以及将语言集成到其他技术和系统中。

2. XrML 缺点

XrML 的缺点主要有 2 个。

（1）复杂度。XrML 虽然拥有强大的表达能力，使用者可以根据其具体需求在已有的基础模型上扩展；但这种扩展机制在满足了不同的商业模型的同时，也需要强大的系统来支援其复杂的应用。

（2）移动性。复杂度过高，需要强大的系统支持，这一缺点也成为移动式版权管理发展上的最大阻碍。

2.3.4　XrML 语法结构组成

XrML 被定义为 3 个 XML 模式，即核心模式、标准扩展模式和内容扩展模式。

1．核心模式（Core schema）

核心模式主要定义 XrML 的基本架构，特别是那些用来衡量信赖决策的概念定义。

2．标准扩展模式（Standard Extension schema，SX）

标准扩展模式包含了定义设计条件的扩展、支付的扩展、命名的扩展和撤销的扩展。

3．内容扩展模式（Content Extension schema，CX）

针对 Rights、Conditions 和数字内容的诠释资料定义描述加以扩充，特别是与电子书、音乐、影片相关的版权管理概念。

2.3.5　XrML 核心概念

XrML 采用了一个简单的可扩展的核心概念，也称为数据模型，包括以下基本元素：主体（Principal）、权利（Right）、资源（Resource）、条件（Condition）、授权（Grant）和许可（License），如图 2-7 所示。XrML 核心模式定义了前面所提及的 4 种概念的抽象元素（授权发布的主体对象、授权指定的权利、授权权利适用的资源以及权利执行前必须满足的条件），扩展模式指定了这些抽象元素的特定商业应用。

第 2 章 数字权利描述语言

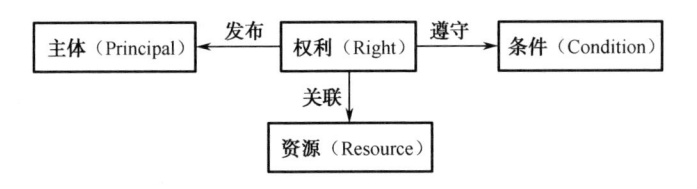

图 2-7 XrML 核心模式

下面是一个简单的 XrML 许可的例子，表明一位密钥持有者可以在 2003 年之前读取给定 URL 上的一本电子书。

其中，密钥持有者 keyHolder 是主体，读取（read）是权利（在 XrML 内容扩展模式中定义），数字作品（digitalWork）是资源（在 XrML 内容扩展模式中定义），合法时间间隔（validity Interval）是条件。

```
<license>
<grant>
<keyHolder>
<info>
<dsig：KeyValue>
<dsig：RSAKeyValue>
<dsig：Modulus>Fa7w06NYfmvGqy4ACSWcNmuQfbejSZx7aCiblg
kYswUeTCmlSOh27GJrAl5SS7TYZzSfaSOxR91dUEF0THO4W==
</dsig：Modulus>
<dsig：Exponent>AQABAA —</dsig：Exponent>
</dsig：RSAKeyValue>
</dsig：KeyValue>
</info>
</keyHolder>
<cx：read/>
<cx：digitalWork>
<cx：locator>
<nonSecureIndirect URL="http：//www.contentguard.com/sampleBook.spd"/>
</cx：locator>
</cx：digitalWork>
<validityInterval>
<notAfter>2002-12-31T23：59：59</notAfter>
</validityInterval>
```

下面对 XrML 数据模型中的一些元素进行介绍。

1．主体

"主体"意味着用独特信息标识的交易方，它封装了行为方的唯一标识信息，每个主体都唯一标识一个被授权者，可参考数字对象唯一标识技术（Digital Object Identifier，DOI）。

在 XrML 的扩展 Schema 中,主体可以用于任何需要标识和验证参与方的上下文中。主体类型支持如下标识技术：接受鉴定的主体、密钥持有者、其他可能有用的标识技术。

主体包括了如下概念类：

- 一般由资源的提供者（Provider）、使用者（Customer）、传播者（Transmitter）和管理者（Manager）对于每种不同的对象将封装不同的行为和属性；
- 当 XrML 基于非对称密钥体系中,把对象定义为密钥的持有者(keyHolder),或多种验证的对象（allPrinciples）。通常这一信息与主体能证明其身份的某些验证机制相关联。

2. 权利

"权利"是在一定条件下被授权主体对特定资源执行的动作,即一个"动词"。通常,权利指定了主体对于相关资源可以执行的一种或一类行为。XrML 提供权利（Right）元素来封装权利信息并且定义了一组常用的、与其他权利相关的权利。

（1）XrML 核心模式首先定义了抽象权利元素,基于这一抽象元素,XrML 核心模式定义了如下常用权利：

- 发布（Issue）。为特定资源（通常是授权）发布许可,体现了许可证书权威方的概念。
- 拥有特性（PossessProperty）。声明拥有一些特性,这些特性常常由一系列资源表示。
- 撤销（Revoke）。撤回先前的声明。例如,发布一个许可的同时也隐含着授权方有撤销权,撤销后授权方可将原来声明的权利授予其他主体。
- 获取（Obtain）。当条件满足后获得相应的资源（授权（Grant）或授权式样（GrantPattern））。

（2）XrML 内容扩展模式定义了传播和使用数字内容时所用到的特定权利,这些权利包括以下几种：

- 呈现权（Render Rights）。管理数字作品的表现,包括 3 种权利：演播、打印和输出。演播（Play）呈现作品内容的暂时形式（如展示一本书、播放一段视频或音频、玩计算机游戏等）；打印（Print）是指在作品库（Repository）之外制作作品的永久副本（如复印一本书、保存图片到可移动硬盘、在磁带上录音等）；输出（Export）是指制作作品的数字复制但没有附加相应的权利和条件。
- 传送权（Transport Rights）。管理数字作品在不同的作品库（Repository）之间的移动,包括 3 种权利：复制、转移和借出。复制（Copy）是指制作作品的副本；转移（Transfer）是指将作品转移到其他库并从原有库中删除被保护内容；借出（Loan）是指将作品借出一段时间（原来的那份不能再使用）。
- 作品派生权（Derivative Work Rights）。管理数字作品的整体或部分复用，或利用原有数字作品创建或组合新的作品，包括 3 种权利：编辑、摘录和嵌入。编辑（Edit）是指改变原作品以创建新作品；摘录（Extract）是指将作品的一部分用以创建或组合新的作品；嵌入（Embed）是指将作品副本嵌入到组合作品中。
- 配置权（Configuration Rights）。管理作品库中系统软件的添加/删除，包括两种权利：安装和卸载。安装（Install）是使软件能在库中运行（如检查软件是否经鉴定、是否被篡改、是否与库兼容等）；卸载（Uninstall）是软件不再运行并回复到安装前的状态（但并不从库中删除程序文件）。
- 文件管理权（File Management Rights）。管理两种操作：获取作品库的目录信息以方便作品库之间的通信（如执行转移或借出权），制作备份和由备份恢复数字作品。文件管理权共包括 9 种权利：读取、写入、执行、删除、备份、恢复、验证、目录管理和获取目录信息。读取（Read）是指从库中读取作品；写入（Write）是指向库中写入作品；执行（Execute）是指在库中执行作品；删除（Delete）是指从库中删除作品；备份（Backup）是指为作品创建备份（备份是加密的、恢复之前不能再使用）；恢复（Restore）是指在受控方式下将备份转换为可用作品；验证（Verify）是指检查库中作品的真实性；目录管理（ManageFolder）是指创建、命名子目录和在目录之间移动文件或子目录；获取目录信息（AccessFolderInfo）是指获得库中目录内的作品信息。

3. **资源**

"资源"是被授权主体执行权利所指向的对象，可以是一份数字作品（如电子书、音频或视频文件、图像等）、一项服务（如电子邮件、B2B 交易等），甚至一个信息片段（如某个电子邮件地址）。XrML 提供了封装标识信息的机制，并使用与通用式样（Pattern）相匹配的特定的一种或多种资源，这样便可以由一些共同特征标识一组资源。

XrML 资源模型定义了如下资源元素：数字资源（DigitalResource）、数字作品（cx：digitalWork）、主体（Principal）、授权（Grant）、服务参考（ServiceReference）、可撤销的签名（Revocable）、名称空间中的名称（Name）、安全级别（SecurityLevel）、抽象式样（xmlPatternAbstract）。

4. 条件

"条件"指定了权利得以执行的期限、情形和义务，XrML 定义了一个条件元素集，来封装与条件有关的信息和一些最基本的条件。最简单的一个条件就是能使用某个权利的时间段。对于复杂的条件，通常是通过条件清单定义一系列必须同时满足的条件。

XrML 核心模式首先定义了抽象的条件元素，基于这一抽象元素，XrML 核心模式、标准扩展模式和内容扩展模式定义了一些常用条件元素。XrML 常用条件元素包括：目的地（Destination）、助手（Helper）、播放器（Renderer）、发源地（Source）、水印（Watermark）、撤销开始（EvocationFreshness）、现有权利（ExistsRight）、先决权利（PrerequisiteRight）、执行次数（ExerciseLimit）、费用（Fee）、寻求认可（SeekApproval）、地域（Territory）、跟踪查询（TrackQuery）、跟踪报告（TrackReport）、合法持续时间（ValidityIntervalFloating）、合法累计时间（ValidityTimeMetered）、合法时间间隔（ValidityInterval）、合法时间周期（ValidityTimePeriodic）等。

5. 许可和许可组

"许可"是 XrML 关键的顶层结构。许可的基本结构包括：一组授权、一个或一组授权的发布者，以及各种附加管理信息。

"许可组（License Group）"是许可的容器，用于在同一 XrML 许可文件中定义多个许可。基本的许可证包含了以下内容：一个许可集、对颁发许可证的主体进行的身份标识和各种附加信息。

许可的发布者可以使用数字签名，从而确认发布者进行了授权。在实际应用中，多个发布者可能发布和签署同一份许可，在这种情况下，每一个发布者都好像是独立地签署各自的那份许可。

主体、资源、权利和条件四要素组成权益描述，即 XrML 文档被封装成授权（Grant），每个授权有专门的命名。每份许可可包含一份或多份授权。每个授权应是一个最基本但完整的权益。

6. 授权

XrML 的授权（Grant）声明定义了该模型中各实体间的基本关系，是授予特定主体对指定资源执行指定权利的认可。从结构上看，授权包括以下部分：被授权的主体、主体可以执行的权利、主体执行权利的对象资源和执行权利前必须满足的条件。

2.3.6 XrML 核心扩展能力

XrML 核心运用 XML Schema 技术，因而具有扩展能力。

1．XML Schema 元素替代组

要用这种机制扩展 XrML，可以定义一个新元素，该元素的类型从一个现有元素的类型衍生而来；同时，将新元素的"substitutionGroup"模式属性设置为现有元素的名称。这种扩展对于 XrML 来说是最常用的。主体、权利、资源、条件等元素都采用了这种扩展方法。使用这种扩展时，用新元素替代旧元素的位置。

2．XML Schema 类型替代组

要用这种机制扩展 XrML，可以定义一个从已知类型衍生而来的新类型。由于这类扩展与上面的元素替代组极为相似，许多人选择了使用元素替代组而不用类型替代组。多数情况下两者都可以用。主要的区别在于，当使用元素替代组时，需改变元素名称；而使用类型替代组，则是使用"xsi：type"属性。

3．XML Schema "any"元素

"any"元素的占位定义了一个可扩展点，它可以包含任何来自其他名称空间的任何 XML 元素。要利用这种特性对 XrML 进行扩展，在任何其他名称空间中定义"any"元素。

2.3.7 XrML 一致性

一致性要求以准则保证格式、组织、内容、解释，以及 XrML 表达式或结构的其他方面的前后一贯性，这样就可实现 XrML 应用之间一定程度的重用与互操作。一致性可表现在以下两个方面。

1．标记一致性

标记一致性是指所有使用 XrML 表达式的 XML 规范的一致性。它包括不同名称空间使用 XML 规范的一致性，以及 XML 表达式所使用的语法和语义的一致性。

2．应用一致性

应用一致性是指任何能够处理 XrML 表达式的应用之间的一致性。一致性表现在它们根据 XrML 规范对 XrML 表达式进行语法有效性验证和语义解释的功能上。

2.3.8 XrML 标准扩展与内容扩展

XrML 2.0 标准扩展与内容扩展在核心模式的基础上，结合实际应用的需求，定义了很多更为详尽的元素、类型及其语义联系、用法等。此处只作简略的概括性介绍。

1. 标准扩展

1）Condition（条件）扩展

条件扩展定义了 StatefulCondition（状态化条件）、StateReferenceValuePattern（状态引用值匹配模式）、ExerciseLimit（行使限制）、SeekApproval（寻求批准）、TrackReport（跟踪报告）、TrackQuery（跟踪查询）、ValidityIntervalFloating（浮动有效期）、ValidityTimeMetered（累计有效时间）、ValidityTimePeriodic（分阶段有效时间）、Fee（费用）、Territory（地域）、Interaction（交互）元素类型，以及许多更详尽的衍生类型与辅助类型。

2）Payment（支付）及其扩展

支付及其扩展定义了 PaymentAbstract（支付抽象）、Cash（现金）、PaymentFlat（支付套餐）、PaymentMetered（计量支付）、PaymentPerInterval（按时长付费）、PaymentPerUse（按次支付）、BestPriceUnder（最优价格）、CallForPrice（报价请求）、Markup（标记）等元素类型，以及其相关的衍生类型与辅助类型。

3）Name（名称）及其扩展

名称及其扩展定义了 EmailName（电子邮件名称）、DnsName（Dns 名称）、CommonName（通用名称）、X.509SubjecetName（X.509 主体名）、X.509SubjecetNamePattern（X.509 主体名匹配模式）等元素类型。

4）Revocation（撤销）扩展

撤销扩展定义了 Revocable（可撤销）类型及 Revocable 元素。

2. 内容扩展

1）Rights（权利）内容及其扩展

权利内容及其扩展定义了 AccessFolderInfo（文件夹信息存取）、Bakeup（备份）、Copy（复制）、Delete（删除）、Edit（编辑）、Embed（嵌入）、Execute（执行）、Export（输出）、Extract（摘录）、Install（安装）、Loan（借出）、ManageFolder（文件夹管理）、Play（播放）、Print（打印）、Read（阅读）、Restore（恢复）、Transfer（转移）、Uninstall（卸载）、Verify（验证）、Write（写作）类型、元素及其用法。

2）Resources（资源）和 Metadata（元数据）的内容及其扩展

资源和元数据的内容及其扩展定义了 3 个方面：一是 Digitalwork（数字作品）资源类型，含 Description（描述）、Metadata（元数据）、Locator（定位符）、Parts（片断）等子元素。二是 SimpleDigitalworkMetadata（数字作品简化元数据）类型，含 Title（标题）、Creator（作者）、Publisher（出版商）、PublicationDate（出版日期）、Owner（所有者）、Copyright（版权）等子元素。三是资源 Securitylevel（安全级别）类型，含一个 Value（安全级别值）子元素。

3）Conditions（条件）与 Obligations（义务）的内容及其扩展

条件与义务的内容及其扩展定义了 Destination（目标）、Helper（辅助程序）、Renderer（播放设备）、Source（来源）、Watermark（水印）等子元素类型。

2.3.9　XrML 应用现况

XrML 的专利为 ContentGuard 所有，其应用领域主要在电子书和音乐方面，采用该标准的组织包括 OeBF、MEPG 和 OASIS。

（1）OeBF（Open eBook Forum）。

OeBF 会员包括 Adobe、Microsoft、McGraw-Hill、NetLibrary、Sony 等。

（2）MPEG（Moving Picture Experts Group）。

MPEG 会员包括 IBM、Microsoft、Philips、Panasonic、Universal Music Group 等。

（3）OASIS（Organization for the Advanced of Structured Information Standards）。

如今，XrML 还缺少跟踪并审查用户对受保护内容行为的方法。最早的 XrML 只用于内容发布，因此，只具有允许或拒绝访问等功能。当 XrML 在企业环境中越来越普遍时，它的新版本将包括审查功能，而跟踪对于审查、兼容和管理调整来说，则是至关重要的。XrML 为权限的表示和表达提供了一种良好的开端。

2.3.10　XrML 应用实例：MPEG-21

目前虽然建立了传输和数字媒体消费的基础结构并确定了与此相关的诸多要素，但这些要素、规范之间还没有一个明确的关系描述方法，迫切需要一种结构或框架保证数字媒体消费的简单性，很好地处理"数字类消费"中诸要素之间的关系，而 MPEG-21 就是在这种情况下提出的一套基于 XrML 的标准。

1. MPEG-21 的开发目的

MPEG-21 标准的制定目标是定义一个交互式多媒体框架,跨越大范围内不同的网络和设备,使用户能够透明而广泛地使用多媒体资源,具体包括:将不同的协议、标准、技术等有机地融合在一起;制定新的标准;将这些不同的标准集成在一起。

MPEG-21 标准其实就是一些关键技术的集成,通过这种集成环境就对全球数字媒体资源进行透明和增强管理,实现内容描述、创建、发布、使用、识别、收费管理、产权保护、用户隐私权保护、终端和网络资源抽取、事件报告等功能。

2. MPEG-21 的内容表示需求

MPEG-21 标准要求提供对任何数据类型的内容表示,包括自然的、合成的、自然与合成组合的,等等,从而实现对多媒体场景不同元素的单独访问,也可实现同步、复用和交互访问。显然多媒体内容是多媒体框架中的基本要素。MPEG-21 内容表示方面的相关需求具体表现在以下几个方面。

(1) 数据类型:表示大范围的数据类型,包括自然的、合成的及二者的组合等。

(2) 内容类型:表示所有要考虑数据类型的内容。

(3) 有效性:根据不同的目标质量,对于所有数据类型使用最佳有效位表示。

(4) 分级性:多媒体场景中的元素要有分级性能,而且具有不同的时间、空间和质量精度等。

(5) 自由存取:对于多媒体场景中的元素,在限定的时间内可以对其不同尺度、不同分辨率的所有元素进行自由存取。

(6) 错误恢复:对于多媒体场景中的元素,可以保护所选择的元素避免产生通道错误及其他错误(如存储介质错误等)。

(7) 交互:能够以时间和空间精度与多媒体场景中元素进行交互。

(8) 同步:使多媒体场景中所有元素和相关数据保持同步。

(9) 复用:能够复用多媒体场景中不同元素的编码数据及其相关数据。

3. MPEG-21 的用户需求

任何与 MPEG-21 多媒体框架标准环境交互或使用 MPEG-21 数字项实体的个人或团体都可以看作是用户。从纯技术角度来看,MPEG-21 对于"内容供应商"和"消费者"没有任何区别。用户需求可以归结为两大类:一类是 MPEG-21 应用发展所需的新标准;另一类则是为现有其他或者将来的标准和服务提供标准接口。

4．MPEG-21 的基本框架要素

MPEG-21 的基本框架要素共有 7 个。

1) 数字项说明

在 MPEG-21 中，数字项（Digital Item）是一个使用标准的描述、标识符和诠释数据构成的数字对象。比如，数字项可以是一个编辑过的音乐作品，它除含有音乐外，还可包括照片、视频、动画、歌词、乐谱、制造商声明等信息。MPEG-21 描述了一组抽象的术语和概念，为定义数字项形成一个有用的模型（数字项说明），在这个模型中，数字项就是"作品"的数字表示。

数字项说明（Digital Item Declaration）的目的是建立数字项统一和灵活的摘要和数字项的可互操作性方案。在 MPEG-21 的系统中有许多问题涉及到"数字项"，所以，对于数字项的定义应有一个具体的描述。显然对于同一内容有许多描述方法，因此，希望能有一个强有力的、方便的数字项模型来表示数字项的描述。如果模型产生的数字项能够不模糊地表示，并且可以与模型中定义的其他数字项互操作，则这个模型是有用的。

值得注意的是，目前没有一种通用的、可互操作的标准描述模型，也没有统一的方法将媒体资源同媒体描述信息联系在一起；而且，由于数字项的概念是建立在明确描述媒体数据与描述数据之间关系的，所以当前还没有符合 MPEG-21 要求的数字项的描述模型。

2) 多媒体内容表示

MPEG-21 提供的内容表示可以有效地表示任何数据类型。多媒体场景的不同元素可以单独地访问，可以同步和复用，也允许各种各样的交互式访问。框架中的内容可以编码、描述、存储、传送、保护、交易、消费等。尽管框架中的内容是数字化的，但还需要满足不同需求的内容数字表示，这些需求通过未压缩的数据格式是不能完成的。在 MPEG-21 中，多媒体内容表示可完成对 MPEG-21 基本对象的表示。

3) 数字项识别与描述

MPEG-21 中数字项识别与描述将提供如下的功能：精确、可靠和独有的识别；不考虑自然、类型和尺寸的情况实现实体的无缝（Seamless）识别；相关数据项的稳固和有效的识别方法；任何操作和修改下数字项的 ID 和描述都能够保证其安全性和完整性；自动处理授权交易、内容定位、内容检索和内容采集等。

4）内容管理与使用

MPEG-21 框架能够对内容进行建立、操作、存储和重利用。随着时间的发展，网络的内容及对内容的存取需求将呈指数式增长。MPEG-21 的目的是通过各式各样的网络和设备透明地使用网络内容，所以对于内容的检索、定位、缓存、存档、跟踪、发布，以及使用则显得越来越重要。

5）知识产权管理与保护

MPEG-21 多媒体框架将提供对数字权利的管理与保护，允许用户表达他们的权利、兴趣及各类与 MPEG-21 数字项相关的认定等，可通过大范围的网络和设备对这些权利、兴趣和认定事项提供可靠的管理和保护。同时在某种程度上获得、编辑、传播相关的政策、法规、和约，以及文化准则，从而建立针对 MPEG-21 数字权利的商业社会平台。此外，还有可能提供一个统一的领域管理组织和技术用以管理与 MPEG-21 交互的设备、系统和应用等，提供各种商业交易的服务。

6）终端和网络

MPEG-21 通过屏蔽网络和终端的安装、管理和实现问题，使用户能够透明地进行操作和发布高级多媒体内容。它支持与任意用户的连接，可根据用户的需求提供网络和终端资源。网络和终端根据内容的要求提供内容的可分级性功能。MPEG-21 的目标是支持大范围的网络设备对多媒体资源的透明使用而不必考虑网络和终端。用户在存取内容时应提供一个明确的主题感知服务，他们应屏蔽于网络和终端的安装、管理和应用等相关问题。随着多种网络，如有线、无线、GPRS、xDSL、LMDS、MMDS 等的到来，这种使用上的方便性显得越来越重要，使用户可以在不管内容在网络的终端上如何传输的情况下根据 QoS 获得服务。

7）事件报告

事件报告能使用户精确理解框架中所有可报告事件的接口和计量。事件报告将为用户提供特定交互的执行方法，同样允许大量超范围的处理，允许其他框架和模型与 MPEG-21 实现互操作。

5．MPEG-21 的关键问题

现在已基本确定，在 MPEG-21 中共有 3 方面 12 项关于用户交互作用时必须解决的"关键问题"。

1）关于网络

网络部分的问题主要有以下 4 项。

（1）网络传送。它包括传送带宽和速度、网络的一致性和可靠性、数据流控制、延迟、差错率、存取时间、移动性、性能价格比,以及连通性等问题。

(2)服务和设备的易用性。它涉及到智能化、综合链接、设备兼容、鲁棒性、不同平台之间的互操作性、国际间兼容性、设备设计上对民族文化的冲击,以及设备之间的分布式智能化等问题。

用户界面要具有智能性和兼容性,界面不能过于复杂,它对于用户来说应该是透明的,用户不需要学习就能够了解这个用户界面。兼容性是指在任何语言环境下的用户界面都应该容易理解,在不同的国家用户界面的设计应该不受当地文化的影响,而同时又能够智能地适应当地的文化。

(3)物理媒体格式的互操作性。它包括与内容无关的格式、后向兼容格式、媒体的寿命、不同平台的标准存储媒质,以及媒质间的内容传输等。

(4)多平台的解码和绘制。在不同类型或不同参数的平台(设备)上回放并保证一定质量的内容。另外,还包括保证不同编解码模式对用户的透明性等问题。

2)关于内容和质量

内容和质量方面主要包括以下4项问题。

(1)服务质量和灵活性。它包括可靠性、质量检测、用户感知的质量、信息集成、评价、易用性、对用户需求的动态响应、点播、有效平滑的绘制、可预测性和连续性,以及服务的可接入性等问题。

(2)内容表示的质量。它包括权限和完整性、保真性和用户感知质量(智能质量)检测、价格的一致性、真实性、持续性和时效性等问题。

(3)内容艺术性方面的质量。它涉及品牌、来源、丰富性、评论、一致性等问题。

(4)内容的过滤、定位、检索和存储。它包括一致的内容标记、描述和查询的反应时间、在内容选择上的个性化服务、搜索的完整性、有效性、可信性、内容真实性的认证、等级与分类、更新,以及对内容的组织管理等方面问题。

3)关于消费者

消费者方面的问题主要包括以下4项。

(1)付费/订购。它包括免费服务、以收听广告或给出个人数据的免费服务、收费的奖赏模型、租借、分类付费、奖赏的复制件、点播、每项服务的签署、简单明了的收费模型、支付的验证,等等。

多媒体业务应该提供一些免费的内容或者一些免费预览,也可以允许用户通过信息互换的方式来代替付费;也可以采用积分制度,通过邀请新用户注册、上传信息文档或者是对别人的信息文档进行评论来获得积分,利用积分来获取自己所需要的信息。另外,整个收费模式对用户应该是透明的,用户可以获得自己所支付账单的详细情况。

（2）消费者信息发布。它包括内容的保护和管理、自创内容的可存取性、版权购买等。

（3）消费者使用权限。用户对于自己所付费购买或租用的内容有一定的使用权利，如使用、赋值、编辑等，但是用户往往不太清楚哪些是他们拥有的权利，哪些不是他们拥有的权利。因此，必须有一定的机制来处理用户对不同内容所拥有的不同的使用权利。

（4）消费者隐私保护。由于电子商务的发展，用户在网上进行交易的记录有可能泄露用户的私人信息，这就需要用户拥有适当的对内容的提供者或第三方使用交易记录的控制权，即需要有用户、内容的提供者及第三方进行协商的能力。

可以采用安装一些安全控件来保护消费者的隐私，另外，关于网上交易也可以采用第三方支付平台，如支付宝来保护消费者的合法权益。

6．MPEG-21 的主要技术

MPEG-21 包括多项技术，其中最为主要的是以下介绍的几项技术。

（1）数字项声明：用于声明数字项的一种统一而灵活的抽象和互操作机制。

（2）数字项标识和描述：是一种用于标识和描述任意实体的框架，不管它的属性、类型或粒度如何。

（3）内容的管理和使用：是一种接口和协议，用于保证通过内容分配和消费价值链来创建、制作、存储、传送和使用内容。

（4）知识产权的管理和保护：用于确保内容在通过网络和设备时得到持久和可靠的保护。

（5）终端和网络：可以为用户提供贯穿终端和网络所进行的交互、透明的内容存取能力。

（6）内容表示：解决如何表示媒体资源问题，使得内容可以被"无缝"地传送和消费。

（7）事件报告：是多媒体框架和用户之间的一种法则和接口，利用它可以使用户准确地了解在框架中发生的所有可报告事件的性能。

利用以上技术，用户的所有工作可以概括为对内容的操作，如创作、提供、获取、评价、改进、传送、聚集、组织内容等。

7．MPEG-21 各部分简介

从 1999 年 12 月 MPEG-21 标准被提出以来，经过 5 年的研究，到 2005 年 11 月，已有 19 个组成部分被开发或正在开发之中。

以下分别简要介绍已正式批准申请为 MPEG-21 标准的 19 个子部分。

第 2 章 数字权利描述语言

（1）MPEG-21 第 1 部分：技术报告——目标、技术与策略。

2001 年 9 月正式公布的 MPEG-21 技术报告详细描述了多媒体框架及其技术要素，并给出了各自的功能需求。其中，目标、技术与策略共同反映了如下 MPEG-21 技术报告的基本目的：① MPEG-21 的最终目标是要保证多媒体信息用户能通过各种各样的异构网络和设备来透明而广泛地使用多媒体资源；② 能将不同的要素和标准集成，以推动关于数字项创建、制作、存储、传送和重利用的各项技术实现统一；③ 为多媒体框架的最终建立而制订相应的策略，以便在明确的功能需求基础之上形成协议和标准。

（2）MPEG-21 第 2 部分：数字项说明。

该项工作已于 2002 年 5 月完成，并将作为国际标准公布。

（3）MPEG-21 第 3 部分：数字项标识与描述。

该项工作已于 2002 年 12 月形成最终草案，并将成为国际标准。

（4）MPEG-21 第 4 部分：知识产权管理与保护。

对目前尚在发展中的 MPEG-21 标准，其不同部分的知识产权管理与保护的需求定义正在进行。

（5）MPEG-21 第 5 部分：权利描述语言。

在 MPEG-21 中，权利描述语言被视为一种能用权利数据字典中的术语来描述权利和权限的、机器可读的语言。标准的权利描述语言应能支持不同系统和设备之间端到端的互操作性、一致性和可靠性。继 2001 年 1 月开始广泛地征集需求定义之后，MPEG 又在 2001 年 7 月召开的悉尼工作会议上，发出了有关"权利描述语言"和"权利数据字典"的建议征集。截至 2001 年 12 月，MPEG 收到了 14 份回应提案，并着手进入回应提案的评估阶段，同时从中选择了一些提议和某些提议的部分内容进行工作草案的制订。2002 年 7 月，在此基础上，MPEG 又发布了有关"权利描述语言"的委员会草案，下一部分工作已于 2003 年年底完成。最后，那些符合 MPEG-21 标准内容的部分将被标准化。

（6）MPEG-21 第 6 部分：权利数据字典。

权利数据字典是指用于描述用户权利（包括知识产权在内）的所有关键项的说明性字典。由于该权利数据字典是由一整套具有一致性、结构化、集成化、明确定义的术语组成，以支持权利描述语言，而且这些术语都可以用标准的句法惯例来明确地表达，并可被应用到所有需要表达权利的部分，因此，标准的权利数据字典应定义一个内容广泛而明确的语义集，来覆盖所有出现在权利描述语言中，用于权利描述的术语词汇。按照 MPEG-21 的工作计划，在经过几个版本的工作草案后，MPEG 于 2002 年 7 月发布了有关"权利数据字典"的委员会草案。随着这一阶段工作的结束，下一步将进行委员会最终草案的制订。

（7）MPEG-21 第 7 部分：数字项适配。

数字项适配作为终端与网络中的一个基本方面，始于 MPEG-21 的技术报告完成之后，它将为多媒体框架中的资源适配、描述符适配及服务管理的质量保证提供支持工具。2002 年 3 月，以"MPEG-21 中数字项说明的二进制表示"为题开始公开征集与数字项适配有关的建议，并要求提交相关的技术文件。从 2002 年 3 月到 2002 年 12 月，数字项适配经历了发出建议征集、收到回应提案、提案评估和制订工作草案 4 个阶段。2002 年 12 月，发布了委员会草案。

（8）MPEG-21 第 8 部分：参考软件。

MPEG-21 参考软件是指与 MPEG-21 标准相关的各部分的软件实现，最近刚被确定为 MPEG-21 技术需求的候选项，为处理数字项而定义的体系结构需求是其发展的基础，其工作草案已于 2002 年 12 月完成。参考软件将成为 MPEG-21 中第 1 项被正视的、系统间相互关联的技术需求，其他候选的技术需求可能包括数字项说明的二进制表和 MPEG-21 文件格式。

（9）MPEG-21 第 9 部分：文件格式。

由于 MPEG-21 中的数字项可能包含各种复杂的多媒体信息，它可能包含静态和动态媒体（如图像和电影等），也可能包含数字信息、元数据和配置信息等，因此，对 MPEG-21 文件格式进行标准化已十分必要。目前，有关 MPEG-21 文件格式的需求定义已经完成，2002 年 7 月形成了工作草案，该工作草案的目的是对 MPEG-21 的文件格式提供一个简单明确的规范，下一步工作正在着手进行[5]。

（10）MPEG-21 第 10 部分：数字项处理。

其标准化允许在数字项的处理级别上进行互操作，将数字项的动态属性说明加入到数字项的静态声明中。也就是说，以 XML 定义的数字项是一个静态的声明，但是 DIP 中的数字项方法允许用户将功能加入到数字项声明（DID）中，给用户提示了与数字项进行交互的方法。数字项处理结构的主要思想是：在收到一个 DID 时，能够给用户提供一个适用于该数字项的 DI 方法列表。用户选择一个方法，然后由 DIP 引擎执行。

（11）MPEG-21 第 11 部分：长期关联技术评估方法。

这是一个技术报告，用于指导对长期关联技术的评估。长期关联技术就是使用内容本身将信息链接到标识和描述内容的技术，是用来管理内容的辨认与描述的所有技术。

（12）MPEG-21 第 12 部分：MPEG-21 资源传递试验平台。

这个试验平台主要由一个流播放器、一个媒体服务器和一个 IP 网络仿真器组成。这部分标准描述了试验平台各个组件的 API，便于构建面向开发过程的组件。它提供了一个基于软件的测试平台，用于可伸缩性媒体传递的传递和在流环境下该可伸缩性媒体传递的测试与评估。简单地说，此平台提供了一个灵活和良好的评估测试环境，用于评测在 IP 网络上传递 MPEG 内容的可伸缩性媒体流技术。

（13）MPEG-21 第 13 部分：可伸缩性视频编码。

这部分内容定义了一个新的高压缩性能的可伸缩性视频编码技术。改进的可伸缩性编码技术的潜在应用实例有互联网上的视频、无线局域网上的视频和移动系统的视频，可用作生活广播、特定视频对象解码和对话型视频服务，如可视电话、电视会议，以及多频道内容生产和分发、监视和存储、应用和内容层次化保护等。

（14）MPEG-21 第 14 部分：一致性测试。

这部分内容是对 MPEG-21 各个部分进行一致性测试的规范说明。

（15）MPEG-21 第 15 部分：事件报告。

事件报告包括 3 个部分的说明：①如何表达事件报告请求，其包含的信息有哪些事件需要报告；什么信息需要报告；报告给谁等；②如何表达事件报告，当事件报告请求的条件满足时，此报告由一个 MPEG-21 用户响应该事件报告请求而生成；③如何使用数字项打包事件报告和事件报告请求。

（16）MPEG-21 第 16 部分：二进制格式。

二进制格式用于规范说明 MPEG-21 中其他基于 XML 标准化描述部分的二进制格式，使 MPEG-21 描述能够有效地交换和存储。

（17）MPEG-21 第 17 部分：MPEG 媒体类型片断标识。

这部分内容指定说明了一套标准化语法，用于描述 URI 片断标识符。该标识符用于寻找定位其媒体文件类型为 MPEG 声频或视频资源的某一个片断部分。

（18）MPEG-21 第 18 部分：MPEG-21 模式文件。

这部分内容是 MPEG-21 的比较新的成员部分，2005 年 1 月提出申请。

（19）MPEG-21 第 19 部分：媒体价值链本体论。

这是 MPEG-21 的最新成员部分，于 2010 年提出。可以使用 MVCO 知识获取关于多媒体价值链与代表它在计算机可读的方式、概念的领域和那些概念间的关系。

8．MPEG-21 应用前景

当今世界正迈进数字化、网络化和全球一体化的信息时代，存在着许多不同类型的网络（典型的有广播电视网、移动电话网和互联网），形成了一个异构网络环境，各种多媒体数字资源分散在这些动态汇聚网络的诸多终端设备上。这些终端设备和网络拥有有限且不同的传输、处理、存储和显示多媒体内容的能力，但它们要访问的多媒体内容却非常丰富。

MPEG-21 多媒体框架可以为多媒体信息的用户提供综合统一的、高效集成的和透明交互的电子交易和使用环境，能够解决如何获取、如何传送各种不同类型多媒体信息，以及如何进行内容的管理、各种权利的保护、非授权存取和修改的保护等问题。如此，在这种异构环境中，如果采用 MPEG-21 标准，一方面可把用户终端和网络的具体情况屏蔽下来，使不同的用户能透明、交换式地访问多媒体内容；另一方面，为不同类型的多媒体内容提供了一个接口，使各种类型的多媒体内容能被不同的用户所使用。因此，我们就可以根据终端、网络的性能和用户群的需要，按照可使用的带宽、显示尺寸、多媒体信息的可伸缩性等定制多媒体内容以适应不同信道的要求。

利用 MPEG-21 多媒体框架，还能动态地适应终端和网络资源。例如，当用户处于移动状态时，从用户安全和网络资源的使用成本考虑，可限制为用户提供视频的多媒体内容；当用户处于暂时的静止状态时，可考虑为其提供适当质量的视频等高级别的多媒体内容；当用户进入长时间停止状态时，就可为其提供包括高质量视频内容在内的各种多媒体内容。因此，MPEG-21 的应用前景是非常广阔的。

2.4 数字权利描述语言的比较

ODRL 与 XrML 是国际上两种主要通行的、基于 XML 的权利表达语言。总的来说，ODRL 与 XrML 具有一定的相似性，在核心语义和扩展性上也存在着内在的一致性，但相较于 ODRL，XrML 更完善，在具体的思路和组织上更复杂。ODRL 只定义了一些关键词汇，需要用户根据具体情况详细扩展；而 XrML 则层次性地进行了十分详细的词汇、语法定义，用户可以"拿来就用"，不需要太多的个人加工。下面详细对这两种标准进行比较和分析。

1. ODRL、XrML 与 MPEG-21 基本情况对比

我们从最基本的核心概念、资料字典、应用等方面对 ODRL、XrML 和 MPEG-21 进行比较，参见表 2-1 和表 2-2。

表 2-1 ODRL、XrML 和 MPEG-21 的基本情况比较

	ODRL	XrML	MPEG-21
核心概念	参与者、资产、权利/约束、权利/许可、协议	原则、资源、条件、权利、认证	原则、资源、条件、权利、认证
应用现状	移动商务、教育领域	电子书、音乐	多媒体
采用者	OMA、W3C	MPEG、Adobe、sony、HP、Xerox	ContentGuard、Microsoft
专利拥有者	开放	ContentGuard	ISO

注：MPEG-21 是最著名的以 XrML 为基础的标准，因此，也将它作为分析对象之一。

表 2-2 ODRL 和 XrML 的支持模型比较

Model		ODRL	XrML
收入模型		Y	Y
供给模型	冲突	N	N
	可选项	Y	Y
	默认项	Y	Y
操作模型		Y	Y
协议模型		Y	Y
安全模型		Y	Y
版权模型		N	N

2. ODRL 与 XrML 的突出特点

(1) ODRL 的主要特点包括：

通过"上下文"概念为实体及实体间的关系添加唯一标识符及其他相关信息；"角色"是交易方的一个显式声明属性，可借助角色来规定权限；"权利持有人"具有显式声明的"版税"属性；"要求"与"条件"可以包含布尔逻辑，也可以基于物理格式或其部分为资产指派权利；"质量等级"和"格式"是显式声明的属性，很简练，易于理解；未明确指定实现权利交易的技术与协议（中间件）。

(2) XrML 的主要特点包括：

在一种杂交的语言/中间件执行环境中集成了 XML 核心技术，如 XPath、UDDI、XML 数字签名、XML 加密等；强调端到端的"信任系统"，包括为许可证进行数字签名和直接的银行转账；在对 XrML 的使用上存在着专利权的问题；用数字签名来保证许可证的完整性。

3. ODRL 与 XrML 的相似之处

(1) 技术基础：两者都基于一些共同的技术基础，如 XML、元数据、加密、签名、PKI 体制、唯一标识符等。

(2) 对现有标准的采用：两者都强调应尽量采纳正在使用中的某些工业标准，如 XML Schema、XML-Sig、XML-Enc、XML 名称空间、UDDI、WSDL、ISBN、DOI、ONIX、<indecs>等。

(3) 可扩展性：两者都具有强大的功能，且易于扩展。前者如数据集成与加密、使用跟踪功能；后者如嵌套的权利与条件、前提条件等，还能够通过名称空间嵌入其他元数据模型。

(4) 面向对象：两者都采用了面向对象的概念，且各有特色。例如，ODRL 中定义了"表达式继承"；XrML 关于"重用"与互操作，辅助性"抽象元素（虚类型)"、元素类型与实例的关系定义等。

(5) 现实需求满足度：ODRL 以平行的方式定义了大量核心语义，如许可、权利、条件、交易方、资产、上下文、供给、协议、撤销等。XrML 以分层的方式定义了同样的语义，主要围绕许可证、许可、主体、资源、权利、条件展开。从语义的角度讲，它们的实质是相似的，都能大体满足支持多种商业模式的需求。

4. ODRL 与 XrML 的不同之处

ODRL 和 XrML 都是最有前途的通用权利描述语言，但两者存在着最关键的区别，即 ODRL 更适用于真正的媒体和出版界的实际交易，而 XrML 则是更抽象、更广泛地应用于设计之中，是一个被用于商业部署的解决方案。

两者的具体不同包括以下几点。

(1) 核心概念：ODRL 定义了 3 个核心概念：即资产、权利、交易方。XrML 中定义了 6 个核心概念：即许可证、许可、主体、权利、资源、条件。

(2) 模型：ODRL 为权利数据字典和权利表达语言分别定义了一个数据模型。XrML 分为核心、标准扩展、内容扩展 3 个层次，因而分别定义了 3 套数据模型。

(3) 成熟度：XrML 的发展历史更长，规范更复杂、实用和富于条理性，包含了许多技巧性、细节性的规范。使用 XrML 基本上可以做到"拿来就用"，可以节省用户二次研发的时间。ODRL 则主要涵盖了最基本的需求，细节部分需要用户自己去扩展定义，很少可以做到"拿来就用"的程度。

(4) 与需求层次的符合度：从 ODRL、XrML 各自规范可以看出，ODRL 没有定义分层，只相当于定义了一个核心模式，其余的扩展需要用户自己去定义。而 XrML 则更好地符合了 OeBF、OASIS RLTC 进行分层定义的思想。

(5) 易懂性：ODRL 用语较平白朴素、简明易懂，这可能跟它作为"开放式语言"的定位有关系。而 XrML 相对比较抽象，富于逻辑性，在规范描述中使用了大量的数学化语言表述，因而较为难懂。

(6) 易用性：ODRL 比较简单，表述直接、易懂、易实现。与 ODRL 相比，XrML 更加完善，但也更加复杂，这使得 XrML 解析器比较庞大，下载和运行花费时间长,占用内存多,特别不适合移动设备。而且 XrML 受专利保护，使用 XrML 必须得到 ContentGuard 公司的许可，这些问题限制了 XrML 的推广使用。

(7) 使用领域：ODRL 作为一种开放式的权限表达语言，主要应用于电子图书、教育及移动信息领域，而 XrML 更适用于商业领域。

(8) 扩展能力：两者都是基于 XML 的，但在扩展机制上有一点差别。ODRL 通过在权利表达语言上定义了一些元素来为权利数据字典中的元素"占位"。这些元素被定义为"抽象的"以保证它们不会出现在 ODRL XML 实例中；同时，其数据类型为"任何"类型，以允许最大程度的可扩展性。然后可使用 XMLSchema

中的"substitutionGroup"机制与 6 个替代元素来进行额外的元素定义。XrML 具有两种可扩展能力：一种是 XrML 自身是分层定义，用户可根据自身需要选择不同的复杂等级；另一种，是借助 XMLSchema 元素替代组、类型替代组及"any"元素来定义新的数据字典词汇。

（9）市场占有率：ODRL 与 XrML 都分别向 W3C、MPEG、OeBF、OASIS 等标准化组织进行过自我推销，二者互为竞争对手。除 W3C 目前的意向尚不明确外（如前所述，可能更倾向于受 ODRL 的影响），MPEG、OeBF、OASIS 均明确表示采纳 XrML 作为参照标准。微软公司作为 ContentGuard 的股东之一，已在其 WindowsMediaPlayer 中采用了 XrML 技术。目前看来，由于 MPEG、OeBF、OASIS 及微软等相当一批握有实权的组织更倾向于使用 XrML，XrML 在这场竞争中略占上风。

（10）使用限制：ODRL 是开放的、无须授权即可免费使用的语言，并且该语言在设计中有意回避了某些可能的专利权限制。但这并不意味着使用该语言绝对不会触犯 ContentGuard、InterTrust 或其他公司的知识产权。ODRL 并没有给予这种保证。XrML 本身可以免费使用，但需要 ContentGuard 公司授权。同时 ContentGuard 公司拥有与 XrML 相关的大量专利权。

5. ODRL 与 XrML 的互操作性

W3C 报告指出，权利互操作性可以映射到 3 个级别的数据互操作性上，即语法、对象和语义。底层由基础的语法（如 XML）和原语词汇表构成；中间层由大量用于权利消息交换对象的复杂模式定义构成；而在不同的权利应用中使用这些对象的语义，包含原语元素与特定软/硬件之间的绑定实施构成了最高层。也就是说，要通过统一的词汇、语法使用规则来表达统一的语义，以实现权利的互操作性。

XrML 和 ODRL 都是基于 XML 的，而 XML 具有以下特点：① 语法标记采用 XML Schema 来描述与定义，并使用统一 XML 数字签名、Xpath 等；② 能适应第三方 XML 进行独立的扩展而不必受现有类型体系的限制，能够以多种方式进行扩展，包括定义新的、面向具体应用的权利、资源与条件等。因此，基于 XML 的 DREL 具有较强的可扩展性和可定制性。

基于 XML 权利描述语言之间的互转化、互操作分两步实现，首先开发一个主要概念一致的等价模型，将要实现互操作的 RELs 之间在 what、how、when、who 4 个方面实现统一；然后通过权利描述语言之间 XMLschemas 的逐条映射来扩展上一步所定义的等价模型，逐条映射是将源权利描述语言中所有母元素、子元素，以及属性同目标语言中的 XMLschemas 映射起来。这样基于 XML 的权利描述语言之间就实现了互操作。

目前，无论是 ODRL 还是 XrML，都存在以下几个问题：

权利必须明确授予，不支持默认权利的描述，这对 DREL 使用者来说非常不便（但 ODRL 2.0 已解决了该问题，支持默认权利）。例如，保护电子书的 DRM 系统很可能需要默认任何购买者对其购买的电子书都具备阅读权限。

没有解决合理使用权利的描述问题。虽然两者可以用来描述一些合理使用权利，但都不支持用户无条件地拥有合理使用权利，也没有考虑对合理使用权利的描述问题。

有限制性，即没有解决在各种数字资源中均可通用这个问题。从数字内容生命周期的每一阶段或工作流程可以看出，各个实体之间都需要进行数字权利信息的交换。因此，定义由网络数字资源发布流程各参与方共享的通用语言是必要的，不仅有利于 DRM 系统之间的互操作，而且有利于理解权限信息在数字流程和生命周期中的处理和改变，如数字权利信息在创建者、总销商、零售商和使用者之间的流动和改变。

两者都是基于 XML 的 DREL 语言，虽然发展较为完善，已处于试用阶段，但难以满足 DRM 系统对开放性、灵活性、可扩展性，以及支持各类使用权利描述的要求，缺乏实施语义。逻辑语言由于具有表达力、灵活性和语义完整性的优势，近年来，基于逻辑的 DREL 语言的研究受到重视，但现存逻辑语言存在一些问题，如 LicenseScript 语言规则的不统一性、权限管理的不开放，缺乏表达授权决策持续性和数字内容实时动态使用控制等语义能力。

ODRL 和 XrML 的一些比较参见表 2-3。

表 2-3　ODRL 与 XrML 比较

DREL	开放性	复杂度	成熟度	解析器	SDK	默认权利	合理使用权利
ODRL	开放	简单	成熟	大	未提供	不支持	未解决
XrML	专利保护	复杂	更加成熟	小	未提供	不支持	未解决

另外，ODRL 与 MPEG-21 的一些比较参见表 2-4。

表 2-4　ODRL 与 MPEG-21 比较

比较条目	ODRL	MPEG-21
获取途径	开放、自由使用	商业、授权使用
易用性	简单，易实现	大而全，比较复杂
稳定性	最近会有较大的改变	比较稳定
教育适用性	与教育的本质结合，许多教育资源研究项目采用	更适用于商业领域

从 ODRL 和 XrML 的比较分析来看，ODRL 的简单实用，以及 OMA 的支持，将会使 ODRL 在移动市场得到广泛的应用，而由 OASIS、MPEG、Microsoft 支持的 XrML 必定会采取措施解决存在的问题。针对不同应用领域的需求和特点，建立和发展相应的 DREL 标准，加强合理使用的有效支持，还有对用户环境动态变化的支持，特别是 DREL 的标准化研究，将会是 DREL 今后的研究热点。

2.5 其他数字权利语言

除了 ODRL 和 XrML 之外，还有一些数字权利语言，其相关信息参见表 2-5。

表 2-5　其他 DREL 简表

缩　　写	全　　称	开发时间	开发组织	简　　介
XML	Extensible Markup Language，可扩展标记语言	1995 年	W3C 万维网联盟	包括 XML 数字签名、XML 数字加密、安全声明标记语言 SAML、XML 访问控制标记语言、XML 密钥管理服务等，扩展功能强大
DPRL	Digital Property Rights Language，数字产权语言	1996 年	Xerox	基于 LISP，后采用 XML 标准，改为 XrML
DOI	Digital Object Identifier，数字对象唯一标识符	1998 年	国际数位物件识别号基金会	DOI 是一套识别数位资源（包括视频、报告或书籍等）的机制，克服了 URI 在 URL 变动上的问题
OeB	Open e-Book	1999 年	Opem eBook 权限与规则工作组	旨在解决数字权限管理系统的互操作问题，提供权限所有者、中间商和用户之间的电子出版权的可信任传送
XMCL	Extensible Media Commerce Language，可扩展媒体交易语言	2001 年	RealNetworks 为首的一群行业	2002 年 10 月向 W3C 提交，目前在 Sun Microsystems 中被采用
XACML	Extensible Access Control Markup Language，可扩展访问控制标识语言	2003 年	OASIS	已被正式批准成为 OASIS 标准之一，但与其他 DRM 项目，如 DPRL、W3C DRM、MPEG-21 等有重叠
PRISM	Publishing Requirements for Industry Standard Metadata，行业标准元数据的出版标准	1999 年	PRISM 工作组	是一系列的 XML 元数据词汇集，提供了一个框架用以交流、保存和描述内容，可看作一套 XML 标签
AVS-DREL	AVS 数字权利描述语言标准	不明	国家数字音视频编解码技术标准工作组 AVS	AVS 标准是《信息技术先进音视频编码》系列标准的简称，目前已完成音频与视频草案
LicenseScript	许可证脚本语言	不明	荷兰学者 Cheun Ngen Chong	不同于基于 XML 的 ODRL 和 XrML，是 LicenseScript 基于多设置重写的逻辑语言

续表

缩写	全称	开发时间	开发组织	简介
ACM	Adobe Content Manager，Adobe 内容管理器	不明	Adobe 公司	目前很少使用
ERMI	Electronic Resource Management Initiative，电子资源管理倡议	不明		高校图书馆的内容管理手段、访问控制等
FDRM	Federated Digital Rights Management，联邦数字版权管理	不明		是一个管理许可证的系统设计，并非 DREL 本身，解决了图书馆和教育机构为用户提供授权内容的重要问题，商业性不强

第 3 章
Chapter 3

数字内容信息加密及信息隐藏技术

  信息加密和信息隐藏是保障数据安全传输和使用的重要技术,其中信息加密是通过变换信息的表示形式来保护信息,信息隐藏是通过相关方法增加不可见的相关标识。加密在网络上的作用就是防止有用的或私有化的信息在网络上被拦截和窃取,例如密码的传输和保护。典型的加密技术包括对称和非对称两种。加密技术是事先防护,可是一旦加密被破解,数字作品往往就被盗版了。为了提供事后追惩举证的手段,研究人员提出数字摘要、水印和媒体指纹等技术。数字摘要采用单向 Hash 函数将需要加密的明文"摘要"成一串固定长度(128 位)的密文,不同内容的数字摘要不同,因此,数字摘要可作为数据完整性的判断依据。当前典型的数字摘要算法包括 MD5 和 SHA-1。数字水印是在数字作品中嵌入一个版权信息,用以证明原创者对产品的所有权,用于举证作品的非法复制、传播和篡改。媒体指纹通过从内容中提取标识作品的独特性特征(媒体指纹),对非法分发者进行身份确认和指控惩罚,达到类似通过人的指纹管理其身份的目的。

3.1 数字加密

3.1.1 加密技术简介

加密技术是保障数据安全的重要方式。其发明初期主要用于军事领域的信息安全，随着网络的发展和信息安全要求的提高，研究人员不断提出新的数据加密方法，并针对数字内容的数据类型和应用环境变化逐步进行更新。

加密技术在数字内容产业、电子商务等领域都具有广泛的应用。加密方法随着被保护对象的特点差异而不断发展变化。在媒体形式方面，从最初的文本加密向音视频和多媒体方向发展；在应用终端方面，从适用于台式机的加密方法向智能移动终端的内容加密发展；在技术复杂度方面，从简单的内容形式变换向软硬件配合加密发展。随着网络技术的发展和移动应用的普及，加密技术的使用会更加便捷灵活，其安全体系也会不断完善和加强。

1. 加密的概念

数据加密的基本思想是通过变换信息的表示形式来伪装需要保护的敏感信息，使非授权者不能了解被保护的内容。其基本过程是对原文件或数据按某种算法进行处理，使其成为不可读的一段代码，通常称为"密文"，只有输入相应的密钥才能显示出本来内容，通过这样的途径来保护数据不被非法人窃取或使用。加密的逆过程为解密，即将该编码信息转化为其原来形式的过程。

要深入地了解加密，还必须了解以下几个相关概念。

1）发送者和接收者

发送者想发送消息给接收者，且想安全地发送信息；发送者需要确信非授权者不能阅读发送的消息。

2）消息和加密

消息被称为明文。用某种方法伪装消息以隐藏其内容的过程称为加密。加密的消息称为密文，而把密文转变为明文的过程称为解密。

3）鉴别、完整性检验和抗抵赖

除了提供机密性外，密码学通常有其他的作用：

（1）鉴别：消息的接收者应该能够确认消息的来源；入侵者不可能伪装成他人。

（2）完整性检验：消息的接收者应该能够验证在传送过程中消息没有被修改；入侵者不可能用假消息代替合法消息。

（3）抗抵赖：发送者事后不可能虚假地否认其发送的消息。

4）算法和密钥

密码算法也称为密码，是用于加密和解密的数学函数。密码算法通常包括加密和解密两个函数。

2．加密的目的

信息加密的目的在于将可读的内容转变为无法识别的内容，使得非授权人员无法阅读。

加密在网络上的作用就是防止重要信息在网络上被拦截和窃取。一个简单的例子就是密码的传输。计算机密码极为重要，许多安全防护体系是基于密码的，密码的泄露在某种意义上来讲意味着其安全体系的全面崩溃。

通过网络进行登录时，如果所输入的密码以明文的形式被传输到服务器，很容易被黑客窃取用户密码，对于 Root 或 Administrator 用户，那后果将是极为严重的。

解决上述难题的方案就是加密。加密后的口令即使被黑客获得也是不可读的，加密后的文档没有收件人的私钥也就无法解开，只是无任何实际意义的乱码。

3．加密体制

一个加密体制应由以下五部分组成。

（1）密文（Ciphertext）空间：由全体密文所组成的集合；

（2）明文（Plaintext）空间：由全体明文所组成的集合；

（3）密钥（Key）空间：包括加密密钥空间和解密密钥空间，分别指全体加密密钥和解密密钥组成的集合；

（4）加密（Encryption）算法；

（5）解密（Decryption）算法。

在现代信息安全技术中，根据加密密钥和解密密钥是否相同，加密体制可分为两大体系：对称加密和非对称加密。

为了保证信息的安全性，抵抗密码分析，一个加密体制至少应满足以下要求：加密系统理论上应该是不可破解的，即从截获的密文或明文—密文对，不能确定密钥；系统的保密性不依赖于对加密体制的保密，而依赖于对密钥的保密；加密和解密算法适用于所有密钥空间中的元素；系统既易于实现又便于使用。

4. 密钥的长度

计算机的速度和网络的飞速发展，使得在一个密码系统中，花费较小代价就能够实施穷举攻击。密钥长度决定了穷举攻击量的大小。

在确定密钥设置时，主要考虑以下两个方面。

1）所保存信息的价值

在信息社会里，信息是有价值的，不同的信息有不同的价值。

2）信息保密的时间

不同信息保密的时间也是不同的。在商品交易市场，商品信息仅需保密几分钟；在报纸业务中，今天的秘密也许就是明天的头号新闻。有关企业未来发展的信息需要保密一到两年，而国家机密信息的保密时间将会更长。

5. 加密技术的特点

1）机密性

仅有发送方和指定的接收方能够理解传输的内容。窃听者可以截取到加密了的报文，但不能还原出原来的信息，以及不能得到真正的内容。

2）鉴别

发送方和接收方都应该能证实通信过程所涉及的另一方，通信的另一方具有他们所声称的身份，即第三者不能冒充通信过程中的某一方，能对对方的身份进行鉴别。

3）报文完整性

即使发送方和接收方可以互相鉴别对方，但他们还需要确保通信的内容在传输过程中未被改变。

4）不可否认性

如果收到通信对方的内容后，还要证实内容确实来自所宣称的发送方，发送方也不能在发送报文后否认自己发送过报文。

6. 加密技术的应用

1）在电子商务方面的应用

电子商务（E-business）要求顾客可以在网上进行各种商务活动，不必担心自己的信用卡会被人盗用。在过去，用户为了防止信用卡的号码被窃取，一般是通过电话订货，然后再用信用卡进行付款。现在，人们开始使用 RSA（一种公开/私有密钥）的加密技术，提高了信用卡交易的安全性，从而使电子商务走向实用成为可能。

Netscape 公司是 Internet 商业中领先技术的提供者，该公司提供了一种基于 RSA 和保密密钥的应用于互联网的技术，被称为安全套接层（Secure Sockets Layer，SSL）。SSL 不但提供编程界面，而且向上提供一种安全的服务，SSL 3.0 现在已经应用到了服务器和浏览器上。

SSL 3.0 使用一种电子证书（Electric Certificate）来进行身份识别、验证后，双方就可以用保密密钥进行安全的会话了。它同时使用"对称"和"非对称"加密方法，在客户与电子商务的服务器进行沟通的过程中，客户会产生一个 Session Key，然后客户用服务器端的公钥将 Session Key 进行加密，再传给服务器端，在双方都知道 Session Key 后，传输的数据都是以 Session Key 进行加密与解密的，但服务器端发给用户的公钥必须先向有关发证机关申请，以得到公证。

加密技术出现以前，电子信息交换（Electric Data Interchange，EDI）、信息交易（Information Transaction）和金融交易（Financial Transaction）都是在专用网络上完成的，使用专用网的费用大大高于互联网。基于 SSL 3.0 提供的安全保障，用户可以自由订购商品并且通过信用卡支付，极大提高了购买效率。

2）在 VPN 中的应用

现在，越来越多的公司走向国际化。一个公司可能在多个国家都有办事机构或销售中心，每一个机构都有自己的局域网（Local Area Network，LAN），并且用户希望将这些 LAN 连接在一起组成一个公司的广域网。

事实上，很多公司已经这样做了，但他们一般租用专用线路来连接这些局域网，他们考虑的就是网络的安全问题。现在具有加密/解密功能的路由器已到处都是，这就使人们通过互联网连接这些局域网成为可能，这就是我们通常所说的虚拟专用网（Virtual Private Network，VPN）。当数据离开发送者所在的局域网时，该数据首先被用户端连接到互联网上的路由器进行硬件加密，数据在互联网上是以加密的形式进行传送的，当到达目的地路由器时，该路由器会对数据进行解密，这样目的地 LAN 中的用户就可以看到真正的信息了。

3）在银行系统中的应用

随着社会的进步，计算机信息系统广泛地应用于社会各行各业，尤其是金融系统。随着"网上银行"的兴起，银行系统的安全问题显得越来越重要，安全隐患已成为迫在眉睫的首要问题。

现实中，很多病毒都是依赖网络进行传播的，如果切断病毒网络传播途径，就能更好地保证安全。众多银行，如农业银行、建设银行、工商银行等都采取了数据加密技术与网络交换设备联动，交换机或防火墙在运行的过程中，将各种数据流的信息上报给安全设备，数字加密系统可根据上报信息和数据流内容进行检测。在发现网络安全事件的时候，进行有针对性的行动，并将这些对安全事件反应的动作发送到交换机或防火墙上，由交换机或防火墙来实现精确端口的连接和断开，这样就可以使数据库得到及时、充分、有效的保护。

4）在 Excel 中的应用

Excel 由工作簿组成，而工作簿又由若干工作表组成。因此，基于 Excel 的组成特点，加密技术可采取两种保护方法：即工作表保护和工作簿保护。

（1）工作表保护。软件中可以设定密码保护工作表，以防止自己无意的修改或他人未经授权的修改。此功能可使非法用户只能看到工作表内容，但无法对文件进行修改。如果用户希望在整体保护工作表的情况下对工作表的个别数据进行修改，可在保护工作表之前，设置"单元格格式"。

（2）工作簿保护。Excel 为用户提供了两种方式来保护工作簿，在软件中可以设定密码保护工作簿的结构和窗口。保护"结构"，是指工作簿中的工作表将不能进行移动、删除、隐藏、取消隐藏或重新命名，不能插入新的工作表；保护"窗口"可以在打开工作簿时保持窗口的固定位置和大小。

上述两种方法存在一些问题：即在保护之后，非法用户虽然无法修改文件内容但仍能看到文件内容，从而泄露重要数据。因此，这两种方法可认为是对合法用户（如管理员）起到一定的防止误操作的辅助手段，无法从根本上保护数据不被泄露。

文件口令保护。在软件中可以设定打开权限密码或修改权限密码以保护 Excel 文件。

3.1.2 加密技术标准和格式

1. 常用加密协议

1）SSL 协议

SSL 是建立安全通道的协议，位于网络传输层和应用层之间，如图 3-1 所示，理论上可以为任何数量的应用层网络通信协议提供通信安全。SSL 协议提供的功能有安全（加密）通信、服务器（或客户）身份鉴别、信息完整性检查等。SSL 协议最初由 Netscape 公司开发成功，是在 Web 客户和 Web 服务器之间建立安全通道的事实标准。

第 3 章　数字内容信息加密及信息隐藏技术

应　用　层				
S-HTTP	HTTP	S/MIME	Telnt，Mail，News，FTP，NNTP，DNS 等	
安全套接层（SSL）					
传输层（TCP）					
网络层（IP）					
数据链路层和物理层					

图 3-1　网络体系分层图

2）TLS 协议

TLS 协议，全称为传输层安全（Transport Layer Security）协议，是由 IETF（Internet Engineering Task Force）组织开发的，是对 SSL 3.0 协议的进一步发展。同 SSL 协议相比，TLS 协议是一个开放的、以有关标准为基础的解决方案，使用了非专利的加密算法。

3）IP-Sec 协议（VPN 加密标准）

与 SSL 协议不同，IP-Sec 协议试图通过对 IP 数据包进行加密，从根本上解决了互联网的安全问题。IP-Sec 是目前远程访问 VPN 网的基础，可以在 Internet 上创建出安全通道。IP-Sec 协议有两种模式，如图 3-2 所示。

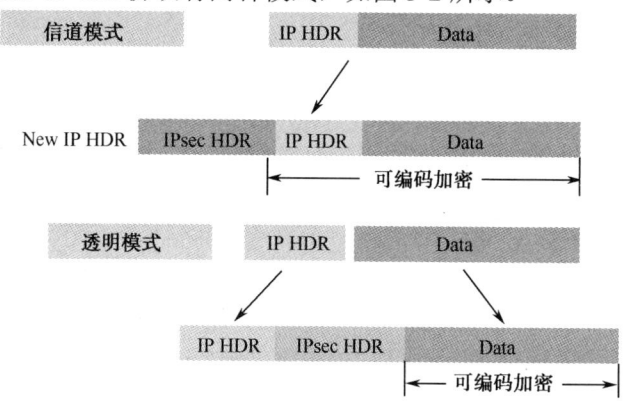

图 3-2　IP-Sec 协议

（1）透明模式：把 IP-Sec 协议施加到 IP 数据包上，但不改变数据包原来的数据头。

（2）信道模式：把数据包的一切内容都加密（包括数据头），然后再加上一个新的数据头。

4）其他加密协议与标准

（1）SSH 协议。

SSH 安全外壳协议（Secure Shell，SSH），是一个用来替代 TELNET、FTP，以及 R 命令的工具包，主要解决口令在互联网上明文传输的问题。通过使用 SSH，可以把所有传输的数据进行加密，这样，"中间人"这种攻击方式就不可能实现了，而且也能够防止 DNS 欺骗和 IP 欺骗。

（2）DNSSEC。

DNS 安全扩展（Domain Name System Security Extensions，DNSSEC），是由 IETF 提供的一系列 DNS 安全认证的机制。它提供了一种来源鉴定和数据完整性的扩展，但不去保障可用性、加密性和证实域名不存在。

（3）GSSAPI。

通用安全服务应用程序接口（Generic Security Services API，GSSAPI）是为了让程序能够访问安全服务的一个应用程序接口。

（4）PGP 协议。

PGP（Pretty Good Privacy）协议是一个基于 RSA 公匙加密体系的邮件加密软件。它可以对邮件加密以防止非授权者阅读，它还能对邮件加上数字签名从而使收信人可以确认邮件的发送者，并能确信邮件没有被篡改。它还可以提供一种安全的通信方式，而事先并不需要任何加密的渠道用来传递密匙。

2．数据加密标准

最早、最著名的加密密钥或对称密钥加密算法 DES（Data Encryption Standard）是由 IBM 公司于 20 世纪 70 年代提出，于 1976 年 11 月被美国政府采用。DES 随后被美国国家标准局和美国国家标准协会（American National Standard Institute，ANSI）承认。

DES 使用 56 位密钥对 64 位的数据块进行加密，并对 64 位的数据块进行 16 轮编码。于每轮编码时，一个 48 位的"每轮"密钥值由 56 位的完整密钥得来。DES 用软件进行解码需用很长时间，而硬件解码速度非常快。1977 年，人们估计要耗资 2000 万美元才能建成一个专门计算机用于 DES 的解密，而且需要 12 小时的破解才能得到结果。当时 DES 被认为是一种十分强大的加密方法。

随着计算机硬件的计算速度越来越快，制造一台这样特殊的机器的花费已经降到了 10 万美元左右，而用它来保护 10 亿美元的银行，那显然是不够保险了。另外，如果只用它来保护一台普通服务器，那么 DES 确实是一种好的办法，因为黑客绝不会仅仅为入侵一个服务器而花那么多的钱破解 DES 密文。

另一种非常著名的加密算法就是 RSA（Rivest Shamir Adleman）了，RSA 算法是基于大数不可能被质因数分解假设的公钥体系。简单地说，就是找两个很大的质数：一个对外公开的为"公钥（Public Key）"，另一个不告诉任何人，称为"私钥（Private Key）"。这两个密钥是互补的，也就是说，用公钥加密的密文可以用私钥解密，反过来也可以。

假设用户甲要发送邮件给用户乙，他们互相知道对方的公钥。甲就用乙的公钥加密邮件发出，乙收到后就可以用自己的私钥解密出甲的原文。由于别人不知道乙的私钥，所以即使是甲本人也无法解密那封邮件，这就解决了邮件保密的问题。另外，由于每个人都知道乙的公钥，他们都可以给乙发邮件，那么乙怎么确信是不是甲发来的邮件呢？那就要用到基于加密技术的数字签名了。

甲用自己的私钥将签名内容加密，附加在邮件后，再用乙的公钥将整个邮件加密（注意：这里的次序，如果先加密再签名的话，别人可以将签名去掉后签上自己的签名，从而篡改了签名）。这份密文被乙收到以后，乙用自己的私钥将邮件解密，得到甲的原文和数字签名，然后用甲的公钥解密签名，这样可以确保两方面的安全。

传统加密方法有两种：即替换和置换。采用替换的方法：使用密钥将明文中的每一个字符转换为密文中的一个字符；而置换仅将明文的字符按不同的顺序重新排列。单独使用这两种方法的任意一种都是不够安全的，但是将这两种方法结合起来就能提供相当高的安全程度。数据加密标准（Data Encryption Standard，DES）就采用了这种结合算法。

3.1.3 加密方法

现代的加密方法主要分为两大类：对称加密算法和非对称加密算法。

对称加密算法（Symmetric Cryptosystem），也称为单钥（One Key）或私钥（Private Key）加密。对称加密算法将原文与加密密钥一起进行加密处理，形成复杂的加密密文。用户需要使用逆加密过程，通过加密密钥进行解密，即可恢复原文。

非对称加密算法（Asymmetric Cryptosystem），也称双钥（Two Key）加密或公钥（Public Key）加密。与对称加密不同，非对称加密算法需要两个密钥：即公开密钥和私有密钥，加密和解密时分别使用不同的密钥。

除了对称加密与非对称加密以外，混合加密、单向加密等也较为常用。下面分别对这些方法进行介绍。

1. 对称加密

对称加密，又称传统加密，其主要思想是通过相同或相互关联的密钥进行加密和解密操作。加密算法和过程对用户并不是保密的。为了保证加密内容的安全性，但是加密和解密的密钥对用户必须严格保密。

对称加密使用的算法比非对称加密使用的算法简单。由于这些算法更简单以及数据的加密和解密都使用同一个密钥，所以对称加密比非对称加密的速度要快得多。因此，对称加密适合大量数据的加密和解密。

在 1976 年以前，世界上所有的加密体制都是对称体制。

对称加密的模型如图 3-3 所示。

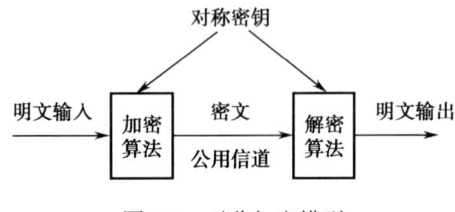

图 3-3　对称加密模型

1）常见的对称加密算法

对称加密可以分为两大类：分组加密（Block Cipher）与流加密（Stream Cipher）。分组加密的特点是对内容的改变十分敏感，流加密一般为对字节流进行逐个加密。流加密的特点是速度快，而且支持可变长度密钥。它对称加密的强度一般由随机数生成算法的优劣及密钥长度决定。

传统的对称加密算法有 DES、IDEA、TDEA、MD5、RC5 等，其中以 1997 年美国国家标准局颁布的 DES 算法影响最大。

（1）DES（数据加密标准）算法。

DES 算法是对 64 位二进制数码组成的数据组在 64 位密钥的控制下进行 16 轮加密和解密的变换。DES 解密与加密算法相同，两者的密钥也相同，密钥长度为 56 位，只是解密时逆向取用加密时使用的密钥顺序。

DES 加密过程可分为加密处理、加密变换、子密钥生成等几个部分。

- 加密处理：又分为初始变换、加密处理和最后换位三个子过程，最后得到 DES 算法加密结果。
- 加密变换：通过换位表、异或操作等，将加密结果进行变换。
- 子密钥生成：通过压缩换位，产生若干子密钥。

解密处理：即采用与加密过程完全相同的算法，将最后换位表、初始换位表倒过来使用，得到解密数据。

DES 算法具有极高的安全性，到目前为止，除了用穷举搜索法对 DES 算法进行攻击外，还没有发现更有效的办法。但随着计算机硬件的发展和价格的降低，DES 算法的保险性也越来越差，因此，人们考虑将 DES 密钥的长度增长，或开发新的更复杂、更难破解的算法，以获得更高的保密性。

(2) TDEA 算法（三重 DES 算法）。

TDEA 算法需要执行三次 DES 的加密，一般三重 DES 算法使用两个 DES 密钥。其算法步骤为：
- 发送端用密钥 K1 进行 DES 加密；
- 发送端用密钥 K2 对上一结果进行 DES 解密；
- 发送端用密钥 K1 对上一结果进行 DES 加密；
- 接收方则相应地使用 K1 解密，K2 加密，再使用 K1 解密。

(3) IDEA 算法（国际数据加密算法）。

IDEA（International Data Encryption Algorithm）算法与 DES 一样，也是分组密码算法。分组长度为 64 位，密钥长度为 128 位；采用了 128 位密钥对 64 位二进制数码组成的数据组进行加密，也可用同样的密钥对 64 位密文进行解密变换。

IDEA 的密钥长度比 DES 的长一倍，增加了破译难度，被认为是安全周期较长的算法。

(4) 相关改进算法。

因为传统的加密方法在许多方面存在一定的局限性，于是人们又想出了很多算法来加强和改进这些方法，包括 FFAL 算法、LOKI 算法、RCZ 算法等。

2）对称加密的特点

对称加密算法具有以下特点：
(1) 算法较简单，占用的空间小，易于使用计算机实现。
(2) 加密和解密时使用相同的密钥，因此，必须对密钥严格保密。
(3) 密钥管理复杂，由于加密和解密算法是公开的，与不同用户之间通信时必须使用不同的密钥。

3）对称加密算法的优缺点

(1) 对称加密的优点是保密度高，加解密速度快，适合加密大量数据。
(2) 对称加密的缺点主要体现在：
- 密钥是信息安全的关键，密钥的分发过程十分复杂，所花费的代价较高；
- 多人通信时密钥组合的数量会出现爆炸性膨胀；
- 通信双方必须统一密钥，事先就密钥达成共识，才能发送保密的信息；
- 对称加密算法还存在着数字签名困难问题；
- 加密者可以对自己加密数据的行为进行否认，因为双方都可以加密解密。

2. 非对称加密/公钥加密

密钥的分发是绝大多数密码系统中最为薄弱的环节，对称加密算法中也存在着这个问题：最优秀的算法，如果密钥在分发、转发时泄露，则整个安全体系毁于一旦；并且如果一个人想和多个人进行加密数据交换，则需要大量的密钥。为了解决这些问题，非对称加密应运而生，有效地避免了其分发管理密钥的难题。

非对称加密又称公钥加密，是由美国斯坦福大学的研究生 Diffie 和 Hellman 于 1976 年提出的。非对称密码算法需要两个密钥：公开密钥（Public Key）和私有密钥（Private Key）。公开密钥与私有密钥是一对，如果用公开密钥对数据进行加密，只有用对应的私有密钥才能解密；如果用私有密钥对数据进行加密，那么只有用对应的公开密钥才能解密。因为加密和解密使用的是两个不同的密钥，所以这种算法称为非对称加密算法。非对称加密的模型如图 3-4 所示。

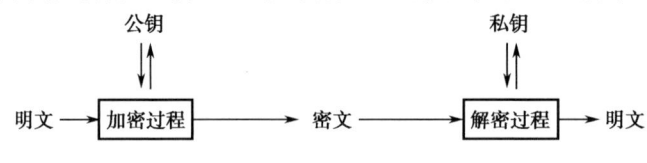

图 3-4 非对称加密模型

在操作过程中，把公钥向外界发布，让外界都知道，自己知道并保存私钥。如果 A 要发一份秘密信息给 B，则 A 只需要得到 B 的公钥，然后用 B 的公钥加密秘密信息，此加密的信息只有 B 能用其保密的私钥解密。反之，B 也可以用 A 的公钥加密保密信息给 A。信息在传送过程中，即使被第三方截取，也不可能解密其内容。

1）常见的非对称加密算法

目前的公钥密码算法都是基于一些复杂的数学难题，如著名的 RSA 算法就是基于大整数因子分解这一著名的数学难题而提出的。该算法是 1977 年由美国 MIT 科学家 Rivest、Shamir 和 Adleman 提出的 RSA 密码体制，该算法被认为是目前为止理论上最为成熟的一种公钥体制，多用于数字签名、密钥管理和认证等方面。在 Internet 中广泛使用的电子邮件和文件加密软件 PGP（Pretty Good Privacy）也将 RSA 作为传送会话密钥和数字签名的标准算法。ISO 在 1992 年颁布的国际标准 X.509 中，将 RSA 算法正式纳入国际标准。

除此之外，还有基于离散对数的 Elgamal 公钥体制、Diffie-Hellman 算法、DSA（数字签名）、Rabin 算法、McElieee 算法和 ECC 椭圆曲线密码等。

2）非对称加密的特点

在基于公钥体系的安全系统中，密钥是成对生成的，因此非对称加密也称为"双钥加密"。在非对称加密体系中，一个密钥可以对外公布，称为公钥；另一个密钥则由用户自己保留，称为私钥。公钥用来加密，是公开的，私钥用来解密，是保密的；但是加解密算法都是公开的。

3）非对称加密算法的优缺点

优点：能适应网络的开放性要求，密钥管理简单，并且可方便地实现数字签名和身份认证等功能，是目前电子商务等技术的核心基础。密钥位数多，其无法根据加密密钥推导出解密密钥，解决了对称加密存在的密钥管理困难问题。

缺点：算法复杂，加密/解密速度较慢，加密数据的速度和效率较低。密文通常长于明文，不适合加密大量数据。

4）对称与非对称加密的区别

对称加密和非对称加密都需要保证密钥的安全，不同之处在于密钥的管理和分发上面。在对称加密中，必须要有一种可靠的手段将加密密钥（同时也是解密密钥）告诉给解密方；而在非对称加密体制中，这是不需要的，解密方只需要保证自己的私钥的保密性即可，对于公钥无论是对加密方而言还是对密码分析者而言都是公开的，故无须考虑采用可靠的通道进行密码分发。这使得密钥管理和密钥分发的难度大大降低了。

表 3-1 将对称加密和非对称加密的特征进行了对比。

表 3-1　对称加密和非对称加密的对比

	对 称 加 密	非对称加密
一般要求	加密/解密使用相同的密钥和相同的算法	同一算法用于加密和解密，但加密和解密使用不同的密钥
	收发双方必须共享密钥	收发双方共享公钥，但各自的私钥是保密的
安全性要求	密钥必须是保密的	私钥必须是保密的
	若没有其他信息，则解密消息是不可能的或不可行的；知道算法和若干密文不足以确定密钥	若没有其他信息，则解密消息是不可能的或不可行的；知道算法和其中一个密钥，以及若干密文不足以确定另一密钥

3. 混合加密

对称加密的算法简单、加密/解密速度快，但其密钥管理复杂；非对称加密的算法理论复杂，加密/解密速度慢，但是密钥管理简单。因此，在实际应用中，人们往往采用混合加密算法来传递信息。

混合加密，即加密/解密时采用单钥密码，密钥传送则采用双钥密码，这样既解决了密钥管理的问题，又解决了加密/解密速度的问题。与此同时，它能保证每次传送都可由发送方选定不同的密钥，更好地保证了数据通信的安全性。另外，使用混合密码系统可同时提供机密性保证和存取控制。利用对称加密算法对大量输入数据进行加密可提供机密性保障；为了使多个接收者都能使用该信息，可以对每一个接收者利用其公钥加密一份对称密钥即可，从而提供存取控制功能。

混合加密的模型如图 3-5 所示。

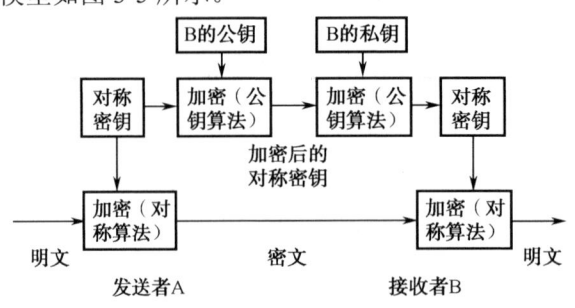

图 3-5　混合加密的模型

在混合加密方案中，将对称加密与一个随机生成的密钥结合起来使用来加密数据。此步骤利用了对称加密速度快的优点，然后通过使用非对称密钥对的公钥，将此对称加密密钥加密。此步骤利用了非对称加密安全性更高的优点，经过加密的数据与经过加密的对称密钥一起发送给数据接收方。要将数据解密，接收方首先需要使用非对称密钥对的私钥，将对称加密密钥解密，然后接收方使用经过解密的对称密钥将数据解密。

4．单向加密

单向加密又称 Hash（哈希）或散列算法，也叫信息标记算法（Message Digest Algorithm），其功能是把任意长度的二进制数值映射到较小的、固定长度的二进制数值上，实现原理就是提供一种数据内容和数据存放地址之间的映射关系。利用 Hash 算法得到的这个固定长度的、较小的二进制数值称为 Hash 值。

Hash 算法不可解密，无法从密文中提取出原文。密文通常比明文短；该密文本身不用作传递信息用途，而只用作对数据是否正确传输的校验。不同的明文，也可以生成相同的密文，所以其加密过程是单向的、不可逆的。

常见的 Hash 算法包括 MD5 算法和 SHA-1 算法。MD5 算法会生成 128 位（16 字节）的数字摘要，而 SHA-1 算法生成 160 位（20 字节）的摘要块。单向加密的模型如图 3-6 所示。

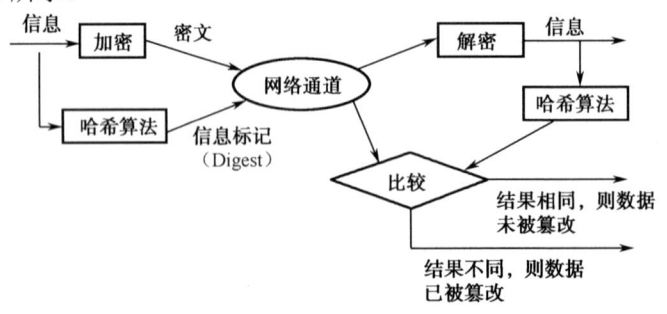

图 3-6　单向加密的模型

(1) Hash 算法有以下特点：
- 散列效果好。即使原始数据只发生小小的改动，数据的散列也会发生非常大的变化。假如两个单词非常相似，如只有一个字母不同，使用 Hash 算法得到的结果也相差甚远，甚至根本看不出二者之间有什么相似之处。
- 散列函数不可逆。即不可能从散列结果推导出原始数据。
- 对不同的数据进行 Hash 运算不可能生成相同的 Hash 值。

(2) Hash 算法主要有以下用途：
- 生成数字摘要，以确保明文未曾被篡改。对原文用单向加密算法生成一定长度的密文，称为数字摘要。它不是用来替代原文，而是附在原文的后面。这样数字摘要可以用来保护版权作品的完整性，即校验原文是否遭破坏，是否被人中途修改过。
- 用来保护原始口令，避免口令以明文方式泄露，或被破解。如对任何一个口令用 MD5 生成一个 128 位摘要后存储，并以摘要作为新的口令，则任何人包括系统管理员都无从知道用户口令是什么。128 位是很高强度的加密。这对于保护用户口令的安全是十分有用的。
- 将 Hash 值作为消息身份验证代码（Message Authentication Code，MAC），用于和数字签名一起实现对消息数据进行身份验证。
- 将 Hash 值作为消息检测代码（Message Detection Code，MDC），用于检测数据完整性。

5．视频、图像加密

传统的加密系统，如 DES 和 IDEA 等是基于叠代乘积密码实现的。在这些方法中，一般主要是以密钥为基础的替换过程保证安全性，对于数据量极为庞大的多媒体数据流而言，难以实现快速的加密/解密算法。由于多媒体信息有其自身的特点，因此，必须结合多媒体信息的特点，研究适合多媒体信息的加密技术。

在目前的研究中，视频和图像是多媒体信息加密的主要研究热点。

对于模拟电视信号，常常采用置乱的方法进行加密。模拟置乱体制中有幅度置乱、时序、同步抑制、全图像倒置置乱、随机行倒置置乱、时序倒置置乱、行置换置乱、行平移置乱、行循环置乱、行分量切割置乱和像素置乱等。对于数字图像和数字视频数据，由于其巨大的数据量和自相关性，既可以在空间域上（像素的位置空间和色彩空间）对其进行加密，也可在变换域上对其进行加密。

对于数字图像而言，考虑到数字图像所特有的大数据量与自相关性，针对数字图像的加密不仅可以在空间域（如色彩空间、位置空间）上展开，同时也可以在数字图像的变换域（如频域）上进行。在图像加密中数字图像置乱起着不可忽视的作用，它类似于对数字图像的空间域进行（如经典密码学）对一维信号的置换,或者修改数字图像的变换域参数,使得修改后的图像成为面目全非的杂乱图像,从而保护了数字图像所要表达的真实内容。

3.1.4 密钥的攻击分析

1. 攻击分类

不同的加密算法对攻击的抵抗力也不同。根据密码分析者破译时已具备的前提条件,可以将密码攻击分成下列几种类型。

(1) 唯密文攻击(Ciphenext Only Attack):攻击者只有一些密文,他们都是用同一加密算法、同一密钥加密的,密码分析的任务就是尽可能多地恢复明文,或者推导出密钥。

(2) 已知明文攻击(Know-P1aintext Attack):攻击者不仅能得到一些密文,而且能得到这些密文相对应的明文,它的任务是推导出密钥或解密算法。

(3) 选择明文攻击(Chosen-Plaintext Attack):攻击者不仅能得到一些密文和对应的明文,而且能选择用于加密的明文。这种攻击比已知明文攻击更有力,因为攻击者可以选择一些特殊的明文用于加密,这些明文可以得到更多的与密钥有关的信息,他们的任务是推导出密钥或对应的解密的算法。

(4) 选择密文攻击(Chosen-Ciphertext Attack):攻击者可以选择不同的密文来解密,并能得到解密后的明文。例如,攻击者可以访问一个能自动解密的装置,他的任务是推导出密钥。

(5) 自适应性选择明文攻击:这是选择明文的一种特殊情况,攻击者不仅可以选择需要加密的明文,还可以根据加密的结果来修改他的选择。在选择明文的攻击中,攻击者可以选择一大块要加密的明文,而在自适应性选择明文的攻击中,攻击者可以选择一小块明文,然后根据加密结果选择另一小块,以此类推。

(6) 选择密钥攻击:这种分析并不是说攻击者可以选择密钥,而是指他知道一些密钥之间的联系。

以上几种攻击方式,最常见的是已知明文攻击和选择明文攻击。事实上,攻击者要得到一段明文或去加密一段选择好的明文并不困难,攻击者知道很多信息具有标准的头部和尾部,加密的源代码尤其脆弱,因为里面有很多关键词。如果一个密码系统能够抵抗选择明文攻击,那么它当然能够抵抗唯密文攻击和已知明文攻击。

2. 常见攻击方法

攻击或破译密码的方法有穷举攻击法和分析破译法两种。

（1）穷举攻击法是对截获的密文依次用各种可能的密钥解密，直到有意义的明文出现，或者在密钥不变的情况下，对所有可能的明文加密直到得到与截获密文一致为止。只要有足够的时间和存储空间，穷举攻击法原则上是可行的，但在实际操作中，计算时间和存储空间都受到限制，只要密钥足够长，这种方法往往是不可行的。

（2）分析破译法又分为统计性分析法和确定性分析法两类。统计性分析法是利用密文的已知统计规律进行破译的方法，密码分析者对截获的密文进行统计分析，总结出其间的统计规律，并与明文的统计规律进行比较，提取出明文和密文之间的对应或变换信息。密码分析者之所以能够成功破译密码，最根本的原因是明文有冗余度。确定性分析法是用数学关系式通过已知量表示出所求未知量（如密钥等）。

下面简单介绍几种常见的密码分析方法。

- 差分密码分析。差分密码分析是迄今已知的攻击迭代密码最有效的方法之一，它利用高概率特征或差分恢复密钥。其基本思想是：通过分析明文的差值对密文的差值的影响来恢复某些密钥比特。简单地说，选择具有固定差分的一对明文，这两个明文可随机选取，只要求它们符合特定的差分条件，密码分析者甚至可以不必知道它们的值，然后使用输出密文中的差分，按照不同的概率分配给不同的密钥。随着分析的密文对越来越多，其中最可能的一个密钥将显现出来。除差分密码分析之外，还有截断差分密码分析、高阶差分密码分析等分析方法。另一种差分密码分析的变体是不可能差分密码分析，它利用的是概率为零（或非常小）的特征或差分，其基本思想是排除那些导致概率为零（或非常小）的特征或差分的候选密钥。
- 线性密码分析。线性密码分析方法本质上是一种已知明文攻击的方法。这种方法在某些情况下，可用于唯密文攻击。该方法的基本思想是：通过寻找一个给定密码算法的、有效的线性近似表达式来破译密码系统。如果将明文、密文的一些位分别进行异或运算，然后再将这两个结果异或后，会得到概率为 p 的线性近似值。如果 p 不等于 1/2，那么就可以使用该偏差，用得到的明文及对应的密文来猜测密钥的位值。得到的数据越多，猜测越可靠。概率越大，用同样数据量的成功率也就越高。

除基本的线性密码分析之外，还有多重线性密码分析、非线性密码分析、划分密码分析等分析方法，它们都是线性密码分析的推广。

- 差分线性密码分析。穷举攻击、差分密码分析和线性密码分析是针对 DES 的三种主要的攻击方法，对于 16 轮的 DES，由于差分密码分析和线性密码分析所需的选择明文个数太大，所以穷举攻击仍然是目前最有效的攻击。而差分线性密码分析就是对差分密码分析和线性密码分析进行的改进，降低它们的复杂度，利用了差分密码分析和线性密码分析相结合的技术对数据加密与数字签名技术进行研究。
- 插值攻击。插值攻击仅对加密次数很少的密码算法才有效。如果密文可以表示成明文的一个多项式，根据具体条件，则插值攻击可以给出等价于加密或解密算法的一个变换，或者恢复出最后一轮的子密钥。插值攻击利用了拉格朗日插值公式的思想。
- 密钥相关攻击。密钥相关攻击反映了密钥扩展算法对分组密码的安全性的影响。基于相关密钥的攻击和密码的密码的加密次数无关，在相关密钥攻击中，需要的数据是两个具有某种关系的相关密钥和几个明密文对，攻击者仅知道两个密钥之间的关系，并不知道密钥本身。

当然，除了上述的几种常见的密码分析技术之外，还有其他的密码分析技术，如能量分析、错误攻击、时间攻击等。

3．攻击的复杂度

一种攻击的复杂度可以从下述三个因数描述，即

（1）数据复杂度：用作攻击所需输入的数据量。

（2）时间复杂度：完成攻击所需的计算时间。

（3）空间复杂度：完成攻击所需的存储空间。

作为一个规则，攻击的复杂度常取这三个因数的最小值。有些攻击包括这三种复杂度的折中：存储需求越大，攻击速度可能越快。攻击的复杂度常用数量级来表示。当攻击的复杂度是常数时，一般情况下，就只取决于计算能力了。在过去的几十年中，计算能力已得到显著提高，这种趋势将持续下去。所以，一个好的密码系统应设计成能抵抗未来许多年后计算能力的发展。

3.1.5 密钥的管理

密钥的管理是加密领域最困难的部分。一个再强的密码算法，如果不能保管好密钥，加密的信息也很容易被人解密。密钥管理是一种综合性技术，它涉及密钥的生成、交换、校验、使用，以及密钥的修改、存储、复制、调整和废止等过程，无论哪一个环节出现问题，都会给攻击者以可乘之机，从密钥的管理途径窃取密钥远比单纯破译密钥的途径要容易得多。

1．密钥的生成

一个好的密码算法的安全性只依赖于密钥，如果密钥的生成系统较弱，则整个密码系统都是不安全的，因为攻击者只需分析密钥生成算法即可得到密钥。攻

击者在分析密钥生成过程时，可以从密钥空间、密钥选择方式的脆弱性和密钥的随机性等几个方面进行突破。

（1）密钥空间。

DES 有 56 位密钥，正常情况下任何一个 56 位的数据都能成为密钥，所以共有 250 多种可能的密钥，但在实际应用中，如果使用 MS-DOS 操作系统，则仅能接受 ASCII 码，每个字节最高位为 0，转换程序将小写字母转换成大写，并忽略每个字节的最低位。这样导致该程序只能产生 240 个可能的密钥，这使得 DES 的攻击难度比正常情况低了 10 000 倍。所以，用户生成密钥时，除了应使密钥足够长之外，还应尽量扩大其密钥空间。

（2）弱密钥选择。

用户在选择自己的密钥时，往往选择容易记忆的字符或数字串。攻击者在寻找密钥时，并不是去验证所有可能的密钥，而是首先去测试那些最可能成为密钥的词，这种攻击方式称为字典攻击，因为攻击者使用一本公用的密钥字典。试图登录时，它并不是一个口令接一个口令的实验，而是把加密的口令文件复制下来然后进行离线攻击。

（3）随机密钥。

好的密钥是指在自动过程中产生的随机串。这些密钥位串要么从可靠的随机源中产生，要么从安全的伪随机位发生器中产生。对公开密钥密码来说，产生密钥更加困难，因为密钥必须满足某些数学特征。但产生一个随机密钥并不容易，有时需要记住密钥，一个随机密钥不容易记忆。一个较好的办法是利用一个完整的短语代替一个单词，然后将该短语转换成密钥。

2．密钥的传送

假设通信时采用对称加密算法进行保密通信，则通信双方需要同一密钥。发送方使用随机密钥发生器产生密钥，然后必须安全送给接收方。如果信道能够确保不被窃听，可通过安全信道传送。通常采用两类密钥进行信息传送：密钥加密密钥和数据加密密钥。密钥加密密钥是用来加密那些用于发送的密钥；而数据加密密钥是用来加密数据的。一般情况，密钥加密密钥必须进行手动分发，有时也可采用智能数据加密硬件进行保护。对密钥传送问题的另一个解决方法是将密钥分成许多不同的部分，然后用不同的信道发送出去（如有的通过邮局，有的通过电话等），即使截获者能够收集到一部分密钥，但因缺少另一部分，仍无法恢复完整密钥。

（1）密钥的验证。

当接收方 B 收到一个密钥时，如何确认该密钥是来自发送方 A 而不是冒充 A 的其他人呢？如果 A 当面将密钥交给 B，当然没有确认问题；如果 A 通过信道发送给 B，则 B 只能认为该信道是绝对可靠的；如果该密钥是用密钥加密密钥加密的，则 B 只能认为只有 A 才有该密钥加密密钥；如果 A 使用一个数字签名协议对该密钥签名，B 在验证时只能依赖公钥数据库；如果密钥是一个密钥分配中心（KDC）签名的密钥，B 在验证时只能认为 KDC 公钥未被篡改。

（2）密钥的使用。

现有操作系统在操作过程中可能将加密程序或密钥以明文形式暂存在磁盘上，待操作后再删除。由于用户不能控制这个过程密钥就可能被人窃取。当然，在一个具有优先级别的多任务环境中，可以在较高的优先级上进行加密操作使其不被其他进程干扰，这将会减小危险性。相比之下，用硬件实现加密操作是比较安全的。

（3）密钥的更新。

密钥的更新可以通过定期分发新密钥，或者从旧的密钥中产生。密钥更新需使用一个单向函数，通信双方使用同一单向函数密钥进行运算，获得相同的密钥更新。

（4）密钥的存储。

单用户的密钥存储是简单的，密钥可在磁卡上存储，或制造成一个存入 ROM 芯片的可塑性密钥，或存放在智能卡上，用户在使用时将其插入到计算机中。具体在使用这一技术时，可将密钥分解成两部分：一部分存放在计算机上；另一部分作为 ROM 密钥。只要 ROM 密钥和计算机终端密钥不同时丢失，密钥便不会泄露。存储密钥时，密钥不能以明文形式出现。

（5）密钥的备份。

针对密钥丢失情况，可采用以下办法。

秘密共享协议的方法恢复。在生成密钥时，将该密钥分成若干部分，每一部分加密后分开保存，任何一部分都不能单独生成完整密钥，除非持有各部分密钥的多人合伙作案，否则密钥不会泄露。对于密钥管理者来说，当完整密钥丢失时，他可以使用多个独立密钥部分恢复完整密钥。

（6）密钥的有效期。

密钥使用时间越长，泄露的机会就越多。因为攻击者有更多的时间对所得的密文进行分析。这样看来，密钥和护照、许可证一样，应该有一个使用期限。对任何密码的应用，必须有一个策略能够检测密钥的有效期。不同的密钥应该有不同的有效期。会话密钥应为当次会话有效，而密钥加密密钥的有效期就可以较长一些。

（7）密钥的销毁。

密钥必须定期替换，旧的密钥必须销毁。旧密钥是有价值的，即使不再使用，攻击者也能读取由它加密的一些旧消息。密钥必须安全销毁。一个潜在的问题是，计算机密钥可以很容易进行复制和存储在多个地方，对于自动进行内存管理的计算机，由于不断地接收和刷新内存的程序，没有办法保证计算机中的密钥被安全销毁。谨慎的做法是：通过特殊的删除程序，查看所有磁盘，寻找在未用存储区上的密钥副本，并将它删除。还要删除所有临时文件或交换文件的内容。

（8）公开密钥密码系统的密钥管理。

公开密钥密码体制的密钥管理比对称密钥密码体制的密钥管理容易一些，但它也有自己的问题。无论网络上有多少人，每个人只有一个公开密钥。如果 A 想给 B 发送信息，A 必须有 B 的公开密钥。在公开密钥密码体制的密钥管理中，可采用"公钥证书"和"分布式密钥管理"的办法进行，也可采用"密钥托管技术"进行。

3.1.6 相关加密衍生技术

数字签名就是基于加密技术的，它的作用是用来确定用户的真实性。以电子邮件的应用为例，当用户收到一封电子邮件时，邮件上面标有发信人的姓名和信箱地址，很多人可能会简单地认为发信人就是信上说明的那个人，但实际上伪造一封电子邮件极为容易。在这种情况下，就要用到数字签名技术，确认发信人身份的真实性。

类似数字签名技术的还有一种身份认证技术，针对非匿名的 FTP 服务，或 WWW 上传服务，身份认证技术能够确认使用者的真实身份。

在这里需要强调一点的是，文件加密其实不只用于电子邮件或网络上的文件传输，也可应用于静态的文件保护，可以对磁盘中的文件或文件夹进行加密，以防止他人窃取其中的信息。

3.2 数字摘要

随着网络技术的发展，网上信息的安全和保密越来越受到重视，但是互联网给我们生活带来很大便利的同时，更存在着各种因素的潜在威胁。为了保证信息安全不受侵犯，可以采用多种技术，如加密技术、访问控制技术、认证技术及安全审计技术等，但这些技术大多数是用来预防的，信息一旦被攻破，就不能保证信息的完整性。在网络安全目标中，要求信息在生成、存储或传输过程中保证不被偶然或蓄意地删除、修改、伪造、乱序、重放、插入等破坏和丢失，因此，需要一个较为安全的标准和算法，以保证数据的完整性。

数字摘要算法就是提供数据完整性的安全标准。这方面典型的算法有 MD5 和 SHA-1 算法。

3.2.1 基本原理

数字摘要（Digital Signature），是一个唯一对应一段任意长度消息或文本的固定长度的值，根据它可以判定出消息的完整性。整个应用过程可概述为：首先使用某种散列算法，对要发送的数据进行处理，生成数字摘要信息；然后采用公钥密码算法，用私钥加密数字摘要信息。

数字摘要采用单向散列函数将需要加密的明文"摘要"成一串固定长度（128位）的密文。这一串密文又称为数字指纹，它有固定的长度，而且不同的明文摘要成密文，其结果总是不同的，同样的明文其摘要必定一致。数字摘要的生成和使用过程如下：

（1）被发送文件用 SHA 编码加密产生 128 位的数字摘要。
（2）发送方用自己的私用密钥对摘要再加密，形成数字签名。
（3）将原文和加密的摘要同时传给对方。
（4）对方用发送方的公共密钥对摘要解密，同时对收到的文件用 SHA 编码加密产生又一摘要。
（5）将解密后的摘要和收到的文件在接收方重新加密后产生的摘要相互对比。如两者一致，则说明传送过程中信息没有被破坏或篡改过。

数字摘要是由一个单向散列加密函数对消息进行作用而产生的。

数字摘要之所以作为数据完整性方面的判断依据，就是由散列函数的特性决定的。单向散列函数 $H(M)$ 作用于一个任意长度的数据 M，它返回一个固定长度的散列 h，其中 h 的长度为 m，h 称为数据 M 的摘要。单向散列函数具有以下特点。

（1）单向性使得要找到散列结果相同的两个不同的输入消息，在计算上是不可能的。给定 M，很容易计算 h；给定 h，无法推算出 M。
（2）抗冲突性使得如果一段明文稍有变化，哪怕只更改该段落的一个字母，通过散列算法作用后都将产生不同的值。给定 M，很难找到另一个数据 N，满足 $H(M)=H(N)$，即不可能存在两个不同的明文，而它们的数字摘要是相同的。

3.2.2 数字摘要的应用

数字摘要算法（又称为哈希算法）与加密算法共同使用，加强数据通信的安全性。采用这一技术的应用有数字签名、文件校验、鉴权协议等。

1. 数字签名

数字签名，也称为电子签名，是指数据内容中以电子形式所包含的用于识别签名人身份并表明签名人认可其中内容的数据。

数字签名把公钥加密技术和数字摘要结合起来，形成了实用的数字签名技术。数字签名具有以下作用：

（1）确认当事人的身份，起到了签名或盖章的作用。

（2）能够鉴别信息自签发后到收到为止是否被篡改。

数字签名可以用来防止电子信息因修改容易而被人伪造、冒用他人名义发送信息、发出（收到）信件后又加以否认等情况发生。但是，数字签名又不同于"手书签名（在手写板上签名，然后将图像传输到电子文档中，可以被剪切/粘贴，从而使得非法复制变得非常容易）"类型的图形标志，因为其采用了双重加密的方法，即用散列算法和自己的私用密钥实现防伪造、防抵赖。

完善的数字签名技术具备签字方不能抵赖、他人不能伪造、在公证人面前能够验证真伪的能力，用于电子商务安全服务中的源鉴别、完整性鉴别等服务。

2. 文件校验

MD5 散列算法的"数字指纹"特性，使它成为目前应用最广泛的一种文件完整性校验和（Checksum）算法。它常常被应用于以下两种情况。

（1）文件传送后的校验，将得到的目标文件计算 MD5 校验和，与源文件的 MD5 校验和比对，由两者 MD5 校验和的一致性，可以从统计上保证两个文件完全相同。它可以检验文件传输过程中是否出现错误，也可以保证文件在传输过程中未被恶意篡改。一个很典型的应用是 FTP 服务，用户可以用来保证多次断点续传，特别是从镜像站点下载文件的正确性。更安全的解决方法是代码签名，文件的提供者在提供文件的同时，针对文件用自己的代码签名密钥进行数字签名，并提供自己的代码签名证书。文件的接收者不仅能验证文件的完整性，还可以依据自己对证书签发者和证书拥有者的信任程度，决定是否接收该文件。浏览器在下载运行插件和 Java 小程序时，使用的就是这样的模式。

（2）用作保存二进制文件系统的数字指纹，以便检测文件系统是否未经允许地被修改。完美的方法是使用"MAC"，即信息鉴权码（Message Authority Code，MAC）。它是与密钥相关的散列值，必须拥有该密钥才能检验该散列值。文件系统的数字指纹也许会被保存在不可信任的介质上，只对拥有该密钥者提供可鉴别性，并且在文件的数字指纹有可能需要被修改的情况下，只有密钥的拥有者可以计算出新的散列值。

3. 鉴权协议

鉴权协议又被称为"挑战—认证"模式，在传输信道是可被侦听的，但不可被篡改的情况下，这是一种简单而安全的方法。需要鉴权的一方，向将被鉴权的一方发送随机串（"挑战"），被鉴权方将该随机串和自己的鉴权口令字一起进行散列运算后，返还鉴权方。鉴权方将收到的散列值与在己端用该随机串和对方的鉴权口令字进行散列运算的结果相比较（"认证"），如相同，则可在统计上认为对方拥有该口令字，即通过鉴权。

随着互联网和电子商务的快速发展和广泛应用，确保数据的可靠性、保密性、完整性和不可否认性显得越重要了。数字摘要算法作为信息加密和认证技术的重要理论基础，其应用领域也将日益广泛，它与其他加密技术结合应用也将会越来越受到重视。

3.2.3 相关算法介绍

MD5 算法是典型的摘要算法。MD5 的全称是 Message-Digest Algorithms 5（信息—摘要算法 5），是美国麻省理工学院教授 Rivest 设计的，这个方法源自 MD4 改良而成[29]。它的作用是让大容量信息在用数字签名软件签署私人密匙前被"压缩"成一种保密的格式，就是把一个任意长度的字节串变换成一定长的大整数。由于 Rivest 当初设计的主要构想是考虑到以 32 位处理器为基础的系统结构，因此 MD5 内所有的运算都是以 32 位的字为运算单元。MD5 在 MD4 的基础上增加了"安全带"（safety-belts）的概念。虽然 MD5 比 MD4 稍微慢一些，但却更为安全。在 MD5 算法中，信息—摘要的大小和填充的必要条件与 MD4 完全相同。

MD5 算法的简要叙述如下：MD5 以 512 位分组来处理输入的信息，且每一分组又被划分为 16 个 32 位子分组，经过一系列的处理后，算法的输出由 4 个 32 位分组组成，将这 4 个 32 位分组级联后将生成一个 128 位散列值。在 MD5 算法中，首先需要对信息进行填充，使其字节长度对 512 求余的结果等于 448。因此，信息的字节长度将被扩展至 $n×512+448$，即 $n×64+56$ 个字节，n 为一个正整数。填充方法如下：在信息的后面填充一个 1 和无数个 0，直到满足上面的条件时才停止用 0 对信息的填充，然后在这个结果后面附加一个以 64 位二进制表示的填充前信息长度。经过这两步的处理，现在的信息字节长度=$n×512+448+64=(n+1)×512$，即长度恰好是 512 的整数倍。这样做的原因是为满足后面处理中对信息长度的要求。

MD5 中有 4 个 32 位被称作链接变量（Chaining Variable）的整数参数，它们分别为：a=0×01234567，b=0×89abedef，e=0×fedcba98，d=0×76543210。当设置好

第 3 章 数字内容信息加密及信息隐藏技术

这 4 个链接变量后，就开始进入算法的四轮循环运算。循环的次数是信息中 512 位信息分组的数目。将上面 4 个链接变量复制到另外 4 个变量中：a 到 a，b 到 b，c 到 c，d 到 d。主循环有四轮（MD4 只有三轮），每轮循环都很相似。第一轮进行 16 次操作。每次操作对 a、b、c 和 d 中的其中 3 个作一次非线性函数运算，然后将所得结果加上第四个变量，输入信息的一个子分组和一个常数，再将所得结果向右移动一个不定的数，并加上 a、b 或 d 中的一个，最后用该结果取代 a、b 或 d 中的一个数。

就函数而言，MD5 是将一个不做任何要求的自变量映射成为一个长度固定的因变量，显然，这是一个多对一的映射（因变量空间仅为 2128，而自变量空间为无穷大，所以可以将 MD5 视为一个无穷多对一的映射）。由最基本的数学定理可知，多对一的函数是不可逆的，就是说，不可能从 MD5 的散列结果逆推出原文。

所以，用户不用担心使用 MD5 进行散列处理后得到的结果会被人破解，原文密码分组链接模式（CBC）分组密码是将消息作为数据分组来处理的（加密或解密）。通常多数消息的长度大于分组密码的消息分组长度，长的消息被分成一系列连续排列的消息分组，密码一次处理一个分组。在基本的分组密码算法之后紧接着设计了许多不同的运行模式。这些运行模式为密文分组提供了几个特性，例如增加分组密码算法的不确定性（随机性），将明文消息添加到任意长度（使得密文长度不必与相应的明文长度相关），错误传播的控制，流密码的密钥流生成，等等。常用的模式有电码本（EBC）模式、密码分组链接（CBC）模式、输出反馈（OFB）模式、密码反馈（CFB）模式和计数器（eETR）模式等。

除 MD5 摘要算法外，MAD 也是比较典型的摘要算法。同 MD5 摘要算法一样，MAD 函数的输入可以是任意大小的消息，而输出是一个固定长度的摘要。输入消息中的任何改变，哪怕只有一位，输出的摘要都将会发生不可预测的变化，也就是说输入消息的每一位对输出摘要都有影响。MAD 摘要算法的设计是出于利用 32 位 RISC 结构来最大化其吞吐量，而不需要大量的替换表来考虑的。

MAD 算法是以消息给予的长度作为输入，产生一个 128 位的"指纹"。要产生两个具有相同消息化的文字块或者产生任何有预先给定"指纹"的消息，都被认为在计算上是不可能的。

综上所述，摘要算法的基本原理在很多加密算法中都被使用。摘要算法以给定的内容为基础产生一个数字签名，数字签名可以进行身份认证、保护原有内容，并防止从签名中获取相关信息。

3.3 数字水印

3.3.1 概述

1. 基本概念

数字水印（Digital Watermarking）技术于1996年英国首届国际信息隐藏会议上提出。目前，学术界对数字水印还没有公认的定义。数字水印可看作是永久镶嵌在其他数据（宿主数据）中的具有可鉴别性、可证明性的数字信号或模式，并且不影响数据的可用性。数字水印可以是一段数字、序列号、文字、图像标志等标识或版权信息。数字水印也可以理解成一种电子水印，有些类似于有线电视节目中表明节目来源的徽标，但节目徽标属于可见数字水印的范畴。通常不可见数字水印才具有更大的商业价值，才是学术界和工业界研究的热点。

我们常说的数字水印一般是指版权保护数字水印，这也是数字水印最基本的研究方向。其技术要点是在数字作品中嵌入一个版权信息，用以证明原创者对产品的所有权，关键时候可以给出作品的作者、发行者和授权使用者等相关的证明，并作为起诉侵权者的证据，用来对付数字产品的非法复制、传播和篡改，保护数字产权，因此在数字产品版权保护领域得到了广泛的应用。

数字水印除了可以实现版权的声明与跟踪，还可以广泛地应用于其他信息的隐藏，如在一个正常的文件中嵌入文本、图像、音频等信息。

根据抗攻击特性，数字水印可分为鲁棒性水印与脆弱性水印。鲁棒性水印对攻击尤其常见的编辑、变换操作不敏感，可用于在数字作品中标识作者、书号等版权信息。而脆弱性水印对攻击十分敏感，稍有改动就会导致面目全非的结果，从而使得数字作品不可使用。脆弱水印可用来判断数据是否被篡改，保护作品的完整性。当然，数字水印技术必须不影响原系统，不妨碍信息的正常使用，还要善于伪装，使人不易察觉。隐藏信息的分布范围要广，能抵抗数据压缩、过滤等变换及人为攻击。

总之，数字水印应"透明"、"健壮"和"安全"。例如，创作者的创作信息和个人标志可以通过数字水印系统以人所不可感知的形式嵌入待保护对象中，人们无法从表面上感知水印，只有专用的检测器或计算机软件才可以检测出隐藏的数字水印。

但是，数字水印毕竟是一种事后追查的手段，主要作为对盗版者进行追惩的依据，这就使它的主动性远远不及数字签名与身份认证技术。

2. 主要研究点

数字水印技术的核心是信息隐藏技术，它是为适应信息隐藏与跟踪需要而诞生的。水印技术与信息加密都是把对信息的保护转化为对密钥的保护，因此，水印技术沿袭了传统加密技术的一些基本思想和概念，但两者采用的保护信息的手段不同。数字水印技术的研究主要集中于实现数字水印的三个重要性能指标，即鲁棒性、不可感知性和安全性。几乎所有的水印算法都是围绕这三个特性展开的。

过去以及现在的算法主要的研究集中于解决水印的鲁棒性和不可感知性。由于鲁棒性和不可感知性天生就是矛盾的，所以要解决的问题不在于解决某一个特性而是如何兼顾这二者，使这二者都能得到充分的满足。随着针对水印的攻击越来越多，将来的水印技术发展趋势在于提高水印的安全性。

数字水印提出的初衷在于实现多媒体的版权保护，而随着对水印研究的深入，人们发现水印技术还可以应用于广播监视、操作跟踪和复制控制等其他应用领域，所以水印应用研究的范围越来越广。与此同时，脆弱水印、半脆弱水印和多水印等多种水印技术相继出现。数字水印最初仅仅限于数字图像领域，随着应用的需要，水印被进一步推广到音频、视频和文本领域。以往关于数字水印的研究仅仅只限于算法，现在也开始对水印的实施框架、水印标准和协议进行研究。

3. 数字水印协议

在版权保护应用中，单凭数字水印技术本身还不能有效地完成版权保护的任务，需要结合加密技术，制定一套辅助规则来规范版权识别、认证，以及对侵权者的鉴别等任务。这套规则一般称为数字水印协议。

由于数字产品在互联网上易于非法复制和传播，版权保护和盗版跟踪就成了当今一个重要的研究课题。如何利用交易双方的数字水印信息及相应的交易记录数据解决版权纠纷，充分保护交易双方的合法权益，建立起一套安全可信的交易机制，是数字水印协议要完成的任务。

4. 数字水印的历史发展

作为信息隐藏技术的一个分支，数字水印技术始于 20 世纪 90 年代初。1993 年 A. Z. Tirkel 等发表了一篇文章 "Electronic Water Mark"，首先提出电子水印 "Water Mark" 的说法，随后在另外一篇文章提出 "数字水印" 这一个概念。

在数字水印技术的发展进程中，人们不断尝试将新的理论和方法引入到这一领域，以期改善数字水印技术的性能。为了增强数字水印对几何变换攻击的抵抗能力，基于不变矩的图像归一化方法被应用于图像数字水印方案中。另外，还有应用分形、混沌、数学形态学、奇异值分解等理论嵌入数字水印技术中。1999 年，Kutter 等提出了 "第二代数字水印" 的概念，突破了以往将数字水印嵌入到宿主信号最不重要部分的思想桎梏,推动了数字水印技术的发展。图像数字水印技术作为数字水印技术的"摇篮",孕育了很多具有普遍意义的方法,为其他媒体形式数字水印技术的研究及应用奠定了基础,视频数字水印技术、音频数字水印技术等也随着图像数字水印技术的发展迅速发展起来。

5. 国内外相关研究组织

当前国际上已存在许多从事数字水印技术研究的组织,包括数字音视频委员会(DAVIC)、版权保护技术工作小组(CPTWG)、安全数字音乐索引(SDMD)、唱机工业国际同盟等。一些著名的国际信息技术公司也已经涉足数字水印技术领域,如 IBM 公司、Philip 公司等。不少著名大学和研究机构的图像研究实验室成立了数字水印技术研究项目,如南加利福尼亚大学、普林斯顿大学、剑桥大学、NEC 美国研究所、麻省理工学院、多伦多大学等。专门用于数字水印技术研究的软件工具包已经被开发出来并广泛使用,如对数字水印的攻击实验工具包 StirMark。

国内近年来也有不少研究所和大学开展了对数字水印技术的研究,如清华大学、北京大学、北京邮电大学、中科院自动化所、北方工业大学、浙江大学、国防科技大学、哈尔滨工业大学等,都在对该技术进行深入的研究。数字水印的研究已经引起了多种学科研究人员的兴趣和关注。

6. 主要应用领域

数字水印的基本领域主要是版权保护、交易跟踪、内容认证和安全的不可见通信,潜在的应用市场则包括电子商务、分发各种多媒体内容,以及大规模的广播服务等。以下对各种应用给予介绍。

1)版权保护

数字水印大量应用于版权保护方面。数字作品,如音视频的版权保护是当前的热点问题。由于多媒体所有者产生水印嵌入到媒体中,如发生版权争执,可从媒体中提取出版权所有者的水印信息。

鲁棒水印技术最初用于解决版权争议(即版权保护),版权保护可分为所有者鉴别和所有者证明。对于所有者鉴别,传统的方式是采用版权标记的可见水印方案。版权标记通常采用文本标记,按照某种适当的形式将版权信息直接"标记"在图像/视频之上。其不足之处在于:对于文档,版权标记复制过程中很容易被去除;对于图像/视频内容,文本版权标记往往会影响视觉质量。此外,在图像/视频内容的不重要部分加注的版权标记非常容易被剪切。

由于水印信号的嵌入是不可感知的,并且始终存在于图像/视频内容之中,若代表与版权相关的信息,则较文本标记更适合于所有者鉴别。使用水印检测识别其中的水印,然后通过相应的服务获得所有者的信息,达到鉴别的目的。

2)交易跟踪

数字水印可用于交易跟踪。若在图像/视频内容的每一份复制中都嵌入独一无二的水印信号,则数字水印技术可用于交易跟踪。此时水印信号用于标记数字复制的合法接收者,因而可以用来跟踪非法复制内容源自何处。虽然大规模使用数字水印进行交易跟踪易受到攻击而影响性能,对于较小规模的交易跟踪应用,数字水印技术仍具有较高的安全性。

3)内容认证

数字水印广泛应用于内容认证需要。在很多情况下,需要对图像/视频内容进行认证以判断其真伪性,尤其是图像/视频内容被当作为某种证据时。虽然数字签名技术在数字内容的认证中已经取得了广泛的应用,但它并不适合图像或视频内容的认证。这是因为对图像或视频内容的多种处理和操作并不改变图像或视频所表述的本质内容。

采用数字水印技术则可较好地解决图像/视频数据的内容认证。由于水印号被嵌入到图像/视频内容本身之中,图像/视频内容受到的处理也同样作用其中的水印信号。通过分析水印信号的改变,便可以分析出图像/视频内容的改变,如被修改,哪一部分被修改,甚至能够一定程度地恢复被非法修改的地方。

4)复制保护和使用控制

数字水印可以用于复制保护和使用控制。在版权保护、交易跟踪、内容认证和广播监听等应用中使用数字水印技术,并不能阻止恶意侵权者对受保护内容的非法使用和篡改,水印技术只能提供事后侵权或篡改的证明,以作为数字内容安全体系中的一个技术支持(依据),然而这种事后证明并不能挽回侵权行为所造成的经济损失。因此,需要对数字内容进行复制保护/控制,以阻止对数字内容的非法复制。

数据的标识信息有时比数据本身更具有价值,如遥感图像的拍摄日期、经纬度等。没有标识信息的数据有时甚至无法使用,但直接将这些重要信息标记在原始文件上又很危险。将作品的标题、注释等内容以数字水印信息的方式嵌入数字作品之中,属于隐式注释,不占额外的带宽,不易丢失。例如,照相机中的微处理器在所拍摄的图像中加入拍摄时间、曝光量、快门速度等信息。

目前市场上使用的防伪技术,在商品流通过程中仍存在着许多弊端,如技术独占性和唯一性差、易伪造和泄露核心技术、只能满足于产品的真假鉴别功能、将防伪识别的正常费用转嫁给了消费者等。而基于数字水印的印刷防伪技术与传统的印刷防伪技术不同,它彻底更新了印刷防伪的传统观念,并在印刷防伪中具有独特的性质。

作为识别标志的水印以视觉不可见的形式隐藏在印刷品中,只有通过计算机软件或特定的检测设备才可识别。隐藏的水印标志可以是有意义的数字或随机的数码、文本信息、图像甚至声音等。用户可以根据被保护物品的不同要求加入不同内容的水印信息,它也不会因为印刷品经过的各种地点和人员而变异,在这些环节上没有泄露和扩散的可能性。

数字水印的加入和加入的内容具有随机性。每一种印刷品所隐藏的数字水印可以不同,加入水印的位置也是随机的,技术掌握人本身也不知晓水印的隐藏位置,这样的随机性和变化特征使伪造者难以仿冒伪造。

对于完整性保护来说,可以定时检测隐藏在作品中的数字水印,如果遭受攻击、修改或部分删除,系统就能及时报警,甚至自动修复。数字广播电视分级控制在数字广播和数字影视中,利用数字水印技术,对各级用户分发不同的内容。

3.3.2 特征/特点与评价标准

数字水印往往用作版权的标识,因此与通常的信息隐藏和秘密通信有所不同(秘密通信着重于最大限度地隐藏和传送信息)。具体而言,它具有以下一些特点。

1. 不易察觉性

不易察觉性,也称作不可感知性、不可见性、透明性或隐藏性,是保真度的要求,即数字水印的存在不应明显干扰被保护的数据,不影响被保护数据的正常使用。然而在某些应用中,为了获得鲁棒性和降低成本,可以适度接受可感知水印。

2. 安全性

水印技术的安全性是指抵抗恶意攻击的能力,可以用密码技术的安全性来解释。假设攻击者知道加密数据的方法,那么数据的安全性必须仅依赖于密码的选择。因此,如果在非授权者知道嵌入和提取水印的算法情况下,仍然无法检测或者移除水印,那么水印系统才是真正安全的。

典型的攻击有三大类型:未经授权的删除、未经授权的嵌入和未经授权的检测。未经授权的删除是主动攻击,包括消除攻击和掩蔽攻击。未经授权的嵌入也是主动攻击,又称为伪造,是将水印非法嵌入到作品中。而未经授权的检测则被看作是被动攻击,通常有三种程度:一是能检测并解密嵌入信息;二是能检测并区分不同的水印,但不能解密嵌入信息;三是能检测水印是否存在,但不能区分和解密嵌入信息。

理想的水印安全性要满足 Kerckhoffs 原理:数据的安全性必须仅依赖于密码

的安全性。但目前水印技术本身无法解决这个问题，目前安全的水印系统都需要与密码技术结合。

3．鲁棒性

鲁棒性，也称稳健性，是指经过常规的信号处理后，仍然能检测到水印。

鲁棒性有两层含义：一层含义是数字水印应该能够承受大量的、常用的物理处理和几何处理，如图像压缩、滤波，扫描与复印、噪声污染、尺寸变换等；另外一层含义则是水印能抵抗恶意的攻击，如非法提取水印、篡改和删除水印。

具有绝对鲁棒性的水印是不存在的，但对于实际应用而言，水印只要能经受可能遇到的处理就可以了。当含有水印的载体数据感知质量没有明显下降时，要求水印仍然能正确检测。对于脆性水印，则没有鲁棒性要求。

4．确定性/无歧义性

水印所携带的所有者信息能够被唯一的鉴别确定，而且在遭到攻击时，确认所有者信息的精确度不会降低。

5．可证明性

可证明性是指被嵌入了水印的作品，通过检测器能够提取出嵌入的水印作品或者能证明水印的存在。这一特性也是水印用作版权保护的根本原因，也是发展水印技术的基本动力。

6．水印调整和多重水印

在许多具体应用中，希望在嵌入水印后仍能调整它。

7．水印容量

水印容量也称为嵌入率，是指在单位时间内或在一个数字作品中最多可以嵌入水印的比特数。一般要求水印容量尽可能大。

8．盲检测性

对于一些应用，水印的检测和提取不依赖于原始数字产品的特性。

9．通用性

好的水印算法适用于多种文件格式和媒体格式。通用性在某种程度上意味着易用性。

除了这些基本特性外，数字水印的算法还具有一些其他的特性：

- 嵌入有效性。水印信号嵌入到载体数据以后，载体在没有经过任何处理前，水印必须是能够被提取或被检测出来的。

- 密钥唯一性。水印信号生成时，一个密钥生成的水印是唯一的。在水印的嵌入和提取检测时，一个密钥导致的水印嵌入方式和提取检测方式是唯一的。
- 水印生成函数的不可逆性。通过生成的水印信号和生成函数不能推导出信号发生器的初始值，即密钥。
- 计算有效性。水印处理算法应该比较容易用软件或硬件实现。尤其需要注意的是，水印的提取检测算法对某些实时要求较高的应用应该足够快。

但是，数字水印毕竟是一种事后追查的手段，主要作为对盗版者进行追惩的依据，这就使它的主动性远远不及数字签名与身份认证技术。

不同的应用对数字水印算法和系统的性能具有不同的要求，衡量一种水印算法或一个水印系统的性能，常使用以下几个指标：

1）隐蔽性

数字水印的隐蔽性有两个方面的含义：一方面是指数字水印的不可察觉性，另一方面是指数字水印不影响宿主媒体的主观质量。数字水印的隐蔽性一般用峰值信噪比（Peak Signal to NoiseRatio，PSNR）来衡量。

2）感知质量

为保证嵌入水印后的作品与原始作品之间的感知相似性，数字水印必须是不可感知的。但是，感知相似性的确定却是性能评估时的一个难题。目前，人们主要采用以下两种测试方法：主观测试（Subjective Test）和定量测量（Quantitative Metric）。

主观测试指根据某个统一的质量评判标准采用主观打分的方法对图像进评价。这种方法对最终的图像质量评价和测试十分有用，却不利于学术上研究成果之间的相互比较。因此，在实际的研究和开发过程中多采用一些客观的测量方法，而定量测量则是一种客观的方法，它不依赖于主观评价，可以方便地对各种方法进行公正的比较。

3）水印安全性

水印的安全性是指水印抵御攻击的能力。攻击是指专门为了阻碍水印用途的处理。主要攻击包括未授权的删除水印、未授权的嵌入和未授权的检测。安全性是鲁棒性的进一步提升，现在针对于水印的攻击越来越多，安全性显得日益重要。

4）水印容量

水印容量（Watermark Capacity）指的是水印信号所包含的信息量，通常也称为水印的有效载荷。对于图像载体，水印容量指的是图像中水印信号所编码的比特数。

5）计算复杂性

水印算法的计算复杂性是指水印操作的复杂程度，包括算法的时间复杂程度和空间复杂程度，主要体现为水印信号嵌入和提取/检测的运算速度，它对水印系统的成功应用具有至关重要的作用。在实际应用中，应根据具体的应用要求来选择和设计合适的水印系统。

6）虚检率和漏检率

水印系统存在以下两种可能的错误：虚检错误（False Positive）和漏检错误（False Negative）。

虚检错误是指水印检测器从未在嵌入水印的内容中测到特定水印的存在，而虚检率是指虚检错误发生的概率。

漏检错误是指水印检测无法提取/检测嵌入水印的内容中的水印信号，而漏检率是指漏检错误产生的概率。在设计实际的水印系统时，必须折中考虑虚检率和漏检率，应根据具体应用、水印系统的模型等来确定系统采用的参数。许多研究者已对这一问题进行了深入的研究，并提出了改进水印检测器性能的算法。

除了以上这些指标外，水印还应该能够证明和鉴别版权所有者身份，具有较强的证明能力和说服力；能够被盲目提取，即无须原始的数字产品就能从被嵌入了数字水印的数字产品中提取出数字水印。

3.3.3 研究与发展

1. 国内外研究概述

1）国际研究

自1993年发明数字水印技术以来，由于其在数字信息安全和经济上的重要地位，吸引了大学、科研机构、商业集团的积极参与、投资到该领域的研究中来。其中包括美国版权工作组、剑桥大学、麻省理工学院等。视频水印算法的早期代表工作是1996年在SPIE会议上Frank Hartung等提出在视频序列中直接扩频的水印算法，即F&G算法。此外，早期算法还有如Mobasesri的CDMA比特面算法[21]等典型算法。首次数字水印会议（IWDW）于2002年召开，在此之后，每年定期举行，且有关数字水印的文章层出不穷。

总的来说，国外研究集中在流载体文件信息隐藏和数字水印技术，其中也涉及MEPG-2实时水印系统研究，但并未涉及对其隐秘分析技术进行研究。

国外已经有很多的流媒体厂商，如目前参与流媒体技术竞争的主要大公司Real Networks、Microsoft和Apple QuickTime，它们已开发出了一系列的流媒体产品，其中互联网上使用较多的流媒体格式主要是 Real Networks 公司的 Real Media 和 Microsoft 公司的 Windows Media。

2）国内研究

目前数字水印技术在国内正处于发展阶段，学术界已经有相当一批有实力的科研机构和个人投入到数字水印技术领域的研究中来，取得了丰硕的科学研究成果。在我国，较早从事数字水印研究的学者有中国科学院谭铁牛教授，他全面综述了国际上图像数字水印技术的发展状况，并在视频数字水印算法方面取得显著的研究成果；中山大学黄继武教授在视频水印算法方面的研究成果是有代表性的[24]，他也是早期研究水印的学者之一；在空域视频水印领域方面，中国科技大学俞能海教授做出很有成效的贡献。

2. 不同类别数字水印的研究

到目前为止，数字水印从研究对象上看，主要涉及图像水印、视频水印、音频水印、文本水印和三维网格数据水印等几个方面。大部分的水印研究和论文都集中在图像水印上，其原因在于图像是最基本的多媒体数据，且互联网的发展为图像水印的应用提供了大量的应用。另外，视频水印也吸引了一些研究人员，由于视频可以看成是空域上连续的图像序列，从某种意义上讲，它与图像水印的原理非常类似，许多图像水印的研究成果可以直接应用于视频水印上。两者的主要差别在于处理信号的数量级上，特别是视频水印要考虑实时性问题。

1）图像数字水印技术

频率域水印算法的代表是 Cox 于 1995 年提出的发散谱（Spread Spectrum）算法，其原理是通过时频分析，然后根据发散谱特性，在数字图像的频率域上选择修改那些对视觉最敏感的部分，使修改后的系数隐含数字水印的信息。这种方法较好地利用了人类视觉系统的特性，水印信息经过一定的调制过程隐藏于数字图像感知比较重要的频谱部分，从而可以抵抗通常的有损压缩和其他数字图像处理的操作。

水印系统提供了一种有效的数字版权的保护方法，在数字产品日益普及的今天，有着广阔的应用前景。

2）视频数字水印技术

流媒体的数字水印技术是当前国际上最热门的高科技研究应用课题之一，它是综合隐藏技术、流媒体编码技术和通信技术而迅速发展的一门综合性技术。随着流媒体在公用网络传播领域应用的不断增加，技术的不断完善，通过公用网络上的普通流媒体实时传输隐藏信息的研究日趋成为各国政府部门、企事业单位、安全部门和军方的重要研究课题。

3）音频数字水印技术

目前，音频数字水印技术的研究相对图像数字水印技术而言比较滞后，国内外的参考文献也比较少，音频水印主要有最低位法、相位法、扩展频谱法和回音法等。最低位法是把信号样点的最低位用秘密信息的二进制流替代，这种方法最简单且嵌入容量最大，但鲁棒性较差，不能抵抗有损压缩或音频变换；相位法是用代表嵌入数据位的参考相位代替原音频段的绝对相位；扩展频谱法是把隐藏信息扩展到载体信号的整个频率谱上的技术；回音法是通过引入回音的方法来嵌入数据，它主要调节3个参数：初振幅、衰减率和时间偏移。

目前，音频水印技术还处于起步阶段，分析方法主要采用特征分析方法。该方法由 Kutter 等人提出，即对数字作品进行特征处理，如果这些特征在被攻击后能保持其相对位置不变，则可以作为水印嵌入和提取的参考信息，从而达到高鲁棒性的目的。这些特征可以是抽象的，也可以是语义上有意义的，对于图像，特征可以是边缘、边角点[4, 5]、纹理区域，或者是图像中具有一定特征的部分。

特征在水印算法中可以以两种方式应用：

（1）用于水印嵌入和检测的参考点；

（2）直接用于嵌入水印。相关研究包括在图像小波变换的低频逼近子图中提取特征，并把水印嵌入在对应的高频位置；利用图像特征选择嵌入区域，并把水印嵌入空间域。

基于特征的水印算法的关键在于特征点的精确提取，尤其是水印嵌入所使用的特征点能否在被攻击后的图像中准确地被提取出来。

4）文本数字水印技术

数字水印的研究主要集中于图像、音频、视频等方面，对以文本文档为载体的数字水印研究较少，但文本水印同样具有很重要的价值。不像噪声数据，文本数据含有很少的可用来进行秘密通信的冗余信息，隐藏的方法可以是试图将信息直接编码到文本的内容中去（如利用语言的自然冗余性），或者将信息直接编码到文本格式中去（如调整字间距）。

目前，已经提出很多方法将信息直接存储在文本消息中，如利用偶尔的打字或拼写错误、逗号可以省略、词可以用同义词代替，等等。但它们绝大多数并不是首选的，因为它们会严重降低文本的品质。另外，嵌入工作需要用户的介入和交互，所以不能自动完成。

对于在载体文本以固定格式（如 HTML、LATEX 或者 Postscript 文件）的形式传播，则信息可以嵌入到格式中而不是消息内容本身。秘密信息可以存储在行间距中[3-5]，如果两行之间的距离小于某个门限值，就代表隐藏的信息是"0"，否则隐藏的信息是"1"。类似的方法也可用于 ASCII 文本的信息，偶尔的附加空格字符可以用来构成秘密信息。

文本消息中能否存在安全和健壮的信息仍然是一个悬而未决的问题，一个攻击者只需要简单地重新调整文本的格式就可以破坏掉所有嵌入在文本格式中的信息。另外，文本消息可以用各种不同的格式进行存储（如 HTML、DVI、Postscript、PDF 或者 RTF），从一种格式转化到另外一种格式对嵌入的信息也有很大的损害。

3.3.4 数字水印的分类

数字水印的分类有很多种方法，不同的划分依据可以将数字水印分成不同的类别。常用的分类方法主要包括以下几种。

1．按特性划分

按水印的特性可以将数字水印分为鲁棒数字水印和易损数字水印两类。

（1）鲁棒数字水印主要用于数字作品中标识著作权信息，利用这种水印技术在多媒体内容的数据中嵌入创建者、所有者的标识信息，或者嵌入购买者的标识（即序列号）。用于版权保护的数字水印要求有很强的鲁棒性和安全性，除了要求在一般图像处理（如滤波、加噪声、替换、压缩等）中生存外，还需要抵抗一些恶意攻击。

（2）易损数字水印（Fragile Watermarking），与鲁棒数字水印的要求相反，易损数字水印主要用于完整性保护，这种水印同样是在内容数据中嵌入不可见的信息。当内容发生改变时，这些水印信息会发生相应的改变，从而可以鉴定原始数据是否被篡改。易损数字水印应对一般图像处理（如滤波、加噪声、替换、压缩等）有较强的免疫能力（如鲁棒性），同时又要求有较强的敏感性，既允许一定程度的失真，又要能将失真情况探测出来。

另外，还有介于两者之间的半脆弱水印，能经受一定的信号失真。

2．按水印所附载的媒体划分

按水印所附载的媒体可以将数字水印划分为图像水印、音频水印、视频水印、文本水印等。随着数字技术的发展，会有更多种类基于指纹和用户信息的数字水印身份认证系统而设计的数字媒体出现，同时也会产生相应的水印技术。

（1）图像水印。目前，一般的水印算法研究多数都是针对静止图像的。同时，静止图像水印也是经常引起版权纠纷的一类载体。它的原理是利用静止图像中的冗余信息和人的视觉特点来嵌入数字水印的。

（2）音频水印。声音数字产品的版权保护可以通过在声音数字媒体中嵌入水印来实现，如磁带、CD、DVD 等。

（3）视频水印是保护视频产品和节目制作者合法权益的一种有效方法。由于视频产品是由许多图像帧组成的，因此，适用于图像水印的算法也同样适用于视频水印。另外，可以选择在视频数据中对人眼视觉不敏感的部位嵌入水印。视频的数据量非常大，通常采用压缩编码技术，因此，后一种方法是比较有效的。

（4）文本水印是利用文本所具有的独特之处，通过轻微调整文本中的文字字体、行间矩、字间矩等结构完成编码，实现水印的嵌入。

3．按检测过程划分

按水印的检测过程可以将数字水印划分为明文（也称非盲检测）水印和盲水印。

明文水印在检测过程中需要原始数据，而盲水印的检测只需要密钥，不需要原始数据也不需要原始水印信息，因此，使用方便，安全性更高。明文水印在提取/检测时则需要参考原始载体。一般来说，明文水印的鲁棒性比较强，但其应用受到存储成本的限制。目前，学术界研究的数字水印大多数是盲水印。

此外，还有半盲检测水印，也需要借助原始载体或水印信息做参考。

4．按内容划分

按数字水印的内容可以将水印划分为有意义水印和无意义水印。

有意义水印是指水印本身也是某个数字图像（如商标图像）或数字音频片段的编码；无意义水印则只对应于一个序列号。有意义水印的优势在于，如果由于受到攻击或其他原因致使解码后的水印破损，人们仍然可以通过视觉观察确认是否有水印。但对于无意义水印来说，如果解码后的水印序列有若干码元错误，则只能通过统计决策来确定信号中是否含有水印。

5．按用途划分

按水印的用途可以将数字水印划分为票证防伪水印、版权保护水印、篡改提示水印和隐蔽标识水印。

（1）票证防伪水印是一类比较特殊的水印，主要用于打印票据和电子票据、各种证件的防伪。一般来说，伪币的制造者不可能对票据图像进行过多的修改，所以，诸如尺度变换等信号编辑操作是不用考虑的。但另一方面，人们必须考虑票据破损、图案模糊等情形，而且考虑到快速检测的要求，用于票证防伪的数字水印算法不能太复杂。

（2）版权保护水印是目前研究最多的一类数字水印。数字作品既是商品又是知识作品，这种双重性决定了版权保护水印主要强调隐蔽性和鲁棒性，而对数据量的要求相对较小。

（3）篡改提示水印是一种脆弱水印，其目的是标识原文件信号的完整性和真实性。

（4）隐蔽标识水印的目的是将保密数据的重要标注隐藏起来，限制非法用户对保密数据的使用。

6．按水印隐藏的位置划分

按数字水印的隐藏位置可以将其划分为时（空）域数字水印、频域数字水印、时/频域数字水印和时间/尺度域数字水印。

时（空）域数字水印是直接在信号空间上叠加水印信息，而频域数字水印、时/频域数字水印和时间/尺度域数字水印则分别是在DCT变换域、时/频变换域和小波变换域上隐藏水印。

较早的水印算法从本质上来说都是基于空间域的，水印信息直接加载在数据上；基于变换域的算法可以嵌入大量水印数据而不会导致可察觉的缺陷，常采用类似扩频的方法来隐藏水印信息。这类算法一般基于常用的图像变换，这些变换包括离散傅里叶变换、离散余弦变换、离散小波变换等。

变换域水印的共同特点是：将水印添加到载体图像的某种变换域系数中，包括离散傅里叶变换（DFT）、离散余弦变换（DCT）、离散小波变换（DWT）和离散脊波变换（DRT）等，计算相对较复杂，但是变换域水印有着显著优点，包括：

（1）在变换域中，可以将水印信息的能量分布到图像空间的所有位置上，这样有利于保证水印的不可感知性；

（2）可以将人类视觉系统的某些特性有效地结合到水印的嵌入算法当中；

（3）变换域的水印算法可以与国际流行的数据压缩标准相兼容；

（4）如可实现扩频水印，其稳健性一般好于空域水印。

随着数字水印技术的发展，各种水印算法层出不穷，只要构成一种信号变换，就有可能在其变换空间上隐藏水印。

7．按表现外观划分

数字水印技术按表现形式分为可感知（可见）水印和不易感知（不可见）水印。我们所指的数字水印，若无特别指明，一般都是指不易感知水印。

（1）可感知水印。这是一种可以看见的水印，就像插入或覆盖在图像上的标识。它与可视的纸上水印相似，给人一目了然的感觉。这一类水印一般选用较淡或半透明的不碍外观的图案。它既可以证明作品的归属，又不妨碍对作品的视觉效果，主要应用于标识那些可在图像数据库中得到的，或在Internet上得到的图像的预览以防止这些图像被用于商业用途。

（2）不易感知水印。这是一种应用更加广泛的水印，主要用来鉴别产品的真伪及产权保护。人们在感觉上的冗余是这种水印存在的前提。与前边的可感知水印相反，它加在图像或视频当中，从表面上是不可察觉的。由于数字产品（包括图像、音频、视频、文本等）都是为了满足人们的感官需求的，这就要求它的水印不可破坏其观赏价值和使用价值，要求水印不引人注目。若一个数字文件的数字签名（数字水印）以可感知的形式出现，不但很容易被掠除或取代，而且还会影响对作品的鉴赏。虽然不易感知的数字水印不能阻止合法产品被非法复制，但是当发生版权纠纷时，所有者可以从中提取出标记，从而证明物品为某人所有。

8．按密钥机制划分

按密钥机制可分为私钥水印、半公开水印和公钥水印（公开水印）。

（1）私钥水印要求嵌入端和提取/检测端必须使用相同的密钥来完成一次完整操作，密钥的安全性要求在一定程度上限制了水印的应用范围。

（2）半公开水印是指提取水印时不需要原始载体图像。

（3）公钥水印是指提取水印时不需要原始载体图像，并且水印是有意义的信息，如一段文字、一幅图像或商标、一段录音等。公钥水印在嵌入端使用一个密钥控制嵌入算法，并向所有可能的接收方公布与这个密钥对应的公钥，接收方利用公钥就能顺利地提取/检测水印。公钥水印安全性更高，应用范围更广，但其实现也相对更难。

9．按是否可恢复原始载体划分

按是否可恢复原始载体可分为不可逆水印和可逆水印。

不可逆水印对原始载体带来的失真是永久的，不可恢复的。这方面的水印算法不胜枚举。2000年前后可逆水印开始呈现出蓬勃生机，已成为目前研究的热点之一，可逆水印主要应用于医学造影图像库。

10．按信息量划分

数字水印按信息量可分为一比特水印和多比特水印。

如果嵌入的水印信号没有具体含义，检测结果只是"有水印"或"无水印"两种情况，这种水印实际上只含有一比特信息，就是一比特水印。实际上，多比特水印方案更有实用价值，如版权所有者的姓名、地址、出版时间等嵌入多比特、有意义的信息。

11．按修改方法划分

由于水印的嵌入必须通过修改原始数据来实现，因此，修改方法的选择就十分重要。它常用的修改方法可以分为叠加方法和量化方法两类。

（1）叠加方法是在原始数据上叠加具有扩频特性的伪随机序列，检测时用伪随机序列与待检数据做相关，恢复出水印信息。这种方法在一比特水印方案中用得较多，将这种方法重复使用可以隐藏多比特的信息。

（2）量化方法则是根据水印信息选择量化器对原始数据进行有规律的局部调整，既能保持原始数据，又能达到隐藏信息的目的。扰动调整也是量化方法的一种。另有少量水印方案采用了一些其他的调整方法嵌入水印，或将变换域的某些系数完全替换，由于变换域系数的变化分散在时/空域的所有像素上，所以仍然可以保证有很好的隐蔽性。

12. 按嵌入时是否对宿主内容进行选取划分

按照嵌入时是否对宿主内容进行选取可分为特征域数字水印技术和非特征域数字水印技术。

特征域数字水印技术在嵌入数字水印时考虑了宿主的特征，如图像的边界、区域等，以此改善数字水印的鲁棒性。

3.3.5 数字水印的原理

图像、视频等视觉数字媒体信息在人眼视觉上都有冗余，声音数字媒体信息在人耳听觉上也有冗余，媒体信息的细小改变不会引起人的察觉。

数字水印技术基本原理就是利用数字作品中普遍存在的冗余数据与随机性，在载体信息上附加一定强度的信息，在不影响数字媒体透明性的前提下达到嵌入标识信息的目的，最终利用嵌入的标识信息来实现所有者鉴别、广播监视、操作跟踪、内容认证、复制控制和设备控制等功能。

数字水印的冗余原理，可从以下两方面来分析。

（1）在信号处理方面，数字水印可以看作在强背景下叠加一个弱信号。对应于在载体中嵌入一份数字水印信息，要求所嵌入的水印信号强度低于人类视觉系统（HVS）对比度门限或人类听觉系统感知门限，使之不能觉察水印信号的存在。要实现此做法，可以通过对载体进行一些变换调整，让其满足嵌入条件，然后就有可能在不引起人感知的情况下实施嵌入。

（2）在数字通信方面，数字水印可以看作在一个宽带信号上用扩频通信技术传输一个窄带信号。对应于在载体上嵌入一份数字水印信号，做到把水印信号所具有的能量分散到信道中任意频率上，以大化小，以致不可觉察的地步。相应的水印检测过程则是在一个有噪信号中检测弱信号的过程。

3.3.6 攻击分析

目前，随着水印嵌入、检测算法研究的逐步深入，水印的攻击技术也得到了迅速的发展，其目的是使水印失效从而实施侵权。例如，使含水印的图像产生微小的几何形变或通过抽取数字音频信号的个别样本等方法破坏水印的检测；加入伪造的水印以混淆版权的归属；根据多个含有合法水印的不同版本进行合谋攻击达到删除水印的目的，等等。除了这些恶意攻击外，常规的信号处理，如滤波、信号裁剪、图像压缩、压缩编码等也对数字水印的安全性构成了严重的威胁。凡此种种都促使水印技术不断改进，同时新的攻击手段又层出不穷，形成攻守双方相互对抗、相互推动的局面。

1．攻击途径

1）常规攻击/信号攻击

常规攻击一般是指常用的图像处理操作，如模/数转换、数/模转换、滤波添加噪声、重采样、重量化或某种信号（图像的亮度、对比度）的增强等，其对图像的影响通常是全局性的。这种攻击可使水印从图像中消除或者基本删除，从而无法检测到水印。由于该攻击方法最简单、最直接，有些文献也称之简单攻击。

（1）有损压缩。这是一类在图像处理中可以看作是可接受的图像失真处理，是一种最常见的攻击。常见的有损压缩有 JPEG，MPEG-2，MPEG-4 等。

（2）噪声攻击。这是一种典型的无意攻击。图像在传播过程中必然会受到的攻击就是噪声。噪声攻击常见的有 Gaussian 噪声等。

（3）滤波攻击。滤波是在图像空间借助模板进行邻域操作完成的，当前很多针对水印的攻击都是采用滤波完成的。高斯低通滤波、平均值滤波等都应该无法去除掉图像中的水印。

2）几何攻击

几何攻击是指水印图像遭受诸如旋转、缩放和平移等几何操作。几何攻击是各种攻击方法中对图像影响最大、最难解决的。它通过轻微的几何变换可改变像素灰度值与其坐标之间的对应关系，从而严重地破坏图像数据的特性。几何攻击往往会造成水印的丢失，甚至图像的损坏，对很多水印算法构了严重的威胁，极大地影响着水印技术的性能。目前，抗几何攻击是数字图像水印技术研究的重点和难点问题。

3）共谋攻击

共谋攻击是指利用同一原始图像作为载体分别嵌入不同的水印，然后生成一幅近似的图像，以此来逼近和恢复原始图像，这样就无法提取/检测水印。例如，采用统计平均的方法可以产生一个检测不出水印的图像。

4）密码学攻击

密码学攻击可通过破坏水印算法中的安全方法找到移去水印信息的方法，包括穷举法和 Oracle 攻击。穷举法用于对嵌入的水印信息进行强力搜索，而 Oracle 攻击则是用于破坏嵌入的水印。

5）协议攻击

协议攻击并不是攻击水印信号本身使之无法检测或提取，而是攻击数字水印的概念，混淆版权归属，与稳健性并无关系。

协议攻击可分为可逆性攻击和复制攻击。可逆性攻击又名解释性攻击，这种攻击并不改动攻击的媒体，而是使数字媒体中出现另一个水印，在两个水印同时存在的条件下，无法确定信息产品的版权归属。克服可逆性攻击可以用算法限制或协议制订的办法。但是攻击者可以通过更强有力的攻击，即在构造非法水印的同时也可以构造一个非法水印系统，依然能够突破为抵抗传统可逆性攻击而附加在水印算法或水印协议上的限制，达到混淆版权归属的目的。复制攻击是用高通滤波处理已知的含水印数字媒体，将结果按视觉模型处理后叠加到另一份数字媒体中，这种方法可以将水印复制到后一份数字媒体中。特别是当水印算法基于叠加或扩频时，这种攻击是有效的。如果水印算法是基于量化的，或水印信号是与原始载体有关的，这种攻击一般不能奏效。

6）工具攻击

工具攻击是指攻击者可以利用水印嵌入器对嵌入的水印信号进行分析，然后删除水印。如果某种水印系统有比较广泛的市场应用，攻击者得到嵌入器或检测器并不困难，特别是在 DVD 版权保护框架里，每个播放器中都要集成水印检测器，而每个 DVD 刻录机中不但要集成水印检测器，还要集成水印嵌入器。

当攻击者得到含水印的合法媒体时，可以在此媒体中嵌入另外一个相同的水印，那么他便可以知道水印信号引起的差异，从合法的含水印媒体中减去这个差异，得到非法的不含水印的数字媒体。这就是嵌入器攻击。如果水印信号每次都是独立产生，并与它的一个重新排序的版本同时嵌入载体数据，检测时根据载体数据与重新排序后的序列的相关值判断水印是否存在，那么嵌入器攻击不但不能去除合法水印，反而会在数字媒体中留下攻击的痕迹，水印系统可以据此向版权所有者报警。

另外，如果攻击者拥有检测器，可以根据含水印的合法媒体制作一个接近于有无水印临界状态的媒体，通过分别调整采样值，可以测试出每一个采样点对水印的贡献，从而大致得到水印信号，进而将它删除。这种检测器攻击又被称为密码攻击或 Oracle 攻击。对于特殊的数字水印——数字指纹来说，还要面临共谋攻击的问题，即多个使用者联合起来利用嵌入了不同数字指纹的产品进行攻击。另外，如果发现盗版，必须能够确定由版权所有者还是由使用者进行的复制。目前，已有许多文献对这两个问题进行了研究。

2. 攻击手段

1）鲁棒性攻击

鲁棒性攻击是指在不损害图像使用价值的前提下减弱、移去或破坏水印。它包括常见的各种信号处理操作，如图像压缩、线性或非线性滤波、叠加噪声、图像量化与增强、图像裁剪、几何失真、模拟/数字转换，等等。

2）IBM 攻击

最早由 IBM 公司的 Craver 等人提出，也称为迷惑攻击。它是试图通过伪原始数据或伪水印来产生混淆，该攻击在已加入水印的图像中再嵌入一个或多个附加水印，从而破坏水印的权限，使得第一次嵌入的水印变得不明确，并以此来迷惑版权保护。

3）StirMark 攻击

StirMark 是英国剑桥大学开发的水印攻击测试软件，它采用软件方法，实现对水印载体的各种攻击，从而在水印载体图像中形成一定的误差，一般以水印检测器能否从遭受攻击的水印载体中提取/检测出水印作为评定水印算法抗攻击能力的依据。

另外，Stirmark 还可对水印载体图像进行几何失真攻击，即它可以以几乎注意不到的轻微程度对图像进行拉伸、剪切、旋转等几何操作。StirMark 还通过一个传递函数的应用，模拟非线性的 A/D 转换器的缺陷所带来的误差，这通常见于扫描仪或显示设备[9]。

4）马赛克攻击

马赛克攻击的方法是首先把图像分割成为许多个小图像，然后将每个小图像放在 HTML 页面上拼凑成一个完整的图像。一般的 Web 浏览器都可以在组织这些图像时，在图像中间不留任何缝隙，并且使其看起来这些图像的整体效果和原图一模一样，从而使得探测器无法从中检测到侵权行为。这种攻击方法主要用于对付在 Internet 上开发的自动侵权探测器，该探测器包括一个数字水印系统和一个所谓的 Web 爬行者，但这一攻击方法的弱点在于，一旦当数字水印系统要求的图像最小尺寸较小时，则需要分割成非常多的小图像，这样将使生成页面的工作变得非常烦琐。

5) 串谋攻击

所谓串谋攻击就是利用同一原始多媒体数据集合的不同水印信号版本，来生成一个近似的多媒体数据集合，以此逼近和恢复原始数据，其目的是使检测系统无法在这一近似的数据集合中检测出水印信号的存在。

6) 跳跃攻击

跳跃攻击主要用于对音频信号数字水印系统的攻击，其一般实现方法是在音频信号上加入一个跳跃信号（Jitter），即首先将信号数据分成 500 个采样点为一个单位的数据块，然后在每一数据块中随机复制或删除一个采样点，得到 499 或 501 个采样点的数据块，再将数据块按原来顺序重新组合起来。实验表明，这种改变对古典音乐信号数据几乎感觉不到，但是却可以非常有效地阻止水印信号的检测定位，以达到难以提取水印信号的目的。类似的方法也可以用来攻击图像数据的数字水印系统，其实现方法也非常简单，即只要随机地删除一定数量的像素列，然后用另外的像素列补齐即可。该方法虽然简单，但是仍然能有效破坏水印信号存在的检验。

到目前为止，还没有一种水印算法能够抵抗所有已提出的攻击。在实际应用中，虽然水印算法并不要求能抵抗所有攻击，但是了解各种攻击方法对于水印算法和水印系统还是具有重要意义的。

3.3.7 数字水印系统模型

数字水印是嵌入某些标识数据（水印）到载体数据中，同时保持水印在载体数据中不可感知、载体数据的可用性及水印有足够的鲁棒性。为了保证水印的不可感知性，必须应用到某种感知规则。因而作为不可觉察性的要求，载体数据上的每个采样点的值（空间域或频率域）的改变程度与其自身相比应该相对比较小。为了保证水印的鲁棒性，水印信息在宿主数据上通常有很大的冗余度。这意味着水印信息可以从其部分数据中恢复过来，但如果在恢复过程中能够提供更多的数据，那么恢复的鲁棒性则更强。水印算法还要结合加密算法以提高其安全性。

水印系统分为三个部分：水印信号的生成、水印的嵌入，以及水印的提取/检测，如图 3-7 所示。下面分别对这三个部分进行介绍与分析。

1. 水印信号的生成

数字水印信号的生成与水印的嵌入、提取/检测算法的相关性不大。数字水印信号分为无意义水印和有意义水印。

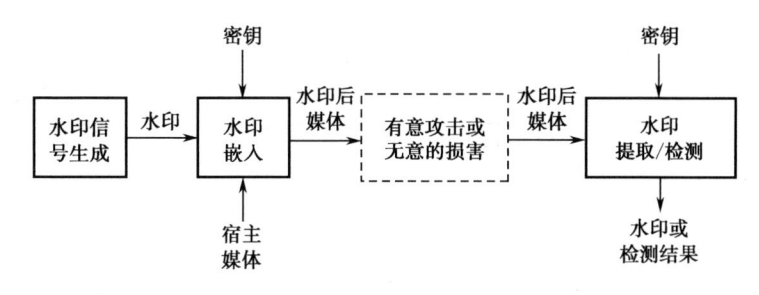

第 3 章 数字内容信息加密及信息隐藏技术

图 3-7 数字水印系统的一般模型

1）无意义水印

无意义水印是指水印信号本身没有什么意义，一般就是一些数值序列，没有任何意义。产生无意义水印的典型算法有三种。

（1）使用随机实数序列发生器生成水印。

作为水印的伪随机实数序列，一般是均值为 0，方差为 1，即满足 $N(0, 1)$ 正态分布的伪随机实数序列。随意给定一个初始值作为伪随机实数发生器的输入，就可以产生具有高斯分布的白噪声。这个初始值就是水印的密钥，在水印的提取/检测时使用，需要用此密钥来产生和水印嵌入时相同的伪随机实数序列，将两个序列进行比较来确定是否含有水印。使用具有高斯白噪声特性的伪随机序列是根据数字水印的通信模型，载体是通信的信道，水印就是在通信信道中传送的信息。而将水印信号设计为高斯白噪声是十分理想的，因为在高斯噪声的干扰下，在平均功率有限的信道上，实现有效和可靠通信的最佳信号就是具有高斯白噪声特性的信号。高斯白噪声信号具有很好的自相关性，良好的自相关性在水印的检测时十分重要。

（2）使用伪随机二值序列发生器生成水印。

比较常见的伪随机二值序列是利用线性移位寄存器产生的 M 序列，除了用序列以外，还有一些其他的二值伪随机序列，如 Legengdre 序列。Legendre 序列是一个具有 0 均值的序列，具有良好的自相关性；它还有一个重要的特点就是不同原根、相同长度的序列是不相关的。这样保证了不同的初值产生的水印信号不会产生相互干扰，降低了水印虚警率。

（3）使用混沌序列发生器产生水印。

混沌系统有很多特别的优良特性，所以越来越多的人提出使用混沌序列作为水印信号。混沌系统有确定性，其统计特性等同于白噪声，并且具有初值敏感性，同时不同初值的序列不相关。所以，利用混沌序列作为水印信号具有简单易行、安全可靠等特点。

除了由这些序列发生器周期直接生成水印外，还有许多算法借助于一些参考信号和这些序列共同产生水印信号。例如，从一幅二值图像中，通过某一序列确定从二值图像的某一位提取出一位水印信息，多次提取从而构成水印信号。无意义水印的最大优点就是产生简单方便，并且选择的序列一般具有高斯噪声特性，所以检测一般都是相关性检测；当然，有的算法也可以将信号完整地提取出来，但是由于水印没有意义，即使将信号还原也还是转化为相关性的指标（一般是相关性和位错率）来检测水印。

2）有意义水印信号

无意义水印信号在嵌入算法中被直接使用，水印被直接嵌入到载体中，而有些水印信号本身就有一定的含义，即水印本身是有意义的图像。有意义水印的最大特点在于水印被提取后，被提取的水印非常直观，人们凭直观就可以感受到水印的存在，不再需要对水印信号进行相关性检测。把一个有意义的图像作为水印，绝大多数算法都要将该图像转化为二值序列。转化的方式很多：有的直接从位图中提取；有的为了提高安全性而进行置乱和加密；有的对水印图像进行压缩等处理。

（1）对水印图像进行扩频。

扩频是通信的一种方式，具有抗干扰、抗噪声、低功率谱密度，以及保密性好等优点。它利用随机序列对水印信号进行频谱扩展，使信道的带宽放大、分散。在检测时用相同的随机序列对信号进行逆向处理完成恢复。它所采用的随机序列具有白噪声特性，有很好的相关性，所以水印信号容易从载体信号中分离出来。

（2）对水印信号进行位图分解。

对图像水印信号可以进行位图分解，然后将得出的位图序列信息作为水印信号。例如，对一幅大小为 $M×N$ 的 8bit、256 灰度级的图像，将其按位分解为 8 层位图，每层位图的每个像素点中就只含有 0 和 1 信息，将这些 0 和 1 的信息按一定顺序组织起来构成水印信号。

（3）压缩和变换。

对图像进行频率域变换，如按 8×8 分块 DCT 变换，然后按 ZigZag 顺序得到中、低频系数，丢弃高频系数。把得到的中、低频系数再进行量化、求模等处理后，得到 0 和 1 的序列，构成水印。这样做丢掉了高频系数，可以减少水印的数据量，使算法的不可感知性提高。

使用有意义水印的一个明显的好处是，在水印提取之后，提取的水印是非常直观的，不需要再使用原始的水印信息进行相关性计算，可以直接使用它对数字载体中是否含有水印进行判别。

目前，产生水印信号的方法很多，并且每种方法都是结合了多种方法的复合体。例如，利用高斯噪声特性的随机序列、图像的分解变换、为了提高安全性而置乱，以及各种加密方法。

以往，水印算法的研究侧重于水印的嵌入和提取，水印的产生是一个独立和次要的环节。但是,随着水印鲁棒性和不可感知性要求的进一步提高,水印信号的产生变得日益重要,如何将水印与载体图像有机地融合在一起,成为研究的重点,也成为进一步提高鲁棒性和不可感知性的突破口。

2. 水印的嵌入

水印的嵌入算法是整个水印框架系统中重要的一部分,因为水印的鲁棒性、不可感知性,以及水印信息量等其他指标大都是在嵌入算法中决定的。其中,鲁棒性和不可感知性这两个最重要的评价指标几乎完全由嵌入算法决定。所以,嵌入算法是整个水印框架的核心。

数字水印的嵌入过程可以看作是在载体信号中加入了噪声的过程,所要求的鲁棒性及不可感知性也就是噪声要经受得起一定的处理,但仍有一定强度的保留;同时,噪声的存在不被人的感官察觉,也不影响载体信号的可用性。这个噪声的嵌入过程有两种形式的描述,即加法准则和乘法准则。

为了实现水印的鲁棒性和不可感知性,水印嵌入算法要考虑的两个核心的方面就是水印的嵌入位置和嵌入强度。目前,几乎所有的嵌入算法主要是围绕在这两个核心方面而展开的。一般常用的嵌入准则有加法准则和乘法准则。

数字水印的嵌入过程如图 3-8 所示。

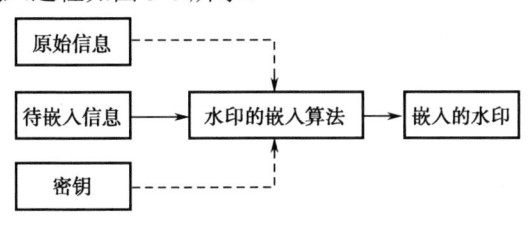

图 3-8　数字水印的嵌入过程

3. 水印的提取/检测

水印的提取和检测是水印系统框架的最后一个部分,它是水印嵌入的逆过程,就是将含有水印的原始信息中的水印精确、准确地提取出来,用来证明信息拥有者的版权。

水印的提取要将水印还原,所以嵌入和提取算法可以说是几乎完全对称的逆过程。而水印的检测主要是证明水印是否存在,所以算法不一定是完全可逆的。水印的检测主要是根据假设检验和相关性检测,根据相关性的值是否大于设定的阈值,这正是水印信号要采用具有白噪声信号的原因。

水印检测的精度可分为低精度检测和高精度检测。低精度检测虚检比较频繁,漏报概率很小,比较敏感。高精度检测,其虚检概率趋近于 0,但漏报概率也随之提高。当水印信息属于有意义水印时,我们可以通过水印提取过程将水印信息提取出来。因为此类含水印信息的载体在受到攻击之后,所解析出的水印虽然残破不全,但仍依稀可辨,比无意义水印来得具体,证明性也强。通过提高整个水印系统的稳健性,提取的水印将可提供更为具体的信息。同样,在完整性确认应用中,要求能够精确地提取出嵌入的水印,并通过水印的完整性来确认载体数据的完整性。如果提取出来的水印部分发生了变化,最好还能通过发生变化的水印位置来确定原始数据被攻击、篡改的位置。

数字水印的提取过程如图 3-9 所示。

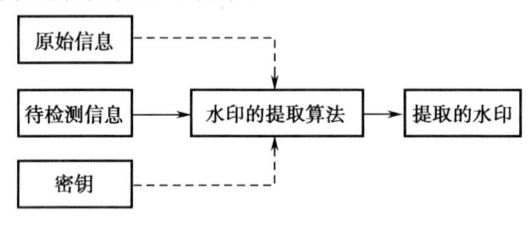

图 3-9 数字水印的提取过程

在实际应用中,可能会提取不出完整的原始水印信息,因为一个应用如果需要强壮水印,说明这个应用很可能遭受到各种恶意的攻击。水印数据历经这些操作后,提取出的水印通常已经面目全非。此时需要进行水印的检测。水印的检测过程是在水印提取过程基础之上的,提取出水印信息之后再根据水印的检测算法判断水印是否存在。

水印检测的结果依赖于一个阈值,当相关性检测的结果超过这个阈值时,给出含有指定水印的结论。这实际上是一个概率论中的假设检验问题,当提高相关性检测的阈值时,虚检概率降低,漏检概率升高;当降低相关性检测的阈值时,虚检概率升高,漏检概率降低。所谓虚检(False Positive),就是将没有水印信号的数据误认为含有水印信号。所谓漏检(False Negative),就是未能从含有水印信号的数据中检测到水印信号。在实际的水印应用中,更注重对虚检概率的控制。

在水印的提取和检测中,有的算法需要原始载体图像,有的算法不需要。有原始载体图像的是非盲水印算法,这类算法由于在提取和检测时有原始载体图像的参与,所以提取检测得更准确,鲁棒性也更强一些。但是由于需要原始载体图像,所以需要额外的信息传输,并且在很多应用中不可能有原始载体图像。因此,目前学术界研究的数字水印大多是盲水印算法。

3.3.8 常见水印算法介绍

下面对一些典型的水印算法进行分析,除特别指明外,这些算法主要针对图像数据。

1. 空间域水印算法

空间域水印算法是最早的水印算法,这类算法中典型的水印算法是将信息嵌入到随机选择的图像点中最不重要的像素位(Least Significant Bits,LSB)上,这可保证嵌入的水印是不可见的。但是由于使用了图像不重要的像素位,算法的鲁棒性差,水印信息很容易被滤波、图像量化、几何变形的操作所破坏。另外,一个常用的方法是利用像素的统计特征将信息嵌入像素的亮度值中。

空间域水印算法具有对宿主图像影响小、算法简单、运算速度快、嵌入的信息量大、能够有效地利用人类视觉系统特性等优点。其缺陷是算法抵抗图像的几何变形、噪声、图像压缩能力较差。具有代表性的算法有 LSB(最低有效位法)、Patchwork(拼凑方法)等算法。

1) LSB 算法

LSB 算法是国际上最早提出的数字水印方法,是一种典型的空间域信息隐藏方法。该算法在最不重要的像素位置嵌入水印信息,利用该算法将特定的标记隐藏于数字图像中。

LSB 算法可以隐藏较多的信息,方法简单、易实现。但当受到各种攻击后水印很容易被移去。这种方法既可以用于版权保护,也可以用于图像完整性与身份验证。简单地讲,此方法的水印添加过程就是将像素值的最低有效位用水印数据来替换,生成添加水印后的图像。因为像素值的最低有效位的变动对图像的视觉改变最小,以满足水印不可感知的要求。

由于使用了图像中最不重要的像素位,虽然水印的不可见性较好,但鲁棒性差,水印信息很容易被几何变形、滤波、图像量化等信号处理或恶意攻击所破坏。针对此缺陷,一些研究人员对 LSB 算法进行了改进,提出了 Patchwork 算法。

2) Patchwork 算法

Patchwork 算法是 1996 年麻省理工学院媒体实验室提出的一种基于改变图像数据统计特性的水印算法,该方法是随机选择 N 对像素点 (a_i, b_i),然后将每个 a_i 点的亮度值加 1,每个 b_i 点的亮度值减 1,这样整个图像的平均亮度保持不变。适当地调整参数,Patchwork 算法对 JPEG 压缩、FIR 滤波,以及图像裁剪有一定的抵抗力,但该算法嵌入的信息量有限。为了嵌入更多的水印信息,可以将图像分块,然后对每一个图像块进行嵌入操作。但该算法嵌入码低,且对串谋攻击抵抗力弱。

2. 变换域算法

最常用的变换域有 DCT 变换域、DFT 变换域、DWT 变换域。

1）DCT 变换域算法

DCT 变换域算法，即离散余弦变换域的数字水印算法。其实现过程为：先计算图像的离散余弦变换（DCT），然后将水印叠加到 DCT 域中幅值最大的前 k 个系数上（不包括直流分量），通常为图像的低频分量。该算法的鲁棒性较好。然而，对于水印应该加入频谱范围的高频、中频、低频中哪个区域，有不同说法。为了兼顾水印的不可见性和鲁棒性，一个折中的方法是将水印嵌入到图像的中频偏高区域中。

2）DFT 变换域算法

DFT 变换域算法，即离散傅里叶变换域的数字水印算法。它将水印嵌入到傅里叶变换（DFT）的相位中，DFT 相位比幅值有更好的抗噪声性能，使其对窜扰有较强的鲁棒性。

3）DWT 变换域算法

DWT 变换域算法，即离散小波变换域的数字水印算法。其小波域算法将输入图像进行多分辨率的分解，然后对不同分辨率的信息进行相应的带宽分配，将水印嵌入到小波域系数上。离散小波变换（DWT）是一种对图像多尺度的空间频率分解，能更好地与人类视觉模型（HVS）相匹配。小波变换将输入信号分解为低分辨率参考信号，以及一系列细节信号，在同一个尺度下，参考信号和细节信号包含了完全恢复上一尺度下信号的全部信息。图像经过离散小波变换分解成 4 个 1/4 大小的子图：水平方向（LH）、垂直方向（HL 和 LH）和对角线方向（HH）的中高频细节子图和低频逼近子图。由于 MPEG-4 及 JPEG-2000 压缩标准的普遍应用，小波已成为其核心技术，小波变换有良好的能量压缩的属性，基于小波域的水印算法也层出不穷。

该类算法的隐藏和提取信息操作复杂，隐藏信息量不能很大，但具有较好的鲁棒性，抵抗信号处理和恶意攻击的能力强，很适合于数字作品版权保护的数字水印技术中。此外，变换域算法既可与现有国际图像压缩标准兼容，也可直接实现压缩域内的算法。

3. 压缩域算法

基于 JPEG、MPEG 标准的压缩域数字水印系统不仅节省了大量的完全解码和重新编码过程，而且在数字电视广播及 VOD（Video on Demand）中有很高的实用价值。相应地，水印检测与提取也可以直接在压缩域数据中进行。

4. NEC 算法

该算法由 NEC 实验室的 Cox 等人提出。该算法在数字水印算法中占有重要地位，具有较强的鲁棒性、安全性、透明性等。其实现方法是，首先以密钥为种子来产生伪随机序列，该序列具有高斯 $N(0,1)$ 分布，密钥一般由作者的标识码和图像的哈希值组成；其次对图像做 DCT 变换；最后用伪随机高斯序列来调制（叠加）该图像除直流（DC）分量外的 1000 个最大的 DCT 系数。由于采用特殊的密钥，因此，可防止 IBM 攻击，而且该算法还提出了增强水印鲁棒性和抗攻击算法的重要原则，即水印信号应该嵌入源数据中对人感觉最重要的部分，这种水印信号由独立同分布随机实数序列构成，且该实数序列应该具有高斯分布 $N(0,1)$ 的特征。

这一算法提出了强壮水印算法的两个重要原则。

（1）水印信号应该嵌入源数据中对人的感觉最重要的部分。在频谱空间中，这种重要部分就是低频分量。这样，攻击者在破坏水印的过程中，不可避免地会引起图像质量的严重下降。基于同样的道理，一般的图像处理技术也并不去改变这部分数据。水印的强壮性大大提高。

（2）水印信号应该由具有高斯分布的独立同分布随机实数序列构成，这使得水印经受多复制联合攻击的能力大大增强。

5. 生理模型算法

人的生理模型包括人类视觉系统和人类听觉系统。该模型不仅被多媒体数据压缩系统使用，同样可以供数字水印系统使用。利用视觉模型的基本思想均是利用从视觉模型导出的显著差异描述来确定在图像的各个部分所能容忍的数字水印信号的最大强度，从而能避免破坏视觉质量。也就是说，利用视觉模型来确定与图像相关的调制掩模，然后再利用其来插入水印。这一算法同时具有良好的透明性和强健性。

3.3.9 数字水印的安全性设计

水印的安全性是鲁棒性的外延，相对于水印的鲁棒性来说，水印的安全性是水印抵御敌手攻击的能力。鲁棒性是实现水印的安全性的一个前提，即水印的鲁棒性是水印的安全性的一个必要条件。换句话说，如果使用常规处理就能够消除水印，那么就不能认为本水印是安全的。然而，鲁棒性并不是安全性的充分条件。因为水印的安全性要求水印算法必须能经受住攻击者的一些恶意攻击，这些攻击是以消除或者伪造水印为目的的，而水印的鲁棒性一般只局限于一般的图像处理范围内。所以，一个好的水印算法必须考虑水印的安全性。

1. 攻击类型

针对于水印的恶意攻击多种多样，攻击的名称也五花八门，有多水印攻击、共谋攻击、复制攻击、解释攻击，表达式攻击、分析攻击等。这些攻击的名称有些是个例，有些是一类攻击的概括统称。但是，根据攻击的实质，所有的恶意攻击都可以分为以下三类。

（1）未经授权的删除。未经授权的删除是指阻止检测出载体中水印的攻击，有删除和掩蔽两种攻击形式。删除水印，即将水印从载体中完全删除，即使使用更精密的仪器也检测不到；掩蔽水印，即水印并没有被完全删除，只是水印检测器无法检测到，使用更精密的检测器有可能检出原来的水印。

（2）未经授权的嵌入。未经授权的嵌入也就是攻击者把不合法的水印嵌入到载体，这样不但可以干扰原有水印的检测，更重要的是载体中提取出两个水印，产生水印可信度的和作品版权的争执。

（3）未经授权的检测。未经授权的检测是攻击者检测出水印，甚至破解出水印信息的含义。

2. 针对攻击者的能力分析

如果要对水印的安全性能进行评估，就必须了解潜在的攻击者所具有的攻击能力。例如，攻击者了解水印算法吗？他能够了解到算法吗？如果能，可能了解到什么程度？他可以使用什么工具进行攻击测试？如果他试图去除水印，他知道如何嵌入标志吗？他具备实际可使用的检测器吗？知己知彼，才能保证水印的安全性。如果所采用的算法是众所周知的，那么水印的安全性就较难得到保证；如果密钥都有可能泄露，那么算法的安全性就无法得到保证。

1）如果攻击者什么也不知道

最简单的假设是攻击者对于算法什么都不知道，而且没有具体的工具（如水印检测器），在这种情况下，攻击者必须依靠对大多数水印算法弱点的基本认识。假设攻击者认为一个载体图像中可能含有水印并且想把水印去除掉，他有可能去试验自己所知道的不同方法以掩蔽大多数水印的失真，如降噪滤波器、极值压缩、微小几何或时间失真等。

2）如果攻击者有多个水印图像

有时，攻击者可能有多个嵌入水印的水印图像，即使他不知道算法，常常也可以利用这一优势来去除水印。依赖于拥有多个水印图像的攻击被称为共谋攻击。

第3章　数字内容信息加密及信息隐藏技术

共谋攻击有两种类型：一种类型，攻击者设法获得几个包含同一水印的不同图像，并且将这些图像结合起来进行研究，用以了解算法如何操作。这一类攻击最简单的例子就是攻击者对几个不同水印图像进行平均，如果附加到所有水印图像的水印是相同的，这一平均就可以得到非常接近于原始水印的结果，然后再从水印图像中将此平均结果减去，就可以去除水印了。另一种类型，攻击者获得了同一图像中含有不同水印的不同副本，在这种情况下，攻击者可以通过结合几个独立的副本从而得到原始图像的精密近似。最简单的结合就是平均所有的副本，从而将不同水印混合在一起，并且减小它们的幅度。

3) 如果攻击者知道算法

对于要求高级别的安全性的要求，通常认为攻击者根本不了解水印算法这样的假设不够现实，因为一般很难将算法完全保密。而且，如果对算法实行保密，那么就只有很少数的研究者可以得到研究它的许可，这就意味着一旦系统开放以后，可能会发现严重的安全性缺陷。

基于上述理由，密码学界提倡做这样的假设：除了一个或多个密钥之外，攻击者知道有关算法的一切内容。密码学者不仅仅假设攻击者了解算法，而且他们为了确保这一假设常常自己将算法公开，这样他们的同行也可以研究算法并且试着找出其中的缺陷。

完全掌握水印算法的攻击者也许可以发现并且利用检测战略中的弱点，如可以识别检测器不能校正的一个特殊的失真，那么他就可以采用此失真而成功实现掩蔽攻击。

4) 如果攻击者拥有检测器

在以上的讨论中，都仅仅假设：不管攻击者关于水印算法了解些什么，他都没有可以支配使用的特殊工具。但是，如果应用规定必须允许攻击者进行某项操作，那么就必须假设攻击者具有进行此操作的工具。

研究的最深入的情况是攻击者可以检测水印，但不能去除水印。在这种情况下，就必须假设攻击者拥有一个水印检测器，而且即使攻击者对水印算法一无所知，使用检测器也能给他在攻击水印方面带来巨大的好处。我们可以将检测器想象成一个"黑匣子"或"启示器"，攻击者可以将一个已经被改变的水印图像输入其中并且查明此图像是否位于可以检测的范围之中。通过对图像重复进行变换，并在每一次变换之后对其进行测试，就有可能获知检测算法运行方式的许多知识，其中敏感性分析攻击就利用了这种方法。

如果攻击者拥有检测器并且了解其工作原理，那么就出现了一个更加难以克服的安全性问题。本质上，他掌握检测算法，以及检测特定标志所需要的任何密钥。

到现在为止，已经提出的水印算法几乎没有几个可以防止这种条件下的未经授权的去除攻击。

3. 防攻击策略

安全水印就是要能抵御攻击者的恶意攻击：水印信息不被盗取、水印信息不被破坏，以及水印信息不被干扰。可以从下面三个途径来防御攻击。

1）防止未经授权的删除

由于水印的提取检测算法一般都是公开的，所以攻击者可以根据对算法的分析得到如何对载体图像进行的预处理（如采用的是什么变换）、水印的嵌入位置和水印的嵌入强度。知道了这些信息后，攻击者完全可以针对嵌入水印的位置和强度进行逆向操作，去除水印。防止这种删除的办法就是利用密码学，将嵌入位置和嵌入强度信息加密，作为系统的密钥。

这样，攻击者即使有算法，但是没有密钥也得不到具体的信息，所以无法进行删除。攻击者进行暴力穷举试验也是不可行的，因为测试空间太大。图像的变换多种多样，每一种变化也有不同的变换算法；嵌入位置也有无数种组合方式；目前的嵌入强度也多由视觉模型来确定，而视觉模型和视觉模型的输入参数也都是多样的。通过加密这些关键信息是足以抵御这种攻击的。

上面的这种方式依赖密钥的安全性，但是在很多场合下，密钥必须公开。比如，在合法用户的检测器中嵌入的算法必须有密钥，那么密钥已经被公开了。所以，针对这种情况提出了非对称水印系统，就是检测端的密钥能检测水印的存在，但是根据这个密钥是无法推断出嵌入位置和嵌入强度等信息的。通过这种非对称算法来解决密钥的暴露问题。采用以上的算法可以抵御一些删除攻击，但是，如共谋攻击这种统计攻击还没有找到十分有效的解决办法。

2）防止未经授权的嵌入

攻击者嵌入的水印会对原有水印造成影响。不过这种影响一般不至于影响到原有水印的检测，因为只要采用防止未经授权删除中所采纳的办法，后嵌入的水印就很难干扰原有水印；再者，由于很多水印信号经过处理都具有很强的自相关性，很弱的互相关性，所以后面的水印对原有水印的影响不大。更重要的问题在于，图像中可以检测出两个水印，那么到底哪个水印是版权的证明就产生了纠纷，这就是所谓的解释攻击。解决这类攻击的主要办法有时间戳机制、公证机制和双水印机制。时间戳机制，每嵌入一个水印载体中会给该水印留下个时间戳，从而确定两个水印被嵌入的先后顺序。这样做的缺点在于增加了载体的负荷，并且时间戳也容易成为攻击目标，一旦时间戳被破坏，就无法证明水印的先后顺序了。公证机制，作者在公证机关注册水印序列的同时对原始作品加以注册。一旦发生纠纷由公证机关根据注册信息来进行裁决。双水印机制，一般嵌入一个鲁棒水印和一个半易损水印。一旦有攻击者攻击，半易损水印将被破坏而鲁棒水印还存在，所以可以证明谁是真正的版权所有者。

3）防止未经授权的检测

防止未经授权的检测就是要防止攻击者检测出水印，即使可能提取出水印也要防止其破解水印的含义。作为一个非法的攻击者要检测水印，他必定没有相应的检测算法或者即使有算法也没有正确的密钥。如果攻击者没有算法，那么要防止水印被提取就要保证该算法与其他的算法导致的结果没有相关性。如果攻击者有算法而没有密钥，那么要保证水印不被提取检测到，就要求不同密钥所产生的参数不具有相关性。如果两个不同的提取算法或者同一算法不同密钥对同一载体进行提取，提取出的结果相关性很高，也就是很类似，那么算法就是不安全的。

如果万一攻击者提取出了水印，为了保证水印含义的保密性，在嵌入前要对水印进行加密。这样即使攻击者得到水印信号也不能破解水印的含义。

3.4 媒体指纹

当前，关于数字版权保护，对数字产品的非法复制、盗版分发的问题是一个热点问题。这个问题的解决需要对非法分发者进行身份确认，进而指控惩罚，形成威慑力。通常要求在版权保护系统中实现跟踪机制，对数字产品的销售、流通、使用进行监督和控制，如果发现对带有版权信息的数字产品的非法复制，能够找到非法分发者。媒体指纹就是这样一种新兴的跟踪技术，它综合了密码学、信息编码与隐藏技术，是数字产品保护的新方向，也是版权保护的一个重要分支。对于公共空间传播的内容，通过从内容中提取标识作品的独特性特征（媒体指纹），达到类似利用人的指纹管理身份的目的。媒体指纹、版权标识与数字水印这三大技术路线与内容注册、许可发放、电子商务等系统的有机融合，可支持建立完善的开放数字作品市场运行机制和有效的内容认证监管体系。

近年来，媒体指纹研究的重心主要放在了匿名指纹方案上。这类方案更接近于现实中的商品交易过程，用户在和发行商进行交易时不会泄露自己的身份，只有在侵权之后，他的身份才会被泄露。

3.4.1 媒体指纹概述

1. 媒体指纹的概念

"指纹"一词来源于人体的指纹,人体指纹有一个特别性质就是其可以用来区别人群中的相似个体。1983年,Wagner最早比较全面地给出了指纹概念,他指出指纹是一个对象区分于其他相似对象的特征。广义指纹（Fingerprinting）是指"将指纹嵌入对象中并予以记录的过程,或者是识别和记录对象内在固有指纹的过程"。

为了保护图像、音频、视频等多媒体数字产品,所用的指纹通常称为媒体指纹或数字指纹（Digital Fingerprinting）,与其他指纹概念相区别。更严格的概念是:可以区分数字产品复制的可以由计算机处理的数字化的特征序列。通常,在分发销售数字产品复制的时候,销售商在出售给某购买者的时候,在相应复制嵌入可以唯一标识该购买者相关的信息,在以后发现非法复制之后,从中提取出标识信息,即可跟踪到该授权用户,揪出盗版者。

值得一提的是,数字签名、消息认证有时也被认为是一种指纹,但由于它们和明文的分离,更多用于认证。因此,本书所说的媒体指纹并不包括这两者,而是不可感知的、拥有较强鲁棒性的、用于跟踪的指纹概念。

2. 媒体指纹的特性

为了实现版权保护的目的,媒体指纹应该具有以下一些特性。

1）稳健性/鲁棒性

媒体指纹必须能抵抗传输过程中可能受到的信号处理、几何变形、有损压缩、恶意攻击等,使版权信息最终能被提出,达到证明作品所有权或跟踪非法再发行的目的。和数字水印类似,其目标是使攻击者无法在不破坏原载体的情况下伪造出一个新的数据复制或者去除指纹。

2）确定性

每个用户都有唯一确定的指纹,从而在发现非法复制时可以唯一确定出其来源,以达到版权保护的目的。

3）数据量较大

媒体指纹所保护的通常是录像制品、服务软件等数据量较大的对象,而这一特点也是媒体指纹可以使用的必要条件,因为与数字水印相比,媒体指纹通常要求向数据复制中嵌入更长的信息,特别是在用户数量比较大的情况下,以保证每个用户具有不同的指纹。

4）抗共谋性

一些合法用户参与攻击时，不但不能伪造他人的指纹，且指纹方案还能至少鉴别出一个参与攻击的不诚实用户，而不会错误地判断诚实用户参与了攻击。

3．音频指纹的评价标准

音频指纹的评价标准主要有误检率和漏检率两个指标。

（1）误检率：表示数据库中一个指纹被检测器错误地认为与未知指纹相匹配的概率。它反映了指纹识别系统的可靠性。

（2）漏检率：表示数据库中含有与未知指纹相匹配的指纹，但检测器没有检测出来的概率。它表示一段音频经过处理后在数据库中找到对应项目的能力，反映了该指纹算法的鲁棒性。

4．媒体指纹的原理

媒体指纹的原理和数字水印相似，都是利用了数字作品中普遍存在的冗余数据和随机性，通过向被分发的每一个图像、视频等数据复制中引入一定的误差，即"指纹"，使得该复制是唯一的，从而在该复制被非法分发时，根据其唯一性指纹特征跟踪有盗版行为的用户。

3.4.2　媒体指纹的分类

媒体指纹的分类方法也有很多，按照来源划分有被动指纹和主动指纹之分；按照生成方式划分有逻辑指纹和物理指纹之分；按照存在方式划分有完美指纹、统计指纹和一般指纹之分；按照编码方式划分有离散指纹和连续指纹之分。通常情况下，按照数字内容的媒体类型，将之划分为文本指纹（Textprint）、音频指纹（Audioprint）、图像指纹（Imageprint）和视频指纹（Videoprint）四大类。对各类数字指纹，其研究现状分别描述如下。

1．文本指纹

近似重复文本检测中，直接对原文档进行精确的文本字符串匹配需要大量的时间和空间。基于文本指纹的方法，提取代表文档语义的文本（如段落、语句、关键词、文本块等），将这些文本经过散列函数生成的数字串称为文档的指纹，并以指纹间的相似度作为文本相似性的度量。文本指纹在文档集合中检测重复，以及近似重复的文档存在着广泛的应用。

对文档提取特征、生成指纹，对比文档间的指纹以检测重复与近似重复的方法，主要集中于三种思路，即 Shingling 算法、I-Match 算法和 Simhash 算法。

Shingling 算法把连续的 W 个单词称为一个 shingle，对 shingle 进行散列运算，得到的 Hash 值作为文本的指纹表示。对文本间的指纹集合定义相似度和包含度计算文本相似性。I-Match 先由文档集合构造一个词典，根据单词 IDF（Inverse Document Frequency）值去除文档中的常见词和罕见词，再对文档剩余部分用 SHA1 映射，得到唯一的文档指纹，指纹相同的判为重复或近似重复文档。有研究者提出利用原始文档集的词典随机生成多个子词典，子词典分别过滤文档，生成多个 I-Match 指纹，以此提高 I-Match 方法的稳定性。

Shingling 算法以连续词串作为特征，有利于提高检测的准确率。但生成指纹集合、计算集合中公共元素的比例为相似度的方法，计算量太大。Simhash 算法以指纹间的汉明距离度量相似性，计算量小。但 Simhash 算法以单词为特征，不能很好地表征文档的语义，对于文档用词基本相同，但词序不同且语义不同的文档，也会判定为近似重复文档。基于随机词典生成多个指纹以提高稳定性的方法，同样适用于 Simhash 算法。

2. 音频指纹（音纹）

音频指纹是指可以代表一段音乐重要声学特征的数字签名，目前在媒体指纹中被研究得最为充分，已得以初步应用。理想的音纹必须满足以下几个方面的要求：健壮性（Robustness）、可靠性（Reliability）、尺度大小（Size）、颗粒度（Granularity）、搜索速度（Search Speed）和可伸缩性（Scalability）。有文献使用比特序列特征组成音纹，这里比特表示的是相邻频带和相邻帧之间的能量差的正负。也有文献采用频率带的均方根和功率谱的标准偏差这两个特征序列组成音纹。早在 2001 年，MPEG 就提出了多种音频描述子，如音频频谱平滑度（ASF）、音频频谱质心（ASC）和音频签名（Audio Signature）等。使用 ASF 来表示音频特征，能有效应对多种音频失真。有研究者将长时间的音频序列映射到很短的序列上，从而得到音纹。也有研究者通过将音频数据在时间和频率方向看成二维图像，再用视角研究的方法来获取其音频特征。大规模条件下的媒体指纹匹配和数据库搜索也是音纹研究的一个重要方面，有文献提出了一种使用最近邻的搜索算法在高维度空间进行音纹的搜索。

音纹使用方式主要有以下几种。

1）音频识别

音频指纹最为人所知的应用是音频识别，即它可以将任意格式的一段未知音乐链接到对应的元数据（歌曲名，作者等），从而实现从海量音频信息中选取到对应歌曲的相关信息。一个有效的指纹提取算法和指纹比对算法能够在数据库中正确识别出可能经受各种信号处理失真的未知音频的原始版本，提取出相应的元数据信息返回给用户。

2）音频认证

音频认证的目的在于检测恶意操作对音频数据的改变，一个能够区分保持内容操作和恶意修改的认证系统叫作内容完整性系统。它的总体过程与音频识别有些相似，首先也需从原始音频中提取指纹，指纹可以保存在数据库中，或者以头文件的形式附加到原始音频，也可以采用水印方法自嵌入到原始数据中。

3）辅助水印技术

音频指纹可以用作音频水印技术的辅助手段。例如，音频指纹可以从音频数据中导出依赖于内容的秘密信息作为嵌入和检测水印时的密钥，从而增强安全性，避免因为对不同的音频使用同样的密钥而泄露信息，能防备复制攻击、共谋攻击等。此外，指纹还可以用于协助抵抗由剪切或插入操作引起的去同步攻击，通过使用指纹检测器能够在音频流中找到定位点从而重新同步水印的嵌入和检测区域。

4）基于内容的检索

音频指纹系统可以从音频信号中提取从低层到高层的不同级别重要信息，尤其是高层信息，如节拍、旋律、和声、音色等。高层信息完全可以应用于各种音乐信息的检索，如音乐流派分析、音频分类、哼唱检索等，从而在识别未知音乐片段时，使音频指纹不仅能识别出对应的原始音频，而且能扩展到相似音频的检索。

5）音频内容控制和跟踪

发行端监控：内容发布者在电台音乐数据库里寻找某段音乐以决定他们是否有权播放。传输信道监控：版权所有者要监视电台是否已支付版权费，并进行播放统计。广告商也需要监视电台是否按协议播放相关音频信息。此应用必须即时更新数据库。消费者端监控：禁止消费者在未授权情况下使用音频。用指纹识别歌曲后可以检索到试图播放的歌曲是否具有相应的版权信息，从而控制 CD、DVD、MP3 播放器等电子设备是播放还是拒绝播放该歌曲。

除了以上典型应用，音频指纹技术还有一些其他应用。例如，用音频指纹来评价 MP3 压缩后的音频质量等。

3. 图像指纹（图纹）

在图纹方面，有研究文献提出了基于跟踪变换的图纹提取和匹配算法，其优势在于对仿射变换的稳定性，以及合理的图纹大小。韩国 ETRI 等在 MPEG 上提出的图像签名提案是将图像用一系列同心圆处理成很多相邻的同心圆区域，计算这些区域之间的相关性得到图像签名（即这里的图纹）。有研究者提出将图像分成 8×8 子块，利用各子块 DCT 系数间的大小关系提取图像特征，对加噪、压缩等具有很好的稳定性。以上这几种方法都是从图像全局考虑，提取其图纹。另有一类方法是从图像局部考虑，提取稳定的局部特征。另有研究者提出了图像感知散列方法的框架，由提取视觉鲁棒特征和量化特征向量两步组成，将图像映射到足够短的二进制比特串上，基于此通过反复特征检测，提取保留有显著几何特性的特征点，并对所提特征进行似然量化，得到最终哈希值。近年来，由 D.G.Lowe 所提出的 SIFT 描述子在多媒体分析与检索中得到了广泛的应用，它从尺度空间的极值点中筛选稳定关键点，利用其周围点计算关键点的描述子，具有很高的区分性和较好的鲁棒性。

4．视频指纹（视纹）

视频指纹是媒体指纹的一种，可用于标识视频序列（或片断）的独特标识。视纹要对于同源视频的多种失真、变形具有强鲁棒性，这里的视频失真或变形主要包括：彩色转单色、亮度变化、压缩编码、叠加标志和字幕、数模/模数转换、尺寸变换、屏幕重拍，等等。从视频的处理结构上来看，可以把现有的研究方法分为两类：一类把视频文件当作一个整体的三位数据结构，通过三维数据变换（如三维 DCT 变换）提取出一个整体的描述子，这种方法的缺点是不能分段鉴别视频片断。第二类方法把视频看作是时间轴上的连续图像，把图像处理中的方法应用到经过去噪、帧率重采样、关键帧提取后的视频帧序列上。其已经被尝试使用到的特征包括：颜色（亮度）直方图、平均亮度及其变种、梯度重心方向、主要颜色、兴趣点、径向投影等。这类方法提取的视纹具有以帧为单位，可用作视频片断匹配。从视纹的表达方式上来看，其研究方法也可以分为两类：一类方法提取的帧是一个浮点向量，整个视纹就是一个向量集合，在视纹比对时，需要遍历并逐个对比，这对于大型数据库和海量的视频文件来说效率过低。第二类方法主要是将提出的视纹量化成某个编码，通过建立包含所有可能编码的倒排表，提高检索的速度。

3.4.3 媒体指纹的相关研究

1．基本研究问题

数字指纹作为保护数字产品版权的重要技术，需要解决版权保护中的一系列问题，即指纹特征构造、指纹编码生成、指纹嵌入、叛逆者跟踪与审判，等等。此外，还需要与电子商务、电子支付、网络销售、网络广播等紧密相连。

具体而言，数字指纹研究的主要问题包括以下三个方面。

1) 指纹信息的构造与编码

构造可以唯一标识购买者的指纹信息,并可对其进行编码。需要解决在用户数目巨大的情况下如何构造具有唯一性的指纹序列的问题,要求编码能够抵抗各种攻击,包括对编码篡改、删除、丢失、共谋等,并实现在用户集合中快速寻找出尽可能多的盗版者。

2) 指纹信息的嵌入与提取问题

如何将指纹信息以一种不为人感知的方法嵌入到数字产品载体中,并且保证嵌入的指纹信息的健壮性和安全性,并且在必要的时候可以提取出来用于跟踪盗版者。

3) 指纹体制,以及带指纹数字产品的分发协议问题

规定了各实体之间如何进行交互以实现具有各种特点的复制分发和跟踪体制,包括如何在数字产品的销售中保障各方权益的基础上公平地分发数字产品的带指纹复制,并且在发现非法复制之后,跟踪和审判盗版者。

数字指纹研究的三个方面是一个相互影响的整体,任何一个方面的安全性不能得到保障,都会对采用数字指纹来保护数字产品版权的体制造成严重的影响,因此,研究数字指纹体制就必须从以上三个方面入手。

2. 数字指纹体制的研究

1) 数字指纹的分发体制

无论是对称数字指纹体制还是非对称指纹体制,购买者 B 均需在购买过程中提交自己的身份信息给销售商 S,这就破坏了购买的隐密性。购买者 B 的信息被收集后可能会被用于非法用途,所以电子商务一般要求实现匿名(Anonymous)交易。

匿名的含义有两种:一种匿名的含义较弱,购买者在购买自己的带数字指纹的复制品时可以对身份进行保密;但如果销售商 S 和注册中心 RC 进行联合则可以确定用户的身份,即这种意义上的匿名不能抵抗销售商和注册中心等实体的合谋,因此也被称为准匿名[4]。另一种较强意义的匿名,即使销售商和其他实体进行联合,也不能确认无辜用户的身份,同时也不能对同一用户的不同购买进行联系,也叫无关联性。

一个好的匿名非对称数字指纹体制应当满足以下要求。

(1) 匿名性:购买者能够匿名地购买数字商品,任何一位诚实的购买者的交易行为不会被任何其他人得知。如果没有得到非法拷贝,销售商 S 也不能确定购买者 B 的身份。

(2) 无关联性:给定任意两个交易,任何人都不能断定它们是否是被同一位

购买者购买。

(3) 防诬陷性：任何怀有恶意的销售商 S 或其他购买者都不能成功地诬陷一位诚实的购买者。

(4) 不可否认性：一旦出现非法拷贝，该拷贝的购买者无法否认自己的责任。

(5) 可追踪性：提取嵌入的秘密信息，非法再分发数字商品的购买者一定会被追踪出来。

(6) 共谋容忍：在一定的共谋容忍度下，通过共谋不能够找到、生成、移除带指纹拷贝中的指纹。

2) 非对称数字指纹体制

Pfitzmann 和 Schunter 首先引入了匿名非对称（Asymmetric）数字指纹的概念。非对称指纹体制和非对称加密体制一样，可及时发现非法传播者，此外，销售商不能知道发送给购买者的带指纹拷贝是怎么样的，也就是只有购买者拥有带指纹的拷贝，销售商只有在其他地方发现它，能够识别出购买者，并能够向第三方证明这个购买者确实购买了这份拷贝，购买者不能否认。

非对称数字指纹体制的设计目的要求它必须满足：只要协议正常执行，购买者可以得到含有其指纹的拷贝，而销售商不能获得带指纹拷贝。对销售商而言，在一定的共谋容忍尺度下，销售商能否从非法拷贝中跟踪出至少一个盗版者，同时能够提供证明其有罪的证据（该证据是不可以伪造的）；对于购买者而言，无论共谋人数多少，或者销售商恶意，合法的购买者也不应被陷害。

3.4.4 媒体指纹系统的关键设计点

为了达到版权跟踪的目的，对数字指纹有以下的一些基本要求。

(1) 合谋容忍：即使攻击者获得了一定数量的拷贝，通过比较这些拷贝，也不应该能找到、生成或者删除该客体的指纹。特别值得一提的是，根据标识假设，指纹必须有一个共同的交集。

(2) 客体质量容忍：加入标记不允许明显地降低客体的用途和质量。

(3) 客体操作容忍：如果攻击者篡改客体，除非因篡改产生太多的噪声以致客体不可用，否则，指纹仍应能存在于客体中。特别是，指纹应能容忍有损数据压缩。

上述第（1）条对于数字指纹系统最为重要，是衡量一个数字指纹系统的关键性指标之一。无论共谋者采取什么样的攻击手段，数字版权所有者总的目的就是捕获共谋者，停止非法复制。但是在不同的情况下侧重点将有所不同，通常数字指纹设计的目标如下：

（1）捕获一个共谋者。这个设计需要指纹系统在错误指控一个无辜用户的可能性最小化的基础之上，使捕获一个共谋者的概率最大。基于此设计目的的性能评价标准失败的可能性有两种：一种是系统没有识别出任何一个共谋者（A False Negative）；另一种是系统将一个无辜用户指证为共谋者（A False Positive）。

（2）捕获部分共谋者。这个设计是捕获尽可能多的共谋者，尽管这样可能指控更多的无辜用户。此设计目的的性能评价标准是成功捕获的共谋者的期望值和错误指证无辜用户的期望值。

（3）捕获全部共谋者。此设计使捕获全部共谋的概率尽可能的大。当然，也要求指控无辜用户的可能性应该保持在一个合理的范围内。

第 4 章
Chapter 4
数字标识与认证

数字识别和认证是数字作品版权保护的一种有效技术手段。通过向数字作品中加入不易察觉但可以判定区分的标识，用于说明数字作品的相关信息和版权归属等内容。首先，嵌入数字作品的数字标识信息具有不可见、易检测等特点，在图像、文本、视频和音频等不同媒体作品中，标识的选取、嵌入和识别方法都不同。其次，根据标识的不同作用，可以分为版权标识、内容标识、客户端标识和用户身份标识等技术。版权标识主要是数字水印和数字指纹；内容标识主要通过元数据和 DOI（Digital Object Identifier）编码来描述和实现；客户端标识主要包括软件标识和硬件设备标识；用户身份标识主要通过认证对象的身份属性来实现，主要有口令、硬件标识、智能卡，或者声音、指纹等生物特征。随着数字识别和认证技术的不断发展，基于图像口令、生物技术、多种识别因素的方法被陆续提出，这些技术的单独或综合使用，在一定程度上可以防止侵权，进一步提高作品传播和使用的安全性。

4.1 版权标识

版权标识是数字出版物版本的记录,是读者了解出版物的说明书,它提供了作品的编辑、出版、发行等各种信息,对查考书刊的版本源流和出版情况,保障作者和出版者的合法权益具有重要作用。

版权标识技术就是向数字作品中加入不易察觉但可以判定、区分的标识,是数字作品版权保护的一种有效技术手段,也是信息隐藏的重要组成部分。这种方法是在图像、文本、视频和音频媒体中嵌入一段信息。嵌入的信息具有不可见、易检测等特点,在一定程度上可以防止非法用户侵权。

根据标识内容和所采用技术的不同,版权标识技术又分为数字水印技术和数字指纹技术。比较而言,数字水印向数字产品中嵌入版权拥有者的一些信息,当发生争议时能够有效确认出版权归属,对相同的作品嵌入的水印信息是相同的;而数字指纹是在原产品中嵌入与用户有关的信息,嵌入的内容因购买者而异,产品提供者能够根据该信息对非法用户进行跟踪。

1. 数字水印

数字水印是一种将特制的不可见标记,利用数字内嵌的方法隐藏在数字图像、音频、文档、图书、视频等数字产品中,用以证明原创作者对其作品的所有权,并作为鉴定、起诉非法侵权的证据;同时,可以通过对水印的探测和分析保证数字信息的完整性、可靠性,从而成为知识产权保护和数字多媒体防伪的有效手段。

数字水印是一种十分贴近实际应用的数据隐藏技术,虽然具有一定的共有特性,如不易察觉性、安全可靠性(不易被破解、伪造),但更多的特性要求往往来自特定应用需求。根据使用目的的不同,数字水印可分成易碎水印和韧性水印。易碎水印主要用于数字多媒体产品的内容及版权等关键信息的真伪鉴定,对非法篡改等攻击非常敏感。韧性水印则是根据版权保护的需求而产生的,用于标识数字产品版权和用户授权等信息,可以作为法庭起诉非法侵权、盗版的证据。因此,这类应用中的数字水印在不易被察觉的同时,应能对不同方式的信号处理或恶意攻击具有很强的韧性。

除了以上基本特性,数字水印在具体应用中还应考虑嵌入信息量的约束、编解码器运算量,以及水印算法通用性等应用需求。

水印可由多种对象构成,如随机数字序列、数字标识、文本,以及图像等。从鲁棒性和安全性考虑,常常需要对水印进行随机化及加密处理。水印的嵌入有空间域和变换域两种,前者是将数字水印按某种算法直接叠加到图像的空间域上,一般是嵌入到图像中最不重要的像素位上；后者是将图像作某种变换，然后把水印嵌入到图像的变换域中。相比较，后者具有较好的鲁棒性。

2．数字指纹

数字指纹是利用数字作品中普遍存在的冗余数据与随机性，向被分发的每一份作品等数据副本中引入一定的误差，使得该副本是唯一的，从而可以在发现被非法复制时，根据该副本的误差跟踪不诚实购买者的一种数字作品版权保护技术。

数字指纹系统主要由两部分组成，一部分是向数据副本中嵌入指纹的分发子系统，另一部分是跟踪非法再分发者的跟踪子系统。其中分发子系统完成指纹的编码、指纹的嵌入，以及数据库的维护；跟踪子系统完成指纹的提取和匹配。数字指纹系统受到的攻击主要有单用户攻击和合谋攻击。单用户攻击是单个用户通过对数据副本进行变形处理或添加噪声等来删除、修改指纹；合谋攻击是由于数字指纹系统为用户分发不同的数据副本，几个用户可能联合起来查找标记的位置，达到删除或者陷害其他合法用户的目的。抗合谋攻击是数字指纹研究中需要解决的问题，目前提出的数字指纹方案主要有盗版者跟踪、非对称指纹、匿名指纹和统计指纹等。

4.2　内容元数据及标识

4.2.1　内容元数据

内容元数据（Metadata）是描述内容及其环境的数据，记录内容的范围、质量、管理方式、内容所有者等属性。

内容元数据的格式由多层次的结构元素进行定义，分别是内容结构、句法结构和语义结构。内容结构，对该元数据的构成元素及其定义标准进行描述；句法结构，定义元数据结构及如何描述这种结构；语义结构，定义元数据具体的元素描述方法。

针对内容的元数据标准有很多，其中具有代表性的是都伯林核心元数据。都伯林核心元数据是由 OCLC 和 NCSA（美国国家超级计算机应用中心）于 1995 年 3 月联合发起，图书馆专家、计算机专家和网络专家等人员开发的，旨在研究一套描述网络信息资源的方法，以实现网络信息的辨识、查询和检索。其主要思想是使用一个简单的标准化的元数据记录来描述多种电子信息，使各类网络用户都能够了解和使用这种内容描述方法，达到更有效地描述和检索网络资源的目的。

都伯林核心元数据主要分为三大部分 15 个基本元素。

（1）内容描述部分：包括提名（Title）、主题（Subject）、描述（Description）、来源（Source）、语种（Language）、关系（Relation）、覆盖（Coverage）。

（2）知识产权部分：包括创建者（Creator）、出版者（Publisher）、其他责任者（Contributor）、权限管理（Right Management）。

（3）外形描述部分：包括日期（Date）、资源类型（Resource Type）、资源标识符（Resource Identifier）、格式（Format）。

4.2.2 内容标识

1. DOI 介绍

1）DOI 编码（Numbering）

DOI（Digital Object Identifier）意为数字对象标识符，它是由美国出版商协会（The Association of America Publishers，AAP）下属的技术委员会（Enabling Technologies Committee）于 1994 年设计的一种在数字环境下保护知识产权和版权所有者商业利益的系统。DOI 系统首先是要引进一种出版业标准的数字信息识别码，以支持出版商与用户之间各种系统的相互转换，为版权与使用权之间的协调管理提供基础。

DOI 的结构式为< DOI> = < DIR>.< REG>/< DSS>

DOI 分为前缀和后缀两部分，中间用一斜杠分开。前缀中又以小圆点分为两部分，<DIR>为 DOI 的特定代码，其值为 10，用以将 DOI 与其他应用 Handle System（句柄系统）技术的系统区别开。<REG>（Registrants Code）是 DOI 注册代理机构的代码，由 DOI 的管理机构国际 DOI 基金会（International DOI Fundation，IDF）负责分配，由 4 位阿拉伯数字组成。后缀<DSS>（DOI Suffix String）由 DOI 注册代理机构（目前主要是学术出版商）给出，规则不限，只要在该出版商的所有产品中具有唯一性即可。例如，下面几例都可以是 DOI 的合法编码：

10. 1234/ 5678

10. 2341/ 0-7645-4889-1

10. 5678/ 978-0-7645-4889-4

10. 1000/ ISBN0764548891

10. 1234/ Norman_presentation

10. 2224/ 2003-1-29-CENDI-DOI

DOI 的命名结构使每个数字资源在全球具有唯一的标识。DOI 不同于统一资源定位器（Uniform Resource Locator，URL），它是数字资源的名称，而与地址无

第 4 章　数字标识与认证

关。实际上它是一种统一资源标识符（Universal Resource Identifier，URI）或统一资源名称（Universal Resource Name，URN），是信息的数字标签和身份证。有了它，就使信息具有了唯一性和可追踪性。

在现实或虚拟环境中，有许多需要根据唯一标识对不同对象进行处理的情况，如身份证号、社会保险号码、邮政编码、电话号码、ISBN 书号等。对于特定目的的应用来说，上述号码都是两两之间不能重复的，具有唯一地确定、识别、定位单一对象的功能。

同样，在数字化及网络环境中也存在这种需求。在本地机环境中，需要标识的对象个数是有限的，然而在互联网这样一个巨大的分布式环境中，要生成一个具有唯一识别功能的数字对象标符并不容易。这就是 DOI 技术产生的缘由。

DOI 是被指定用来代表知识产权对象（物理的、数字的或抽象的）的名称（字符和/或数字），如电子期刊文章、学习对象、电子书、图像，以及任何类型的内容。它们用于提供对象的当前信息，包括可以在互联网上的什么位置找到这类信息及其关联信息。数字对象的信息可能随时间变化而不同，但其数字标识符不会改变。

只有向 DOI 申请注册、成为正式成员之后，才能对电子资源进行保护。DOI 注册机构（RA），如 CrossRef，受 DOI 国际基金会（IDF）的委托受理 DOI 的注册事务，并提供已注册 DOI 信息的存储、解析和检索服务。出版商负责 DOI 的注册，并负责更新和维护该注册信息的可靠性。这样用户在使用电子资源时，DOI 就能自动地对其内容进行保护。其具体保护机制如下：每个会员出版商为其出版的每一数字资源（可能是一本书其中一个章节，或是某一篇期刊文章，或是某一个图片文件）编制一个含有出版社本身 DOI 前缀的 DOI，并将其附加到文献元资料（Metadata）和 URL 上，这样 DOI 就成为数字资源的一部分，始终与该数字资料共存。

每个 DOI 记录与该数字资源的 URL 信息一起被送往 DOI 注册中心数据库，得到登记、进行存储。这种被集中存储起来的资料形成了一个资源标识库。利用特殊的软件，这一资源标识库可以链接或分辨某个 DOI，使与其有关的数字资源的位置联系起来。

当用户寻找一个数字资料或有关这一资料的相关信息时，DOI 查询的需求就会被传送到 DOI 注册中心的数据库主机上。该数据库主机寻找到 DOI 的记录及与其相关的信息地址，将二者连接起来，将其 URL 送回给用户浏览器并将结果显示给用户，其过程与寻找 URL 一样快捷、方便。

当数字内容提供商转让或出售其作品版权时，其数字内容作品的位置即发生变化，该数字内容提供商应将这一改变的信息送到 DOI 系统的服务器，该服务器将自动更新，中心服务器将会保持数据的完整。通过以上保护流程，数字内容提供商或所有者可以对其内容设置权限，哪些允许读者自由阅览下载，哪些不允许。

另外，当数字内容作品所有者发生转移时，只要把此变化信息传送给 DOI 系统服务器即可，从而实时对其内容进行保护。

2）DOI 的使用特点

（1）唯一性（Unique）。DOI 标识符能唯一地标识网络环境下的任何数字化对象，如文本、图片、声音、影像、软件等。

（2）持久性（Persistent）。DOI 标识符一经产生和分配就永久不变，不随其所标识的数字化对象属性（如版权所有者、存储地址等）的改变而改变。

（3）可驱动性（Actionable）。DOI 标识符类似于面向对象模型中的"事件（Event）"，能用来驱动某个动作。基于 DOI 驱动的最简单的动作就是为它所标识的实体（即数字化对象）定位（Locating）。

（4）兼容性（Interoperable）。DOI 系统具有与过去、现在及未来系统的兼容性，具体包括：①DOI 标识符的兼容性。DOI 标识符中可包含任何已有的标识符，如 ISBN、ISTC（国际标准文本代码）、PII（出版者款目标识符）等。②DOI 处理系统的兼容性。DOI 处理系统具有高效性和可扩展性，能与任何现有或将有的互联网系统进行互操作。③DOI 元数据的兼容性。DOI 元数据能够最大限度地实现不同系统间的数据互用性。

3）DOI 描述（Description）

因 DOI 标识符具有隐晦性（Opaque），即这些数字不能给使用者提供多少信息，所以需要加上对数字对象的描述，即元数据，使用户对该对象有所了解。DOI 元数据系统由三部分组成：核心元数据规范（the Kernel Metadata Declaration）、互操作数据词典（indecs Data Dictionary，iDD）和资源元数据规范（Resource Metadata Declaration）。DOI 系统的元数据架构采用<indecs>计划所发展的模型，即所有注册 DOI 的对象都需使用语法结构完整的元数据，而且元数据必须符合"核心元数据规范"。其内容包括以下 7 项。

（1）DOI：数字对象的 DOI 码。

（2）Resource Identifier：DOI 以外的对象标识符，如 ISBN，URL 等。

（3）Resource Name：对象名称。

（4）Principal Agent & agentRole(s)：主要代理人名称及所起的作用。

（5）Structural Type：对象的结构类别。

（6）Mode：对象形态，如是音频或视频。

（7）Resource Type：资源类型，如音频、学术期刊、数据集、电子书或 PDF 文件等。

以"核心元数据规范"为基础，不同类型对象元数据才能实现互操作而不产生歧义。

4）DOI 解析（Resolution）

DOI 解析，即网络服务接收到 DOI 码时，通过服务器上的解析系统将 DOI 转变成该对象的有效地址。由于所有数字内容作品的识别资料都集中在注册中心的数据库中管理，如果数字对象的存放地址发生变化，伴随 DOI 的元数据即会随之更新，用户即可通过其固定的 DOI 码方便地找到该数字对象。一种数字内容作品虽然可能有多种版本或格式，但因只对应一个 DOI 码，用户查找时可通过解析器自动或手动选择想要的内容。目前，DOI 的解析功能是采用美国研究创新联合会（The Corporation for National Research Initiatives，CNRI）开发的 Handle System 技术。Handle System 是一个通用的分布式名称服务系统，它包括一套开放的系统协议，唯一标识符名称、空间，以及协议的参考实现模型。

5）DOI 政策（Policy）

DOI 政策是指 DOI 认证系统与 IDF 组织的规范与方针，包括 DOI 的分配、元数据标准、解析系统发展及这三部分之间的协调。整个 DOI 系统的政策执行由 IDF 理事会成员负责。

2. DOI 的原理

DOI 以两种技术为基础：Handle System（句柄系统）和<indecs>元数据框架。Handle System，用于互联网信息的命名、解析和管理。<indecs>是一套用于在电子商务环境下实现数据互操作的元数据框架，它以唯一识别性（每个对象都应该在一个标识名称、空间中唯一标识）和功能细分性（注册者选择的所有对象都能分配 DOI）为基本原则，是一种开放性模式，具有扩展性，可以兼容资源的所有类型。与表现记述型内容的固定数据相比，indecs 更注重于管理所需动态数据的表现。

单一地址解析机制为用户提供了对数字资源的永久性访问。每个会员出版商为其出版的每一数字资源（可能是一本书或其中一个章节，或是某一篇期刊文章，或是某一个图片文件）编制一个含有出版社本身 DOI 前缀的 DOI。这些 DOI 连同它所标识数字对象的 URL 和其他书目信息（DOI 元数据），以及与该数字对象有关的所有 URL 链接信息都被出版商送往 DOI 注册机构进行注册，并存储在那里的 DOI 中心服务器 Handle System 主机上。这些集中存储的数据最终形成一个 DOI 解析数据库。当资源地址发生改变，如网络期刊文章从现刊目录转到存档目录时，出版商应通知 Handle System 主机作相应的改变，以确保链接的有效性。当用户点击资源的 DOI 索取信息时，用户的请求被传送到 Handle System 服务器上，Handle System 服务器将 DOI 解析为 URL 返还给用户终端，使用户实现对资源的访问。这一切都在后台进行，对用户来说，无须理会资源地址的任何更动，面对的始终只是同一个 DOI。理论上，DOI 提供的资源链接具有永久有效性。

提供对资源的永久性链接只是 DOI 一个基本而初步的应用。事实上 Handle System 技术本身还包含了多重解析的功能，即从一个 DOI 不仅能指向一个 URL，还可以指向多个 URL，以及 URL 以外的其他各种类型的元数据。DOI 的多重解析为用户提供了更多的选择和便利。在解析出多个 URL 时，用户可以选择离自己最近的一个镜像站点下载数据；同时，还可以链接到该资源的许多相关信息，如获取元数据、相关主题作品、相关评论文献、同一作者的其他作品，以及相关音乐、图片、动画等多媒体信息，版权人及出版商的信息及联系方式，等等。多重解析不仅确保了对资源的访问，而且为资源的各种深度利用打开了大门。

3. DOI 的使用

DOI 必须注册后才能使用。DOI 注册机构受 DOI 国际基金会（IDF）的委托，受理 DOI 的注册事务，并提供已注册 DOI 信息的存储、解析和检索服务。出版商负责 DOI 的注册，并负责更新和维护该注册信息的可靠性。DOI 连同它所标识的数字化对象的 URL 和其他书目信息（DOI 元数据），以及与该数字化对象有关的所有 URL 链接信息被出版商送往 DOI 注册机构进行注册，并存储在那里的 DOI 中心服务器上。这些集中存储的数据最终形成一个 DOI 解析数据库，利用特殊的软件，这一数据库可以链接或解析某一个 DOI，使其与同它有关的所有数字化对象的 URL 联系起来。当用户欲检索某一个数字化对象，或有关这一对象的信息时，就会发出如下形式的 DOI 请求："http://dx.doi.org/10.1007/s00412005078"。该 DOI 请求会被送到 DOI 服务器，由该服务器做出响应，并将所找到的 DOI 记录连同有关的对象的地址（大部分是 URL）返回给用户的浏览器，由浏览器从中进行检索，再将检索结果显示给用户。

传统的网络检索是以 URL 作为检出资源的标识符，而 URL 变化频繁，常令所检出的资源因资源地址变动而出现查找失败的局面。这种以 URL 为标识的检索结果的不可靠性使得传统的网络信息检索带有很大的缺陷；加之随着网上资源的增多，用户已不再满足于仅仅检索到原始文献正文，而是希望通过原始文献正文能够再比较方便地查找到其引用的文献，以探寻知识的起源和学术的关联。于是，DOI 检索应运而生。由于 DOI 的唯一性和持久性，使得 DOI 具有追踪文献当前地址和参考文献链接的能力。因此，利用 DOI 进行检索，可以保证即使所链接的资源的存储地址或版权所有者发生变化，检索者仍能找到所需的信息；而且，利用 DOI 检索，检索者不但可得到该 DOI 所标识的对象的完整的书目信息和文献正文，还能得到该对象所引用文献的书目及正文信息，且不论这引用文献与被引文献是否在同一个数据库中或为同一个出版商所有。因此，DOI 检索在网络信息检索，尤其是在参考文献链接检索方面具有很大的优势。

第 4 章 数字标识与认证

4．DOI 的优势

分配原则及语法规则十分灵活。虽然 DOI 前缀一经分配就永久不变，而出版物的版权所有者却有可能变更，因此，单凭 DOI 前缀来识别出版商并不总是可靠的。与前缀相比，DOI 后缀的语法十分灵活，交叉引用（CrossRef）对此不做具体规定，而只给出几条总的指导原则：即一贯性原则、逻辑性原则、兼容性原则、层次性原则、扩展性原则等。在此原则指导下，各电子出版商可自行指定其 DOI 后缀的语法规则，如它可以是任何字母数字字符串，该字符串可以分节也可以不分节，分节符可以是圆点、冒号、管道符或其他符号，等等。

信息的表达具有层次性和方便易懂性。DOI 的后缀常可以反映出信息的层次性，具有结构清晰、明白易懂的优点。因此，许多出版商都采用了这种 DOI 后缀表示方式。许多出版商还采用已有的标识符来作为后缀，如美国数学学会采用了 PII（出版者款目标识符）作为其 DOI 后缀，依此生成 DOI 标识符，如 101090/s0002-9939-00-05422-8。

元数据是促进 DOI 服务多样化的必需要素，是有效管理数字版权的基础。DOI 只是一个唯一的标识符、一个元素和入口字段。一个完整的标识系统不仅仅要标识网络上的一个唯一入口位置，还要有该位置上对象的具体信息，如所描述资源的题目是什么、载体是什么（电子图书、MP3、戏剧等）、作者是谁等相关信息，而这个任务只有元数据能够完成。

但 DOI 元数据的开发并非易事，不仅可赋予 DOI 的资源种类繁多、范围广阔，而且为确保系统间的互换性，还必须考虑多种元数据间的互用性。目前，IDF 采取以下方式来提供 DOI 元数据的互操作性。

（1）提供核心元数据，即最小限度的元数据元素，以能够满足正确检索匹配资源为度。DOI 核心元数据是应用于所有 DOI 的必需项，由数据值不变的 8 个要素构成，并同时提供扩展性。这些元数据库可以描述 80% 以上的常用信息。IDF 正在考虑和设计如何采用通用的格式注册、使用和访问这些核心元数据。

（2）通过添加或限定 DOI 核心元数据的方式提供扩展元数据。所谓添加，即指在 8 种要素之外，再加上主题、形态、模式、观众等要素。所谓限定，是指将元数据要素进一步加以具体化。例如，在可实现文献间参考链接的类型中，被称为标识符的顶级核心要素，可被限定为著作物识别符，以及作为著作物的表现物的论文识别符、期刊识别符、出版日、页数等具有个体值的要素。

（3）在现有元数据集合的基础上建立应用程序大纲，这意味着在不同的核心元数据或应有程序间建立标准的数据字典。

DOI 系统定义了格式良好的元数据，依据有两点：①标签，即对象的名称；②根据特殊规则制作一般来说是不受控的。从其他受控词表中抽取的元数据，经过仔细的定义和控制，一般用于固定的名称空间。

DOI 系统要求利用 DOI 标识的实体所对应的元数据进行公开的声明。对应所有注册的 DOI 号码都要求最低限度的核心元数据的声明并允许任何用户访问，扩展的元数据可以因商业因素、注册机构协议和应用程序大纲的要求而不公开。这种公开是单向的，即任何用户可以免费查询任何 DOI 所对应的元数据，但是如果需要从相关的元数据（如题名、作者）来反向查询对应的 DOI 目前还不能实现，这个功能并不包括在现有的 DOI 系统内，而是留给其他的商业服务器程序来处理。IDF 也不会将成员机构注册的元数据用于此类商业服务。

4.2.3 其他标识系统

1. 国外相关标识系统

虽然 IDF 推行的 DOI 系统在国际上已获得一定的用户，特别是数据库提供商正在逐渐采用 DOI 来标识其数据库的内容，但其每年需支付昂贵的费用，以及无法获得核心的技术，使得有的国家或地区试图摆脱 IDF 的 DOI 系统的控制，在本地建立类似的解析系统与相关的服务。例如，日本的内容标识符论坛（content IDForum，cIDF）与日本科学技振兴机构（Japan Science and Technology Agency，JST）。cIDF 曾在 2001 年 7 月 11 日与 IDF 宣布在数字环境下就内容标识符方面寻求一致性等相关事宜进行讨论。IDF 和 cIDF 各自进行独立的开发活动，各自开发数字内容标识和元数据规范基础平台，以期广泛应用于电子商务服务和内容著作权交易。虽然成立于 1999 年 8 月的 cIDF 于 2007 年 4 月 1 日解散，但其数字内容标识（Content ID）管理中心 RA（cIDF-RA）所负责的运营工作，由财团法人数字内容协会（Digital Content Association of Japan，DCAJ）移交给了非营利组织法人宽带协会（Broadband Association，BA）。

2. 我国主要数字出版商的数字标识

在我国，主要数据库提供商，如清华同方、重庆维普、万方数据等，均在其数据库中采用了不同的唯一标识符机制来标识数字对象，但与国际上主流的大型数字文献生产商相比，国内数字文献的唯一标识符应用尚处在初级阶段。清华同方全文数据库唯一标识符方案是采用新闻出版总署试行方案，文章的编号是全世界范围内所标识的该文章的唯一标识符。文章编号由期刊的国际标准刊号、文献类型、出版年、期次，以及文章篇首页码等 5 段组成，其结构为 XXXX-XXXX.0.YYYY-NN-PPP，其中，XXXX-XXXX 为文章所在期刊的国际标准刊号（ISSN）；0 为文献类型固定值，表示全文；YYYY 为文章所在期刊的出版年；NN 为文章所在期刊的期次；PPP 为文章首页所在期刊页码。例如，期刊《数字图书馆》中"试论我国数字资源唯一标识符发展战略"论文的 DOI 号为 cnki:ISSN:1003-3513.0.2005-02-001。重庆维普全文数据库采用的文章唯一标识方式是自定义的流水号方式,但在2003年至2004年同中国医学科学院信息中心合作推出了类似SICI编码定义的唯一标识符,定义为3段式结构:连续出版物标识段、文献内容标识段、控制段。例如,期刊《现代情报》中"高校学科信息门户的建设研究"论文的标识号为文献编号:1008-0821(2008)06-0010-04。超星电子图书唯一标识主要采用了8位数的流水号进行标识。国家图书馆在数字资源建设中也自建了大量的数字资源,其唯一标识符方案也是采用自定义的方式。

我国目前生产的数字资源唯一标识符,基本是采用自定义的唯一标识符,缺少统一规范的管理。这一方面不利于中文全文数据库在全球的推广与利用;另一方面,也阻碍了数据库之间的互操作,给数字资源的利用带来不便。

4.3 客户端标识

数字版权保护系统通过各种加密技术进行内容保护。当内容安全传送到客户端之后,客户端需要从版权管理系统中获得解密密钥,通过在客户端进行内容解密,然后用户才能正常使用内容。版权保护系统在进行解密密钥的传送中,需要对客户端身份进行合法性认证,以确定将解密密钥发送给信任的客户端。

进行客户端的身份识别需要针对不同的客户端进行安全有效的身份标识,避免假冒客户通过非法手段获取解密密钥,从而破解版权保护系统。当前进行客户端标识的方案主要包括软件标识方案、设备标识方案等。

4.3.1 软件标识方案

当前版权保护系统的软件标识主要是通过"数字证书"技术来实现的。如同我们日常生活中的身份证一样,数字证书是由标识用户身份信息的一系列数据组成的电子文档。

数字证书是由权威的第三方机构,即 CA 机构(又称为证书授权中心)发行的,包含公开密钥及其所有者信息的文档。版权保护系统以数字证书为核心,使用加密/解密等技术对传输的数据进行保护,通过数字签名等技术验证交易各方的身份真实性,从而保证内容使用和网络传输的安全性。

数字证书的格式通常使用 X.509 国际标准,内容主要包括用户签名、证书版本、证书序列号、签名算法标识符、签发人姓名、有效期、主题名、主题公钥信息等。其中,证书序列号是数字证书发放实体指定的,用于区别其他证书的标志。

使用数字证书进行身份认证的时候，将随机生成128位的身份标识码，每个数字证书每次生成的标识码都不同，保证数据传输的安全性。数字证书使用公钥密码技术进行加密/解密操作。内容发送方通过使用接收方的公开密钥进行加密和验证签名操作，接收方通过各自不同的私有密钥进行解密和签名。这种方式保证传输的数据即使被第三方获取，也因为缺少相应的私钥而无法解密。在公钥密码技术中，常用的是RSA体制，当前破解1024为RSA密钥需要上千年的时间，推导出密钥是不可行的。

数字签名的颁发是用户和CA之间共同交互完成的。首先，用户生成各自的密钥对，包括公钥和私钥，将公钥及部分个人信息发送给CA。CA收到信息后，需要进行发送者确认，然后CA向用户发送包含个人信息、公钥信息、CA签名的数字证书。通过数字证书的使用，一方面确保信息发送者对发送内容的权利和责任，另一方面确保发送信息的安全性和真实性。

4.3.2 设备标识方案

在DRM技术中，通常用IP地址或者设备硬件部件的特征信息（如计算机的CPU序列号、硬盘识别号等）来标识个人计算机、笔记本电脑等通用设备。由于IP地址动态分配的情况普遍存在，使用IP地址来标识设备不具备永久性，无法确保用户对购买的数字内容的使用权利。在使用硬件信息标识设备时，通常对硬件信息进行单向变换以确保隐私性。另外，由于很多硬件特征信息的唯一性不是绝对的，DRM实际应用中，通常组合多种硬件特征信息来标识设备。然而，当前对如何选取硬件部件及其特征信息，并准确地标识设备缺少系统性的研究，特别是在考虑如何自适应设备硬件部件的变更时，该问题的研究显得尤为重要，难度也更大。例如，如何选取硬件部件及特征信息、选取多少个硬件部件、各个硬件部件的权重如何设定，才能满足大多数用户更换设备硬件部件的需求。

为了提高系统的安全性、实现数字内容的移动使用，相当一部分DRM系统使用额外专用设备来绑定受保护的数字内容。常见的专用设备有智能卡、User Key等。通常，DRM系统使用智能卡的公钥作为标识，但公私钥对是软件方法生成并管理的，唯一性并不绝对，而且该密钥对会随着智能卡的重新初始化而消失，永久性得不到保证。User Key硬件产品具有全球唯一的硬件ID号，是比较理想的硬件绑定技术的载体。智能卡、User Key设备通过专门的硬件提供可信存储空间，安全性比较高，但存在的一个主要问题是，它们的实现代价比较高，通常用于保护专业性较强的计算机软件，且目前提供的存储容量无法满足一般数字内容版权保护的要求。有些DRM系统采用通用设备U盘作绑定，与前两者相比，U盘的存储容量大、通用性好，具备更好的普及性。对于U盘，从USB规范来讲，唯一性的标识可以由硬件提供，但目前并不是所有的产品都实现了这个唯一标识。因此，需要给出一个标识机制来标识 U 盘，并确保标识的唯一性、永久性和隐私性。

4.4 用户身份认证和识别

用户身份的认证和标识是在计算机网络中确定某人身份是否名副其实或有效的一个过程，是 DRM 系统的重要组成部分之一。计算机网络世界中，一切信息包括用户的身份信息都是用一组特定的数据来表示的，计算机只能识别用户的数字身份，所有对用户的授权也是针对用户的数字身份的授权。其基本思想是通过验证被验证者的一个或多个参数是否真实与是否有效，以达到认证的目的。

身份认证的目的可以总结以下几点。
- 信息的真实性：验证信息的发送者是真正的，而不是冒充的。
- 信息的完整性：验证信息在传送过程中未被篡改。
- 不可否认性：信息的发送方（接收方）不能否认已发送（收到）了信息。

身份标识认证的物理基础分为以下三种情况。
- 根据用户知道的信息确认身份。
- 根据用户所拥有的东西确认身份。
- 直接根据独一无二的身体特征来确认身份。

在单机或封闭环境下，被认证对象的身份属性主要有口令、硬件标识、智能卡或者声音、指纹等生物特征。

4.4.1 用户信息认证方式

通过用户的用户名和密码进行身份标识和认证是较常用的方法。通常情况下，大多数网站和系统都需要用户在登记注册的时候设置自己的用户名和密码，用户在输入正确的用户名和密码后，系统会认定相应的用户。

通过用户名和密码的方式进行身份识别和认证非常不安全，存在较大的安全风险。用户通常使用生日、昵称等有意义的字符串作为密码，这些信息容易在用户录入、数据传输等过程中被木马程序或网络监听设备截取和破译，造成密码泄露。

传统的身份识别方法，用户名和密码直接以明文方式或密文方式传送。但是，用户的密码在登录时以明文的方式在网络上传输，可被攻击者截获，即使部分被截获，攻击者也可采用穷举法能在一定的时间内猜出密码。常见的密文方式传送的信息较容易引起攻击者注意，一旦强制破解成功，则可任意假冒用户的身份，身份认证机制即被攻破。

为了提高用户信息认证方式的安全性，当前提出了多种方式，包括虚拟键盘、动态令牌或口令。虚拟键盘可以避免木马程序的监视和破坏。动态令牌或口令一般通过手机或特定的硬件设备进行口令传送和设置，提高认证的安全性。动态口令技术采用双因子认证的原理，用户首先需要得到系统颁发的令牌，以及启用令牌的口令。用户登录系统时通过输入令牌口令来启用令牌，而令牌又会显示动态数字作为系统的登录口令。这种认证方式比静态口令有着更好的安全性，但它存在只能进行单向认证、不能对传输的数据进行加密、数据完整性无法得到保障等安全风险。

4.4.2　智能卡认证方式

智能卡是身份认证的一种方式，其内部存储相关的用户身份信息，主要是在 DRM 系统中进行身份标识、安全信息验证和运算。

智能卡可以从不同的角度进行分类，主要包括根据电源分类和根据数据传输方式进行分类。

根据电源分类，可以分为主动卡和被动卡。其中主动卡内含电池等供电设备，被动卡则依靠外部电源提供动力。根据数据传输方式，可以分为接触式、非接触式、混合式智能卡。其中，接触式智能卡的读写需要 IO 线路接触实现。非接触式智能卡使用激光射频、红外线、非 IO 电路接触等技术实现智能卡的信息读写。混合式智能卡同时拥有接触与非接触接口。

在非接触式智能卡中，激光射频智能卡是今后应用发展的主要趋势。射频识别，即 RFID（Radio Frequency Identification）技术，又称电子标签、无线射频识别，是一种通信技术，可通过无线电信号识别特定目标并读写相关数据，而无须识别系统与特定目标之间建立机械或光学接触。RFID 是一种简单的无线系统，基本组成器件为标签、阅读器和天线。RFID 技术主要应用电磁感应和转换原理进行数据处理。当标签进入特定磁场中，芯片产生感应电流，发送其中存储的标识信息，阅读器读取信息并解码，将信息传送到中央信息系统进行处理。

4.4.3　生物特征方式

生物特征识别是近年来发展迅速的领域，是通过计算机与光学、生物传感器等技术结合，根据人体特征或行为特征鉴别个人身份的方法。生物特征具有唯一性、稳定性和可靠性等特点。使用生物特征识别，人们不需要记住密码，不需要携带智能卡等设备,可以较方便的用于各种自动化系统中。

生物特征是每个个体所具有的,可测量和识别的生理特征或行为方式。当前使用较多的生理特征,包括指纹、虹膜、脸形、视网膜、脉搏等。常用的行为特征,主要包括声音、签字等。根据以上特征,当前人们已经发展了诸如指纹识别、虹膜识别、人脸识别、声音识别、签字识别等技术。以上技术具有比较好的安全性和有效性,但存在实现技术复杂、应用成本比较高、数据的完整性和机密性难以保证、认证信息可能在传输过程中被截取和仿冒的安全隐患。

1. 指纹识别

指纹识别是通过指纹细节特征进行身份识别鉴定的。指纹的主要特征包括纹形、纹数、模式区、核心点等。指纹识别系统通常包括指纹图像获取、加工处理、特征提取和分析比对等功能。当前指纹识别技术获得了较多科研成果,在银行、电子商务和安全防卫等领域广泛应用,形成了包括指纹考勤系统、指纹支付系统等。随着网络的不断发展和普及,指纹识别技术将会在更多应用中发挥作用。

2. 人脸识别

人脸识别是利用人脸视觉特征进行身份鉴别的计算机技术。人脸识别技术的主要步骤包括面部判断、位置定位、特征提取和比对分析。面部判断主要从图像中判断人脸是否存在。位置定位过程是确定脸部整体,以及各个器官的位置和图像范围。特征提取过程从对应的脸部位置和范围提取包含的身份特征。在比对分析中将脸部特征与已知的人脸进行对比,实现对个人身份的识别。

3. 步态识别

步态识别技术主要根据每个人走路步伐的特点,收集人体运动信号特征并转换为计算机能够识别的信息。当前步态识别技术常用的方法,是通过拍摄走路或跑步的过程来收集每个人的运动信号,将运动过程量化为特征信息。在进行身份识别的过程中,需要将一个人的走路过程拍摄记录下来,与已经存储的用户步态和运动轮廓特征进行对比,实现身份的认证和识别。

4. 虹膜识别

眼睛的虹膜是由复杂的纤维组织构成的,每个人的虹膜具有独一无二的特征。虹膜识别技术将获得的虹膜特征转换为虹膜编码,编码的长度为 512 字节,然后通过虹膜编码的比对实现身份识别。虹膜识别技术,包括采集录入、特征转换和分析识别。采集录入过程主要进行虹膜定位,然后特征转换过程生成虹膜编码,再通过虹膜编码进行特征的比对。

4.4.4 PKI 认证方式

PKI 是基于数字证书的认证方式,是适应网络开放状态的一种比较完整的安全解决方案。随着 PKI 技术的日趋成熟,许多应用中开始使用数字证书进行身份认证与数据加密。数字证书是由权威公正的第三方机构(即 CA 中心)签发的,以数字证书为核心的加密技术,可以对网络上传输的信息进行加密和解密、数字签名和签名验证,确保网上传递信息的机密性、完整性,以及交易实体身份的真实性、签名信息的不可否认性,从而保障网络应用的安全性。

从广义上讲,所有提供公钥加密和数字签名服务的系统,都可以叫作 PKI 系统。

一个典型、完整、有效的 PKI 系统必须是安全的和透明的,用户在获得加密和数字签名服务时,不需要详细地了解 PKI 是怎样管理证书和密钥的。为了达到这个目的,它必须由认证机关、证书库、密钥备份及恢复系统、证书作废处理系统和证书应用管理系统等基本构件组成,构建一个 PKI 系统也要围绕这几个部分进行。

PKI 的基本定义十分简单。所谓 PKI 就是一个支持公钥管理体制的基础设施,提供鉴别、加密、完整性和不可否认性服务的基础设施。

1. 认证

公钥密码技术可能会存在密钥分发问题,但并不像对称密码技术的密钥分发问题那么严重。公钥并不需要像对称密钥那样经常改变。尽管对称密钥在每次消息加密之后都应改变,然而,非对称公钥和私钥能够用于很多数字签名和数字信封中。这要归功于破解非对称密钥相当困难,而且攻击者也难于在使用相同密钥进行多次对称加密的过程中通过相似性而获得好处。

更为重要的是,公钥的真实性可以通过可信的第三方建立。如果甲确定自己所有的公钥属于乙,他就可以非常有信心地使用这个密钥。受到乙私钥的拥有者和甲公钥用户这两方所信任的第三方可以担保公钥的真实性。

公钥所有者身份的保证叫作公钥认证(Certification)。认证公钥的个人或组织叫作认证权威机构(Certificate Authority,CA)。公钥加密的最大优点是无须预先建立通信者之间的关系,而这正是对称加密遇到的问题。然而,现在可以看到,公钥加密需要预先的关系。但这个关系不必是非对称密钥用户之间的。乙和甲双方必须都与 CA 建立关系。这就是一种信任关系。甲必须相信 CA 已经正确地把乙认证为私钥的所有者。信任是公钥基础设施所依赖的基本规则。

2. 数字证书

数字证书通常称为公钥证书或简称为证书，与司机驾驶执照或日常其他的身份证相似，它包括一个公开密钥、拥有者身份信息（如名字或地址等信息），以及 CA 对这些内容的数字签名。CA 的签名可以保证证书内容的完整性和真实性。证书是二进制文件，可在计算机网络上很容易的传输。在 Internet 网络中，应用程序使用的证书都来自不同的厂商或组织，为了实现可交互性，要求证书能够被不同的系统识别，符合一定的格式，并实现标准化。

X.509 为证书及其 CRL 格式提供了一个标准。但 X.509 本身不是互联网标准，而是国际电联 ITU 标准，它定义了一个开放的框架，并在一定的范围内可以进行扩展。

目前，X.509 有三个版本：即 V1、V2 和 V3。其中，V3 是在 V2 的基础上加上扩展项后的版本，这些扩展包括由 ISO 文档（X.509—AM）定义的标准扩展，也包括由其他组织或团体定义或注册的扩展项。X.509 由 ITU—T X.509（前身为 CCITTX.509）或 ISO/IEC 9594—8 定义，最早以 X.500 目录建议的一部分发表于 1988 年，并作为 V1 版本的证书格式。X.500 于 1993 年进行了修改，并在 V1 基础上增加了两个额外的域，用于支持目录存取控制，从而产生了 V2 版本。为了适应新的需求 ISO/IEC 和 ANSI X9 发展了 X.509 V3 版本证书格式，该版本证书通过增加标准扩展项对 V1 和 V2 证书进行了扩展。另外，根据实际需要，各个组织或团体也可以增加自己的私有扩展。

3. 认证模型

在 PKI 中，信任是最基本的规则。证书的持有者和使用者都必须信任发行这些证书的 CA。前面讨论过的信任模型是最基本的，只存在一个 CA，没有中间 CA，终端实体直接信任此 CA 即可。认证链的长度和链上的实体是相关的，它们影响了证书的使用者必须实施的链验证过程的复杂程度。如果 CA 向乙发行了一个证书，该 CA 的自签证书是得到甲直接信任的，那么他就能够很快验证其证书链。这里的验证链只有两个证书的长度。当 CA 把证书发行给另一个人时，认证链或认证路径就会延长。认证信任模型的特色就是认证路径中 CA 之间的关系。

PKI 服务于用户群体。对于更大的用户群体，由于大量个人身份认证的计算需求，很难通过一个 CA 来管理。因此，需要建立一种认证模型来组织 PKI。目前，常用的信任模型有三种：层次模型、交叉信任模型和网状模型。

（1）层次模型。

通常情况下，为大规模的群体实施 PKI 的最好方法就是按分层机构来组织 PKI。在层次机构的 PKI 中，CA 的关系组织成树状结构。只有一个 CA 的证书是自签的。这个根 CA（Root CA）把证书分发给其他 CA（即中间 CA）。中间 CA

可以把证书发行给其他中间 CA 或低层 CA，也就是叶级 CA。只有叶级 CA 才可以把证书发行给用户群体中的终端实体。根 CA 将控制自己所有从属 CA 的策略，包括可以有多少级中间 CA，以及每个叶级 CA 应该把证书发行给用户群体的哪个子组。

分层 PKI 中的所有认证路径都是单向的。从终端实体证书到根的路径中，每一个 CA 都有更大的权限。分层 PKI 适合自身就是按层次结构进行组织的机构，如大学或公司。整个大学中的根 CA 把证书发给组成该大学的各个学院的中间 CA。这些学院的 CA 把证书发给各系的叶级 CA。最后，这些叶级 CA 将负责把证书发给本系的全体教师和学生。如果乙和甲都是该大学的一员，则为了在乙的数字签名中建立信任，甲将验证证书链，直至大学的根 CA，根 CA 是甲本来就信任的。

（2）交叉信任模型。

如果录取甲的大学与乙的大学不同，那么，在信任乙的数字签名过程中，甲可能会遇到一些困难。他可以获得乙的根 CA 自签名书的副本，把它放在可信任的根 CA 数据库中。如果他与不同大学中的很多学院进行协调，则这个工作量非常繁重。为了在各个独立的 PKI 之间扩展信任模型，各独立 PIK 中的 CA 应该彼此发行证书。这时，CA 向其他 CA 发行证书，这叫做交叉证书（Cross-Certificate），并且使用它们的 PKI 就是交叉认证 PKI（Cross-Certification PKI）。交叉证书可以在各个级别上链接 PKI，从根 CA 到根 CA 的交叉认证，再到根 CA 到中间 CA 的交叉认证，继而到中间 CA 到中间 CA 的交叉认证。

（3）网状模型。

交叉认证模式给 PKI 信任模型的完整性带来严重的影响。每次一个 CA 认证另外一个 CA 时，实际上就是要求它自己的终端实体去信任另一个 CA 足够安全。这可能是在冒险，然而如果第二个 CA 接着认证了第三个 CA，则风险就更大。这时，第一个 CA 的最终用户将信任由第三个 CA 发行的证书，第一个 CA 可能从来就没有打算让这种情况发生，要解决这个问题，第一个 CA 可认证第二个 CA，但其前提条件是第二个 CA 不会再认证其他 CA，或者必须在第一个 CA 同意的规则下进行，这是不切实际的。另一种可能性是，交叉认证中包含的所有 CA 都彼此认证，这就创建了一个网格 PKI，它可以包含根 CA 的交叉认证，或者任何交叉认证级别的所有 CA，通过明确地与所有其他 CA 建立起信任关系，交叉认证过的 CA 对另一个 CA 进行认证，于是就消除了安全问题的风险。所以，网格 PKI 可以比交叉认证 PKI 的常规情形更加安全。遗憾的是，随着所包含的 CA 数量呈线性增长，网格 PKI 中的数量会呈几何增长，然后网格 PKI 可能会变得无法管理。

桥（Bridge）CA 是担当交叉认证中枢的 CA。它使各个独立的分层结构和网格的 PKI 进行互联，而不会导致产生完整交叉认证网格的系统开销。分层 PKI 的根 CA 或网格中的任何 CA 将使用桥 CA 进行交叉认证。为了使桥 CA 能够发挥作用，所有加入的 CA 都必须服从桥 CA 的认证实践标准。桥 CA 并不是根 CA，终端实体不应该把桥 CA 当作可信根 CA。美国联邦政府正在开发名为"美国联邦桥式认证权威机构（Federal Bridge Certification Authority，FBCA）"的桥 CA。FBCA 设计用来在属于政府机构的 CA 上进行交叉认证。FBCA 的作用是建立一种新方法的模型，使得政府 PKI、商业 PKI 和学术 PKI 能够整合起来。在能够使用普遍和可靠的 PKI 之前，还有许多挑战有待克服，然而在 PKI 信任模型的标准化和可互操作方面取得的改进，正带领着我们向着正确的方向前进。

4.5 用户身份认证的发展趋势

目前，随着电子商务等应用的发展，以及 GSM，CPRS，CDMA，WCDMA，TD-SCDMA，WLAN 等无线移动通信技术与相应业务的普及，身份认证的理论和技术已经在不断成熟、完善的基础上，出现了几个研究热点。

1. 图像口令技术

传统的口令认证技术主要是基于文本口令，大部分安全系统为了保证口令的安全性都会要求用户选择较长的复杂口令，这种文本口令提高了安全性，但是由于难以记忆、输入不便，使得很多用户仍然使用弱口令。图像口令技术是用一组图像组成的集合代替文本字符集合，用户通过从图像集合中选择 P 个图像合成自己的口令。认证系统在认证时给出 T 个图像，用户从中选出自己生成口令时的 P 个图像。由于图像包括的信息远远大于文本，很难实现自动字典攻击，而且这种口令很难记录也不易共享，增加了安全性。

2. 生物技术

从目前来看生物技术是提供数字身份的较好的解决方案，把生物技术融入安全认证系统，可以从根本上解决互联网世界虚拟身份和现实身份的映射问题。

目前任何一种生物特征认证技术的正确率都不可能达到百分之百，如何通过提高硬件水平和改进识别算法来减少误判率是未来研究的热点。另外，生物特征的提取、运输和保存的安全性直接关系到生物特征认证技术的整体安全性，这需要制定相应的管理标准。

3. 多因素认证

目前的单因素认证机制都存在一些自身的局限性，如果有效地结合各种单因素认证技术，能够大大提高认证的安全性。目前的应用案例有基于 Web 的口令认证与手机短信确认相结合的双因子认证。另外，通过多种生物特征的多数据融合与识别技术，能够加速生物认证走向实际应用。

4．属性认证技术

把认证技术与访问授权相结合可以有效地实现用户身份的认证和权限的管理与分配。属性认证技术主要是把基于同性证书的授权方案和认证技术相结合，这可以解决完全分布式的网络环境中的身份认证与细粒度的权限分配问题，不仅弥补了身份认证不进行权限管理的问题，也增强了属性证书方案的安全性。

第 5 章
Chapter 5

数字版权保护技术体系

在以物理介质为信息载体的传统出版时代，由于内容和相应的使用权利被同时固化在物理媒介中，所以不易于盗版内容的传播，也比较容易识别。而在数字时代，可以很容易地通过格式转换、提取等方法将数字内容与合法权利分离，并非法复制、更改和广泛传播，盗版成本越来越低，使数字版权保护面临巨大的挑战。

数字版权保护的过程是个系统工程，需要把保护技术融合到业务系统中，涵盖数字作品的生产、发布、使用等环节。融合过程中既要与业务系统紧密绑定，在内容数据、用户信息、权利信息等方面无缝对接；同时需要保留相应的独立性和安全性，减少保护过程中的漏洞。

前几章描述了数字版权保护的概念和基础知识。本章基于在线的数字版权保护机制，描述相关的技术体系。

在以物理介质为信息载体的传统出版时代，由于内容和相应的使用权利被同时固化在物理媒介中，所以不易于盗版内容的传播，也比较容易识别。而在数字时代，可以很容易地通过格式转换、内容提取等方法将数字内容与合法权利分离，并非法复制、更改和广泛传播，盗版成本越来越低。这是数字版权保护面临的最大挑战之一。

数字版权保护的过程是个系统工程，需要把保护技术融合到业务系统中，涵盖数字作品的生产、发布、使用等环节。融合过程中既要与业务系统紧密绑定，又要在内容数据、用户信息、权利信息等方面无缝对接；同时需要保留相应的独立性和安全性，减少保护过程中的漏洞。因此，在介绍数字版权保护技术体系的时候，会涉及相关的业务系统和流程。需要清晰地分清两者的关系，数字版权保护技术体系是对业务体系的补充。

5.1 体系模型

任何技术体系都建立在现实业务基础之上，为了能明确表达业务，通常会建立相应的模型来准确定义角色、行为、流程等抽象信息。

5.1.1 业务模型

在数字内容环境中，可以抽象出最基本的业务模型，如图 5-1 所示。

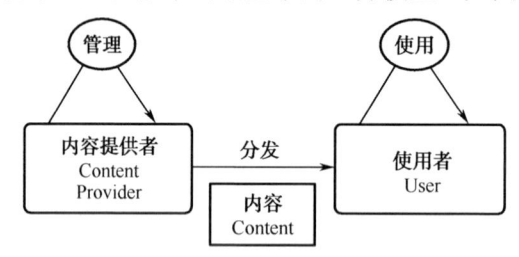

图 5-1 基本的数字内容业务模型图

由图 5-1 可知，最基本的角色是内容提供者和使用者。在现实中，数字内容以集中管理的方式聚集在内容提供者，并以在线或离线的方式分发。根据需要，使用者从内容提供者以在线或下载的方式获得内容并使用。虽然在现实中，内容提

第 5 章 数字版权保护技术体系

供者会采用会员认证的机制,限制使用者的访问,达到收费的目的,但依然缺乏内容和权利的绑定机制,防止内容被复制及非法传播。基本的数字内容业务模型很难建立有效的价值链,内容提供者也承担着比较大的被盗版风险。因此,需要引入版权保护机制,完善业务模型,如图 5-2 所示。

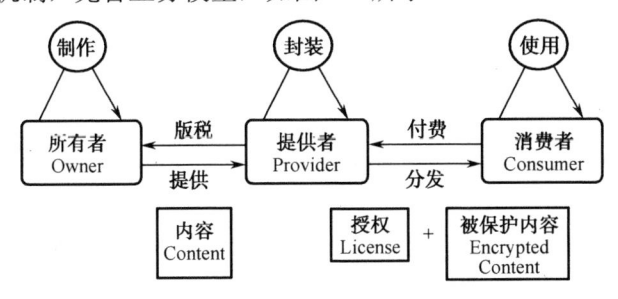

图 5-2 基于数字版权保护技术的业务模型图

由图 5-2 可知,以提供者为核心,通过提供者的业务,分别向内容的所有者和消费者提供版权服务。业务模型包括主要的三个角色:

- 所有者(Owner),制作并拥有内容的最原始的所有权利。所有者向提供者(Provider)提供内容及相关的元数据和使用权利,便于提供者在其他业务服务中使用。作为回报从提供者获得与内容相关的版税,以及内容在业务服务中的使用情况。内容使用情况的信息由版权保护技术保证其可信度。
- 提供者(Provider),是业务模型的核心部分,提供所有的业务服务,并集成数字内容版权保护技术。提供者从所有者获取内容及相应的基本权利,按照自身的业务需求,对内容进行权利封装和绑定,形成授权和被保护的内容,并以有偿或免费的方式发布给消费者。
- 消费者(Consumer),以在线的方式获得被保护的内容和授权证书。被保护内容在客户端,基于授权中的规则被还原成可直接使用的原始内容。在获取和使用的过程中,消费者根据业务规则或内容的使用规则,支付给提供者费用,购买相应的权利。

在角色之间涉及两个主要的数据对象:

- 被保护内容(Encrypted Content):为了起到权利控制,原始内容被特定的算法进行加密处理。
- 授权(License):存放权利信息、使用规则、被保护内容解码所需的密钥,以及客户端的身份信息等数据。授权和被保护内容可以打包在一起分发,也可以分别通过不同的途径分发。由于权利和内容的绑定关系,单独获得被保护内容或者授权都无法正确使用内容。

基于数字版权保护技术的业务模式,解决了在内容分发、使用过程中权利的管理和强制约束问题，有效控制了内容的使用方式和形式，最大限度地减小了擅自复制和非法传播的可能性。同时在提供者端，保护技术可以覆盖到版权识别、交易、监测等业务环节，从而达到数字版权跟踪和权利所有者的关系管理等更广泛的版权保护服务。

5.1.2 数据流模型

基于上述的业务模型，所有者（Owner）、提供者（Provider）和消费者（Consumer）三个主要角色可以映射为三个主要的版权保护业务部分，分别为

- 内容源：系统所需要的内容来源，包括内容数据、元数据和权利信息。
- 服务端：数字内容业务的主要服务端，也是数字版权保护技术的主要承载部分和核心。它主要包括内容封装、规则定义、内容分发、授权分发等功能环节。
- 客户端：作为服务端在消费者的功能延伸，完成权利解释和内容解码等功能环节。

三个部分的功能环节和数据形成了完整的数据流，如图 5-3 所示。

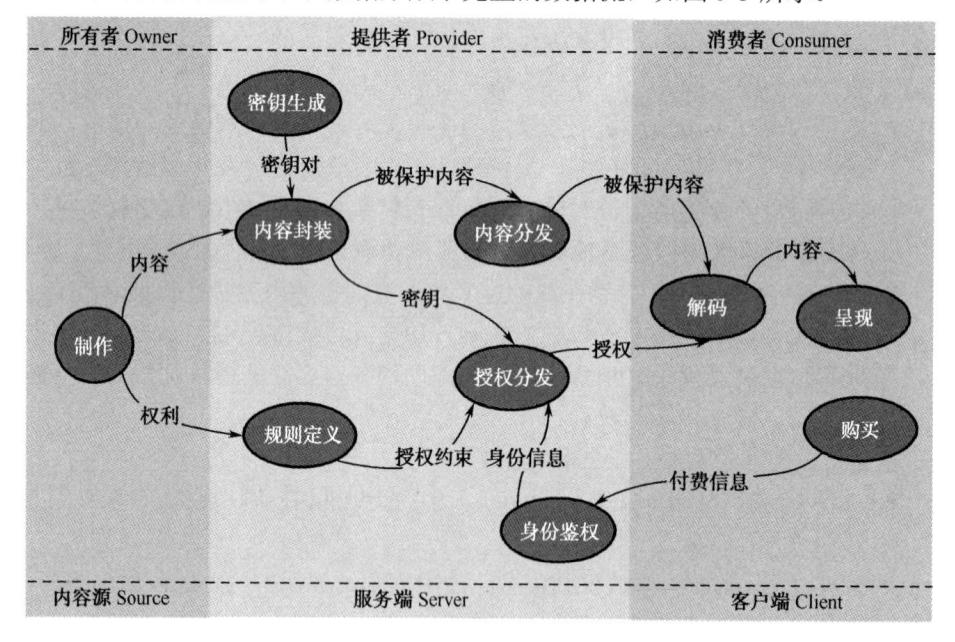

图 5-3　数据流模型图

由图 5-3 可知，内容源的制作（加工）环节，会为服务端提供独立的内容相关信息和权利描述信息。内容和权利信息的分开处理，有利于内容封装适应多样化

的业务规则。

在服务端，按照 PKI 体系或者其他的加密体系产生密钥，针对内容数据段进行加密处理，形成结构化的被保护内容。根据业务规则，对权利信息重新定义，形成具有一定业务逻辑的、可程序化的授权约束信息。内容被一次性封装成被保护内容后，可以通过内容分发环节无限制地发送到客户端。在没有相应授权的情况下，被保护内容也可以无限制地被客户端转发。服务端的身份鉴权会从客户端的注册、付费信息中，提取客户端的身份标识信息，用于授权分发环节动态绑定授权约束信息和密钥形成授权，发送到客户端。

在客户端，只有接收到被保护信息和相应的授权信息，才能按照授权信息内的授权约束解码还原可以被呈现的原始内容信息，通过业务表现层展示内容。客户端也可以根据需要发起购买，通过付费信息传递身份信息和授权请求给服务端，获取相应的授权。

在上述数据流模型中，授权是内容、权利、客户端三种信息的捆绑定义，是最终完成数字版权保护服务的最重要屏障。授权和被保护内容分发方式决定了版权保护的不同服务模式，如被保护内容和授权同时分发，形成标准的内容分发模式；被保护内容和授权分别分发并在被保护内容多次转发后，客户端指定获取相应的授权，形成超级分发模式；一个授权包含多个被保护内容的密钥、授权约束，形成批量分发模式等。

5.1.3 技术体系与业务系统的关系

在阐述数字版权保护技术体系构架之前，还需要明确技术体系与业务系统之间的关系。业务系统可以看成一个标准的数字内容业务服务系统，是个独立的技术系统，即使在没有数字版权保护技术的情况下，也是一个完整的体系。在现实情况下，数字内容业务服务系统会先于保护系统存在并运行，保护系统是对业务系统的补充和完善，通过特定的接口连接到业务系统中，如图 5-4 所示。

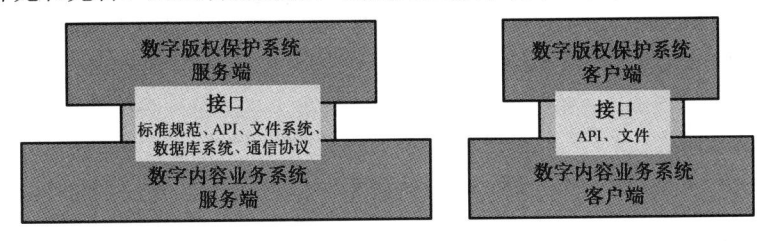

图 5-4 业务系统的连接图

从整体上，两个系统的融合分服务端和客户端两大部分。接口的方式可以有多种类型，包括标准规范、API、文件系统、数据库系统、基于网络的通信协议等。由于涉及信息安全、用户信息、业务运营等重要环节，保护系统和业务系统既要紧密对接，也需要具有一定耦合度，并且不能为业务系统带来太多的复杂度，方便业务系统实施升级工作。只有这样才能保持数字版权保护系统的灵活性和兼容性。在现实中，一些数字版权保护技术提供商就要利用这样的原则来保持一定的市场占有率。

后续的典型系统构架介绍，以突出保护系统的核心功能模块和关键数据流的描述，以及必要的业务系统的数据来源和接口关系。

5.1.4 典型的系统构架

在了解数字版权保护技术的相关业务模型和数据流模型后，可以开始勾勒数字版权保护系统的主要结构了。在本节中，将描述典型的系统架构。由于选择了常见的 PKI 体系作为数据的保护和身份验证的基础，以及会涉及多个子系统间的信任机制，因此，在架构体系中将引入 CA 认证机制，但不对 CA 做过多的描述。

典型的构架体系包括五个主要的部分：内容管理系统、权利管理系统、授权分发系统、内容分发系统和客户端系统，如图 5-5 所示。

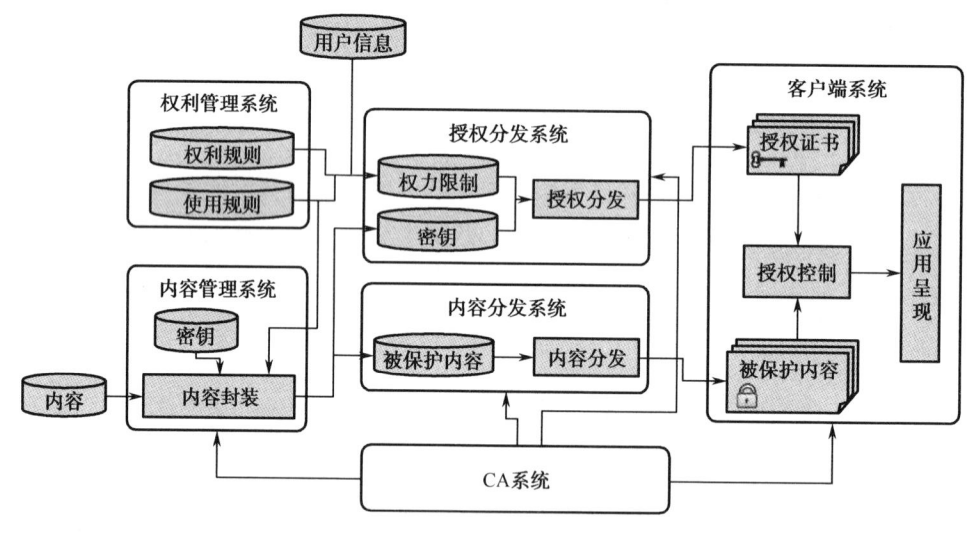

图 5-5 典型的构架体系图

由图 5-5 可知，五个部分以系统命名，每个部分都是数字版权保护技术相关的核心功能点的集合。在完整的版权保护系统中，版权保护技术往往融合进业务系统，并被业务模块所调用完成相关的保护功能。所以，在理解后续的构架描述中，需要想象出相应的业务系统的参与。

数字版权保护技术为业务线带来更多的是管理机制,管理的对象是内容和权利。内容也是业务系统的主要管理对象,在保护体系中的内容管理系统,并不重复业务系统的功能,而是作为版权保护服务的一个接口,从业务系统获取特定的内容,通过对称或非对称加密算法,进行内容的封装,形成被保护内容,供后续的流程使用。从业务系统引入的内容,大部分属于已经被加工好的、具备了一定产品属性的、可以直接被消费者使用的内容产品。例如,制作好的具有章节信息和排版格式的阅读类产品、编辑好的音/视频流媒体类产品。为了实现更多的保护手段,满足更灵活的业务要求,可以通过内容管理系统和权利管理系统之间的接口,获取相应的使用规则运用在内容封装过程,达到内容分段、分项等细粒度控制手段。内容管理系统会产生两种数据:被保护内容和相应的密钥。前者会进入内容分发系统,传递给消费者的客户端;后者会进入授权分发系统,形成授权证书的主要保护对象。

与内容管理不同,权利信息多数情况下以内容元数据的形式存在于业务系统里,主要用在信息的展示。业务系统的权利信息一部分可以直接引用在保护体系,其他的信息需要数据模型化处理,形成可以被程序理解的、有逻辑性和规范性的权利规则,用于限定相应内容的合理使用条件和范围。保护体系的权利管理,还包括业务规则,尤其是涉及内容使用的业务规则,如包月、按次业务;预览和限时免费业务等。业务规则也需要按照一定的数据模型引入保护系统,形成使用规则,便于在内容封装过程中依据必要的业务信息,生成被保护内容。权利管理系统更像是一个接口系统,将业务信息和权利信息导入转化成保护系统的规则数据。

在保护体系中,一部分权利以规则的方式与内容绑定在一起,形成被保护内容。另一部分权利信息和能够对被保护内容解码的密钥及客户端信息一起形成授权信息。只有当被保护内容和相应的授权一起被客户端处理才能被还原成正常的内容。因此,在分发过程中,被保护内容和授权经常是独立处理的。被保护内容一次性生成后,就会以稳定的存储形态(如文件)保存在内容分发系统中,等待消费者请求并分发。单独的被保护内容在没有授权的情况下是安全的,因此,内容分发系统或许可以替换业务体系的下载系统,在开放的环境下为消费者提供数据下载服务。

授权证书是数字版权保护技术的核心承载体。被保护内容需要密钥来还原,客户端系统需要授权证书才能获得密钥,授权证书也决定了消费者的使用权限和限制条件。授权通常会与客户端的特性、消费者身份等标识信息绑定,防止密钥在其他环境中使用。因此,授权分发系统在分发授权的同时会动态将特定消费者相关的信息、权利限制信息和密钥绑定在授权证书中。在通常情况下,授权分发系统与业务关系密切,尤其与支付系统关系更为密切。如果说内容分发系统侧重在传播,那么授权分发系统则侧重在经营,需要考虑更多的网络安全做保障。所以，授权分发系统在大多数情况下，不直接面向消费者或者客户端系统，而通过业务系统做二次网络转发。

业务系统转发授权的机制提高了业务体系的完整性，但降低了内容所有者对整个业务交易流程的可信度。虽然所有者对提供者的可信度始终是一个困扰双方合作的隐形因素，在理论上还是可以通过引入第三方的可信交易机制来完善。

权利管理系统、内容管理系统、授权分发系统和内容分发系统组成了数字版权保护技术在服务端的主要部分。它们主要目的是产生安全的被保护内容和授权证书。在完整的业务体系里，通常会为消费者提供一个特定的应用软件，来呈现内容，如电子书阅读软件、音乐播放软件及视频播放软件等。应用软件如果希望呈现被保护内容，就需要集成保护体系中的客户端系统。应用软件在呈现指定的被保护内容的时候，会调用客户端系统的授权控制接口，并提供相应的授权证书。授权控制接口首先提取客户端系统环境的特征信息（包括消费者身份信息）；然后分析验证授权证书的有效性，并从授权信息中获取权利限制；最后根据限制条件获取相应的密钥，并按照使用规则对被保护内容解码，传送还原后的内容给业务应用软件进行内容呈现。客户端系统是保护体系在用户环境下的功能体现，虽然其主要目的是达到数字版权保护的有效实施，但过多的限制和保护会降低消费者体验的便利性。所以，客户端系统是在有效性和便利性上找到合适的平衡点。

典型的系统构架只是抽象出概念上的系统结构。在现实中由于缺乏统一的行业标准，各数字版权保护技术商所提供的系统方案都有所不同。在下面章节介绍主要的几个商业技术体系，便于更好地理解。

5.2 OMA 技术体系

开放移动联盟（Open Mobile Alliance）成立于 2002 年，由全球先进的运营商、设备和网络供应商、信息技术公司、服务供应商和内容提供商组成，现有会员单位 300 多家。2002 年 11 月 OMA 正式发布了 OMA DRM1.0 标准，然后又针对 1.0 版本的不足，于 2006 年 3 月完成并发布了 OMA DRM2.0 标准的批准版，包括 OMA DRM2.0 体系结构。

OMA DRM 2.0 体系结构的数字版权管理信任模式基于公钥基础设施（Public Key Infrastructure，PKI），能对终端和版权发布中心进行双向认证，安全性大大提高；支持的应用场景比较丰富，包括预览、下载 DRM、流媒体 DRM、多媒体消息 DRM、事务跟踪、域管理和与用户标识绑定等；提供了更加灵活、丰富和复杂的商业模式和用户使用模式。

在 OMA DRM V2.0 系统中，被保护内容和权利对象（授权）分别进行发布。DRM 代理是处于用户的客户端系统。受保护内容可以在客户端之间随意复制，并且可以任意存储。客户端系统得到此内容后必须从权利发布者获取相关权利对象才可以使用此内容。

被保护内容在发布之前被打包，以防止未经授权的访问，内容发布者提供被保护内容。权利发布者根据特定的内容生成相应的权利对象。内容发布者和权利发布者，可以同时或者独立部署。内容的发布可以不受权利发布的影响，直接发布给客户端。

权利对象决定了被保护内容如何使用，它以 XML 数据的格式指定某一块被保护内容的使有权限和相关的约束。被保护内容可以任意复制和保存但不能单独使用，只有在客户端获取到合法的权利对象，并正确对应相关的权限和约束后才可以使用。

OMA DRM 在逻辑上分离被保护内容和权利对象，两者可以被分离或者集成的方式、同步或者异步的方式被发布。例如，一个用户可以选择一些内容并付费，在同一个交易过程中接收到被保护内容和权利对象。在随后的使用过程中，如果权利对象有使用时间限制并过期，用户可以再次付费获取到一个新的权利对象，并不需要再次下载同样的被保护内容。

5.2.1 信任模型

DRM 信任模型是基于公钥基础设施（PKI）的。通常在这种模型中，包含有几组委托人、校验者，以及双方都认可并信任的一个或多个权威认证机构。依照解决方案的需求不同，一个独立的实体可以作为一个委托人或校验者。这种基础架构的最终目的是在他们通过一个开放但安全性较低的网络进行通信时，使校验者能够去确认委托方的身份及其他属性。通常在这样一个系统中，校验者不会以校验的名义去保留委托方的任何敏感信息，此外，CA 也不会直接参与委托方和校验者之间的通信。

信任模型的主要实体是 CA、设备与权利发行人。认证和密钥传输协议的开发要求权利提供者与设备之间能够互相鉴别，这项任务是由权利对象获取协议（ROAP）来完成的。模型中的实体之间存在如下关系：

- 被提供的设备应带有公共及私有密钥，以及由 CA 签署的相关联的认证。设备制造商可能自己就是一个 CA。
- 设备可能带有多个证书。基于权利方的参数要求，设备需要提供一个适当的证书。
- 设备要在本地存储带有一致性和机密性保护措施的私有密钥。

- 权利提供者也要提供公有及私有的密钥和由 CA 签署的证书，认证链要包含在给设备的认证协议中，使得设备可以确定认证路径。
- 系统中可以有多个 CA，本规范并没有强制要求模型为特定类型（如分层或桥接模型），模型的确切类型由市场决定。
- ROAP 协议要求认证权利方的 CA 在执行协议的过程中也运行一个 OCSP 响应。
- CA 需要定义适当的认证策略来管理已发行的证书。

数字内容作品以一种受保护和控制的方式被打包成 DRM 产品并分发到用户。数字内容作品发行者传送该 DRM 产品到设备。权利提供者认证设备并提供必要的权利对象使得内容作品可以被使用。设备上的 DRM 代理参与认证协议，并实施必要的安全信任元素，使权利对象在一个适合的环境中被使用。

权利对象用指定的许可约束的方式管理 DRM 产品的使用。这些权利对象也被加密保护，使得只有目标设备可以访问 DRM 产品。

DRM 产品和权利对象是独立的实体，但它们在逻辑上互相关联，并且这种关联是受到保护的。DRM 产品和权利对象可以通过许多种方式被发送到设备——无线、本地连接、推拉机制等。这些对象的传输并不指定任何特定方式。

DRM 代理的一个基础功能是在内容使用过程中执行权利对象中指定的许可，它需要保护和处理安全机制中的密钥以避免无授权使用。

OMA DRM 规定了内容的格式、权利表达语言、认证协议、保护机制。OMA DRM 也规定了 DRM 内容和权利对象是怎样通过一系列传输机制被传送到设备的。

5.2.2 基础下载

内容分发的一种模型是使用 OMA OTA 下载机制。客户端启动一个浏览器并连接到内容发布者门户，用户评估这个门户的内容并做出决定下载特定的内容。一旦 DRM 内容被下载，客户端将连接到权利发布者端口并签署权利对象获取协议来获得相应的权利。第二种模型基于订阅。订阅者可以获取被定期发送到设备的 DRM 内容和权利对象。第三种模型是设备在需要订阅的相关授权时，以一种用户不干预的方式（安静调用）获取相关权利。具体步骤如图 5-6 所示。

由图 5-6 可知，具体的浏览或订阅模式操作流程如下所述。

（1）客户端初始化一个浏览器会话连接到内容端口。客户端从端口提供的内容中选择特定的内容。另外，客户端可能还要在这个会话中选择支付模式，之后，客户端从内容端口下载 DRM 内容到本地存储。

（2）客户端在 DRM 内容头中查找权利发布者的 URL 并发起一个连接到权利发布者端口，并签订权利对象获取协议。客户端在成功签订协议后，获取与 DRM

内容相关联的权利对象。

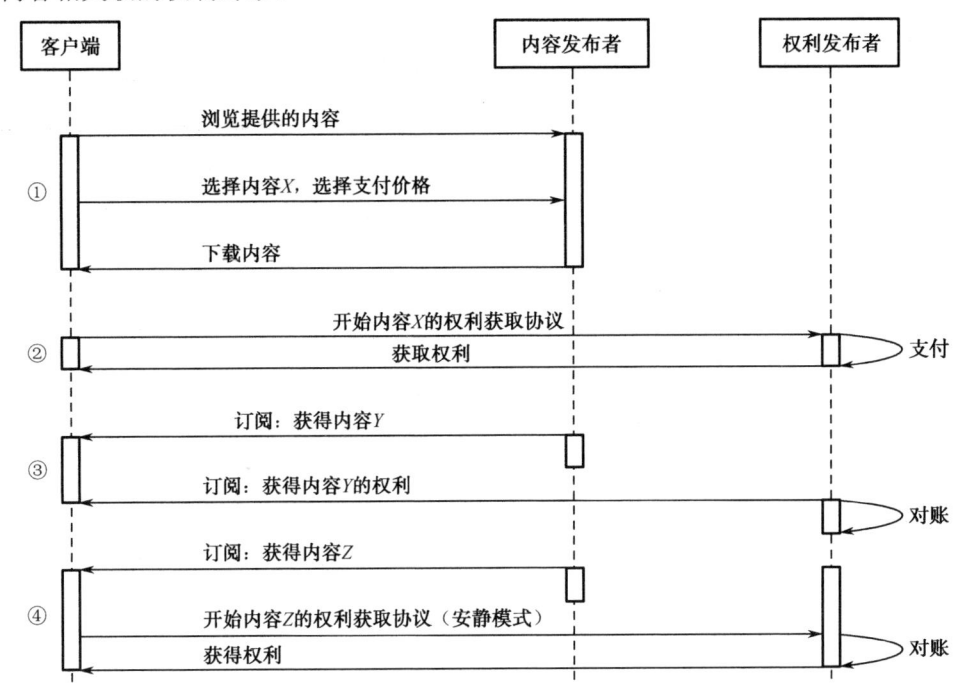

```
客户端          内容发布者        权利发布者
  |  浏览提供的内容  |                |
① |----选择内容X, 选择支付价格---->|                |
  |    下载内容     |                |
  |                |                |
② |  开始内容X的权利获取协议------------------>| 支付
  |         获取权利           <-----------|
  |                |                |
③ |  订阅: 获得内容Y |                |
  |  订阅: 获得内容Y的权利  <----------------| 对账
  |                |                |
④ |  订阅: 获得内容Z |                |
  |  开始内容Z的权利获取协议（安静模式）------>| 对账
  |         获得权利  <---------------------|
```

图 5-6　基础下载——浏览和订阅模式

（3）另一种情况描绘了将内容和权利直接发送到客户端的订阅模式。在该模式中，客户端与权利发布者签订一个订阅和支付协议，权利发布者定期把 DRM 内容和权利对象直接发送到客户端。

（4）DRM 内容与一种"安静"的头信息一起被发送到客户端，在接收到内容后，客户端连接权利发布者来触发权利对象获取协议，完成协议后，权利对象被发送到客户端。

5.2.3　超级分发

一个从内容发布者那里下载了内容特定的客户端，可以使用多种多样的网络连接分发此 DRM 内容到其他设备，包括可移动媒体。这种 DRM 内容是加密的，并且不能被接收的设备直接使用，直到这些设备获取了相关的权利。接收了这种"超级分发"内容的设备会在 DRM 内容的头信息里发现权利发布者的 URL，并使用这个信息去连接权利发布者端口，并获取权利。图 5-7 举例说明了这种内容分发模式及相关的重要步骤流程。

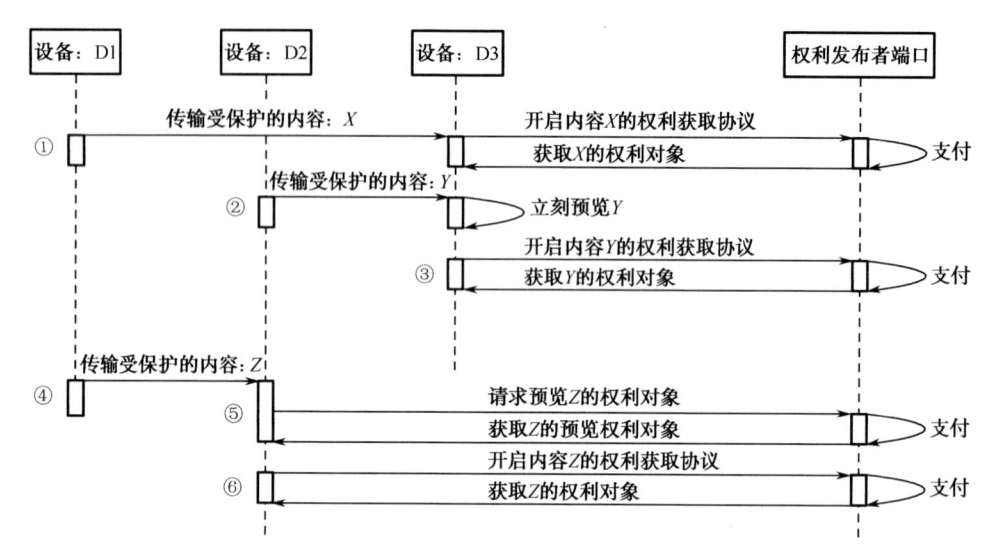

```
设备:D1        设备:D2        设备:D3                       权利发布者端口
  │              │              │                                │
  │  传输受保护的内容:X          │  开启内容X的权利获取协议         │
 ①├─────────────────────────────▶│───────────────────────────────▶│ 支付
  │              │              │  获取X的权利对象                 │
  │              │ 传输受保护的内容:Y                              │
  │             ②├─────────────▶│ 立刻预览Y                       │
  │              │              │  开启内容Y的权利获取协议          │
  │              │             ③├───────────────────────────────▶│ 支付
  │              │              │  获取Y的权利对象                 │
  │  传输受保护的内容:Z          │                                │
 ④├─────────────▶│              │                                │
  │             ⑤├─────────────────────────────────────────────▶│
  │              │  请求预览Z的权利对象                            │ 支付
  │              │  获取Z的预览权利对象                            │
  │              │  开启内容Z的权利获取协议                         │
  │             ⑥├─────────────────────────────────────────────▶│ 支付
  │              │  获取Z的权利对象                                │
```

图 5-7 内容分发详细流程图

（1）设备 D1 之前获得了一些 DRM 内容 X 并存储在本地。设备 D1 希望与设备 D3 分享这些 DRM 内容，因此，D1 通过本地连接或移动媒体传输了这些内容到 D3，设备 D3 在接收了这些 DRM 内容后，从这些 DRM 内容的头信息里发现了权利发布者的 URL，并向权利发布者发起了一个权利对象获取协议会话，在完成协议并做了适当的支付后，设备 D3 得到了与 DRM 内容 X 关联的权利对象，现在，使用设备 D3 的用户可以使用这些内容了。

（2）设备 D2 传送 DRM 内容 Y 到设备 D3，这个 DRM 内容 Y 带有"预览"头信息并且可以提供一个自身内容的"立即预览"。设备 D3 可以为它的用户展示这个预览，之后用户可以判断是否支付购买此内容。

（3）一旦设备 D3 的用户决定购买内容 Y 的权利，D3 向权利发布者发起一个权利对象获取协议会话，成功完成这个协议后，D3 获得了 DRM 内容 Y 关联的权利对象。

（4）设备 D1 传送 DRM 内容 Z 到设备 D2。

（5）在获得了 DRM 内容 Z 之后，设备 D2 发现只要获取一个预览权利对象，这个内容就可以提供一个"预览"，因此，设备 D2 连接权利发布者并获取预览权利对象来使用这个预览，预览权利对象的提供方式与一般权利对象十分相似，唯一的不同是这个权利对象仅仅用来允许一个预览，预览之后客户可以选择购买或不购买，这取决于商业模式。

（6）一旦用户决定购买这个权利，设备 D2 开始一个权利对象获取协议会话来获取内容 Z 的关联权利，当完成这个协议后，设备获取了内容 Z 关联的权利对象。

5.2.4 流媒体

关于受保护流媒体的分发，流标记从内容分发端口获得，流的访问权限由相关联的权利对象管理。客户端在接收到会话头信息后，可以连接到权利发布者并获取必要的权利对象，这些对象为客户端提供了必要的信息来解码流文件并展示内容。图 5-8 解释了这个解决方案的技术元素和主要步骤流程。

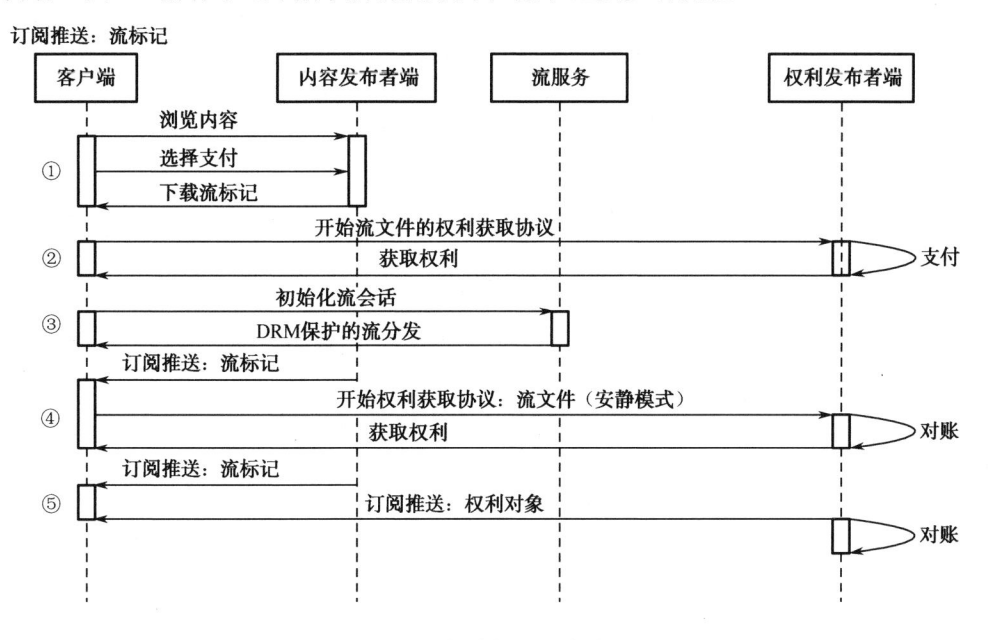

图 5-8 流媒体解决方案流程

（1）客户连接到内容发布端并浏览感兴趣的内容，客户端选择感兴趣的流服务，可能在此时指定支付方式，并下载流标记。

（2）客户端连接到权利发布者，并初始化权利对象获取协议来获取流内容所需的权利，成功完成该协议后，客户端获取流服务所需的权利对象。

（3）客户端连接到流服务并初始化流会话，在流被初始化之后，客户端获得可用的流属性，DRM 属性被包含在这些流属性内（SDP 描述标记除外，这种属性已经被包含在流标记内）。模式 1：推送流标记。

（4）另一种情况是订阅推送，流标记随着一个"安静的头信息"被发送到客户端，在接收到这种流标记后，客户端连接到权利提供者去触发权利对象获取协议，成功完成协议后，权利对象被分发到客户端，流会话将被初始化后提供服务。模式 2：推送流标记和权利。

（5）另一种分发流服务的模式是订阅推送流标记和权利。在这种模式中，客户端与权利发布者预先建立订阅支付关系，之后权利发布者会定期直接发送流内容和权利对象到客户端来初始化流会话。

5.2.5 域

分发内容允许在一个域内的一组设备中被使用，该域由权利发布者创建、管理和运行，如图 5-9 所示。当域创建形成后，分发到域内的任何设备上的内容和权利都可以与域内其他设备共享，而不必反馈到权利发布者。另外，一个设备可以在接收到一个目标为一个域的内容时加入该域。具体的步骤流程如下所述。

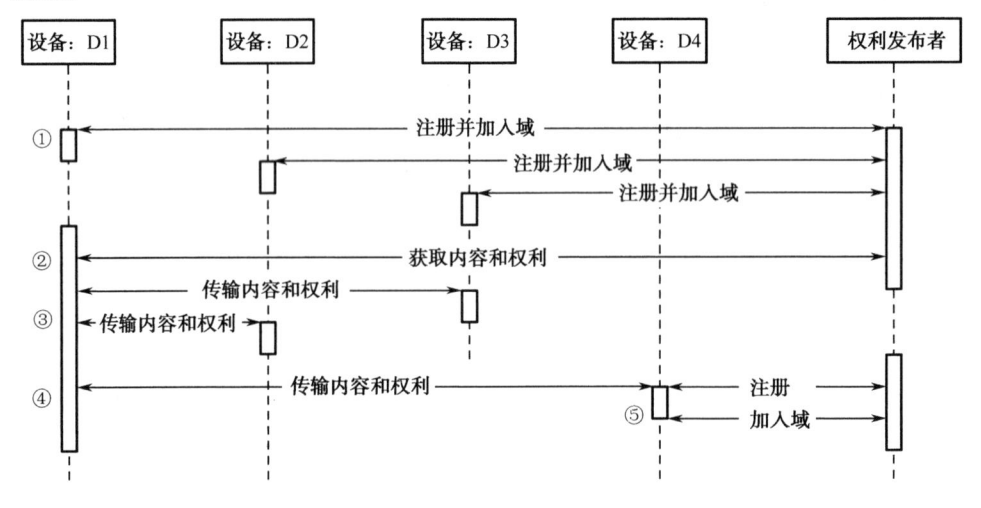

图 5-9 域内设备交互图

（1）设备 D1、D2 和 D3 连接到权利发布者并完成注册加入了域 DM1。

（2）之后，设备 D1 连接到权利发布者并获得内容 DCF1 及与它相关联的域权利对象 DRO1。因此，从 D1 加入域 DM1 时开始，它可以使用这个内容与权利。

（3）随后，设备 D1 转发该内容和相关联的域权利对象到其他设备 D2 和 D3。

（4）从 D2 和 D3 加入域 DM1 开始，它们可以立刻使用该内容和相关联的权利而不必连接到权利发布者。

（5）一段时间之后，内容也被转发到设备 D4，这个设备并没有加入域 DM1。因此，这个内容不能被 D4 所使用。用户可以选择连接到权利发布者并加入域 DM1 来获得该内容的访问权限。因为域由权利发布者管理，所以权利发布者可以明确地决定域的成员，以及 D4 是否可以加入该域。

5.2.6 离线设备支持

DRM 内容和权利对象可以通过一台在线设备分发到其他离线设备上。在这个模型中，在线设备和离线设备需要同属于一个域。一台拥有宽带网络连接的在线设备，如移动设备，可以通过网络连接到内容发布者并以 DCF 格式下载 DRM 内容。当 DRM 内容被下载，并购买域权利对象后，已下载的 DCF 和相关域权利对象将由在线设备进行存储和管理，之后传输到离线设备上。在线设备可以将域权利对象嵌入到 DCF 中，使得域内的其他设备在收到 DCF 之后可以访问其内容。

在此之后，DCF 可以被传输到离线设备，这时，离线设备不需要为了内容而连接到权利发布者，因为 DCF 已经包含了与 DRM 内容管理的域权利对象。

如图 5-10 所示，描述了这种模型中内容和权利的流动。

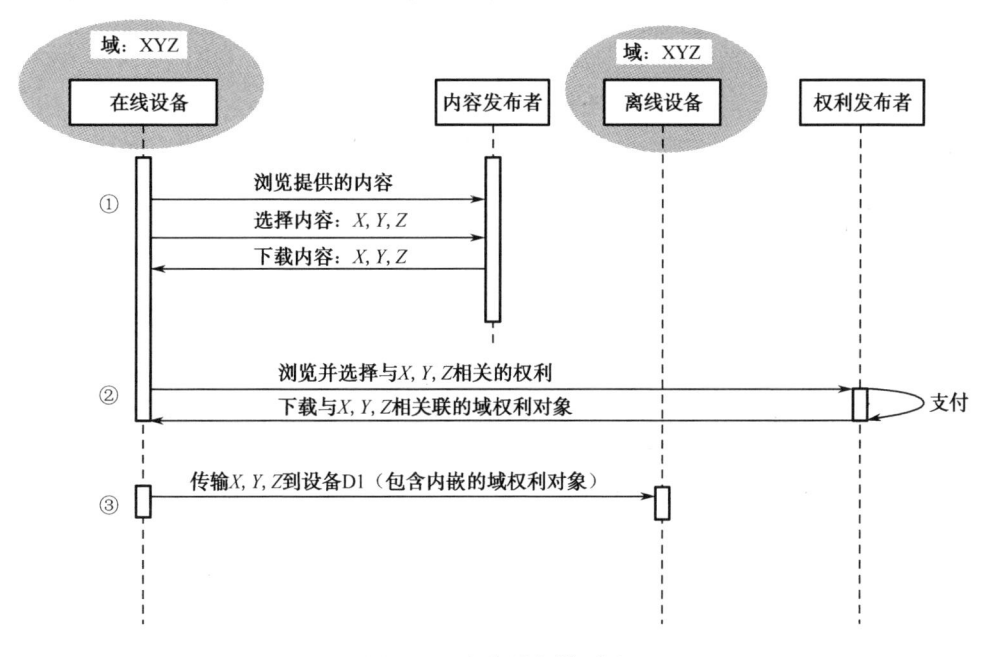

图 5-10 离线设备模型图

（1）在线设备连接内容发布者，在浏览会话后选择内容，DRM 内容 X,Y,Z 被下载到在线设备。

（2）在线设备现在连接权利发布者去获取与内容 X,Y,Z 相关的域权利对象，在线设备将域权利对象内嵌至 DCF 响应中。

（3）之后，在线设备通过一个本地连接传输 DRM 内容 X,Y,Z（内嵌了域权利对象）到离线设备。

5.2.7 广告管理

作为普通的商业行为，在 DRM 内容里可以包含相应的广告内容。广告的内容是有时效性的，需要在用户观看的当时更新广告内容。因此内容发布者除了管理 DRM 内容外，还需要管理相应的广告内容。

广告管理的具体流程如图 5-11 所示，具体包括以下步骤。

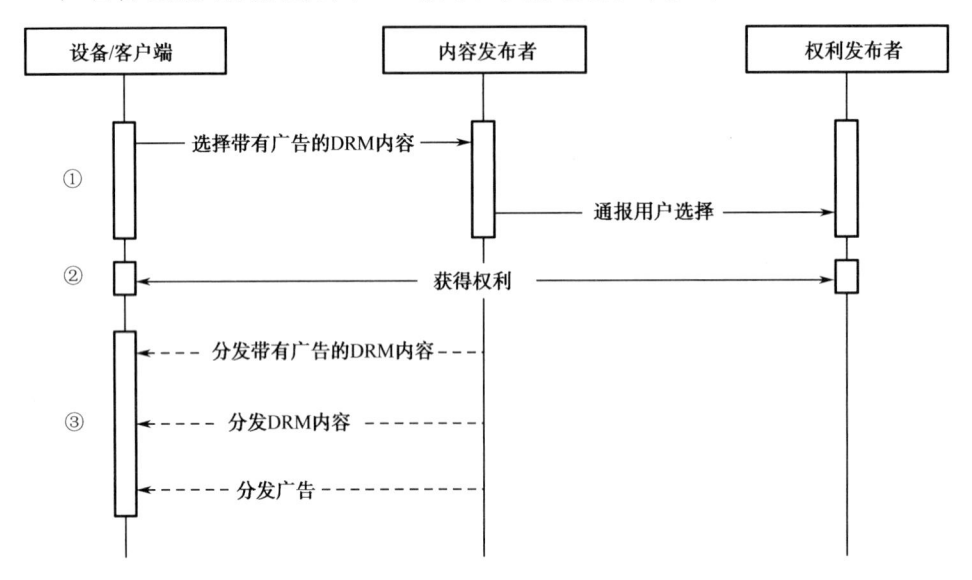

图 5-11 广告管理模型图

（1）客户端连接到内容发布者并浏览内容，同时确定支付选项，包括在某些时间点播放广告，当内容被消费时允许广告商替换广告。另外，内容发布者把客户的选择通报到权利发布者，使其可以生成适当的权利来访问这些内容。

（2）权利发布者分发权利到客户的设备。权利可能包括多种与广告运行设备中使用 DRM 代理相关的信息。例如，可能包括了广告播放的持续期、广告的数量与播放规则（如不可跳过）等，权利可能还规定了特定广告将被结束（如包含了广告内容 ID）。

（3）选择的内容被发送到客户的设备上，其中包含了播放的广告内容，还可能包含如何播放广告的指令，甚至广告和普通内容也可以被分别独立分发到客户的设备上。另外，广告还能与单独的权利关联起来，并由 DRM 客户的请求或由内容分发者进行初始化或动态更新。

5.3 Marlin 技术体系

Marlin 联合开发协会（Marlin Developer Community，MDC）于 2005 年初成立，主要是开发供家电产品使用的防盗版工具标准，旨在确保音乐、视频等带有版权保护措施的内容能够在来自任何厂商的任何种类的家电产品上播放。DRM 技术服务商 Intertrust 公司与松下电器产业、荷兰飞利浦电子、韩国三星电子、索尼联合成立了该组织。"Marlin 联合开发协会"的数字版权管理系统能够被封装在一种标准的音/视频格式中，如 Advanced Audio Coding（AAC）或 MPEG AVC 视频格式。

Marlin 的 DRM 系统提供数字内容的加密打包、分发、权限管理。DRM 系统主要由打包服务和认证服务两部分组成；支持按次付款、租赁、购买、购买前试用等商业模式；同时支持多种客户端，包括 PC、移动设备、机顶盒、MP3 播放器等。DRM 系统一般不面向最终用户，主要是作为 DRM 组件提供给独立软件开发商和媒体播放器开发商集成，如图 5-12 所示。

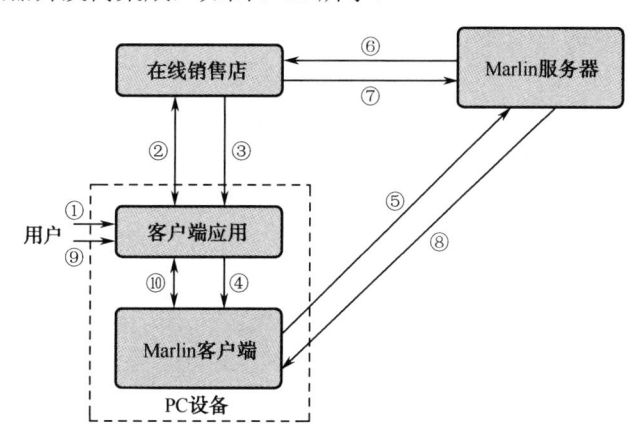

图 5-12 Marlin DRM 结构图及交互图

在服务器端，Marlin 服务器被在线销售店的服务器调用，应答用户的请求。在用户端，Marlin 客户端系统也是被用户客户端应用调用。Marlin 的系统工作方式，通过下面的用户选择、购买内容，并使有授权访问的案例来阐述：

- 用户运行客户端应用。
- 用户使用客户端应用交互访问在线销售店选择内容，其过程会涉及用户注册。当用户选择购买、租赁或订阅的内容，并完成支付时，其余的步骤被触发。
- 在线销售店会提供客户端应用关于如何获得已购买的内容。信息将以 XML 的格式记录内容的购买/租赁/订阅的结果，以及使用内容的授权信息。
- 客户端应用会传递上述的 XML 信息给 Marlin 客户端。

- Marlin 客户端解析 XML 信息并结构化，发送到 Marlin 服务器。两者间的交互通过 Marlin 通信协议。
- Marlin 服务器接收到客户端的请求，发送一个相关的请求给在线销售店。
- 在线销售店依照请求执行指定的业务逻辑，检查请求的有效性并返回客户端所需要的信息。
- Marlin 服务器返回处理结果给客户端，这个过程中可能会有多次客户端和服务器的交互通信。最终，Marlin 服务器会返回可用于客户端应用的授权证书。
- 用户准备去播放下载的内容。
- 客户端应用调用 Marlin 客户端的 API 确认授权是否有效，并从 Marlin 客户端获取相应的密钥，还原内容并播放。根据不同的平台环境，有些解码动作由 Marlin 客户端执行。

5.3.1 内容获取用例

内容获取是购买内容及获得相关访问使用权利的过程。简单内容购买和订阅是最能反映当前流行商业模式的两个用例。Marlin 能够支持基于此两种模式的多种商业模式和附加应用。在下面的例子中，假定 Marlin 客户端可能基于硬件（如某种专业设备）或基于软件（如某用户自行安装的 PC 应用）。通常来说，假定硬件客户端在出厂时已经是一个独立节点，对于基于软件的客户端，我们假定应用已经获得了独立节点资格。

1. 简单购买或租用

简单购买用例描述了用户下载到设备上一个单一内容购买权利的过程，如图 5-13 所示。这个用例通常也指"照单点菜"商业模式，用户选择购买单独的内容并获得许可。下面的用例描述也适用于租用模式，因为购买与租用两者的唯一区别就是租用许可的控制程序中有一个过期时间，而购买模式的许可是没有时间限制的。

由图 5-13 可知，描述了常规的 Marlin 应用中简单购买（或租用）用例，有几个步骤（①~⑤，⑯和⑰）在 Marlin 系统的范畴之外，但为了展现一个经典的电子商务购买过程就包含在了图中。在这个例子中，购买过程从用户浏览一个电子商务门户并选择购买内容开始。如果用户没有登录，服务提供商将要求用户登录他们的账号（或创建一个新账号）。用户提供适当的身份证明和支付信息来完成购买。服务提供商的电子商务系统将进行交易事务，安排支付并给 Marlin 客户端交易回执。本质上这是 Marlin 流程的开始。

第 5 章　数字版权保护技术体系

简单购买或租用

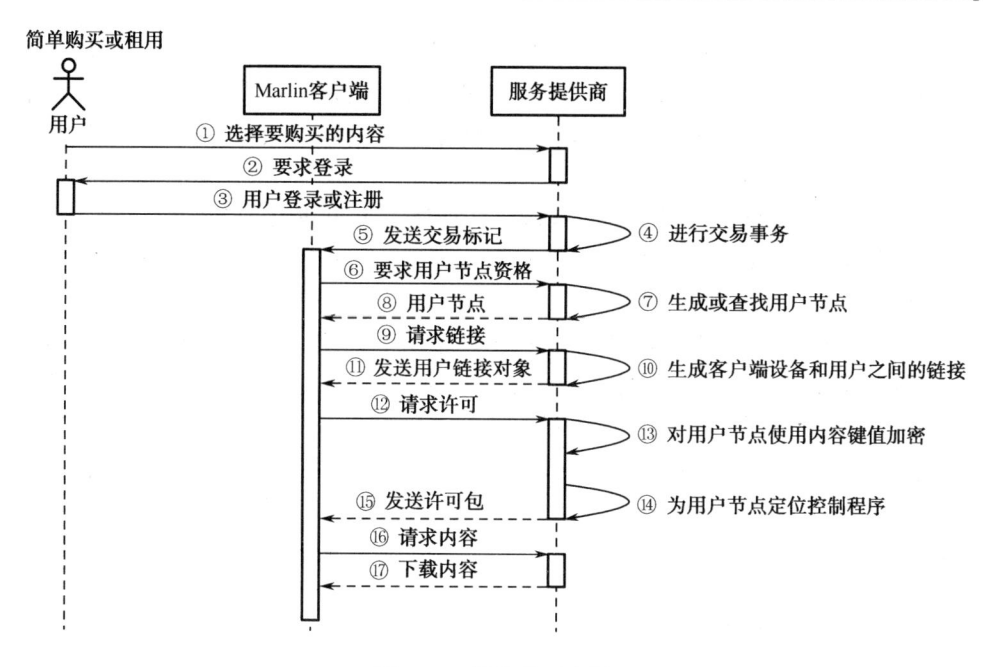

```
用户         Marlin客户端        服务提供商
 |① 选择要购买的内容→|                    |
 |←② 要求登录        |                    |
 |③ 用户登录或注册→ |                    |
 |                    |←⑤ 发送交易标记    ④ 进行交易事务
 |                    |←⑥ 要求用户节点资格 |
 |                    |⑧ 用户节点→       ⑦ 生成或查找用户节点
 |                    |←⑨ 请求链接        |
 |                    |⑪ 发送用户链接对象→⑩ 生成客户端设备和用户之间的链接
 |                    |←⑫ 请求许可        |
 |                    |                   ⑬ 对用户节点使用内容键值加密
 |                    |⑮ 发送许可包→     ⑭ 为用户节点定位控制程序
 |                    |←⑯ 请求内容        |
 |                    |⑰ 下载内容→       |
```

图 5-13　简单购买实例

交易回执引导 Marlin 客户端进行一系列动作，其中之一是联系服务提供商的注册服务来请求一个客户用户节点的副本。如果这是一个新客户，注册服务将生成一个新的用户节点给他，否则，注册服务将根据客户记录找回（或重新生成）一个用户节点。在发送了用户节点后，客户端向服务提供商的注册服务发送一个链接对象。注册服务生成并响应一个与客户个人用户节点相关的链接对象。除了链接和节点对象之外，客户端还请求一个使用内容的许可。客户端将被定向去联系服务提供商的许可服务来获取该许可。这个许可请求包括用户节点的公共部分，许可服务将使用它来给用户节点使用内容关键字进行加密。许可服务通过指定的可链接的用户节点，将许可发送到用户。任何可以与这个用户节点创建可用链接，并通过许可中其他约束的复制设备，都可允许访问该内容。如果是租用模式，则约束要同时满足租用条约中的过期时间和最长有效时间两个条件即可。

内容可能在任何时间通过多种机制来发送。在图 5-13 中，内容的发送被描述为一个简单的请求⑯和下载⑰。然而，由于 Marlin 内容对象是加密的，它可以经由超级分发、物理媒介、广播等多种方式，在获得权利之前或之后的任何时间被发送。

上图中描述了设备向服务首次请求内容和许可的一系列步骤，后来的交易无须请求注册或用户节点。

2．订阅

在数字内容作品中，订阅的商业模式，通常是指客户购买一个巨大内容集在一个特定时间段内的访问权利，在订阅的期间内，客户可以不限次数地播放或使用其中的任何内容。当订阅到期时，客户可以选择续订；如果不续订，客户就不能继续保有任何访问这些内容的权利，任何原来可以访问这些内容的许可也都会因为到期而不能继续使用。

Marlin 系统架构把许可管理、内容保护和订阅成员都独立出去，使得数字订阅模型非常高效。这个模型允许用户轻松地更新订阅状态或续订，避免每个订阅过程中内容和许可的重新分发。

图 5-14 描述了典型的 Marlin 应用中的订阅用例。其中有一些步骤（①~④，⑮，㉒，⑤，⑰和㉓中说明的对象分发方法）不包含在 Marlin 的范围内，但为了上下文的完整还是画在了图内。整个过程从一名用户请求支付订阅开始，收到用户的订阅请求后，订阅服务提供商的电子商务系统收集客户的信息来建立一个订阅账户并完成支付。服务提供商的电子商务系统处理事务，当支付完成后，服务提供商发出一个动作标识到用户的 Marlin 客户端，这就开始了 Marlin 过程。

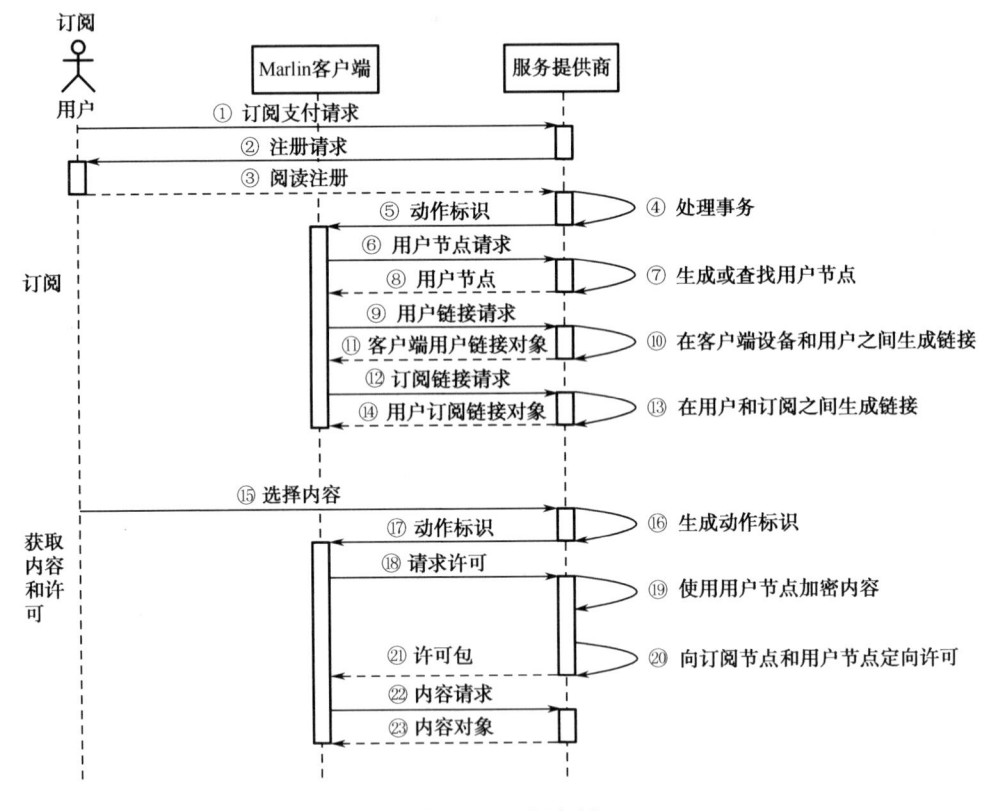

图 5-14 订阅实例

动作标识指定了 Marlin 客户端将要进行的一系列动作，首先就是要连接服务提供商的注册服务区请求一个客户用户节点的副本。如果这是一个新客户，注册服务会生成一个新的用户节点。否则，它将根据客户记录找出或重新生成一个用户节点。在用户节点被分发后，客户端发送一个链接对象请求到注册服务，注册服务生成或响应一个已有的客户端个人节点与用户节点的链接对象。

这个订阅交易之后，动作标识指出设备需要请求一个用户节点和订阅节点之间的链接。因此，客户端提交一个订阅链接请求到注册服务，注册服务生成一个有时间限制的用户节点和订阅节点间的链接对象。一个有效的用户订阅链接对象证明了这是一个当前正常订阅的用户。当这个链接对象到期时，如果要继续使用，则还需要再次被更新。

用户订阅后，他可以浏览一个与订阅相关的内容目录，并可以请求特定的内容。服务提供商发布动作标识，触发 Marlin 客户端去请求被选择内容的许可。这个许可要求的信息包括用户节点的公共部分，这些将与许可绑定，许可还要求有订阅内容的商业元数据。许可服务绑定了许可和用户节点（使用用户节点的公共密钥为内容密钥加密），然后发送许可到用户和订阅。许可服务同时用用户节点和订阅节点来为许可指明目标，确保播放设备是可以链接的。当设备经过一系列可用链接后可以链接到这些节点，链接包括了折返节点、用户节点和订阅节点。

与"简单内容购买"过程相类似的，内容的分发可能发生在任何时间，经由多种途径。在图 5-14 中，内容的分发被描述成一个简单的请求和下载。

3．续订

图 5-15 所示描绘了续订流程。如之前提到的一样，订阅链接对象（如关联用户和订阅的链接）与过期时间一同被分发，这个过期时间与订阅期间的结束时间一致。因此，所有与订阅一起接收到的许可都需要一个有效的订阅节点来链接。如果订阅链接过期且没有被扩展到一个新的订阅链接对象，则对订阅内容的全部访问都会被拒绝。

许可被绑定至用户节点后，建议订阅许可同时被发送到用户节点和订阅节点，这保证了必要的链接在解密许可中的内容密钥时可用。

图 5-15 描述的续订过程显示了 Marlin 客户端请求并获取一个新订阅链接的方法。这个例子假定服务提供商的电子商务系统自动把为客户开启一个新订阅时段作为到期后的优先选择（除非客户之前自己放弃）。在当前订阅期结束前或在新订阅期开始时（由应用确定），Marlin 客户端被触发去请求一个新的订阅链接对象，这个触发机制可以是基于时间的，或是由一名用户尝试访问订阅内容而触发的，或来自其他特定的应用计划。作为对这个触发的响应，Marlin 客户端提交一个订阅链接请求②到服务提供商的注册服务，如果用户的账号被确认为正常③，注册

服务生成一个新的订阅链接对象④，该对象链接了用户和订阅并有一个与订阅期结束时间一致的过期时间。接收到新的订阅链接⑤后，Marlin 客户端再一次有了一个可用的订阅节点来链接，且订阅者可以继续使用所有之前接收到的订阅内容和许可。像上面提到的一样，这只是一个续订过程的例子，唯一的需求是获得一个新的订阅链接。特定的分发机制是在线还是离线可以由应用来确定。

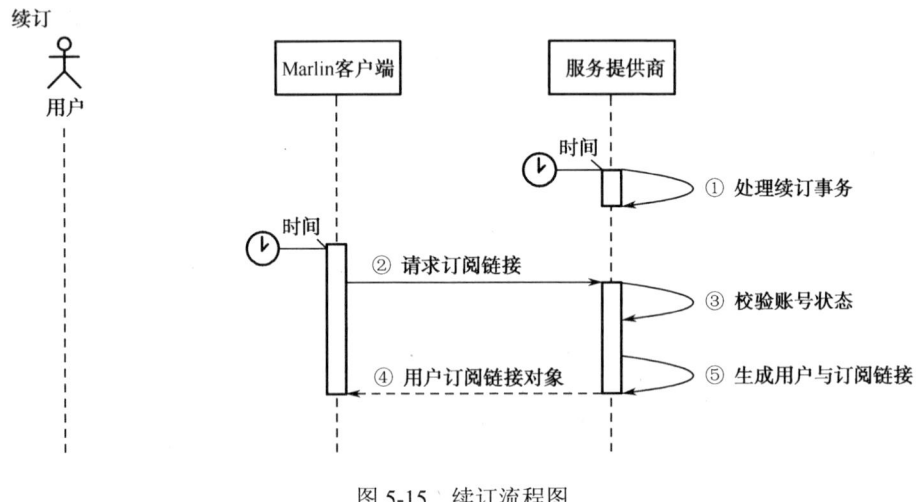

图 5-15 续订流程图

5.3.2 共享与超级分发

　　Marlin DRM 架构允许用户共享并超级分发内容给其他人。在数字内容作品中，超级分发一般意味着一名用户从第三方接收到内容，如从其他用户那里。由于接收者并没有权利去使用内容，接收者会被重定向（通常经过一个内容元数据里的 URL）到一个服务提供商那里，并在那里购买权利来使用该内容。Marlin 支持传统的超级分发，但也支持可控的内容共享。除了支持传统的域内成员共享内容外，Marlin 使得创新的共享方式成为可能，如一个不是域成员的个体被临时允许加入域。这允许一个用户访问一个朋友并在朋友的家里使用设备来播放朋友购买的内容。另外，它还允许两个用户在一起旅行时，在他们的便携设备上共享观看内容。

　　下面的章节中，术语"共享"特指不在同一域内的成员临时共享内容。

　　超级分发和共享过程是紧密关联的，因为在任何情况下，一个 Marlin 客户端最初是根据一个绑定了"外部"用户的许可接收内容（外部，在这里意味着 Marlin 客户端对该用户许可中的的用户节点没有有效链接）。当 Marlin 客户端遇到这样的情况，它将首先尝试请求从任何可以链接到的域管理者那里更新有效的用户链接。

如果没有成功，Marlin 客户端与主机应用可能指引用户去一个购买许可的位置，也可能获取一个共享选项中的临时链接。主机媒体应用可以选择一个动作去与上下文建立关系，然而在大多数情况下，具体动作会由交互用户自行选择。

5.3.3 超级分发

如图 5-16 所示，超级分发用例从 Marlin 客户端接收到一个加密 Marlin 传输内容①和相关许可开始。关于这个用例，内容的发送方和内容的接收机制都不是最重要的。Marlin 客户端检查许可②中的用户节点（可能也包括订阅节点）是否可链接。在这个实例中，Marlin 客户端不能访问内容，因为客户端缺少了一个许可要求的到节点的链接。我们假定这里客户端用尽所有方法来获取该链接，如果主机应用能够链接一个服务提供商，则可以询问用户③是否愿意通过购买（或订阅）来访问该内容，如果用户同意④，主机应用可以指引用户转向内容元数据中内嵌的服务提供商 URL⑤，经过这些步骤后，用户可以按之前章节所描述的过程（如简单购买、订阅、续订）来更新链接，订阅或购买内容。

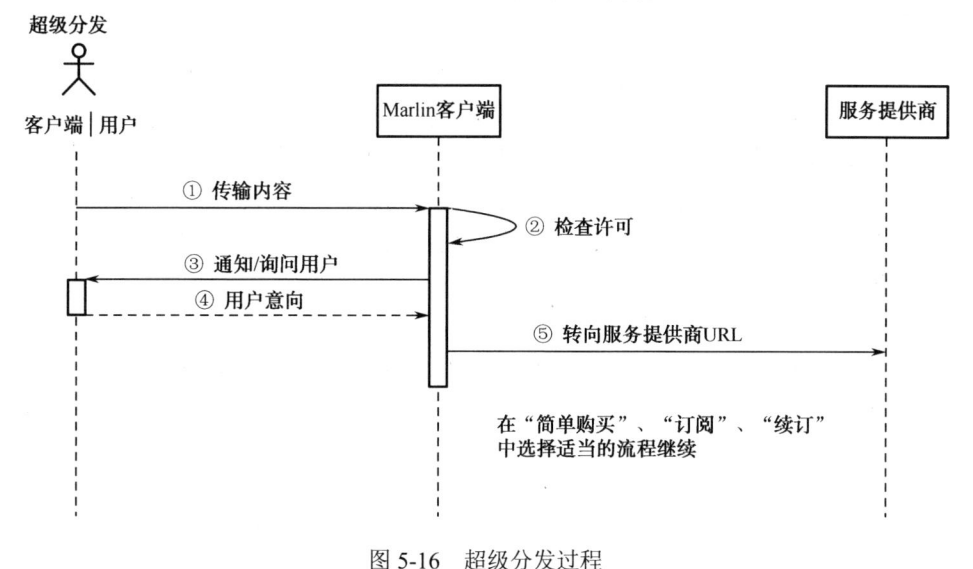

图 5-16 超级分发过程

5.3.4 使用 OMArlin 进行移动分发

OMArlin 规范描述了如何在 OMA 和 Marlin DRM 系统之间对内容进行下载、共享和消费。OMArlin 内容保护使用 OMA DRM2.0 或 Marlin 广播（MRL_BB），使数字内容在一个受控的模式下分发和消费。OMArlin 的基本途径如图 5-17 所示。

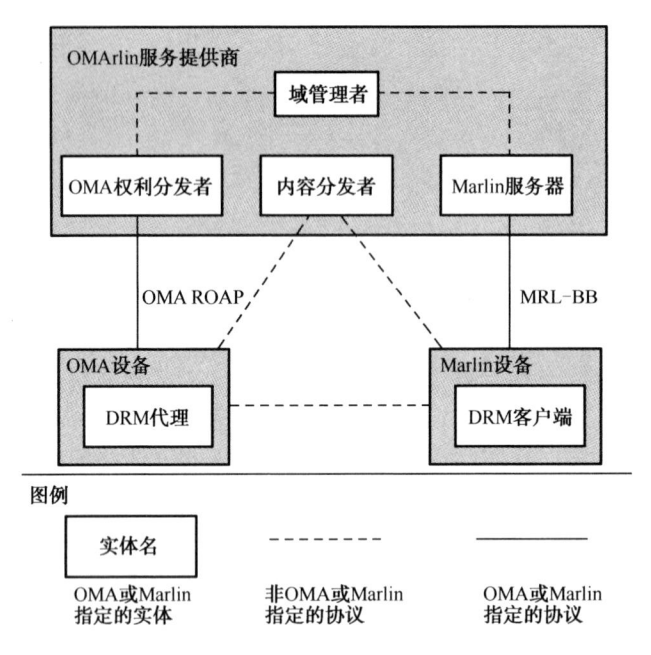

图 5-17 OMArlin 的配置

为了访问一个 OMA 权利对象或者一个 Marlin 许可，一个 OMA 或 Marlin 设备必须在一个 OMArlin 服务器提供商处被识别、注册并加入用户权利/许可的应用域。如果设备使用了一个 OMA DRM 代理，它将加入域并从 OMA 权利分发者那里通过 ROAP 协议获得权利对象。如果设备使用了 Marlin DRM 客户端，它将加入域并使用 Marlin 广播协议从 Marlin 服务处获取许可。域规模方面的全部限制由 OMArlin 服务通过 OMA 权利分发者和 Marlin 服务之间的同步来管理。

OMArlin 的核心是选择一种内容格式来同时支持 OMA 和 Marlin 设备。这种内容格式基于 OMA 内容格式。一个 OMArlin 内容文件使用 OMArlin 内容格式（由 [OMARLIN] 定义），可以同时适用于 OMA 和 Marlin 系统。它可以同时包括 OMA 权利对象和 Marlin 许可，如同 OMA 和 Marlin 特殊信息一样允许一台设备获取 DRM 格式必须的许可。

为了在一个用户的不同设备间共享受保护的文件，OMArlin 使用域。一个域可以由不同类型的设备组成（如移动电话、便携播放器、PC 播放器等），而且可以同时包括 OMA DRM 代理设备和 Marlin DRM 客户端设备。

设备可以轻易地交换内嵌了 OMA 权利对象和 Marlin 许可的 OMArlin 文件，受保护的内容被分发到一个特定的域内，并可以被域内任何设备使用。通过这种方法，用户域内的设备可以访问内嵌了 OMA 权利对象或 Marlin 许可的文件并播放内容（如家庭内部分发）。如图 5-18 所示，展示了一个下载的 OMArlin 文件同时包含 OMA 权利对象和 Marlin 许可的示例。

由图 5-18 可知，工作流程如下：

（1）在一次 Marlin 设备和 OMArlin 服务提供商之间的购买事务之后，Marlin 设备下载了 OMArlin 文件。在这个例子中，下载的 OMArlin 文件同时包含了 OMA 权利对象和 Marlin 许可。

（2）Marlin 设备现在可以使用内嵌的 Marlin 许可（假定 Marlin 设备已加入域）来访问 OMArlin 文件了。

（3）OMArlin 文件通过一个非 OMArlin 协议被传输到 OMA 设备上。

（4）OMA 设备可以通过内嵌的 OMA 权利对象（假定 OMA 设备已加入域）来访问 OMArlin 文件了。

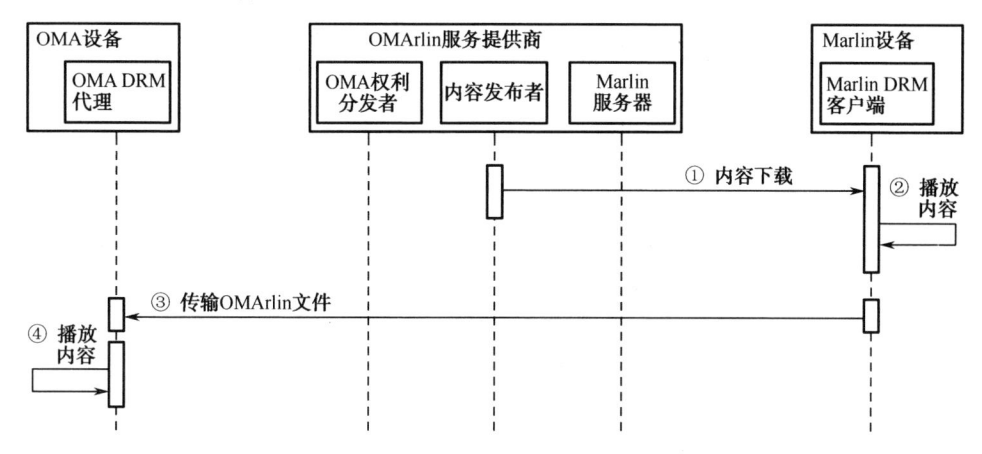

图 5-18　一个简单的 OMArlin 实例

当一台 OMA 或 Marlin 设备初始购买内容并下载文件时，由 OMArlin 服务提供商决定是否在文件中包含 OMA 权利对象和 Marlin 许可。如果 OMArlin 文件只包含了一种权利信息，而此文件之后被传输到不同类型的设备上，该设备仍然可以获取它需要的权利信息（权利对象或 Marlin 许可），并将信息内嵌到 OMArlin 文件中去。

其他用户的设备可以与 OMArlin 服务（超级分发）开始一次购买事务，使用 OMArlin 文件中包含的超级分发信息。

5.4　WMRM 技术体系

微软的 Windows Media Rights Manager（WMRM）系统是支持多媒体文件分发的端到端解决方案。目前，WMRM 只支持微软自主知识产权的 MPEG4 格式

WMV 及 WMA，并提供客户端和服务器端的 SDK 用于开发定制自己的 DRM 方案。WMRM 的主要优势是微软媒体文件格式的广泛应用，同时其客户端媒体播放器已经内置 DRM 功能，其技术体系及工作模式如图 5-19 所示。

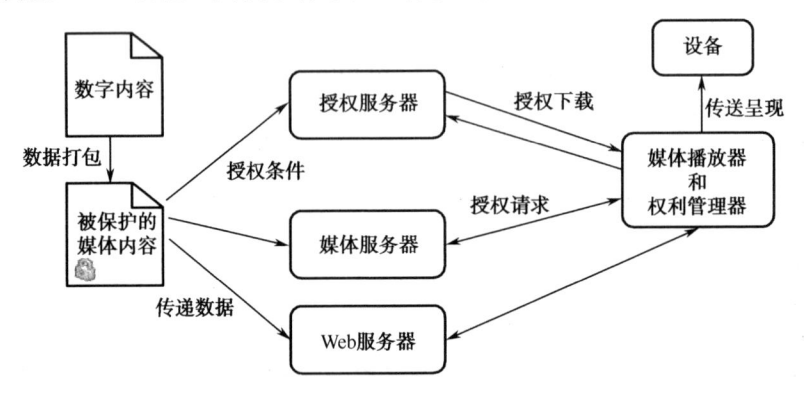

图 5-19　WMRM 技术结构图

WMRM 打包数字媒体内容文件。已打包的媒体文件被加密并绑定一个密钥。此密钥存储在一个加密许可证中，与内容分开分发。其他相关信息也嵌入在已打包的媒体文件中，如可以购买许可证的 URL。打包的数字媒体文件以 WMA 格式或 WMV 格式存放。

已打包的文件可以放置在 Web 站点上下载，也可以放置在媒体服务器上通过流媒体服务、CD 发布及 E-mail 给消费者。WMRM 允许消费者发送已打包的数字媒体文件给其他消费者。授权证书保存在授权服务器上，按照消费者的请求被分发。数字媒体文件和授权证书被单独保存和分发，使得管理更容易。

为了播放已打包的数字媒体文件，消费者必须获取一个授权证书。消费者在第一次获得已打包的内容和第一次播放文件的时候启动获取授权证书的流程。消费者需要一个支持 WMRM 的媒体播放器播放被打包的内容文件。播放的时候，会依据授权证书中的权利和条件。例如，默认权限可能允许消费者在一个特定的计算机上播放数字媒体文件和文件复制到便携设备上。

5.4.1　使用的加密算法

微软使用了一个非常简单的分组加密算法来建立一个消息认证码（MAC）。因为该算法不是标准算法，在此将完整的算法过程加以描述。这个算法的主要运算是 32 位乘法和 32 位字的对半交换，所以可称这个算法为多次交换算法。

这个算法对 64 位的块产生影响，使用的 Key 包括 12 个 32 位的字，1 个 64 位长的当前状态（或者初始化向量）。尽管以前的算法被理解成会有 10 个字作为标志位被设置。但在微软的实现中，所有 12 个字作为标志位都设置为 1，算法的主要操作是一个变换，首先是明文块中的第一个 32 位的字使用最开始的 6 个关键字，然后是剩下的明文字和余下的关键字。

假设 $k[0]$, $k[1]$, $k[2]$, $k[3]$, $k[4]$, $k[5]$ 代表最开始的 6 个字，$s[0]$ 和 $s[1]$ 代表两个字的状态。为了转换一个 32 位的输入字 x，首先定义如下函数：

$f(a)$ =swap（swap（swap（swap（swap（$a*k[0]$）$*k[1]$）$*k[2]$）$*k[3]$）$*k[4]$）$+k[5]$

其中，*代表乘法模 2^(32)，swap 表示一个 32 位字的两个 16 位半部分交换。一个 32 位字 x 的完整变换包括 $s[1]=s[1]+f(x+s[0])$ 和 $s[0]=f(x+s[0])$。这是第一次使用 x 的值设置第一个 32 位输入，然后使用 $k[6]$ 到 $k[11]$ 重复使用 x 设置第二个 32 位字。算法的输出时新状态为 $s[0]$ 和 $s[1]$。

这个分组算法可逆的原因在于所有关键字是奇数，这就意味着它们有模 2^(32) 的乘法逆元素。为了使加密算法可逆，仅仅按照相反的顺序进行操作：首先减去 $k[5]$，然后进行从 $k[4]$ 到 $k[0]$ 多次相反的交换操作。需要注意的是，仅仅是倍乘的关键字需要奇数，所以至少 $k[5]$ 或者 $k[11]$ 的标志位被设置是没有道理的，但微软还是设置了这些标志位。

这个分组加密算法没有用于加密，但用于通过标准的方式建立一个消息认证码（MAC）。假定被 Hash 的消息长度是 8 字节（64 位）的倍数，算法用一个全零的状态初始化，然后用来加密整个数据。消息认证码（MAC）会被用于 WMDRM 加密保护内容的密钥。

对于 ECC，微软使用一个在 zp 基础上的椭圆曲线，其中 p 是一个 160 位的素数。曲线由 $y^2=x^3+ax+b$ 上的点构成，运算在下面给出的系数 a、b、zp 上进行。

所有的值用来代表二进制的数据包，换句话说，一个在 zp 基础上单独的值被简单编码成 20 字节，以 little endian 的顺序存储。椭圆曲线上的点因此是一个 40 字节的块，包括 2 个 20 字节 little endian 的值（x、y 坐标）。下面是 MS-DRM 椭圆曲线中所用的参数：

p（模）：89abcdef012345672718281831415926141424f7

系数 a：37a5abccd277bce87632ff3d4780c009ebe41497

系数 b：0dd8dabf725e2f3228e85f1ad78fdedf9328239e

发生器 x：8723947fd6a3a1e53510c07dba38daf0109fa120

发生器 y：445744911075522d8c3c5856d4ed7acda379936f

曲线的阶：89abcdef012345672716b26eec14904428c2a675

这些常数是固定的，被用在 MS-DRM 系统中的各个方面。

为了使用这个公钥系统，任何人必须拥有一个私钥/公钥对。因为系统的安全性严重地依赖这些私钥，它们被小心隐藏了。事实上，在被使用的不同文件中有被隐藏的 Key，包括 Blackbox.dll、V2ks.bla 和 IndivBox.key。例如，一旦播放器被个性化，IndivBox.key 被创立，并且至少有两个 key 被嵌入到这个文件：一个 RC4 使用 64 位 Key，一个 ECC 使用 160 位 Key。ECC 的私钥用作基本的客户端 Key（通信公钥存储在 Key 仓库中，并未加密，被用作请求证书时发送的 Client ID 的开始部分），添加的密钥对存储在 Key 仓库文件中（V2ks.bla 或 V2ksndv.bla），用 RC4 密钥加密过。

这些密钥存储在每个节点、包含 32 位的链接表中（这样密钥作为一个整体，而不是连续存储的），并且编码散布在库中（比如 IndivBox.key）。它们可以被任意库所读取，用在库的内部，而从不和库的外部通信。因为 IndivBox.key 被每个客户端以一种随机的方式搅乱，从文件本身提取出这些 Key 将非常困难。幸运的是，这些 Key 作为维护它们库的对象的一部分，这个对象中这些密钥的偏移量是知道的，可以让库自己提取出密钥。

5.4.2 获取一个证书

一个被保护的媒体文件可以使用一个用来解密媒体流的数据包的内容密钥加密。下面简单地介绍一下一个证书（包含内容密钥）如何被获取，但是证书获取协议对于解密内容来说并不是真的重要。简单地使用 MS 的 Media Player，请求并且解密证书，存储在 drmv2.lic 中，然后可以从文件中直接提取它们。

一个被保护的文件可以通过.wma 文件头中的 DRM V2.0 对象的呈现很明显地辨认出来。这个对象的 GUID 是 298ae614-2622-4c17-b935-dae07ee9289c，并且在这个对象的数据部分包含一个 6 字节的 XML 对象。除此之外，头文件包含一个用来标识解密内容密钥的 KID。drmv2.lic 检查本地是否存在这个 KID。如果证书不存在，一个包含加密的 Client ID 的请求被发送到服务器。发送的是一个 Challenge，包含使用 MS-Base64 编码的 168 字节。最开始的 80 字节是两个 ECC 点，构造了一个 ECC 加密过的随机会话密钥；剩下的 88 字节是使用 RC4 和会话密钥加密过的 Client ID。ECC 加密使用一个对所有客户端都确定的公钥。

在几次交互之后，证书通过 application/x-drm-v2 的 mime 类型返回，一个 escaped XML-encoded 的证书格式如下：

<LICENSERESPONSE><LICENSE version="x．x．x．x">

... base64 encoded license... </LICENSE></LICENSERESPONSE>

其中，x．x．x．x 最多可能的是"2．0．0．0"。为了增加监听者破解的难度，证书实际上使用客户端发送使用相同会话密钥 RC4 加密过的 Challenge。客户端解密 License 并存储在 drmv2.lic 文件中。

5.4.3 获取内容密钥

一旦客户端知道了私钥/公钥对，并且拥有从 drmv2.lic 获取的证书复制，获取内容密钥将非常容易。证书的入口是一个 XML 对象，根元素是 ENABLINGBITS，子元素有 ALGORITHM（有 MSDRM 类型）、PUBKEY、VALUE 和 SIGNATURE。PUBKEY 元素应该与客户端的一个公钥匹配，VALUE 元素的值是 ECC 加密过的内容密钥，可以使用和已知的 PUBKEY 通信的私钥解密。

内容密钥有一个明确的格式：y 坐标被忽略，x 坐标按照存储顺序写入（little endian），第一个字节是内容密钥的长度（可能一直是 7），接着就是内容密钥的字节。尽管和媒体文件有关的内容密钥是一样的，但是每个和用户私钥/公钥对有关的启动位是不一样的。因为这个原因，证书不能从一个用户传递到另外一个用户，尽管媒体文件自身可以（新用户必须从证书服务器获取自己的证书）。

下面通过一个例子来说明如何找到内容密钥。在这个例子中，私钥和公钥使用如下的值：

公钥 x：1957f96f3327a25bba52166ad7fcc74087b9734b

公钥 y：8939e1b1ed988182d34d17ebbcb0e03a82d062e7

私钥：757ff01b853496452eea0b0646c3a357a6f33509

通过查看文件 RIAALuvsMe.wma，找到头文件如下的 XML：

<KID>nA67jM7dNGIUQIkP5v7hSQ==</KID>

实际的 KID 看起来像是一个 BASE64 编码的 GUID，但是它被软件当作一个字符串对待，因此，起源并没有看起来有太大的不同。

证书在一个"DOC File"结构化的 drmv2.lice 文件里，这意味着可以通过 IStorage 和 IStream 结构访问它（它可以被 DOC File Viewer 浏览）。drmv2.lic 文件的顶层有一个对每个 KID 较低层次的 IStorage 对象，它包含了每个 KID 对应的证书集合。为了保证有效的 IStorage 名字，KID 开发将所有的"/"变换成"@"，所有"!"变换成"%"。含有证书的 IStream 的名字很像 BASE64 编码的 GUID，其实是存储在证书中的 LID 元素。可以证实的是，一旦证书被获取，而不能确定通过内容头文件信息产生的 LID，因此，不能直接打开 LID 流。作为替代，简单列举这个 KID 所有可获取的流，一个 PUBKEY 元素测试每一个流。

在证书中会发现如下 XML（实际的文件在一行里）：

```
<ENABLINGBITS>
    <ALGORITHM type="MSDRM"></ALGORITHM>
    <PUBKEY type="machine">
        S3O5h0DH*NdqFlK6W6InM2*5VxnnYtCCOuCwvOsXTdOCgZjtseE5iQ==
    </PUBKEY>
    <VALUE>
```

```
            VEsbPedfwrybrpkg0fhoOfe5eB9ef0R7QTxgX7NbtMIFK!h*4Pk7ek
            PUqlDIRqYwQkgCGE0r0qtQdCUYszT!b7XedCIpsApQjstaFmafahM=
        </VALUE>
        <SIGNATURE>
            KpxCm6lSXH8dTPI359jToftSEuLiP9v*zpHAy!kDEhlYkw6mkfQzlg==
        </SIGNATURE>
    </ENABLINGBITS>
```

上面的 SIGNATURE 元素仅仅是一个随机数。

首先看 PUBKEY 部分。如果执行 BASE64 解码，可以得到如下二进制值：

0000：4B 73 B9 87 40 C7 FC D7 6A 16 52 BA 5B A2 27 33

0010：6F F9 57 19 E7 62 D0 82 3A E0 B0 BC EB 17 4D D3

0020：82 81 98 ED B1 E1 39 89

注意上面存储为 little endian 顺序的公钥是很准确的。因此，这个证书是机器的。

然后，看上面的 VALUES 元素，执行 BASE64 解码，把 80 字节解释成 4 个 little endian 顺序的 20 字节值。4 个数字如下所示：

加密的 $u.x$：& 1f78b9f73968f8d12099ae9bbcc25fe73d1b4b54

$u.y$：& 7a3bf9e07fe82b05c2b45bb35f603c417b447f5e

$v.x$：& 18257450abd22b4d1802484230a646c850aad443

$v.y$：& 136a9f66165acb8e500ab0292274deb56ffe34b3

为了解密这个值，首先通过我们的私钥对 u 点做乘法，得到如下点：

x：399c72d525a9b65b7543a3e3adc88ce0f6a38db5

y：66cfa6bdbfbb93b906b22deb36792363d8e8adc2

然后从 v 中扣除这个点，得到：

x：c91590616b4b3707

y：753e24e50d437e147b4998376f163dc27b639a7a

由于 x 太小了，几乎肯定地得到内容密钥。以存储的顺序写入的 x 是

0000：07 37 4B 6B 61 90 15 C9

其中，内容密钥长度为 7，实际的密钥字符串为 374B6B619015C9。

5.4.4 解密内容

解释加密的过程比解密更简单，所以，内容密钥不是直接拿来用的，在处理中有着不同的用处。首先，内容密钥使用 SHA-1 算法进行 Hash，产生一个 20 字节的输出。输出的前 12 字节被用作 RC4 的密钥，其中前 8 个字节用作多次交换的

Key，接下来的 2 个字节是 the encryption in-whitening mask，随后 2 个字节是 the encryption out-whitening mask。输出的最后 8 字节被用作 DES 的 Key。

内容不能被加密成一个单独的流。同样，为了增强密码算法，不应对每个数据包再使用同样的 Key。为了达到这些目标，MS-DRM 使用了如下方案来加密一个数据包：首先，数据包（大小为 8 字节的倍数）执行多次交换 MAC 产生一个 64 位 MAC。由于一些原因，这个 MAC 的两个 32 位的一半在处理之前进行交换。然后，整个数据包使用交换过的 MAC 作为一个 8 字节的 RC4 密钥进行 RC4 加密。这个交换过的 8 字节 MAC 再与 in-whithitening mask 和 out-whithit ening mask 做 the whitened DES 处理后被放在最终的加密数据包里，覆盖最后完整的 8 字节数据块。

为了解密这样的数据包，首先定位最后完整的 8 字节块，通过执行 the whitened DES 解密，然后把结果作为一个 RC4 Key 来解密数据包。

第 6 章
Chapter 6

数字版权交易与保护

随着电子商务的发展，互联网被广泛地认可和使用，越来越多的数字内容业务正逐步在互联网上进行传输和交易。由于互联网是一个开放式的网络，在享受其便利的同时，数据资源被暴露的可能性也在加大。在内容版权交易前后，如何保障数字内容信息的安全性、完整性和受限制使用，就显得尤其重要。

数字版权交易的过程就是通过互联网网络技术相互通信、传递数据的过程。因此，对交易过程的保护，本质上就是要解决数据安全传输的真实性、完整性和机密性。真实性是保证数据接收者能够验证消息发送者的真实身份，以防假冒；完整性是指消息接收者能够判断接收到的数据在传输过程中是否被非法篡改，确信收到的是完整的数据；机密性是保证敏感数据通过网络传输不会泄密。

随着电子商务的发展，互联网已经为众多的用户所认可和使用，越来越多的公司、企业和政府部门、科研单位选择通过互联网来传输数据和信息。由于互联网是一个基于 TCP/IP 协议的开放式互联网络，在享受其便利的同时，用户的数据资源便有被泄露的可能。尤其在进行电子数据交换的商业过程中许多存储、传输和处理的数据是受范围限制的，包括敏感的身份信息、支付信息和交易历史信息等都需要被妥善保护。所以，在互联网上进行数据交易，首先要解决数据的安全传输问题。

数据安全传输主要解决的问题包括传输数据的真实性、完整性、机密性。真实性是保证数据接收者能够验证消息发送者的真实身份，以防假冒；完整性是指消息接收者能够判断接收到的数据在传输过程中是否被非法篡改，确信收到的是完整的数据；机密性是保证敏感数据通过网络传输不会泄密。要实现数据在网络上的安全传输，有以下几种方案可供选择。

1. 建立专用通道

在传统的组网方案中，要进行本地局域网络到异地局域网络互联互通，通常采用建立、租用 DDN 专线，建立起物理的专用通道，确保数据点到点的直接、准确传输。DDN 网是封闭的同步网，整个网络传输是全透明的，既保证了用户数据传输的安全性，又使得传输延时较短，可实现点对点的通信。典型案例如银行系统、军事系统、国家重点科研项目实验室等。这种方法进行数据传输时采用的是数据点到点的直接传输，这种传输过程最安全，可以很好地保持传输数据的真实性、完整性、机密性。但是，要在需要连接的不同局域网间敷设或租用 DDN 专线，购买相应交换和路由设备，因此，建立专用通道所花的费用也相对较高。

2. 使用加密技术

使用加密技术的目的是对传输中的数据流加密，以防止通信线路上的窃听、泄露、篡改和破坏。在发送端，通过数学方法，将待发送数据进行转换（加密技术），使那些没有获得密钥的人很难读懂；在接收端，拥有密钥的人将接收到的加密数据转换为原来的数据（解密技术）。利用加密技术，可以认证通信的参与者，确认数据传输的完整性，而且可以保证通信的私有性。

如果以加密实现的通信层次来区分，加密可以在通信的 3 个不同层次来实现，即链路加密、节点加密、端到端加密。一般常用的是链路加密和端到端加密这两种方式。链路加密则侧重在通信链路上而不考虑信源和信宿，是对保密信息通过各链路采用不同的加密密钥提供安全保护。链路加密是面向节点的，对于网络高层主体是透明的，它对高层的协议信息（地址、检错、帧头/帧尾）都加密，因此数据在传输中是密文的，但在中央节点必须解密得到路由信息。端到端加密则指信息由发送端自动加密，并进入 TCP/IP 数据包回封，然后作为不可阅读和不可识别的数据穿过互联网，当这些信息一旦到达目的地，将自动重组、解密，成为可读数据。端到端加密是面向网络高层主体的，它不对下层协议进行信息加密，协议信息以明文形式传输，用户数据在中央节点无须解密。

现在较成熟的加密技术是采用 Netscape 开发的安全套接层协议（Secure Sockets Layer，SSL）。

采用加密技术对物理线路没有特殊要求，数据在传输过程中由于要经过 Internet 路由选择，每一个加密数据包在传输过程中可能会经过不同的路径到达目的地，其传输速率受网络上每一个数据包所通过的最慢节点的限制，使得整个传输速度受到影响，达不到高速传输的要求。

3. 利用 VPN 技术构筑安全的数据传输通道

虚拟专用网络（Virtual Private Network，VPN）是一种集以上两种技术为一体的综合技术，它通过利用 Internet 现有的物理链路，虚拟构建起一条逻辑专用通道（也称为隧道），并且在数据发送服务器端对数据加密。然后通过这条通道将数据快速、高效地传输到数据接收端，再经过数据解密将数据还原提交给客户。它为用户提供了一种通过 Internet 网络安全地对企业内部专用网络进行远程访问的连接方式。

6.1 数据的安全传输

6.1.1 IPSec 安全传输技术

"Internet 协议安全性（IPSec）"是一种开放标准的框架，通过使用加密的安全服务以确保在 Internet 协议（IP）网络上进行保密而安全的通信。IPSec 既可以用来直接加密主机之间的网络通信（也就是传输模式）；也可以用来在两个子网之间建造"虚拟隧道"用于两个网络之间的安全通信（也就是隧道模式），也被称为虚拟专用网（VPN）。

1. IPSec VPN 工作原理

IPSec 提供 3 种不同的形式来保护两个不同的 IP 网络之间传送的私有数据。

（1）认证：识别传输发起方的有效身份。可以确定所接收的数据与所发送的数据是一致的，同时也可以确定申请发送者的真实性。

（2）数据完整：保证数据从原发地到目的地的传送过程中没有任何不可检测的数据丢失与改变。

（3）机密性：确保只有相应的接收者能获取发送的真正内容，而第三方无法通过非法手段获取。

2. IPSec VPN 应用场景

IPSec VPN 的应用场景分为以下 3 种。

（1）Site-to-Site（站点到站点或者网关到网关）：如某个企业有 3 个分支机构分布在互联网的 3 个不同地方，各使用一个网关相互建立 VPN 隧道，企业内网（包括 3 个分支机构的若干 PC）之间的数据通过这些网关建立的 IPSec 隧道实现安全互联。

（2）End-to-End（端到端或者 PC 到 PC）：两个 PC 之间的通信由两个 PC 之间的 IPSec 会话保护，而不是网关。两个 PC 之间是互联的。

（3）End-to-Site（端到站点或者 PC 到网关）：两个 PC 之间的通信由网关和异地 PC 之间的 IPSec 进行保护。

3. IPSec 的实现方式

IPSec 的一个最基本的优点是它可以在共享网络内访问设备，甚至在所有的主机和服务器上完全实现，这在很大限度上避免了升级任何网络相关硬件资源的需要。在客户端，IPSec 架构允许使用在远程访问介入路由器或基于纯软件方式使用普通 MODEM 的 PC 和工作站。通过传输模式和隧道模式这两种模式在应用上提供更多的弹性。

（1）当安全载荷封装协议（Encapsulated Security Payload，ESP）在一台主机（客户机或服务器）上实现时通常使用传输模式，传输模式使用原始明文 IP 头文件，并且只加密数据，包括它的 TCP 和 UDP 头文件。

（2）当 ESP 在关联到多台主机的网络访问介入装置实现时通常使用隧道模式，隧道模式处理整个 IP 数据包：包括全部 TCP/IP 或 UDP/IP 头文件和数据，它用自己的地址作为源地址加入到新的 IP 头文件中。当隧道模式用在用户终端设置时，它可以提供更多的便利来隐藏内部服务器主机和客户机的地址。隧道模式被用在两端或是一端是安全网关的架构中，如装有 IPSec 的路由器或防火墙。使用了隧道模式，防火墙内很多主机不需要安装 IPSec 也能安全地通信。这些主机所生成的未加保护的网包，经过外网，使用隧道模式的安全协议规定进行传输。

以下是 IPSec 隧道模式运作的例子。某网络的主机甲生成一个 IP 包，目的地址是另一个网络中的主机乙。这个包从起始主机被发送到主机甲的网络边缘的安全路由器或防火墙。防火墙把所有出去的包过滤，看看有哪些包需要进行 IPSec

的处理。如果这个从甲到乙的包需要使用 IPSec，防火墙就进行 IPSec 处理，并把网包打包，添加外层 IP 包头。这个外层包头的源地址是防火墙，而目的地址可能是主机乙的网络边缘的防火墙。现在这个包被传送给主机乙的防火墙，中途的路由器只检查外层的 IP 包头。主机乙网络的防火墙会把外层 IP 包头除掉，把 IP 内层的原始数据发送给主机乙。

4．IPSec 的目标

（1）保护 IP 数据包的内容。

（2）通过数据包筛选及受信任通信的实施来防御网络攻击。

这两个目标都是通过使用基于加密的保护服务、安全协议与动态密钥管理来实现的。这个基础为专用网络计算机、域、站点、远程站点、Extranet 和拨号用户之间的通信提供了既有力又灵活的保护。它甚至可以用来保护特定通信类型的数据接收和发送。

5．IPSec 的安全特性

IPSec 的安全特性主要具有以下几个方面。

（1）不可否认性。

"不可否认性"可以证实信息发送方是唯一可能的发送者，发送者不能否认发送过信息。"不可否认性"是采用公钥技术的一个特征，当使用公钥技术时，发送方用私钥产生一个数字签名随信息一起发送，接收方用发送者的公钥来验证数字签名。由于在理论上只有发送者才唯一拥有私钥，也只有发送者才可能产生该数字签名，所以只要数字签名通过验证，发送者就不能否认曾发送过该信息。但"不可否认性"不是基于认证的共享密钥技术的特征，因为在基于认证的共享密钥技术中，发送方和接收方掌握相同的密钥。

（2）反重播性。

"反重播性"确保每个 IP 包的唯一性，保证信息万一被截取复制后，不能再被重新利用、重新传输回目的地址。该特性可以防止攻击者截取破译信息后，再用相同的信息包冒取非法访问权（即使这种冒取行为发生在破译后的很长时间之后）。

（3）数据完整性。

"数据完整性"是防止传输过程中数据被篡改，确保发出数据和接收数据的一致性。IPSec 利用散列函数为每个数据包产生一个加密校验码，接收方在打开包前先计算校验码，若包遭篡改导致校验码不相符，数据包即被丢弃。

（4）数据可靠性（加密）。

在传输前，对数据进行加密，可以保证在传输过程中，即使数据包遭截取，信息也无法被读取。该特性在 IPSec 中为可选项，与 IPSec 策略的具体设置相关。

（5）认证。

数据源发送信任状，由接收方验证信任状的合法性，只有通过认证的系统才可以建立通信链接。

6.1.2 SSL 安全传输技术

安全套接层（Secure Sockets Layer，SSL）是一个基于 RSA 公用密钥密码系统来实现的安全传输协议，为基于 TCP 的应用层协议提供安全链接，如 SSL 可以为 HTTP 协议提供安全链接。SSL 协议广泛应用于电子商务、网上银行等领域，为网络上数据的传输提供安全性保证。

SSL 协议位于 TCP/IP 协议与各种应用层协议之间，为数据通信提供安全支持。SSL 协议可分为以下两层。

- SSL 记录协议（SSL Record Protocol）：它建立在可靠的传输协议（如 TCP）之上，为高层协议提供数据封装、压缩、加密等基本功能的支持。
- SSL 握手协议（SSL Handshake Protocol）：它建立在 SSL 记录协议之上，用于在实际的数据传输开始前，通信双方进行身份认证、协商加密算法、交换加密密钥等。

SSL 协议提供的服务主要有：

- 认证用户和服务器，确保数据发送到正确的客户端和服务器；
- 加密数据以防止数据中途被窃取；
- 维护数据的完整性，确保数据在传输过程中不被改变。

1．握手工作流程

SSL 是基于服务器/客户端通讯模式的，在数据传输前，需要双方做相应的认证，并建立数据传输中所需要的密钥。具体流程如下：

（1）客户端发送带有客户端密码能力的"您好"消息（以客户端首选项顺序排序），如 SSL 的版本、客户端支持的密码对和客户端支持的数据压缩方法。消息也包含 28 字节的随机数。

（2）服务器以"您好"消息响应，此消息包含密码方法（密码对）和由服务器选择的数据压缩方法，以及会话标识和另一个随机数。客户端和服务器至少必须支持一个公共密码对，否则握手失败。服务器一般选择最大的公共密码对。

（3）服务器发送其 SSL 数字证书（服务器使用带有 SSL 的 X.509 V3 数字证书）。如果服务器使用 SSL V3，而服务器应用程序（如 Web 服务器）需要数字证书进行客户端认证，则客户端会发出"数字证书请求"消息。在"数字证书请求"

消息中，服务器发出支持客户端数字证书类型的列表和可接受的 CA 名称。

（4）服务器发出"您好完成"消息并等待客户端响应。

（5）一接到服务器"您好完成"消息，客户端（Web 浏览器）将验证服务器的 SSL 数字证书的有效性并检查服务器的"你好"消息参数是否可以接受。如果服务器请求客户端数字证书，客户端将发送其数字证书；或者，如果没有合适的数字证书是可用的，客户端将发送"没有数字证书"警告。此警告仅仅是警告而已，但如果客户端数字证书认证是强制性的，服务器应用程序将会使会话失败。

（6）客户端发送"客户端密钥交换"消息。此消息包含 pre-master secret（一个用在对称加密密钥生成中的 46 字节的随机数字）和消息认证代码（MAC）密钥（用服务器的公用密钥加密的）。如果客户端发送客户端数字证书给服务器，客户端将发出签有客户端专用密钥的"数字证书验证"消息。通过验证此消息的签名，服务器可以显示验证客户端数字证书的所有权。如果服务器没有属于数字证书的专用密钥，它将无法解密 pre-master 密码，也无法创建对称加密算法的正确密钥，则握手将失败。

（7）客户端使用一系列加密运算将 pre-master secret 转化为 master secret，其中将派生出所有用于加密和消息认证的密钥。然后，客户端发出"更改密码规范"消息将服务器转换为新协商的密码对。客户端发出的下一个消息（"未完成"的消息）为用此密码方法和密钥加密的第一条消息。

（8）服务器以自己的"更改密码规范"和"已完成"消息响应。

（9）SSL 握手结束，且可以发送加密的应用程序数据。

2．SSL 的工作原理

SSL 协议分为两部分：SSL 握手协议和 SSL 记录协议。其中，SSL 握手协议用来协商密钥，协议的大部分内容就是通信双方如何利用它来安全地协商出一份密钥；而 SSL 记录协议则定义了传输的格式。它们共同为应用访问连接提供认证、加密和防篡改功能。

SSL VPN 通过 SSL 协议，利用 PKI 的证书体系，在传输过程中使用 DES、3DES、AES、RSA、MD5、SHA1 等多种密码算法保证数据的机密性、完整性、不可否认性而完成加密传输，在 Internet 上实现安全的信息交换。因为 SSL VPN 具备很强的灵活性，因而广受欢迎，如今所有浏览器都内建有 SSL 功能。它正成为企业应用、无线接入设备、Web 服务，以及安全接入管理的关键协议。SSL 能在 TCP/IP 和应用层间无缝实现 Internet 协议栈处理，而不对其他协议层产生任何影响。

SSL 提供的安全链接可以实现如下功能：

（1）链接的私密性。

利用对称密钥算法对传输数据进行加密，并利用密钥交换算法——RSA（Rivest

Shamir and Adleman）非对称密钥算法的一种，加密传输对称密钥算法中使用的密钥。

（2）身份验证。

基于证书利用数字签名方法对服务器和客户端进行身份验证，其中客户端的身份验证是可选的。SSL 服务器和客户端通过公钥基础设施（Public Key Infrastructure，PKI）提供的机制从认证机构（Certificate Authority，CA）获取证书。

（3）连接的可靠性。

消息传输过程中使用基于密钥的消息验证码（Message Authentication Code，MAC）来检验消息的完整性。MAC 是将密钥和任意长度的数据转换为固定长度数据的一种算法。发送者在密钥的参与下，利用 MAC 算法计算出消息的 MAC 值，并将其加在消息之后发送给接收者。接收者利用同样的密钥和 MAC 算法计算出消息的 MAC 值，并与接收到的 MAC 值比较。如果二者相同，则报文没有改变；否则，报文在传输过程中被修改，接收者将丢弃该报文。

3. SSL VPN 特点

SSL VPN 控制功能强大，能方便公司实现更多远程用户在不同地点远程接入，实现更多网络资源访问，且对客户端设备要求低，因而降低了配置和运行支撑成本。很多企业用户采纳 SSL VPN 作为远程安全接入技术，主要看重的是其接入控制功能。SSL VPN 提供安全、可代理链接，只有经认证的用户才能对资源进行访问。SSL VPN 能对加密隧道进行细分，从而使得终端用户能够同时接入 Internet 和访问内部企业网资源，也就是说它具备可控功能。另外，SSL VPN 还能细化权限控制功能，易于将不同访问权限赋予不同用户，实现伸缩性访问；这种精确的接入控制功能对远程接入 IPSec VPN 来说几乎是不可能实现的。

SSL VPN 基本上不受接入位置限制，可以从众多 Internet 接入设备、任何远程位置访问网络资源。SSL VPN 通信基于标准 TCP/UDP 协议传输，因而能遍历所有 NAT 设备、基于代理的防火墙和状态检测防火墙。这使得用户能够从任何地方接入，无论是处于其他公司网络中基于代理的防火墙之后，或是宽带连接中。随着远程接入需求的不断增长，SSL VPN 是实现任意位置的远程安全接入的理想选择。

6.1.3 SSL VPN 与 IPSec VPN 技术比较

SSL VPN 网关作为一种新兴的 VPN 技术，与传统的 IPSec VPN 技术各具特色，互有千秋。

- IPsec VPN 多用于"网-网"（Site-Site）连接，SSL VPN 用于"移动客户-网"（Client-Site）连接。SSL VPN 的移动用户使用标准的浏览器，无须安装客户端程序，即可通过 SSL VPN 隧道接入内部网络；而 IPSec VPN 的移动用户需要安装专门的 IPSec 客户端软件。
- SSL VPN 是基于传输层的 VPN，而 IPsec VPN 是基于网络层的 VPN。IPsec VPN 对所有的 IP 应用均透明；而 SSL VPN 基于 Web 的应用更有优势，也支持 TCP/UDP 的 C/S 应用，如文件共享、网络邻居、FTP、Telnet、Oracle 等。
- SSL VPN 用户不受上网方式限制，SSL VPN 隧道可以穿透防火墙；而 IPSec 客户端需要支持"NAT 穿透"功能才能穿透防火墙。
- SSL VPN 只需要维护服务器节点的网关设备，客户端免维护，降低了部署和支持费用；而 IPSec VPN 需要管理通信的每个节点，网管专业性较强。
- SSL VPN 更容易提供访问控制，可以对用户的权限、资源、服务、文件进行更加细致的控制，与第三方认证系统（如 radius、AD 等）结合更加便捷；而 IPSec VPN 主要基于 IP 五元组（即源 IP 地址、目的 IP 地址、协议号源端口、目的端口）对用户进行访问控制。

6.2 基于软件的版权保护技术

国内外对软件保护的各种技术和实施方案有着广泛的研究，并已分别形成成熟的产品。从软件保护的方式来看，基本上可以分成两种，一种是纯粹用软件实现，不需要特定的硬件，这种方式俗称软加密，常见的软加密方法有密码表加密、序列号加密和注册文件加密；另一种要依赖特定硬件才能实现软件的加密保护，称之为硬加密，常见的有磁盘加密、软件狗和加密卡。

6.2.1 软加密技术

软加密是不依靠特定硬件来实现对软件保护的技术，它的最大优势在于极低的加密成本。软加密包括密码表方式、序列号方式、注册文件方式、软件自校验方式、许可证方式等多种加密方法。

1. 密码表加密方式

密码表加密方式是指系统在软件执行过程中询问密码，用户须依照密码表输入密码，程序才能继续执行。任何第三方若不掌握密码，即使获得软件的复制权也无法运行程序。

这种方法的优点在于实现简单，几乎不必投入成本，不存在兼容性问题，用户可以随意备份程序，更不必担心使用寿命的问题。但缺点也很明显，即密码和加密点相对固定,只要用户复印或抄下密码表也就相当于拥有了使用权限。另外,每次要求用户查表输入密码也是十分麻烦的,破坏正常的人机对话流程。

2. 序列号加密方式

当用户从网络上下载某共享软件后,一般都有使用时间上的限制,当超过了共享软件的试用期后,你必须进行注册才能继续使用。注册过程一般是用户把自己的私人信息(一般主要指名字)连同信用卡号码告诉软件公司,软件公司会根据用户的信息计算出一个序列码,在用户得到这个序列码后,按照注册需要的步骤在软件中输入注册信息和注册码,其注册信息的合法性由软件验证通过后,软件就会取消本身的各种限制,这种加密方式实现起来比较简单,无须额外的成本,用户购买也非常方便,在互联网上的软件大部分都是以这种方式来保护的。

现有的序列号加密算法大多是软件开发者自行设计的,大部分相当简单。而且有些算法作者虽然下了很大的功夫,效果却往往得不到它所希望的结果。

3. 注册文件加密方式

从网上下载或购买的软件并不能直接使用,软件在安装或运行时会对计算机进行一番检测,并根据检测结果生成一个用户计算机的特定指纹。这个指纹一般是一个小文件。需要把这个指纹数据发送到软件开发商那里,软件开发商再根据这个指纹给一个注册码或注册文件,得到这个注册码或注册文件后,按软件要求的步骤在用户计算机上完成注册,软件方能使用。用户购买的软件被限制只能在他自己的计算机上运行,换到其他的计算机上,这个注册码或注册文件就不再有效。但用户更换某些硬件设备也可能造成注册码的失效,而且用户得到软件后在完成注册工作前会有一段时间无法使用。对于软件开发商来说服务与管理的工作量无疑也是非常巨大的。

6.2.2 硬加密技术

不是所有的软件都可以采用低价格、高销量来收回成本的,诸如 CAD 系统、医疗系统、财务系统或其他专用集成系统软件,由于它们的客户群比较专业,数量相对于大众化软件的用户数要小得多,它们就不太可能采取薄利多销的策略。所以在盗版市场中,这些正版价格在几百元、几千元以上的功能软件,成为了支撑盗版市场的卖点。这必然使得软件商加大加密方面的投资来保障正版软件的市场销售。

硬加密正是保证高档软件在市场生命周期中免受盗版侵害的一种功能强大的

工具。所谓硬加密就是通过硬件和软件相结合的方式来实现对软件的加密,加密后的软件执行时需访问相应的硬件,其典型产品包括磁盘加密、光盘加密、加密锁(软件狗加密)、扩展卡加密等。与传统的软加密相比,硬加密的主要特点是:抗解密强度高、稳定性和兼容性较好。

1. 磁盘加密方式

在 DOS 时代之前就有一些比较好的软件保护技术,而在 DOS 中使用最多的恐怕要算软盘指纹防复制技术了。这种方法通过在软盘上作特殊标记,也就是俗称的指纹,并将指纹保存在不易被复制的地方,运行前首先检查是否存在该标志,否则拒绝执行,由于复制的磁盘无法复制该标志,所以复制的磁盘无法执行。

常见的磁盘加密方式是在程序运行的适当时候提示用户插入附带的钥匙盘(KeyDisk),验证正确后才能继续执行。这种加密方法与密码加密法相比最大的改进在于提供了"抗复制"的硬件介质——钥匙盘,对于一般用户来说是复制不出一张相同的钥匙盘的。另外,从磁盘方式输入密码,既隐蔽又方便了用户,而且由于采用了磁盘输入,密码的概念不仅仅是用来验证的一些记号,也可以是程序用到的一些重要数据或代码,这样就使得那些没有钥匙盘的用户无法破译程序。

此方法加密简单、成本低,但由于每次程序启动都需要钥匙盘,而读密码的动作一般又集中于某个磁道,因此,容易造成钥匙盘的失灵,再加上不能备份钥匙盘,造成软件使用寿命受到限制。尽管如此,磁盘加密仍是一种物美价廉的软件保护方式,因此成为早期软件保护的主流。

2. 光盘加密方式

光盘加密是后期对磁盘加密的改进,其原理是利用特殊光盘的母盘上某些特征信息不可再现的特性来实现的。这些特征信息大多是光盘上非数据性的内容,在光盘复制时复制不到的地方。对母盘上写入特殊的标记,运行时通过检验这些标记是否正确而验证软件的可靠性。这种加密方案是一次性的投入,对于大规模的生产,这种加密方案可以将成本降得很低。而且软件数据和加密信息在同一载体上,对用户无疑是很方便的。但是由于加密方式所限,不可能在用户自己刻录的光盘上实现这种加密,必须是生产线上生产的光盘。这对于一些小规模的软件生产厂商还是有一定困难的,而且由于光盘的只读性,一旦加密有错是无法修复的。

3. 软件狗(Dongles)加密方式

软件狗是一种智能型加密工具,它是一个安装在并口、串口和 USB 等接口上的硬件设备,当被软件狗保护的软件运行时,程序向插在计算机上的软件狗发出查询命令,软件狗迅速计算并给出查询结果,正确的结果保证程序继续运行,如果没有软件狗,则软件不能运行,这种方法将软/硬件技术结合在一起防止软件非法发布和使用,很多有价值的商用软件都使用软件狗加密保护方式。软件狗已经有了近十年的发展历史。

第一代软件狗是用二极管和电阻等器件组成的一组逻辑密码,封以外壳,工作时插在微机的并行口上。当运行应用软件时,通过对并行口读取数据来判别软件狗存在与否、密码正确与否,从而决定软件是否运行。这种软件狗因为内部结构过于简单,很容易被人检测破译。

第二代软件狗采用了 TTL 或 CMOS 逻辑门电路,在电路设计上也做了一些加密工作,如对数据位的反相、移位、交叉等,破译时比前一代困难,起到一定的加密功能。

第三代软件狗采用电可擦可编程只读存储器(Electricaly Erasable Programmable Read-Only Memory,EEPROM)存储或读取密钥数据。这种软件狗的主要特点是厂商可以预先把自己的保密数据设置到软件狗内,然后在软件运行时随机读取,这样防止了解密者通过简单重复并口数据来解密,但解密者进一步分析一下数据规律就可以解决了。

第四代软件狗在第三代软件狗基础上加入了一个单片机芯片,该芯片内部存有特定的算法程序,能读取密钥数据进行加密变换。这种软件狗通常还增加了一些辅助功能,如倒计数器、远程升级等。软件狗采用了低功耗 TTL,COMS 等逻辑元件,在电路上做了一些加密工作,检查时也要比第一代软件狗多一道手续,解密的难度自然也增加了。利用单片机,软件与软件狗的数据通信之间建立了一个保密协议,数据都是经过加密的,解密者就难以分析出数据内容和规律。可以说,软件狗发展到第四代,已经非常成熟了。在此技术上,各种软件狗研制公司又加入自己的电路设计,形成了各自的产品特色。

4. 扩展卡加密方式

用户必须把扩展卡插到扩展槽中才能运行相应软件。也有软件将加密卡与软件所需的附加卡集成在一张板子上,节省了成本,也方便用户使用。加密卡与软件狗相比,最大的优点就是可以制作相当复杂的电路,增加破解的难度,但这种加密方案需要打开计算机的机箱,占用扩展槽,一般还需要专门的人员来安装。另外,由于加密卡设计上的某些问题,还很容易同现有的硬件发生冲突。考虑到成本,加密卡必须要批量生产,成本较高,所以对原本不需要外部设备的软件并不愿意去使用它。

加密卡的原理与一般的扩展卡没有什么不同,它从计算机的总线上提取信号加以处理,再通过总线将结果返回计算机。一般加密卡上都要存有程序所必须的加密后的数据,或是具有特殊功能的部分来变换上位机传来的数据,成为软件运行时不可缺少的部分。软件在执行过程中可以随时访问加密卡,不会对软件运行的速度带来太多的影响。由于加密卡是与计算机的总线交换数据,数据通信协议完全由卡的厂家制定,没有统一的标准接口,让软件解密者有无从下手的感觉。

6.3 流媒体加密

近年来随着 Internet 的迅猛发展,人们已不仅仅满足于在网络上传送简单的数据,而希望能通过网络传送包括音视频数据的多媒体信息流。随着网络上多媒体数据的急剧增加,支持实时多媒体应用的流媒体技术也迅速发展起来。诸如网上直播、远程教育、DVD 点播、视频会议、远程监控、可视电话等都用到了流媒体技术。可见流媒体技术是网络音视频技术发展到一定阶段的产物。

网络上传输多媒体音/视频数据主要有下载(Download)和流式传输(Streaming)两种方式。下载方式必须将文件的全部内容下载到本地硬盘后,才能够开始解码播放,延时较长而且占用过多的用户存储资源,限制了人们在互联网上大量使用音频和视频信息进行交流。

针对以上这些亟待解决的问题,流式传输技术应运而生,并逐渐得到了应用。流式传输采用的是边下载边播放的方式。在这种传输方式下,用户只须短暂的启动延时(一般 5~15 秒)后就可以在线观看多媒体节目。同时,流式传输对系统存储容量的需求也大大降低,因为它不需要把文件内容下载到本地磁盘,而是在内存中开辟一小块缓存空间,播放时新数据不断地流入缓存,旧的数据不断地被丢弃。这种方式为传输过程中数据的保护奠定了基础。

在网络中使用流式传输技术的连续播放的媒体就称为流媒体,其中的视频与音频分别称为视频流和音频流。

一个典型的流媒体系统包括以下几个组成部分。

1. 服务系统

服务系统负责生成媒体流。它涉及流媒体的编码技术、码流分析技术,以及网络封装技术,等等。这里一般需要专用服务器(如视频服务器、多媒体代理服务器),当需要进行实时编码时还要有一台编码计算机负责将原始的音视频文件转化为流媒体格式的文件。

2. 终端系统

终端系统负责从网络上接收媒体流并进行解码播放,这涉及数据解包、排序重组及解码回放等技术。

3. 网络系统

网络系统负责流媒体数据的传输。

流媒体系统也是由各种不同软件构成的，这些软件在各个不同层面上通过特定的协议互相通信，按照特定的格式互相交换数据。

在网络中要真正实现流式传输，必须处理好流媒体的制作、发布、传输和播放 4 个环节，在这些环节中还要解决诸多的技术问题。第一，要对普通多媒体数据文件进行预处理；第二，要用到服务器端和客户端的缓存处理技术；第三，需要浏览器或其他客户端程序的支持；第四，还需要合适的网络传输协议。

简单地说，流媒体数据的处理过程是这样的：服务器按有关网络协议将流媒体数据分段打包，在其中加入流式信息，然后通过网络发送给客户端，客户端再对数据进行重组、解码和播放。客户端在接收到一定量的数据之后开始解码，然后在缓冲的配合下动态地一边接收、一边解码播放。服务器对数据的打包发送必须按照一定的速率进行，客户端的速率也要与之相匹配，否则会引起延时和抖动而影响观看。这个速率是由流媒体文件的类型决定的，如 MPEG-1 要求 1.5Mbps，MPEG-2 要求 1.5~40Mbps，H.261 要求 0.064~2Mbps，等等。

6.3.1 流媒体加密的特点

流媒体加密的特点由于计算机网络的开放性和共享性，很难保证媒体资源不被某些非法用户拥有，因此多媒体内容的保护已成为具有挑战性的课题之一。

流媒体的加密属于网络传输过程中的数据加密。从加密层次上看，传输过程中的数据加密可分为应用级加密、网络级加密和链路级加密 3 个级别。链路级加密级别最低，它仅仅在固定的某条线路上保护数据，不能广泛应用。网络级加密是在发送端加密后，通过不可信的中间网络传送到接收端，由接收端解密，加/解密操作由可信任的路由器或其他网络设备完成。应用级加密是最高层次的加密，需要有应用程序的支持，即同时需要发送端和接收端的软件支持。应用级加密无须考虑下层协议信息的处理，也不能保护网络链路，但在单项应用中非常有效。下面所讲对流媒体的加密研究就是建立在这种应用级别上的加密。

常规加密算法一般用来对文本数据文件进行加密。如果把它们用在多媒体音/视频文件的加密上，最简单的办法是将多媒体文件当作一般的数据进行处理，也就是简单地将媒体文件当作普通的二进制位流来对待，而不去考虑数据本身的意义。但多媒体数据有着自身的特点，只有了解了这些特点，才能更高效地对它们进行保护。

第一，数据量巨大，目前的网络带宽对多媒体巨大的数据流量仍显得不够，因此需要先进、高效的压缩算法。即使如此,数据量仍然很大,如 2 小时的 MPEG-1 视频数据就多达 1GB,或者说,在 1.5Mbps 的传输速率下,1 秒钟就有近 2MB 的数据流过。因此,不仅要考虑到加密是否会对压缩造成影响,还要考虑到是在压缩之后还是在压缩的同时进行加密。

第二,实时性要求高,对延迟极为敏感。因此,必须把端到端延迟限制在一定的范围内才有使用价值。例如,交互式视频应用的端到端延迟应限制在 150ms 之内,其他类型的多媒体应用要求稍低。这就要求加密算法的开销越小越好。

第三,传输是分段进行的,因此媒体流加密不同于普通文件加密,普通文件加密只要一次性加密全部数据即可,而在流媒体中,加/解密需要实时进行。也就是说,要对每个数据包分别进行在线的加密和解密。

总之,在流媒体的应用中,数据的编解码开销大,实时性要求高,因此加/解密算法应该有较小的额外开销,或者说必须有足够快的速度。这就决定了必然要采用高效的对称加密算法。

6.3.2 流媒体数据的网络传输方式

1. 传输特征

流媒体数据的网络传输方式——连续媒体流的传输,有别于普通数据文件的传输。普通文件的传输通常只关注数据的传输无差错、传输的时间尽可能短,但并不对速度做过高的要求,可以使用 HTTP 或 FTP 等协议负责文件的传输。而流媒体文件则不同,流式传输中最重要的是要保证数据的时间相关性,数据必须在特定的时间间隔内以特定的大小传输,对于少量的数据丢失是可以容忍的。

多媒体的流式传输具有以下典型特征。

(1) 多媒体数据传输需要占用更多的网络带宽。虽然音/视频的压缩编码大大降低了多媒体的数据量,即使传输压缩数据但对带宽的要求也还是很高的。与纯文本传输相比,这种增加绝不是几倍、几十倍的关系,而是几百倍、上千倍的需求。例如,MPEG-1 要求 1.5Mbps,MPEG-2 则为 1.5~40Mbps。

(2) 多媒体应用需要实时的网络传输,音频和视频数据必须进行连续的播放。交互的多媒体分布应用,如网络电话、网络游戏等,对实时性的要求最高,其端到端的延迟应控制在 150ms 以内,其他应用要求稍低一些。一般来说,传输过程中的端到端延时包括以下几个部分:源端点的压缩和打包延时、传输的端到端延时、终端点的排队和等待延时、终端点的解包和解压缩延时。

根据这个特征,在对流媒体数据加密时,必须考虑到加/解密对延时的影响问题。如果加/解密占用过长时间则会使传输的实时性受到影响。例如,对 MPEG-1

数据应当在 1 秒之内处理完 1.5Mbit 数据的发送、加密、传输和接收、解密、解码、播放，否则就会影响到播放质量。

（3）流媒体数据的传输是分段进行的。这是因为无法一次性地在网络上传输巨大的数据文件，多媒体数据必须在发送方的控制下"一段段"均匀地"流"向接收方。加密时也就要考虑是对每一段文件分别进行加密，还是一次性加密整个文件。

（4）多媒体数据流的突发性很强，仅仅靠增加带宽还不能够解决数据流的突发性问题。因此，对于多数应用程序来讲，数据接收端都应当设置相应的缓存机制，来调节数据流的平稳度，调节不好就会导致应用程序的缓存溢出，从而造成数据包的丢失和播放时的抖动现象。

2．传输过程

在网络中实现流式传输涉及流媒体的制作、传输和播放等几个环节，其中传输过程是至关重要的。要实现流式传输，首先要在服务器端对文件进行预处理，预处理包括数据的压缩和流化处理。

一个流式文件的传输过程是由服务器端和客户端相互配合来完成的，中间的 IP 网络则提供最高效的传递服务。

（1）服务器端对实时采集的多媒体音/视频数据，首先要进行压缩编码和音/视频流的合成，对存储的多媒体磁盘文件，首先要进行分段处理，然后按有关流式传输协议将数据打包，通过网络连续地发送出去。由于 IP 网络采用的是以包为基础连续传输的模式，无论对实时的音视频源或存储的音视频文件，在传输时它们都要被分成许多包。服务器同时还要接收客户端发过来的反馈消息，用于进行质量控制。

（2）客户端主要功能是将特定的多媒体数据显示给用户。客户端从网络上接收数据，然后经过一定的缓冲之后对数据包进行排序、重组、解码和播放。客户端还负责给服务器发送反馈信息，保持与服务器的一致性。

6.3.3 流式网络传输协议

流式网络传输协议从上述流媒体的特性来分析，要解决流媒体传输过程中的矛盾，除了快速发展硬件建设以突破带宽限制外，一种高效的流式网络传输协议是高质量的流媒体传输的关键。流式传输协议是流媒体技术的重要组成部分，也是基础组成部分。

1．从 TCP、UDP 协议到 RTP/RTCP 协议

媒体在 Internet 上的传输必然涉及网络传输协议，网络传输协议的传输层有两种通信协议：TCP 和 UDP。TCP 协议是一种面向链接的传输协议，提供端到端的

可靠、有序的信息传输机制。但 TCP 协议存在建立和关闭链接的开销，同时由于 TCP 采用的每包确认、超时重发机制会带来较大的延时，所以 TCP 协议不适合用于多媒体传输。UDP 协议提供无链接、不可靠的数据报服务。因为多媒体信息允许有一定的数据丢失，而不允许较大的延时，从这个意义上说 UDP 协议比较合适。但是 UDP 流在拥塞的网络环境中将大量抢占具有拥塞退避机制的协议流的带宽，同时自身丢包也会迅速增加，严重时会带来系统拥塞崩溃。因此，UDP 协议也不适合用于多媒体流的传输。只有采用更加合适的协议才能更好地发挥流媒体的效用，保证传输的 QoS 质量。

ETF（Internet 工程任务组）是 Internet 规划与发展的主要标准化组织，已经设计出几种支持流媒体传输的协议，主要有用 Interne 上针对多媒体数据流的实时传输协议（Real-time Transport Protocol，RTP）、与 RTP 一起提供流量控制和拥塞控制服务的实时传输控制协议（Real—time Transport Control Protocol，RTCP），以及用来进行 QoS 保障的资源预留协议（Resource Reservation Protocal，RSVP）和实时流化协议 RTSP（Real Time Streaming Protocal），等等。

2. RTP/RTCP 协议介绍

通常在 IP 网上威胁多媒体数据传输的一个严重问题就是数据包到达时间不可预料。但是流媒体的传输很需要数据的适时到达，以保证正常的播放。RTP 协议为此提供了时间戳、序列号及其他的结构用于控制适时数据的播放。标准的 RTP/RTCP 协议早在 1996 年就已经形成了，这是专门为交互式音频、视频、仿真等实时媒体数据的端到端传输服务而设计的一种轻型传输协议。RTP 协议和 UDP 协议二者共同完成传输层的协议功能。UDP 协议只管传输数据包，而不管数据包传输的时间顺序。RTP 的协议数据单元是用 UDP 分组来承载的。目前，RTP/RTCP 协议已经成为流媒体传输中使用最为广泛的协议，基于 RTP/RTCP 协议的网络多媒体应用产品也已大量涌现。

RTP/RTCP 协议族包含两个紧密联系的部分：RTP 以报文形式携带着媒体数据，而 RTCP 则利用 RTP 报文的相关传输质量信息构成 RTCP 报文，以监视服务质量并传送正在进行的会话中参与者的信息。RTP/RTCP 协议族在网络协议栈中的层次结构如图 6-1 所示。

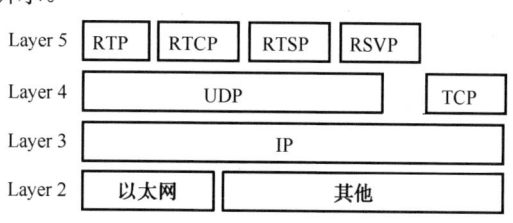

Layer 5	RTP	RTCP	RTSP	RSVP
Layer 4	UDP			TCP
Layer 3	IP			
Layer 2	以太网		其他	

图 6-1 RTP/RTCP 协议族及其层次结构图

TP/RTCP 是端到端的协议。在网络层次中，RTP/RTCP 虽然位于应用层，但大多数应用还是在 RTP/RTCP 之上建立更符合要求的协议。一般情况下，使用 RTP 协议的应用程序运行在 RTP 之上，而执行 RTP 的程序运行在 UDP 的上层。

虽然 RTP 的设计初衷是支持 Internet 传输，但它与下层网络协议无关，也可以运行在 IPx、TCP 和 ATM 等网络协议之上。在流媒体数据传输中，对实时性的要求远高于可靠性要求，因此 RTP 协议数据通常采用 UDP/IP 封装，以利用 UDP 提供的复用和校验功能，共同完成网络传输层的功能。

UDP/IP 封装的 RTP 协议数据结构如图 6-2 所示。

| IP头 | IP头 | RTP头 | RTP负载 |

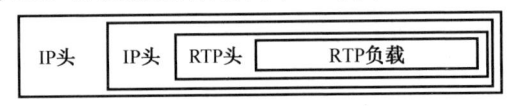

图 6-2 UDP/IP 封装的 RTP 协议数据结构图

由图 6-2 可知，由多媒体应用程序生成的音视频数据块（RTP 负载）被封装在 RTP 信息包中，每个 RTP 信息包被封装在 UDP 消息段中，然后再封装在 IP 数据包中。

RTP 协议的核心是其数据包格式。数据包是 RTP 对数据传输的封装单位，典型的数据包由包头和负载组成。RTP 协议中定义的包头格式如图 6-3 所示。

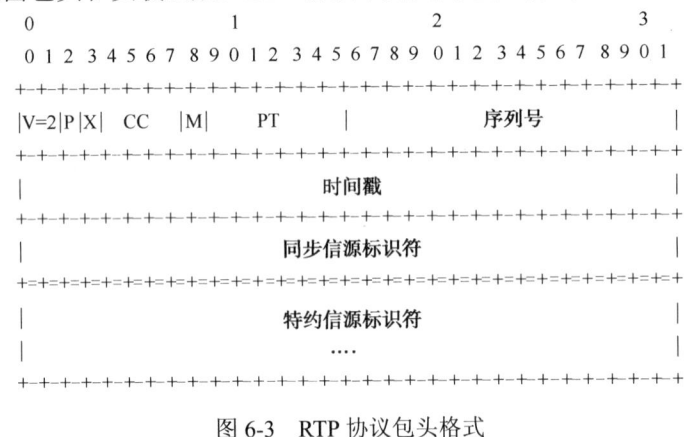

```
 0                   1                   2                   3
 0 1 2 3 4 5 6 7 8 9 0 1 2 3 4 5 6 7 8 9 0 1 2 3 4 5 6 7 8 9 0 1
+-+-+-+-+-+-+-+-+-+-+-+-+-+-+-+-+-+-+-+-+-+-+-+-+-+-+-+-+-+-+-+-+
|V=2|P|X|  CC   |M|     PT      |          序列号                |
+-+-+-+-+-+-+-+-+-+-+-+-+-+-+-+-+-+-+-+-+-+-+-+-+-+-+-+-+-+-+-+-+
|                          时间戳                                 |
+-+-+-+-+-+-+-+-+-+-+-+-+-+-+-+-+-+-+-+-+-+-+-+-+-+-+-+-+-+-+-+-+
|                       同步信源标识符                             |
+=+=+=+=+=+=+=+=+=+=+=+=+=+=+=+=+=+=+=+=+=+=+=+=+=+=+=+=+=+=+=+=+
|                       特约信源标识符                             |
|                            ....                                |
+-+-+-+-+-+-+-+-+-+-+-+-+-+-+-+-+-+-+-+-+-+-+-+-+-+-+-+-+-+-+-+-+
```

图 6-3 RTP 协议包头格式

（1）V：RTP 协议版本号，占 2 位，当前版本号为 2。

（2）P：填充标志，占 1 位。

（3）X：扩展标志，占 1 位。

（4）CC：CSRC 计数器，占 4 位。

（5）M：标志位，占 1 位，其功能依赖于数据类型。

（6）PT（Payload Type）：区分载荷类型，占 1 位。比如 MPEG-1 视频数据、音频数据或 JPEG 等，应用程序也可以自行制订专用的方案。

（7）序列号（sequence number）：一个 RTP 会话中数据包的编号，占 16 位，其初始值是一个随机数，然后依次递增。

（8）时间戳（timestamp）：一个 32 位的时间信息，它代表了一个视频图像、一个音频帧、一个音/视频流的提交时间，组成一幅图像或一个音频帧的所有数据包都具有相同的时间戳。

（9）同步信源标识符（synchronization source identifier）：标志着数据的来源，占 32 位，可用来识别视频服务器。

（10）特约信源标志符（contributing source identifier）：占 32 位，标识有效负载中的所有特约信源。

多媒体网络应用把 RTCP 和 RTP 结合使用。RTCP 的主要功能是为应用程序提供会话质量或广播性能信息。RTCP 能够携带不同的控制信息，因而 RTCP 报文可以具有多种不同的类型，如

（1）SR：发送者报文，由会话的发送主机播发，内含同步信息、已发包数等，可用于计算发送速率。

（2）RR：接收者报文，由会话的接收主机定期播发，内含所接收包的最大序号、丢包数、抖动情况等，可用于计算回路延迟。

（3）SDES 报文：包括标志名、用户名等附加信息，这些信息可用于会话管理。

每个 RTCP 包也是以固定的包头开始，其后是随着包类型而异的结构化单元，最后以 32 位的定界符结束。

多个 RTC 报文可以连接在一起形成一个复合的 RTCP 包，在交给网络下层进行封装时，这个复合包可以被封装进同一个包（如 UDP 包）。一个复合 RTCP 包中能够包含的独立包的个数可由下层网络包的长度来决定，但所有 RTCP 复合包必须以 SR 或 RR 包开头。

3．RTP/RTCP 协议对数据保密性的支持

数据保密意味着只有合法的用户才能够对接收到的数据包进行解密，对其他用户来讲，数据包中的信息是无法理解的、没有意义的，可以通过在 RTP 协议包中实施加密来实现这种数据保密的目的。

由于 RTP 是用在端系统到端系统之间的数据载荷传递，而解压缩又是放在接收端的最后一步进行的，因此对实时视频源来说，应当先进行压缩再进行加密，这样不至于产生加密和压缩间的冲突。

加密是对 RTP 数据载荷的全部或一部分数据进行的，而不能对 RTP 包头进行加密，否则协议就无法执行。可以在 RTP 包头中设置一个标志位，用以通知接收方需要进行解密。进行加/解密时，所有被封装进同一个 RTP 协议包中的数据载荷应当视为同一个加密单元。

对 RTCP 包来说，加密前应将一个 32 位的随机数作为前缀填充到该单元中，以防止已知明文攻击。而 RTP 包则不需要这种前缀，因为其中的序列号在初始化时使用的就是随机数。对复合 RTCP 包，可以将一个 RTCP 包封装进两个下层网络数据包中，其中一个被加密，而另一个则不被加密。例如，SDES 信息需要加密，而接收报告应以明文形式发送。这个加密的 SDES 包必须跟在一个不含任何报告信息的 RR 包中，以保证它以 SR 或 RR 包开头的要求。

6.3.4 多媒体数据编解码技术

多媒体数据量巨大，因而无论是流式的还是非流式的多媒体文件，在播放与传输时都需要进行一定比例的压缩，以期得到品质与尺寸的平衡。在压缩过程中原始多媒体文件中的数据信息进行了重新的编排，那么在恢复到原有状态时就需要进行解压缩。一般情况下，压缩编码过程由专门的压缩软件完成，而解压缩则是播放器的工作。

现行的音/视频压缩标准多达二三十种，常见的有 AVI、QuickTime、WAV、MIDI、MPEG-1/2、MPEG-4、JPEG、MJPEG、H.261、DVI、RM，等等。下面以 MPEG 标准为例来分析其压缩数据流格式，在此基础上说明如何进行压缩数据流的加/解密，对其他不同的压缩格式可进行类似的分析。

1. MPEG-1 标准分析

MPEG（Moving Picture Expels Group）是国际标准化组织 ISO 制定的有关动画格式的国际标准。此规格对"图像"、"声音"及"图像和声音的复合"这 3 个方面做了详细的标准建议。十年来，MPEG 组织做了许多卓有成效的工作，为多媒体计算机系统和运动图像压缩编码技术的标准化、实用化做出了巨大贡献。目前，MPEG-1、MPEG-2 和 MPEG-4、MPEG21 都已经成为正式的国际标准，它们分别适用于不同的应用场合。MPEG-1 具有 VHS 质量的视频和 CD 音质，流行的 VCD 即是采用此种标准。DVD 采用了 MPEG-2 标准，MPEG-4 则适合于低码率的网络传输。

MPEG-1 标准包括 3 个部分：图像流 MPEG-Video(ISO 11172 System Video)、伴音流 MPEG-Audio（ISO 11172 System Audio）和系统流 MPEG-System（ISO 11172 System）。图像流仅仅包含画面信息，伴音流包含声音信息，两者统称为元素流（Elementary Stream）。系统流是有关同步和多路复用的技术，用来把数字图像和伴音复合成单一的、位速率为 1.5Mbps 的数据位流，并实现图像和伴音的同步。

因此，MPEG-1 的数据位流可分成内、外两层。外层为系统层（System Layer），

第6章 数字版权交易与保护

提供在一个系统中使用 MPEG-1 数据位流所必须的功能，包括定时、复合和音/视频分离，以及在播放期间图像和伴音的同步。内层为压缩层（Elementary Stream Layer），包含压缩的视频和音频数据位流。MPEG-1 结构如图 6-4 所示，由上至下依次为系统层、包（PACK）层、分组（Packet）层、音/视频数据（ES）层，每一层都有特定的结构。

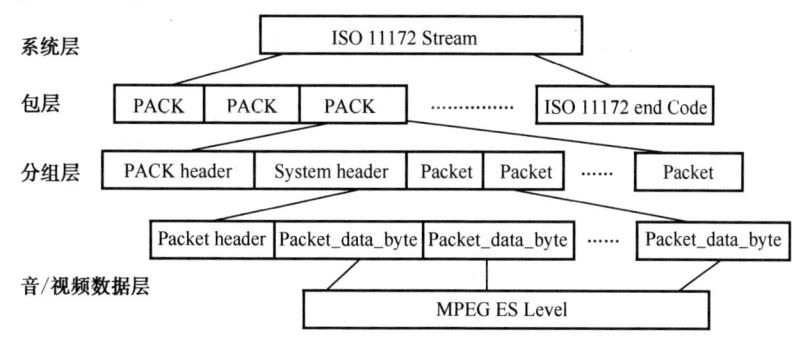

图 6-4 MPEG-1 系统分层结构

下面主要对 MPEG-1 视频码流进行分析，这是进行流化和加密的技术基础。

2. MPEG-1 压缩视频流数据结构

MPEG 视频图像压缩技术是针对运动图像的压缩技术，为达到较高的压缩比，消除时间和空间的冗余，它同时使用了帧内图像压缩和帧间图像压缩技术。

编码后的 MPEG-1 视频图像数据流也是一种分层结构，这样可以把位流中逻辑上独立的实体分开。MPEG-1 视频流分层结构如图 6-5 所示，从上至下共包括 6 层：序列层（Sequence Layer）、图像组 GOP 层（Group of Picture Layer）、图像层（Picture Layer）、片层（Slice Layer）、宏块层（Macroblock Layer），以及块层（Block Layer）。

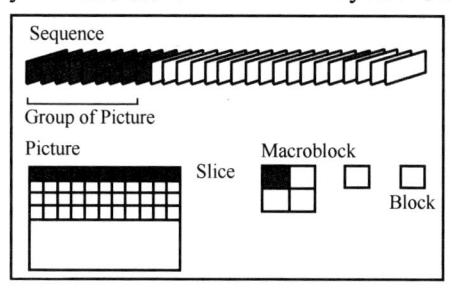

图 6-5 MPEG-1 视频分层结构含义

由图 6-5 可知，以上分层结构的含义可以形象地表示出来。

视频流的每一层都有一个独特的头标志，通过这些标志可以区分出一个个不同的数据单元。在对视频流进行网络打包封装时这些标志是很有意义的。

在压缩视频流通过 IP 网络传输之前，必须进行打包封装（Encapsulate），合适的组包算法对视频流的优化传输是十分必要的。

由图 6-5 可见，在 GOP 层，MPEG-1 视频比特流由一系列的图片组成，每个图片（帧）都属于下列 3 种类型之一。

- I 帧：内部编码帧，是仅仅使用自身信息进行编码的帧。I 帧压缩采用基准帧模式，只提供帧内压缩，不能去除帧间冗余。帧内压缩基于离散余弦变换（DCT）。
- P 帧：预测编码帧，是从过去的 I 帧和 P 帧使用运动补偿预测进行编码的帧。它考虑到运动特性，提供帧间编码，预测当前帧与前面最近的 I 帧或 P 帧的差别。
- B 帧：双向预测编码帧，是从过去的 I 帧或 P 帧使用运动补偿预测进行编码的帧。它从前面和后面的 I 帧或 P 帧中提取数据，B 帧基于当前帧与前一帧和后一帧图像之间的差别进行压缩。与 I 帧或 P 帧相比，B 帧压缩率最高。

可见，I 帧画面的内容进行了完整的压缩，只有此帧数据完全记载画面的内容。因此，I 帧内容至关重要。在试验中采用了一种对 I 帧加密的方案，因此有必要研究视频比特流中 I 帧的判读方法。

在 MPEG-1 视频比特流结构中，Sequence 头、GOP 头及 Picture 头的出现都有着唯一的标志。根据这些标志能够正确地区分出不同的序列单元。例如，4 字节组 0x00000183 标志着比特流中将会出现一个 Sequence 头，0x00000188 标志一个 GOP 头的出现，0x00000100 标志一个新的视频帧的出现，0x00000187 代表序列尾，等等。在每个 GOP 头之后的第一个数据帧一定是 I 帧。在 I 帧结束后紧接着是下一个帧头或另一个 GOP 头。

正是有了这种结构和标志，应用程序可以方便地读出每一帧数据，虽然每一帧的大小各不相同。

6.3.5 数据流化技术

1. 流化的概念

广义上讲，保证连续媒体实时应用中服务质量的各种方法和策略都可以归结为流化技术，它是使音频和视频形成稳定和连续的传输流和回放流的一系列技术、方法和协议的总称。

流化技术的主要优点体现在：

（1）可以实现实时传输和实时播放。流化多媒体使得用户可以立即播放音频和视频流,这无论对于存储在服务器上的流化音/视频文件还是对现场音/视频流都是很有意义的。

(2)可以节省大量的存储空间。无论是预先构造的流文件或用实时编码器得到的现场流都比原始信息的数据量要小,并且用户不必将所有播放的数据都同时存储在本地存储器上,可以边下载边回放,从而节省了大量的磁盘空间。

总之,流化技术是实现流式传输的基础,是极为重要的。

那么,如何有效地封装媒体数据流是流媒体研究中的一个重要问题。目前,对于 ITU-T 的 H 系列的视频流和 MPEG-1/2 系统流的封装算法较为成熟,而对于 MPEG-4 和其他编码格式的媒体数据流封装的研究还在进行之中。

2. 多媒体文件的流化方法

要实现流式传输,在服务器端首先要对数据进行流化。这里以 MPEG-1 磁盘数据文件为例来进行流化过程的分析。

首先要从磁盘中将媒体文件读出。对于较小的数据文件,可以一次将其全部读入内存,每次再从这片内存区中读出一个包所需的数据,进行打包发送,这是最简单的数据流化方式。

在数据流化过程中,文件读取的速率对媒体流的发送速率起着决定性作用。因为每种媒体类型都要求特定的传输速率,为了使发送速率与之相匹配,应合理地计算和调整文件的读取和发送速率。

从实际情况来看,多媒体文件一般都很大,不能一次全部读入内存,可以采用每次读取一个数据包的做法。但如果这样,在媒体流的整个生命周期内,需要进行的磁盘访问操作次数会过于频繁。可以对媒体服务器采用一种内存缓冲策略,以减少读取过程中的磁盘访问次数。

媒体服务器的存储涉及硬盘和内存两个部分,硬盘的访问速度远远低于内存。因为访问磁盘包括机械操作,典型的磁盘访问时间包括磁头移动、磁盘旋转和数据访问三部分。因此就需要采用内存缓冲策略来提供文件的读写速度。

内存缓冲策略的具体操作为:每次访问磁盘时读取相对大量的数据,从而减少磁头的移动和磁盘的旋转次数。例如,一次读取多个数据包的数据量,先缓存于文件缓冲区中,后面的模块再根据需要从这片内存中读取数据。

实际操作时,每次读入的媒体流数据包尺寸不能太大,也不能过小。数据包太大则会造成网络丢失现象,过小效率又会太低。

根据以上分析,可以采用这样的数据流化策略:设定一个大小合适的 RTP 媒体流数据包,一次磁盘访问读取若干个数据包,先存放于文件缓冲区中,然后按一定的时序发送出去。

在如何对 MPEG 数据进行网络封装的问题上,IETF 已经制定了一系列的标准，如 MPEG-1/2 over RTP 标准等。该标准建议在对 MPEG-1/2 的 RTP 封装过程中，应将 MPEG-1/2 数据分成两路媒体流：RTP 音频流和 RTP 视频流，并对每种数据流的封装规则做了较为详细的规定。因此，在实现时首先要将音/视频流分离开来，然后再分别进行打包发送。

但在实际应用中可以根据需要不进行音/视频的分离。因为按照上述标准进行封装将带来这样一个问题：音频流和视频流从网络源端传向目的端的过程中，由于所经可能路径的不同以及 QoS 的差异，将会有程度不同的延迟和抖动表现。这就造成了在发送端同时生成的音/视频流到达接收端的时间有了差异。那么，应用程序必须在客户端进行同步处理。

当然，这个同步问题可以通过 RTP 和 RTCP 协议中的时间戳等信息来解决，但这样既增加了处理的复杂性，也不利于和图像显示之间进行衔接。

鉴于以上分析，采用了将 MPEG-1 媒体系统流直接封装进 RTP 包的做法，并且 RTP 对 MPEG-1 系统流的封装规则限制较少，实现上也比音/视频流单独封装方便。

3. MPEG-I 的数据分析过程

如果对数据全部加密，可以使用以上的流化策略，再结合某种加密算法将数据载荷加密后填入 RTP 包，实现相对简单。

但是，当采用选择性的加密方案时，如选择对 I 帧进行加密，那么打包之前就需要进行音/视频分离，也就是说首先要进行数据类型分析，这个过程是比较复杂的，下面简要介绍这一过程中对数据流进行分析处理的方式。

读系统层数据流，并找到系统头（System Header）和其他必要的信息：

（1）读出一个包（PACK）中的包头（Pack Header）和系统头（System Header），根据其中的头长度（Header_Length）域来定位第一个分组（packet）。

（2）读出分组中的分组头（Packet Header），利用其中的 StreamID 域区分分组数据类型，从而可将音频流和视频流区分开来，分离后的音/视频流单独进行加密处理。使用 Packet length 域来定位第一个分组数据字节（Packet_data_byte）。

（3）读出该 Packet 中的所有 Packet_data_byte 数据字节，它们就是 MPEG-1 的 ES 层音/视频数据流。

（4）处理以上音/视频数据流：扫描数据流找到其中的序列头、GOP 头和 Picture 头，从而找到其中的 I 帧，重复直到该 Packet 中数据处理完毕；返回读出该 PACK 中的下一个分组 Packet。

（5）返回系统层（2）读取下一个包 PACK，然后重复同样的步骤直至遇到 ISO 11172 结束码时，数据流处理完毕。

6.3.6 流媒体加密技术

计算机网络的安全问题主要涉及到两个方面：一方面是高速电子线路中传输数据的安全；另一方面是计算机系统中存储数据的安全。解决这些安全问题的基础是现代密码学。对流式数据加密时可以使用常规的加密方法，将数据流当作普通数据全部加密，也可以通过研究媒体数据本身的结构特点进行部分加密。

现代密码学根据加密密钥使用方式的不同，将密码体制分成两大类：对称密码体系（Private Key Cipher）和非对称密码体系（Public Key Cipher）。对称密码体系，也称单钥密码，加密和解密双方所用密钥相同；而非对称密码体系，也称公钥密码，加密和解密使用的不是同一把密钥。两种密码体制各有利弊，分别适用于不同的应用场合。在流式传输过程中，服务器在发送数据时进行加密，客户端在播放前进行解密。加/解密都是针对流化了的媒体流进行的，也就是说欲加密的明文是一个数据包或其中的一部分，而不是整个多媒体文件。

在使用常规密码技术对流媒体数据进行安全保护时，应考虑以下几个方面。

（1）密码体制的选择。首先要考虑使用公钥密码还是单钥密码。流媒体传输要求很强的实时性，数据量又很大，而公钥密码算法的计算都比较复杂，效率较低，这就限制了只能使用单钥密码体制进行媒体数据流的加密。单钥密码体制中又有分组密码（block cipher）和序列密码（stream cipher）之分。两者都可用于流式传输中。因为通信过程中媒体数据本来就是被成块处理和传输的，因此可以使用分组密码，这样做的另一个好处是一个密文块中的传输错误不会对其他块产生影响，也就是不存在块间的错误扩散。使用序列密码（又称流密码）是因为它加密速度快，处理简单。

（2）加密算法的选取。每种密码体制都存在多种标准算法，每种算法的性能和安全性也有所差异。所以，应当根据应用的特点和网络的状况，在保密性和实现代价之间做出权衡后，选用一种合适的算法。当然也可以自行设计合适的加密算法，只要保证有足够的安全性。具体到某个算法中还应考虑许多其他因素，如分组长度和密钥长度的选取等，都会对加密速度和安全性产生直接的影响。

（3）工作模式的选择。任意一种计算机加密程序都是按照某种固定的步骤和方式执行的，因此，如果加密时明文和密钥都相同，则必然得到相同的结果。但如果这样，数据的保密性就会受到影响。这是因为在计算机系统中，由于数据结构和数据冗余使得许多数据信息都具有某种固有的模式，如标准的多媒体文件都具有一种固定的结构，一个数据库中所有的记录也都具有相同的结构等。这样经过加密程序的作用后，这些固定的格式就会在密文中露出痕迹。为避免这种问题，可以使用数据预处理技术和链接技术，不同的技术就形成了分组密码的不同工作模式。

常见的工作模式有电子编码本模式（ECB）、密码分组链接模式（CBC）、密码反馈模式（CFB）和输出反馈模式（OFB）等。ECB 使用同一个密钥将每个明文块分别加密，各块相互独立。在 CBC 模式中，每个明文块在加密前先与前一个密文块进行"异或"运算，增加了复杂度和密码分析的难度。CBC 模式的安全性较 ECB 模式好，因而受到广泛使用。CFB 模式和 OFB 模式类似于 CBC 模式，但是进行"异或"的量是独立生成的。在同一工作模式下可以选用不同的初始化向量进行数据预处理。流媒体数据加密是对一个个数据包进行的，也可以看成是对小数据文件进行加密的，工作模式可选用 EBC 或 CBC 模式。但是，在对非压缩的多媒体数据（如位图文件等）进行加密时，由于其高度冗余性，若简单地选用 ECB 模式将无法掩盖某些原始信息，最好使用 CBC 模式。

（4）数据填充的需要。采用分组密码算法时需要将明文根据分组长度来分成若干块，实际应用中明文消息通常比分组长得多，因此最后的分组可能是一个长度较小的短块。如何处理这些短块呢？主要有以下 3 种方法：填充法、密文挪用法和序列密码加密法。

另外，还有许多其他因素，如同步需要、密钥管理策略等都需要在流媒体加密中考虑周全。

6.3.7 用分组密码进行流式文件加密

1. 常用分组算法

20 世纪 70 年代密码学有两大突破性进展：一是数据加密标准 DES 的出现，二是公钥密码体制的提出。

DES 是由美国国家标准局颁布的一种分组加密算法，后来被 ISO 接受并作为国际标准。加密时 64 位的输入数据进行 16 轮编码，经一系列替换和移位后，输入的 64 位原始数据转换成完全不同的 64 位输出数据。DES 是一种世界公认的较好的加密算法。自它问世多年来，经受住了许多科学家的研究和破译，在民用密码领域得到了广泛的应用。但是任何加密算法都不可能是十全十美的。

随着计算机技术和密码分析技术的快速发展，一直广泛使用的 DES 算法日益显出衰老的痕迹，在目前的技术下破解 DES 已成为可能。DES 的主要问题有：密钥长度不够，DES 里的 S-Box 可能包含后门，等等。为了提高安全性，DES 的改进算法 3DES 增加了密钥长度（112 位），但是速度显然比 DES 慢。

1997 年，NIST（美国国家标准和技术协会）在全球范围内征集新的密码算法，经过几年的筛选，到 2000 年 10 月，NIST 宣布从 15 种算法中选出一种作为新的数据加密标准，将用来取代 DES 算法。

Rijndael 算法被选中成为下一代对称密码算法的标准——高级加密标准 AES。AES 作为 DES 算法的替代者将成为未来数十年最重要的对称密码算法。Rijndael 算法是安全高效的。因为它在设计时就考虑到了 3 个原则：抵抗已知的密码攻击方法；兼顾速度和代码大小，以适应各种平台的需求；设计思想简单。它的速度比 3DES 快，安全性至少与 3DES 相同。AES 在处理过程中仅仅进行了一系列简单的位操作运算，因此，即使纯粹用软件来实现，AES 也是极快的。例如，用 C++ 在奔腾 200 的计算机上实现的 AES 的加密速度可达到 70Mbps。Rijndael 是一种分组迭代算法，它由 3 个独特的称之为"层"的可逆均衡转换组成，它们分别是线性混合层、非线性层和密钥加法层。它采用可变的分组长度和密钥长度，分组长和密钥长都可以取为 128 位、192 位或 256 位，从安全性角度讲密钥越长越好，但计算的开销也随之增加。

使用该算法时整个加密过程要经过多轮（用 Nr 表示）变换，Nr 是由分组长度和密钥长度共同决定的。变换过程中共需 $N+1$ 个密钥，称为轮密钥，它们是由初始密钥生成的。

另外，使用国际标准密码算法还应考虑到专利权的问题，Rijndael 算法可以在全世界范围内免费使用。其他常用的分组加密算法还有 IDEA、FEAL、RC5 和 RC6 等，它们的共同特点是将明文以分组为单位进行加密处理的。

2. 在流式传输中使用 AES

流媒体不同于一般的数据文件，它是"流动"的媒体数据，下面，我们就使用 Rijndael 算法来对流媒体数据进行加密分析。目的是以该算法为例来说明分组算法在流式传输中的使用方法。在具体使用 Rijndael 算法时，我们设定密钥长和分组长均为 128 位，并将加密方式分为块式加密（Block Encrypt）和填充式加密（Pad Encrypt）两种，以兼顾不同包长的要求。块加密方式要求明文长度必须是块长 128 位的整倍数，所得密文与明文长度相同。填充式加密方式对明文长度不作要求，对小于 128 位的分组会自动填充一些附加字节，密文会比明文长一些。

在多媒体文件的流式传输中，一个文件被分为许许多多的协议数据包，而 Rijndael 算法是将数据包作为明文的。确定数据包长度时不仅要考虑到区分组长度是 128 位的整数倍，还要兼顾网络传输的效率和可靠性需求，这样可将包长定为 1280B、1920B 或 2560B 等。但无论如何也难保证最后一个包也是块长的整数倍，因此，将块加密和填充式加密两种方式结合起来，仅对最后一个数据包采用填充式加密方式，而对前面所有的数据包都采用块加密方式，这样就可以免去处理加密时数据位的扩展问题，从而降低了处理时间和所需空间，提高了时空效率。

在该算法中，128 位的密钥长和分组长就决定了加密轮数为 10 轮，在进行轮加密变换之前必须首先生成 11 个轮密钥，分别用在初始密钥加法和每一轮的加密之中。这是通过一个称为密钥扩展的函数 KeyExpansion 从原始加密密钥中派生而来的，扩展后的密钥保存在一个长度为 128×11 的向量中供读取，轮密钥用 round key 来表示。

因为明文数据要经过多轮变换才能得到密文结果，特设一个存放原始数据及中间结果的状态数组 State，它是一个 4 行 Nb 列的二维数组，其中 Nb=分组长 132，因此在我们的方案中 Nb=4。加密开始时，先将分组的初始值按列优先的顺序填入字节数组 State 中。

6.3.8 用序列密码对媒体流加密

如果将上述分组密码算法中的分组长度定为 1 位或 1 字节，也就是将明文空间的元素逐位或逐字节地加密，这就是序列密码（流密码）的实现思想。对流密码而言，密钥是一个与明文长度相同的序列。加密时明文序列与密钥流序列通过逐位运算来实现加密，解密时以同步产生的密钥流进行相反的变换。

与普通分组密码和公钥密码相比，序列密码速度最快，实时性最好。因此，序列密码适用于数据量大且实时性要求高的流媒体加密，它也是目前军事、外交等领域应用的一种主流密码体制。

很久以前，香农就证明了在理论上只有"一次一密"的密码系统是不可破解的，虽然实际上绝对安全的密码系统是不存在的。序列密码就是仿效"一次一密"的密码系统，只要产生的密码序列周期足够长，随机性和不可预测性足够好，便可近似地实现理想的保密体制。

序列密码的强度完全依赖于密钥序列的随机性和不可预测性。另外，保持收发两端密钥流的精确同步也是实现可靠解密的关键技术。所以序列密码的核心问题是密钥流生成器的设计，一般可使用伪随机数发生器。密钥流生成器需要一个加密密钥作为输入参数，如果同一个生成器每次都使用相同的加密密钥，那么它生成的密钥流也总是相同的。所以，为了保证安全，不能重复使用相同的密钥。常见的生成器有基于线性和非线性移位寄存器的序列密码、基于混沌的序列密码，等等。这都是密码学中研究的内容。

下面就是使用序列密码对流媒体进行加密的流程。

使用序列密码加密，首先要把明文信息，如文本、图像、声音等排成明文序列，再将它与密钥序列逐字节（位）进行"异或"运算生成密文序列，接收者用相同的密钥序列对密文序列进行"异或"运算来恢复明文。

在使用序列密码对媒体流加密时，网络数据包的大小可以根据网络的需要来设定，与分组加密不同，这里需要考虑的仅仅是网络传输的需求。

整个加解密过程是：播放过程一旦开始，密钥流生成器就不断地产生出密码序列，服务器也周期性地发送网络数据包。在数据流化的过程中，将随机数序列与数据包中的明文序列进行逐位（字节）的"异或"运算后，再按照网络协议进行打包。解密端从网络上收到数据包后，先进行解封装得到密文数据流，然后再与密钥流进行"异或"运算得到明文。

6.3.9 流媒体数据加密

流媒体安全是指网络上流动的实时媒体流的安全，而实时通信的安全依赖于整套的网络安全机制。安全机制需要解决的问题主要集中于加密、认证和密钥管理等几个方面。本节先对相关的网络安全知识进行概括，再根据流媒体数据加密特点加以分析。

1. 网络数据加密方式

数据的加密变换使得数据通信更安全，但它不能保证在传输过程中绝对不会泄密，因为在传输过程中还有泄密的隐患。对于局域网通信，可采用以下 3 种具体措施进行加密传输。

（1）链路加密。传输数据仅在物理层上的数据链路层进行加密。接收方是传送路径上的各台节点机，信息在每台节点机内部都要被解密和再加密，依次进行，直至到达目的地。使用链路加密时，经过一台节点机的所有网络信息均需要进行加密和解密，每一个经过的节点都必须有密码装置，以便解密、加密报文。采用链路加密方式，从起点到终点，要经过许多中间节点，在每个节点处均要暴露明文。如果链路上的某一节点安全防护比较薄弱，那么按照木桶原理，虽然采取了加密措施，但整个链路的安全只相当于最薄弱的节点的安全状况。

（2）节点加密。与链路加密类似，节点加密方法是在节点处采用一个与节点机相连的独立的密码装置，密文在该装置中被解密并被重新加密，明文不通过节点机，避免了链路加密在节点处易受攻击的缺点。

（3）端到端加密。端到端加密方式中，数据在发送端被加密，在接收端解密，中间节点处不以明文的形式出现。端到端加密是在应用层完成的。报文信息中除报头外均以密文的形式贯穿于全部传输过程。只是在发送端和最终端才有加密、解密设备，而在中间任何节点报文均不解密，因此，不需要密码设备。

2. 密钥管理

事实上，能否切实有效地发挥加密机制的作用，关键的问题在于密钥的管理，这包括密钥的产生、分发、安装、存储、更换、使用，以及销毁的全过程。

由于流媒体采用了对称加密方式，因此在加密数据内容之前，通信双方必然有一个密钥协商的过程，如何保证密钥的安全是至关重要的。常用的办法是使用公钥算法来进行密钥的事前配送。

（1）将对称密码和非对称密码结合使用，比如将 RSA 和 AES 结合。AES 用于明文加密，而 RSA 用于 AES 会话密钥的加密。这是由于 AES 加密速度快，适合加密数据量很大的报文；而 RSA 可解决 AES 密钥分配的问题。

（2）使用经典的 DH（Diffie Hellman）密钥交换协议。这种方式下，由于密钥是在链接时才产生的，无须事先商定，并且避免了直接传输密钥的风险，保密性更好。

另外，为了增加安全性，在通信过程中还可以进行密钥的更换和销毁。

3. 流媒体加密特点

图像或视频信息的有效加密方法是传统密码学研究中遇到的新问题，因为这些数据有着与传统数据不同的特点。图像或视频的加密方法中有一类是信息隐藏，如数字水印技术，另一类是采用密码学的基本思想和一些新的手段将图像和视频直接进行置乱或分存处理，使其在视觉上不包含任何有意义的信息。

多媒体数据流中含有音频流和视频流两类不同的数据，而且视频所含的数据量和结构复杂性都远远大于音频数据，因此应当主要考虑对视频流的加密。视频数据的加密可以使用两种不同的方法：一种是采用前述的普通数据加密法将视频全部加密；另一种是根据视频文件本身的特性，对不同类型的视频文件采用不同的加密算法，这是由于组成视频序列的数字图像本身具有时空冗余特性，使得它可以不用逐位加密，而应考虑更为合适的轻量级加密算法，以减小开销。

对视频数据的加密一般有两种不同的研究方法：一种是将加密过程与编码过程结合起来设计加密算法；另一种是在编码完成之后再对压缩视频流进行加密。从数据保密的角度来看也有两种选择：全部加密和部分加密，两者在额外开销和安全性上都各有不同。全部加密开销较大，但安全性较高，因为此时媒体流的安全性就取决于加密系统本身，比如取决于 AES 的安全性。部分加密是在研究视频流本身数据结构的基础上，只对部分关键数据进行加密，开销小，但安全性差一些，因为密码分析专家可能会利用视频流结构上的特点分析出某些关键信息。

要在网络上安全地传输实时音/视频数据，加密算法必须是高效的，不能因为加密和解密而影响到系统的实时性。从应用角度看，应当满足 25～30fps 的播放速度，对 MPEG-1 来说就是要满足 1.5Mbps 的处理要求。

因为多媒体数据的特殊性，只要对其中某些数据位进行简单置换，或者通过改变某些特殊位就能使解码器无法识别，从而达到加密的目的。从这点来看，提出一种新的加密算法是比较容易的。但是，这种简单置换虽然能达到保密要求，可对于具有多媒体专业知识的密码分析人员来讲，其安全强度是较低的。

4．流媒体加密标准衡量

我们再来看一下视频结构。每个视频流都可以被看作一个按顺序显示的图像序列，每个图像又是由多个像素点组成的二维数组，数组中的每个点都由一个 RGB 三元组表示，该三元组给出了该像素点的颜色值。由于视频与图像之间的密切关系，下面先考虑图像的加密。

图像与普通文本在加/解密标准上有一个明显的区别，那就是图像的加密存在着不同的级别。普通文本文件加密后的结果只有两个，一种结果是可以破译，从而能够恢复出原始的明文；另一种结果是无法破译，看到的完全是混乱的、无意义的密文。但是对于数字图像来说情况就复杂得多，图像存在着这样两种加密级别：一种是加密后仍然有部分可见的模糊图像；另一种是加密后图像完全不可理解。这两种不同强度的加密方法可以在不同的应用场合中发挥各自的作用，如对于付费电视信号的加密，模糊图像是吸引观众购买节目的一种手段。

另外，某些应用也不需要长时间的高强度加密，如新闻广播内容只需要加密很短一段时间，这时选用一些简单的加密算法即可满足安全需求。而对于保密性要求高的应用场合，则要求高强度的加密。理想的数字图像加密算法至少应当具有以下几个特点：

（1）加/解密过程所需开销应尽可能小；
（2）加密不应该降低原始图像的压缩比；
（3）加密算法应足够安全，能够抵御常见的图像分析及恢复技术；
（4）加/解密不应该影响到图像的原始质量。

下面就对常见的 MPEG-1 标准数据流的加密问题进行分析，至于其他格式的数据流可根据其数据流的结构进行类似分析。

6.3.10 MPEG-1 加密方法

从多媒体文件或实时的多媒体数据流中所含的信息来看，大部分数据都是视频信息，因此下面以 MPEG-1 为例来介绍对视频数据的加密方法。对于其他类型的多媒体文件，也可以参照类似方法进行分析和处理。

MPEG 系列都是有关运动图像和编码的标准。每个标准又分为音频和视频两个部分，我们以 MPEG-1 标准为例来说明其加密原理。实现时，可以对 MPEG-1 系统流直接进行加密操作，也可以对音/视频流进行单独的加密。因为在进行数据的 RTP 打包时，可以将音/视频数据流分别打包形成两路媒体流进行网络发送。

1. MPEG-1 音频的加密

与视频相比，音频数据量小且结构相对简单，其空间关系不如在图像和视频中那么复杂，而主要表现为一个时间序列。MPEG-1 音频制定了音频信号的 3 种不同编码方案，或者说 3 种不同的压缩格式，分别称为 MPEG-1 Audio Layer Ⅰ、MPEG-1 Audio Layer Ⅱ和 MPEG-1 Audio Layer Ⅲ，从 Layer Ⅰ到 Layer Ⅲ编码复杂性逐渐提高。对于每一个 Layer，标准都指定了音频流的格式和解码标准。

音频数据根据时间信息可以分成许多块（Block），在 Layer Ⅰ中一个数据块包含 384 个样本，而在 Layer Ⅱ和 Layer Ⅲ则含有 1152 个样本。音频编码时，一个块被编为一帧，因此编码过的音频流是由大量的连续的音频帧构成的。每一帧是相互独立的，都由帧头和音频数据组成。帧头中记录了许多信息，用来指明它属于哪一个 Layer，以及音频数据的采样率、声道数、该帧是否有 CRC 保护、是否原创，等等。为了支持随机播放，所有的音频帧都包含帧头。这样，在同一个数据流中，所有的帧头都是相同的，虽然这样带来了冗余，但更带来了方便。

2. MPEG-1 视频加密算法分析

MPEG-1 视频流加密的方法，可以分为以下几大类。

（1）完全加密法。这种算法把视频数据与一般的文本数据同等对待，完全不考虑视频本身的特点。它首先把图像/视频的二维或三维结构变为一维的数据流，再使用 DES、AES 等标准算法直接将数据逐位进行加密，其优点之一是安全性高，优点之二是加密可以免去考虑媒体数据格式的区别，这样无论对于 MPEG 格式、ASF 格式、还是 RM 等格式的媒体数据，均可以采用统一的加密方法。缺点是开销较大。这种加密机制前面章节中已经研究过。

（2）选择性加密法。从 20 世纪 90 年代起，学者们就不断地提出一些 MPEG 视频的选择性加密算法。总的来说，这类方法是通过分析 MPEG 视频结构上的特点之后，有选择地对部分数据进行加密。虽然只是对部分数据加密，加密后的位流已经不再具有标准的 MPEG 结构特点，因此实现了数据保密。要对加密后的视频数据进行破解，攻击者面临着两大难题，一是必须找出哪一部分数据被加密了，二是找到后还要知道如何进行解密。选择性加密由于只对部分敏感数据进行加密，从而减小了开销。选择性加密法对已知明文攻击或选择明文攻击的抵抗力一般较弱，因为它暴露了许多未加密的信息。

可以根据不同的应用需求来选择不同的选择性加密方案，常见的有以下几种选择方案。

- 选择对视频序列中所有的 I 帧进行加密。因为 P 帧只记录了与其前面 I 帧进行比较的差分信息，B 帧只记录了与其前后的 I 帧、P 帧相比较的差分信息,I 帧信息一旦被加密,B 帧和 P 帧便失去意义。但由于数据的帧间关联,仅仅加密 I 帧后仍然能够暴露出一些信息,这些信息主要来自于 B 帧和 P 帧中的 I 块。
- 对视频序列中所有 I 帧进行加密的同时,再选择对 B 帧和 P 帧中的 I 块进行加密,以提高安全性,但这样增加了寻找 I 块的开销。因为 I 帧占整个视频的 30%~60%,再加上寻找 I 块,其开销已接近于全部加密。
- 选择对视频序列头加密,因为序列头中包含了解码所需的一些初始化参数,如图像大小、帧率、位率,以及缓冲区的大小,等等。对头部信息加密就使得标准解码器无法识别出视频流,从而达到了加密的目的。要进一步增加安全性,可以同时对视频序列尾进行加密。

上述几种选择加密法可以综合使用,也可以制订其他的选择方案。

(3) VEA 视频加密算法。这种算法是基于 MPEG-1 视频序列的统计特性,描述如下:

- 将原视频序列按奇偶位分成两个序列 $a_1, a_3, \cdots, a_{(2n-1)}$ 和 $a_2, a_4, \cdots, a_{(2n)}$。
- 对以上两个序列进行按位"异或"运算:$a_1, a_3, \cdots, a_{(2n-1)}$ Xor $a_2, a_4, \cdots, a_{(2n)}$,得到一个新的序列:$c_1, c_2, \cdots, c_m$。
- 选择一个加密函数 E(最初用 DES),对偶数序列 $a_2, a_4, \cdots, a_{(2n)}$ 进行加密,得到 $E(a_2, a_4, \cdots, a_{(2n)})$,最后将序列 $c_1, c_2, \cdots, c_m$ 和 $E(a_2, a_4, \cdots, a_{(2n)})$ 组合作为加密结果。

这种加密模式对已知明文攻击有很好的抵抗力,因为每一帧加密时都要进行密钥的变更。对唯密文攻击也有很强的免疫力,因为唯密文攻击是通过频率分析得出的,所以攻击极其困难。

(4) 将压缩和加密过程相结合的方法。一般来说,加密应当在压缩之后进行,因为加密之后再压缩将会因密文数据的随机性而降低压缩性能。但有时 MPEG 的压缩和选择性加密会相互矛盾,此时必须在两者之间进行权衡。此类研究都是针对不同的视频格式进行的。例如,有一种典型的 ZigZag 置换加密算法,在 MPEG-1 的编码过程中将 8×8 块映射到 1+64 的向量时不使用原来的映射顺序,而用一个随机映射表来代替之。这种方法在加解密上的开销极小,但是它却造成了图像尺寸的增加,这与数据压缩的目标背道而驰,因而是不合适的。

以上概括了视频数据的几种加密方法。但这并不是这里的研究重点。此处主要是研究如何对媒体数据流进行实时的加密和解密,换句话说,在加密之前,标准的媒体流已经生成,从分析标准的压缩视频流结构入手,而不是从媒体流的生成过程来考虑视频加密。选择对 I 帧和关键帧同时加密。这样能够获得更高的保密性,因为关键帧在进行基于内容的分析、检索,以及查询中有非常重要的地位。所以,对关键帧加密是很有意义的。

关键帧又称代表帧，是用于描述一个镜头的关键图像帧，它通常会反映一个镜头的主要内容。但是，有些 I 帧并不是关键帧，因此我们选择对 I 帧和关键帧同时加密。当然，在网络视频加密时可否选用这种加密方法，要权衡加密所用开销。目前，关键帧的抽取算法大都基于原始的视频流，这样就要对压缩流首先进行解压缩，计算量比较大。随着相关研究的不断深入，已经出现了一些从压缩视频流中直接提取关键帧的高效算法。

3. 加密速度对实时性的影响分析

多种加密算法可用来对流媒体数据加密，但要确定某种算法是否实用，要看它是否影响流媒体的实时播放效果。

基于这样的思路分析，在 MPEG-1 数据流的编码过程中，每个数据帧的帧头信息中都包含了该帧相对于系统头的解码时间，在实际运行中，通过这个解码时间就可以判断出某一帧是否能够按时解码，也可以判断出用多少时间可以解密。因为一个数据流中数据帧的大小不同，在网络传输时可能出现这样的情况：较小的帧用一个数据包就容纳得下，而较大的帧可能会被分装在若干个数据包中。对于这些被分割的帧，由于每包都要分别加/解密，将会带来较大的延时，如果它们能够实现实时加/解密，那小帧自然不成问题，因此，可以只需考虑大数据帧的情况。假设在 MPEG 流中某一帧相对于系统流中第一帧的解码时间为 D，而实际得到的第一帧的解码时间为 D_1，那么当前帧的指定解码时间 a 应当是：$a=D_1+D$。

将这个指定解码时间 a 与该帧的最后一个包到达客户端的时间 b 相比，如果 b 晚于 a，就说明该帧因某种原因已经迟到了，此时加/解密已经不可避免地影响到了播放的实时性。如果 b 早于 a，那么两者之间的差值，即是可用来解密该数据包的时间。对任意数据帧，客户端都是在收到它的所有数据包之后才开始解码播放的。对于最长的数据帧，如果它能够在 $a-b$ 内解密完毕，其他的帧解密自然不成问题。因此，若在 $a-b$ 时间段之内，该帧的最后一个数据包能够解密完毕，就可以认为所用的解密算法能够满足实时播放的需要。假设这个最长帧共包含 n 个数据包，每个包需要的解密时间为 t，所以，应当有：$t<a-b$，即解密速度大于包长除以 $(a-b)$。

6.3.11 基于 DirectShow 的流媒体加密传输

1. 软件设计模式

在此例举一个基于微软 DirectShow 框架和流媒体实时传媒 RTP/RTCP 协议的

流媒体传输系统实例。首先讲述系统的软件设计总体模式，然后着重介绍服务器端和客户端的实现机制。系统采用 MPEG-1 标准的数据格式。原始媒体节目以文件形式存储在服务器中，收到客户端请求后，开始播放，类似于 VOD 应用模式。

在实际应用中，为了增加系统安全性，每次申请播放前应当对客户方进行身份认证，并且播放每个文件都应当使用一个新的密钥。这样在每一个节目播放之前，都要根据选定的密钥管理策略，在通信双方进行密钥的协商和传递，密钥交换结束后，立即在服务器端开始加密传输，到了客户端经过解密后再播放。

整个软件结构包括两大部分：服务器方和客户方，双方通过网络交换媒体数据和控制消息。这些数据和消息分别封装在不同的协议报文中。媒体数据是通过 RTP 报文发送的，控制消息则通过 RTCP 报文发送。播放服务器上的多媒体文件时，客户方必须先用一个数据接收程序从网络接收媒体数据包，然后再把解密后的数据传给数据读取源过滤器，后者把这些数据放在 DirectShow 自带的播放器缓冲区中，然后与该读取过滤器直接相连的下行过滤器向它请求数据，得到数据后将媒体样本发送到下一个过滤器，直到渲染过滤器。

在服务器方，媒体流经过数据的流化和加密，最后以密文的形式打包、发送至网络。在客户方，从网络上接收到的是密文数据流，由解密程序负责将数据解密后交给 DirectShow 系统，最后由 DirectShow 负责音/视频的解码和播放。

流媒体文件是边下载边播放的，因此所有的数据流一直是在内存和网络上流动和处理的。在服务器方，巨大的媒体文件只能分段进入缓冲区等待网络发送；在客户方，从网络接收到的数据要存入数据接收缓冲，解密后的数据也只能存放在一个缓冲区中等待 DirectShow 读到其内部的播放缓冲区中。播放器需要数据时播放缓冲不能为空，客户方需要数据时服务器方也必须满足。整个数据交换过程必须达到一个动态的平衡，否则将会出现不可容忍的延时和抖动，影响播放质量。

2．服务器端设计与开发技术

1) 功能设计

流媒体服务器以流式传输的方式向客户端不断地发送数据。其主要功能包括媒体数据文件的读取、加密、打包及网络发送。主要设计了以下几个功能模块：文件读取模块、数据包加密模块、数据流化模块和网络发送模块。另外，服务器方还需要一个通信模块负责与客户方的通信，以保证服务质量。

2) 数据处理过程

服务器的主要任务是完成加密媒体流的生成，具体过程分为以下几个步骤。

- 读取：负责从磁盘中读取媒体数据，放入文件缓冲区（File Buffer），供加密、流化模块使用。每次只能读入磁盘数据文件的一部分，数据进入文件缓冲区后再按一定的速率写入发送缓冲区（Send Buffer）。
- 流化：负责媒体文件的分段。根据数据流化策略，并兼顾分组加密的需要，设定一个媒体数据包的大小为 2.5Kbps，一次文件磁盘访问读取的数据为 15 个数据包的大小，即 37.5KB 媒体数据。由于 MPEG-1 数据码率为 1.5Mbps，1s 的 1.5Mbps 数据量将分成 75 个网络包传输，那么 37.5KB 的数据必须在 0.2s 时间内发送完毕，也就是每 0.2s 发送 15 个网络数据包，这样才能保证 1.5Mbps 的数据率。基于这样的固定频率将数据从文件缓冲区写入到环形的发送缓冲区中。
- 加密：从 SendBuffer 取出一个数据包进行加密运算。加密时应根据所用的不同加密策略进行不同的处理，确定是将数据全部加密还是进行选择性加密，是使用分组密码还是流密码。加密后放入 RTP Buffer 中的数据载荷位置上供打包模块所用。
- 打包：每个加密好的数据包要按一定的封装规则进行 RTP 打包，主要是根据情况填充 RTP 数据包头。
- 发送：打包好的数据经由下层 UDP 协议进入网络发送，这是通过建立 Socket 套接字来实现的。

因为要处理的视频文件数据量大，为避免等待，服务器必须使用多线程技术。一个线程负责磁盘数据的读取，一个线程负责数据的加密和流化，一个线程负责与客户端的通信。实现时必须保证各线程之间很好地协同工作。实际的网络应用环境可能是很复杂的，在媒体数据流的传输过程中，还要实现其他方面的控制，如根据网络状况调整服务器的发送速率、响应客户端的各种命令等，这里不做讨论。

3. 客户端设计与开发技术

1）功能设计

客户端主要实现媒体流的接收、数据解包、解密，以及解码播放等功能。客户端对视频流的处理过程首先要从 Socket 接口接收网络数据包，存放于客户端缓冲区，然后由解封装模块负责将 RTP 数据包中的数据解析出来，交给解密器进行解密，最后传递给数据读取过滤器，由它负责与 DirectShow 连接。

2）数据处理过程

概括地说，每一个到达客户端的数据包，都经过了以下几个处理步骤。
- 数据接收与解包：先从 Socket 接口收到 UDP 协议包，再从中剥离出 RTP 数据，进行 RTP 解封装后放入接收缓冲区中。RTP 包的解封装过程和封装过程相反，只是将其中的 RTP 数据载荷按照指定的格式读出。
- 多媒体流的解密：按照指定的加/解密方案，将接收缓冲区中的密文数据进行解密变换。解密后的数据存入等待缓冲区中。可见，接收、解封装和解密模块三者共享同一块接收缓冲区 Receive Buffer。

- DecRead 数据读取：负责将等待缓冲队列中的数据交给 DirectShow 进行处理。这里是应用程序与 DirectShow 之间的数据接口，必须处理好两者的关系。因为最终媒体流的同步、解压和回放都是由 DirectShow 负责处理的，而媒体数据在交给 DirectShow 之前完全是由应用程序来控制的，所以 DirectShow 首先要能够正确地接收到解密数据流，然后才能够进行播放。
- 数据流解码回放：在接收到足够的媒体数据之后（解密后的明文），MPEG-1 Splitter（过滤器）参考 MPEG-1 数据流中的时间戳信息从 MPEG-1 DecRead 过滤器中不断地复制数据，这一过程为 Pull 过程。然后，MPEG-1 Splitter 再向下游以 Push 方式传送数据。可见，整个数据流的播放时序由 MPEG-1 Splitter 来维护。该过滤器的另一个功能是将 MPEG-1 媒体流分成音/频流和视频流两个部分。分解后的音频流和视频流分别进入 MPEG-1 Video Decoder 和 MPEG-1 Audio Decoder，解码后的数据分别传给 MPEG-1 Video Renderer 和 MPEG-1 AudioRenderer 进行显示和播放，其中的音/视频流同步由 DirectShow 负责。整个流媒体的播放是由基于 COM 的一系列组件模块（Filters）来完成的。

同服务器方一样，在实现过程中为保证数据流的连续播放，客户端同样需要使用多线程技术并要很好地协调它们之间的关系。至少需要使用一个单独的线程来接收并处理网络数据包，一个通信线程负责与服务器交换控制消息等。

6.4 电子交易安全技术

6.4.1 基于 SET 协议的安全电子交易

1. SET 协议概述

安全电子交易协议（Secure Electronic Transaction，SET）是由维萨（VISA）国际组织、万事达（MasterCard）国际组织创建，结合 IBM、Microsoft、Netscape、GTE 等公司制定的电子商务中安全电子交易的一个国际标准，其主要目的是解决信用卡电子付款的安全保障性问题。首先，SET 协议保证了信息的机密性和信息的安全传输，使信息不能被窃听，只有收件人才能得到和解密信息；其次，SET 协议也保证了支付信息的完整性，使得传输数据完整地接收，在中途不被篡改；

最后，SET 通过数字证书认证商家和客户，从而验证了公共网络上进行交易活动的商家、持卡人及交易活动的合法性。SET 协议具有广泛的互操作性，采用的通信协议、信息格式和标准具有公共适应性，从而可在公共互联网络上集成不同厂商的产品。

采用 SET 协议进行网上电子交易支付时，主要涉及持卡人、发卡行、商家、收单行、支付网关和 CA 中心共六方。持卡人是发行者发行的支付卡的授权持有者；发卡行是指发行信用卡给持卡者的金融机构（银行）；商家是有货物或服务出售给持卡人的个人或组织；收单行是指商家开设账号所在的金融机构（银行）；支付网关实现对支付信息从 Internet 到银行内部网络的转换接口，用来处理商家支付报文和持卡人的支付指令，并对商家和持卡人进行认证。

2．SET 协议交易流程

SET 协议交易可分为 3 个阶段，即购买请求阶段、支付授权阶段和取得支付阶段。在这 3 个阶段之前，持卡人、商家和支付网关必须完成在 CA 中心的注册和证书申领工作。

1）交易各方获取 CA 数字证书

持卡人、商家、发卡行、收单行及第三方物流商（如果在交易过程中需要）向各自的 CA 中心申请并取得各自的数字证书。为确保交易各方能验证交易中其他方的身份，建议交易各方采用同一个 CA 中心，或一组能相互认证的 CA 中心。

2）订单确认

- 持卡人浏览商家的网站并选择商品。
- 持卡人完成订单，将订单信息、支付信息进行双重数字签名后，连同 CA 证书一起发给商家。
- 商家收到持卡人的订单信息和支付信息后，通过 CA 中心对持卡人的身份进行验证；同时将支付信息提交支付网关，请求收单行进行验证。
- 收单行收到持卡人支付信息后，将持卡人 CA 证书和支付信息提交给发卡行，验证账户真实性及余额是否充足；如持卡人身份没有通过 CA 中心的验证或账户余额不足以完成本次交易，则商家取消持卡人的订单，同时通知持卡人；若持卡人身份和账户余额均通过验证，则返回商家成功信息。
- 如持卡人身份和支付信息验证通过，则商家确认该订单，并对该订单进行数字签名，同时将订单发还给持卡人。
- 买卖双方确认订单成功。

第 6 章　数字版权交易与保护

3）持卡人和商家签订交易合同

- 在确认订单后，商家向持卡人发送一份电子交易合同（交易纠纷合同），待持卡人确认。
- 持卡人同意合同则交易成功；若持卡人不同意合同，则可以重新修订合同直至双方同意。
- 双方在交易合同上数字签名，合同订立成功。

4）商家申请冻结持卡人资金

- 商家向收单行提交冻结持卡人资金的申请，同时一起提交买卖双方已确认的订单。
- 收单行收到冻结持卡人资金的申请和有买卖双方数字签名的订单后，通过 CA 中心对订单上的商家身份进行验证。
- 如商家身份没有通过 CA 中心的验证，则收单行取消商家提交的冻结持卡人资金的申请，同时通知商家，要求商家重新提交冻结持卡人资金的申请；如商家身份通过验证，则收单行确认该申请，同时通知商家。
- 收单行将该申请和订单发给持卡人所在的发卡行，要求冻结持卡人的资金。
- 发卡行收到收单行提交的商家要求冻结持卡人资金的申请和订单后，通过 CA 中心对订单上持卡人的身份进行验证；如持卡人身份没有通过 CA 中心的验证，则发卡行取消收单行提交的冻结持卡人资金的申请，同时通知收单行，要求收单行重新确认冻结申请；收单行收到发卡行取消冻结申请的通知后，取消商家提交的冻结持卡人资金的申请，同时通知商家，重新提交冻结申请；如持卡人身份通过验证，则发卡行确认该冻结申请，同时通知持卡人。
- 商家申请冻结持卡人资金成功。

说明：持卡人资金的冻结周期可以由买卖双方根据所交易的产品以及物流方式自行约定。一般情况下，建议冻结周期不超过 15 天。

5）商家发货，持卡人收货

以目前较为常见的第三方物流运作模式为例。

- 由第三方物流商到商家提货，并在商家提供的电子收货单上进行数字签名。
- 商家收到有第三方物流商数字签名的电子收货单，通过 CA 中心对第三方物流商的身份进行验证；如第三方物流商身份没有通过 CA 中心的验证，则商家取消第三方物流商的收货单，同时通知第三方物流商，要求第三方物流商重新确认收货单；如第三方物流商身份通过验证，则商家确认该收货单，同时通知第三方物流商。

- 第三方物流商送货到持卡人；持卡人通过第三方物流商 CA 中心对第三方物流商的身份进行验证；如第三方物流商身份没有通过 CA 中心的验证，则持卡人拒收，并通知商家；如第三方物流商身份通过验证，则持卡人进行商品数量、质量的验收，验收合格后，持卡人在商家提供的已有第三方物流商数字签名的电子收货单上进行数字签名，或在纸质收货单上签名。
- 第三方物流商收到有持卡人数字签名的电子收货单，通过 CA 中心对持卡人的身份进行验证；如持卡人身份没有通过 CA 中心的验证，则第三方物流商取消持卡人的收货单，同时通知持卡人，要求其重新确认收货单；如持卡人身份通过验证，则第三方物流商确认该收货单，同时通知持卡人。
- 第三方物流商将含有持卡人数字签名的电子收货单或纸质收货单交给商家，持卡人收货成功。

6）持卡人付款，商家收款，完成结算

结算方式有两种，可以使用电子收货单，也可以使用纸质收货单进行。根据需要选择，这里以电子收货单进行结算为例。

- 商家向收单行提交转账申请，并对该转账申请进行数字签名，确认无误后，与收到的含有持卡人数字签名的电子收货单（如果是通过第三方物流商完成物流配送的，该电子收货单上还应有第三方物流商的数字签名）一起，提交给收单行。
- 收单行收到商家的转账申请和含有持卡人数字签名的电子收货单后，通过 CA 中心对转账申请，以及电子收货单上的商家身份进行验证；如商家身份没有通过 CA 中心的验证，则收单行取消商家提交的转账申请，同时通知商家，要求其重新提交转账申请；如商家身份通过验证，则收单行确认该转账申请。
- 收单行将该转账申请和有持卡人数字签名的电子收货单一起，发给发卡行，要求转账持卡人的资金。
- 发卡行收到收单行的申请和含有持卡人数字签名的电子收货单后，通过 CA 中心对电子收货单上的持卡人身份进行验证；如持卡人身份没有通过 CA 中心的验证，则发卡行取消收单行提交的转账持卡人资金的申请，同时通知收单行，要求其重新确认申请；收单行收到发卡行取消申请的通知后，取消商家提交的转账申请，同时通知商家，要求其重新提交申请；如持卡人身份通过验证，则发卡银行确认该转账申请，同时通知持卡人。
- 发卡行将已冻结的该笔资金进行解冻，并转账该笔资金到收单行，同时通知收单行和持卡人；收单行收到转账的资金后，通知商家，转账完成。

6.4.2 CA 认证系统

1. 系统简介

CA 系统采用模块化结构设计，由最终用户、RA 管理员、CA 管理员、注册中心（RA）、认证中心（CA）等构成，其中注册中心（RA）和认证中心（CA）又包含相应的模块。

CA 系统能提供完善的功能，包括：证书签发、证书生命周期管理、证书吊销列表（CRL）查询服务、目录查询服务、CA 管理、密钥管理和日志审计等全面的功能。

CA 系统按照用户数量的不同分为小型 iTrusCA、标准型 iTrusCA、企业型 iTrusCA 和大型 iTrusCA，不同类型系统的网络建设架构是不同的。

CA 系统具有以下特点：

- 符合国际和行业标准。
- 证书类型多样性及灵活配置。能够发放包括邮件证书、个人身份证书、企业证书、服务器证书、代码签名证书和 VPN 证书等各种类型的证书。
- 灵活的认证体系配置。系统支持树状的客户私有的认证体系，支持多级 CA，支持交叉认证。
- 高安全性和可靠性。使用高强度密码保护密钥，支持加密机、智能卡、USB Key 等硬件设备，以及相应的网络产品（证书漫游产品）来保存用户的证书。
- 高扩展性。根据客户需要，对系统进行配置和扩展，能够发放各种类型的证书；系统支持多级 CA，支持交叉 CA；系统支持多级 RA。
- 易于部署与使用。系统所有用户、管理员界面都是 B/S 模式，CA/RA 策略配置和定制，以及用户证书管理等都是通过浏览器进行的，并具有详细的操作说明。
- 高兼容性。支持各种加密机、多种数据库和支持多种证书存储介质。

2. 认证体系设计

认证体系是指证书认证的逻辑层次结构，也称为证书认证体系。证书的信任关系是一个树状结构，由自签名的根 CA 为起始，由它签发二级子 CA，二级子 CA 又签发它的下级 CA，以此类推，最后某一级子 CA 签发最终用户的证书。

认证体系理论上可以无限延伸，但从技术实现与系统管理上，认证层次并非越多越好。层次越多，技术实现越复杂，管理的难度也越大，证书认证的速度也会变慢。一般情况下，国际上最大型的认证体系层次都不会超过 4 层，并且浏览器等软件也不支持超过 4 层的认证体系。常用 3 层体系：

第一层是自签名的用户根 CA，是处于离线状态的，具有用户的权威性和品牌特性。

第二层是由用户根 CA 签发的用户子 CA，处于在线状态，它是签发系统用户证书的子 CA。

第三层为用户证书，由用户子 CA 签发，从用户证书的证书信任链中可以看出整个用户的 CA 认证体系结构，用户证书在用户的应用范围内受到信任。

采用这种认证体系具有以下特点：

（1）体现用户的权威性。从认证体系上看，用户 CA 具有自己统一的根 CA，由用户进行统一管理，负责整个用户的认证体系、CA 策略和证书策略的定制与管理，这样充分体现了用户的权威性。

（2）具有很好的可扩展性。体系具有很好的可扩展性，采用 3 层结构为体系的扩展预留了空间（因为大多数应用都只支持 4 层以下），根据用户实际应用需求，将来可以在子 CA 下，签发下级子 CA；或者针对别的应用再签发子 CA。这样，使得用户 CA 认证体系具有很好的可扩展性。

（3）具有很好的可操作性。采用 3 层体系结构，相对比较简单，在 CA 的创建和管理上也相对比较容易。虽然从技术上认证体系支持无限扩展，但是层次越多，技术实现越复杂，管理的难度也越大。而采用 3 层结构是目前业界比较通用的、标准的做法。这样，使得用户 CA 认证体系具有很好的可操作性。

3. 系统网络架构

CA 系统包括一个 CA 中心和一个 RA 中心，CA 系统的所有模块可以安装在同一台服务器上，也可以采用多台服务器分别安装各模块。

CA 系统的 CA 认证中心和 RA 注册中心安装在 CA 服务器上，为了保证系统的安全，CA 服务器必须位于安全的区域，即采用防火墙与外界进行隔离。最终用户使用浏览器，访问 CA 服务器，进行证书申请和管理。管理员（包括 CA 管理员和 RA 管理员，可以由同一个管理员担任）使用浏览器访问 CA 服务器，进行证书管理和 CA 管理。

4. 证书存储介质

通常使用 USB Key 来保存用户的证书及私钥。USB Key 是以 USB 为接口的存储设备，它便于携带和使用，可以实现在所有机器（具有 USB 接口）上的漫游，可以满足用户移动办公的需求。USB Key 可以设置用户口令保护，增强了证书及私钥的安全性。

为了在发生 USB Key 丢失等情况时，私钥可以恢复或者还可以用私钥解密以前的加密数据，在申请证书时，密钥对可以在系统中产生而不是在 USB Key 中产生，当证书申请成功后，再将私钥和证书导入到 USB Key 中；同时系统可以文件的形式保留私钥和证书的备份，这就提供了在 USB Key 丢失时对用户私钥和证书的保护措施。

5. CA 系统功能

CA 系统的功能包括以下几个方面。

1）证书签发

通过 CA 认证系统，能够申请、产生和分发数字证书，具有证书签发功能。用户访问 CA 认证系统，提交证书申请请求，申请数字证书；RA 管理员访问管理员站点，审查和批准用户的证书申请请求；CA 认证中心根据 RA 管理员的批准，签发用户证书，并将数字证书发布到目录服务器中。用户 CA 认证系统，获取签发的证书。

2）证书生命周期管理

通过 CA 认证系统，可以实现证书的生命周期管理，包括：
- 证书申请。最终用户使用浏览器，访问 CA 认证系统，可以进行证书申请，在线提交证书申请请求。
- 证书批准。管理员登录管理员站点，完成证书批准功能，可以查看和审批最终用户的证书申请请求。
- 证书查询。最终用户可以通过 CA 认证系统，查询自己或别人的数字证书。
- 证书下载。通过 CA 认证系统，可以下载签发的数字证书。
- 证书吊销。最终用户在使用证书期间，有可能会出现一些问题，如证书丢失、忘记密码等，最终用户就需要将原证书吊销。用户吊销证书时，可以直接访问 CA 认证系统，在线向 CA 提交证书吊销请求，CA 认证系统根据用户的选择，自动吊销用户的证书，并将吊销的证书添加到证书吊销列表（CRL）中，按照证书吊销列表的发布周期进行发布。
- 证书更新。在用户证书到期前，用户需要更新证书，用户访问 CA 认证系统，查询用户的证书状态，对即将过期的用户证书进行更新。

3）CRL 服务功能

CA 认证系统支持证书黑名单列表（CRL）功能，能够配置指定 RA 的 CRL 下载地点及 CRL 发布时间。CA 认证系统定时产生 CRL 列表，并将产生的 CRL 发布至 Web 层 CRL 服务模块，可以通过手工下载该 CRL。

4）目录服务功能

CA 认证系统支持目录服务，支持 LDAP V3 规范，CA 认证系统在签发用户证书时或者对证书进行吊销处理时，会及时更新目录内容。证书目录服务的功能提供给用户进行证书查询的功能，用户可以通过电子邮件（E-mail）、用户名称（Common Name）、单位名称（Organization）和部门名称（OU）等字段查找 CA 认证系统签发的用户证书。

5）CA 管理功能

CA 认证系统具有完善的 CA 管理功能，包括：
- 管理员管理。RA 管理员管理，包括初始化 RA 管理员申请、增加 RA 管理员、删除 RA 管理员；CA 管理员管理，包括初始化 CA 管理员申请、后续 CA 管理员证书申请、吊销 CA 管理员证书。
- 账号管理。个人账号管理，包括注册信息，证书信息等管理；RA 账号管理，包括 RA 账号申请、批准、吊销、额外管理员证书申请等。
- 策略管理。证书策略配置管理，高度灵活和可扩展的配置 CA 所签发证书的有效期、主题、扩展、版本、密钥长度、类型等方面；RA 策略配置管理，包括语言、联系方法、证书类型、是否发布到 LDAP 等； CA 策略配置管理，包括证书 DN 重用性检查、CA 别名设置等。

6）日志与审计功能

系统具有完善的日志与审计功能，可以查看和统计各种日志，包括：
- 统计各 CA、RA 账号证书颁发情况。
- 记录所有 RA 与 CA 的操作日志。
- 对所有操作人员的操作行为进行审计。

7）CA 密钥管理

系统支持 CA 密钥管理功能，包括：
- CA 密钥产生和存储（软件与硬件）。
- CA 证书（包括根 CA 和子 CA）的产生和管理。
- CA 密钥归档与备份。

6. 证书应用开发接口（API）

为了实现基于数字证书的安全应用集成，CA 系统提供了完整的证书应用开发接口（API），提供 C、Java 和 COM 等多种接口，具体包括以下几方面内容。

第6章 数字版权交易与保护

1）个人信任代理（PTA）

个人信任代理（PTA）是客户端的软件包，既包括安装在客户端的文件加密/解密程序，也包括用于数字签名和签名验证的 ActiveX 控件。文件加/解密模块可以产生随机数密钥对文件进行加密，以及使用输入的密钥对文件进行解密；ActiveX 控件由用户访问相关网页时下载到客户端浏览器中，实现使用本地的证书（私钥）对文件进行数字签名，以及对签名进行验证。

2）证书解析模块（CPM）

证书解析模块是一系列平台下的动态链接库，用于解析 DER 或 PEM 编码的 X.509 数字证书，将证书中的信息，包括用户信息、证书有效期、证书公钥等信息分解为字符串。

3）数据签名验证模块（SVM）

数据签名及验证模块是一系列平台下的动态链接库或插件，可以应用于客户端和服务器端，实现对传输数据的数字签名和对数字签名及其证书进行验证。证书的验证可使用 CRL 或 OCSP 来进行有效性验证。

7．系统工作流程设计

1）证书发放流程

用户 CA 认证系统的证书发放一般采用集中发证的方式，即由管理员集中申请好证书，保存在 USB Key 中，发放给用户使用。

- 管理员使用浏览器，访问用户 CA 认证系统，进入证书申请页面，替最终用户填写证书申请信息，向用户 CA 认证系统提交证书申请请求。在本地的 USB Key 上产生证书的公私钥对，并将公钥和用户信息一起作为证书申请请求，提交给 CA 认证系统。
- CA 认证系统根据管理员提交的证书申请请求，批准并签发用户证书，将用户证书发布到数据库中。同时，将用户证书返回到管理员端，保存到 USB Key 中。
- 管理员将申请好证书的 USB Key 发放给最终用户。

2）证书吊销流程

在用户证书的私钥受到威胁或者用户私钥丢失时，需要吊销用户的证书，根据用户信息系统的应用情况，证书吊销由管理员完成，其工作流程如下：

- 管理员在发现用户违反使用规定，或者用户自己向管理员发送邮件请求吊销自己的证书时，管理员访问 CA 认证系统管理员模块，开始用户证书吊销程序。

- 管理员通过证书管理功能界面，查询到需要吊销的用户证书。
- 管理员选择吊销操作，选择吊销用户证书的原因，向 CA 认证系统发送证书吊销请求。
- CA 认证系统根据管理员的证书吊销请求，自动吊销用户的证书，并将吊销的用户证书发布到证书吊销列表中，同时对数据库中保存的用户证书的最新状态进行更新。
- CA 认证系统给管理员返回证书吊销成功信息，同时给用户发送电子邮件，告诉用户证书已经被吊销，不能再使用自己的证书。

3）证书更新流程

最终用户在其证书即将过期之前，需要访问 CA 认证系统，更新自己的证书，其流程为：

- 最终用户在证书即将过期前（一般为一个月），访问用户 CA 认证系统，登录用户服务界面，单击"证书更新"选项。
- 系统自动识别用户是否具有用户 CA 认证系统颁发的数字证书，并且判断是否过期，如果即将过期，便提示进行更新。
- 用户选择需要更新的证书，单击"提交"，向 CA 认证系统提交证书更新请求。在提交证书更新请求时，在 USB Key 中，重新产生更新证书的公私钥对，将公钥和即将过期的证书一起，作为证书更新请求，提交给 CA 认证系统。
- CA 认证系统自动批准证书更新请求，自动更新用户证书，将更新的证书发布到目录服务器上，同时将更新证书返回到用户端，自动保存到 USB Key 中。

8. 系统性能和特点分析

用户 CA 认证系统拥有下列性能和特点。

1）符合国际和行业标准

系统在设计中遵循了相应的国际和工业标准，包括 X.509 标准、PKCS 系列标准、IETF 的 PKIX 工作组制定的 PKI 相关 RFC 标准，以及 HTTP、SSL、LDAP 等互联网通信协议等。严格遵循这些标准，使得系统具有很好的开放性，能够与各种应用结合，成为真正的安全基础设施。

2）证书类型多样性及灵活配置

系统能够提供各种证书的签发功能，CA 认证系统能够签发个人身份证书。将来根据用户的需要，可以进行扩展，通过灵活配置可以签发企业证书、服务器证书、代码签名证书和 VPN 证书等。

3）灵活的认证体系配置

CA 认证体系采用树状结构，支持多级 CA，支持交叉认证。

4）注册机关（RA）建设方式多样化

CA 认证系统采用一个 RA 的配置，根据用户的要求，将来可以配置多个 RA 和多级 RA，RA 界面风格可定制。

5）高安全性和可靠性

使用高强度密码保护密钥，支持加密机、智能卡、USB Key 等硬件设备，用户关键信息散列保存，以防遗失。

6）高扩展性

根据客户需要，对系统进行配置和扩展，能够发放各种类型的证书；系统支持多级 CA，支持交叉 CA；系统支持多级 RA。

7）易于部署与使用

系统所有用户、管理员界面都是 B/S 模式，CA/RA 策略配置和定制，以及用户证书管理等都是通过浏览器进行的，并具有详细的操作说明。

8）高兼容性

- 支持 Windows、Linux、Solaris 等多种操作系统。
- 支持多种加密设备。
- 支持多种数据库。
- 支持多种证书存储介质：硬盘、USB Key 和智能卡等。

6.4.3 安全电子交易（SET）协议与 CA 认证

公共网络系统的安全性则依靠用户、商家的认证，数据的加密及交易请求的合法性验证等多方面措施来保证。

电子交易过程中必须确认用户、商家及所进行的交易本身是否合法、可靠。一般要求建立专门的电子认证中心（CA）以核实用户和商家的真实身份，以及交易请求的合法性。认证中心将给用户、商家、银行等进行网络商务活动的个人或集团发电子证书。

电子商务中，网上银行的建立、CA 的建立是关键，只有建立一个较好的 CA 体系，才能较好地发展网上银行，才能实现网上支付，电子购物才可真正实现。

CA 的机构如果各建各的，以后会出现各方 CA 之间的矛盾，客户的多重认证等。应有一家公认的机构，如银行或政府部门来建立权威性认证机构（CA）。

1. SET 的认证（CA）

在用户身份认证方面，SET 引入了证书（Certificates）和证书管理机构（Certificates Authorities）机制。

1）证书

证书就是一份文档，它记录了用户的公共密钥和其他身份信息。在 SET 中，最主要的证书是持卡人证书和商家证书。

持卡人实际上是支付卡的一种电子化表示。它是由金融机构以数字签名形式签发的，不能随意改变。持卡人证书并不包括账号和终止日期信息，取而代之的是用单向哈希算法根据账号、截止日期生成的一个编码，如果知道账号、截止日期、密码值即可导出这个码值，反之不行。

商家证书表示可接受何种卡来进行商业结算。它是由金融机构签发的，不能被第三方改变。在 SET 环境中，一个商家至少应有一对证书。一个商家也可以有多对证书，表示它与多个银行有合作关系，可以接受多种付款方法。

除了持卡人证书和商家证书以外，还有支付网关证书、银行证书、发卡行证书。

2）证书管理机构

CA 是受一个或多个用户信任，提供用户身份验证的第三方机构。证书一般包含拥有者的标识名称和公钥，并且由 CA 进行过数字签名。

CA 的功能主要有：接收注册请求，处理、批准/拒绝请求，颁发证书。用户向 CA 提交自己的公共密钥和代表自己身份的信息（如身份证号码或 E-mail 地址），CA 验证了用户的有效身份之后，向用户颁发一个经过 CA 私有密钥签名的证书。

3）证书的树状验证结构

在两方通信时，通过出示由某个 CA 签发的证书来证明自己的身份，如果对签发证书的 CA 本身不信任，则可验证 CA 的身份，以此类推，一直到公认的权威 CA 处，就可确信证书的有效性。SET 证书正是通过信任层次来逐级验证的。通过 SET 的认证机制，用户不再需要验证并信任每一个想要交换信息的用户的公共密钥，而只须验证并信任颁发证书的 CA 的公共密钥就可以了。

2. 招商银行 CA 方案

我国的电子商务正在发展，各种规范要求还没有形成。目前招商银行、中国银行、中国建设银行、中国工商银行都已开发网上银行业务。这里以招商银行为例介绍其 CA 方案。

招商银行 CA 系统用于 Web 服务器的 SSL 公开密钥证书，也可以为浏览器客户发证，在 SSL 协议的密钥交换过程中加密密钥参数。

招商银行 CA 系统处于非联机状态，运行 CA 的系统在私有网上，用户不能通过 Internet 访问。CA 会在 Web 服务器上提供查询和客户证书申请接口，用户可以查询证书状态，提交证书请求。Web 服务器运行 CA 数据库的一个独立副本，与 CA 没有网络连接。

该系统采用层次认证结构，层次设置采用 PEM 规定的认证层次，设置以下目标类型：

- IPRA（Internet Policy Registration Authority）：IPRA 负责管理认证策略，认证 PCA，检查 PCA 运行与其策略的一致性。
- PCA（Policy Certification Authority）：PCA 负责根据业务需求指定认证策略，交 IPRA 审批，根据认证策略认证下一级 CA，保证 CA 运行与策略的一致性。
- CA（Certification Authority）：CA 根据需要，选择相应的认证策略，提供用户公开密钥认证。
- 用户：用户就是 X.509 中的最终实体。
- RA（Registration Authority）：当用户与 CA 通信有困难时，CA 就不可能对用户进行身份鉴别，就由 RA 代替 CA，根据 CA 的业务要求进行用户身份鉴别。
- CA 管理提供 CA 密钥管理、认证策略管理和配置，以及服务级别的管理。CA 管理的一个重要职能是 CA 密钥和策略管理，包括生成新的密钥对、安装证书、撤销证书、备份 CA 的私有密钥、安装备份的 CA 私有密钥等。这些功能需要两个安全管理员同时注册才能完成。

目前，CA 支持以下公开密钥算法：RSA/DH/DSA，并可提供上述密钥的证书，计划将增加对椭圆曲线加密算法的支持。此外，为了提高 CA 密钥的安全性，必须对 CA 密钥加密后保存，所有与密钥有关的操作可以在 IC 卡中完成。

6.5　数字内容封装与分段控制

随着数字出版产业的发展，出版社、内容服务商和读者都希望有更加灵活的电子书、数字报刊等内容的服务模式，其中很多服务模式需要对数字内容进行分段控制。

内容分段是一种虚拟的资源定义的操作，并不对数字内容进行物理上的分割，只是通过某种资源定义方式将数字内容划分为逻辑段，这些逻辑段可以是图书的章节、页面的范围或者页面上的图片等资源对象。数字内容分段被唯一标识后，可以为每段指定相同或者不同的数据加密算法和内容密钥。分段是数据加密封装的基本单元，也是选择性内容保护、细粒度动态授权的基础。

分段需要根据数字内容的章、节、页面，即数字作品本身的组织结构，自动识别各分段，在此基础上，根据页内对象元素对各分段进行二级分段，给出子分段，并对各分段及其子分段进行自动唯一标识和描述；然后，内容提供商可以根据自身在版权保护、作品商业模式等方面的需求，对分段及其子分段进行手动校正（如将电子图书的封面、前言、目录、引论等开头部分的内容归为一段以供读者免费参阅）、标识和描述，并进行权限设定。

分段确定以后，需要对整个数字内容的分段及子分段进行统一管理，然后可以为段指定不同的加密算法，从而支持在同一数字内容内部使用不同的加密算法与加密密钥，实现电子文档的打包封装处理。在数字内容打包过程中，尤其是内容分段情况下，需要对数字内容各种形式的分段使用权利进行无歧义描述，确定每个分段的授权和使用这些权限的条件及义务，以及从受保护的数字内容文件中恢复出数字内容的方式等。此外，还需要实现对多个数字内容多个分段进行组合的授权与控制、多硬件适应性授权许可和交易分发授权许可描述的支持。对数字内容各种形式的使用规则、权利的授权者和授予者及被授权的数字内容之间的关系、数字内容授权方式、数字内容密钥密文及密钥恢复算法信息与内容数据的解密算法信息进行无歧义描述，是进行有效版权保护的关键。

6.6 内容交易与分发管理

内容交易与分发版权保护可以为数字内容网络安全交易与分发提供版权保护的技术支撑，保护数字内容在整个生命周期内的版权，保障数字内容在交易、分发、使用等环节的版权安全，平衡数字内容价值链中各个角色的利益和需求，在确保版权安全的同时，满足用户的个性化需求和局部范围内共享、使用授权内容等合理需求。数字内容可以随意传播，但是数字内容必须获得授权后才可以使用。用户可以方便地获取数字内容的授权许可，获得授权的用户可以使用数字内容，并且用户对数字内容的使用只能在授权范围内进行。用户可以获得对整个数字内容的授权，也可以获得对部分数字内容的授权,用户可以在多类设备上获得授权并使用数字内容,也可以获得对多个设备的授权以便可以在多个设备上使用数字内容,用户还可以变更数字内容使用设备的硬件部件而不影响已获授权数字内容的使用。

数字内容在整个生命周期中,以数字出版产业链为例,会有多种角色,如内容创作者、出版商、发行商、销售商、用户(集体用户与个人用户)等,会涉及多种分发类型,其中最常见的交易分发模式有以下 3 种。

(1)超级分发(Super Distribution):对可公开获取的加密数字内容的一种分发手段。

(2)二次分发(Secondary Distribution):对数字内容及其许可再次转移的一种分发手段。

(3)批量分发(Batch Distribution):对数字内容及其许可成批转移的一种分发手段。

上述交易分发模式可应用在多种领域,其中以二次分发和超级分发等分发模式最为常见。

6.6.1 超级分发

与 B2C 交易分发不同的是,超级分发指的是用户之间通过邮件、P2P 平台、蓝牙、记忆棒或者其他分发渠道传播诸如文字、音频、视频、游戏或者软件等数字内容的一种多级分发方式。数字内容在用户之间可以自由传播,但数字版权的使用却受到控制。超级分发要求在用户之间自由传播数字内容的同时,保护数字内容,防止非授权用户的使用。

超级分发是建立在被保护内容和授权证书独立分发的前提下,消费者通过下载或从其他消费者复制获得被保护内容,在消费者第一次使用被保护内容时,向授权分发系统申请、支付并获得相应的授权证书,其具体流程如图 6-6 所示。

(1)消费者 A 将数字内容作品通过 P2P 网络、FTP、E-mail、即时通信软件、U 盘、蓝牙等方式分发给消费者 B(消费者 B 也可以从其他购买者或者借阅者或者非系统用户处得到该数字内容作品文件)。

(2)消费者 B 通过数字内容作品使用软件尝试使用数字内容作品。

(3)数字内容作品使用软件中的客户端使用控制软件,根据数字内容作品中的版权信息、数字内容作品销售系统网址或者授权服务器地址,引导用户到数字内容作品销售系统中购买该数字内容作品。

(4)消费者 B 支付后要求获取该数字内容作品的授权许可。

(5)数字内容作品服务系统请求集成分发系统发放数字内容作品授权许可。

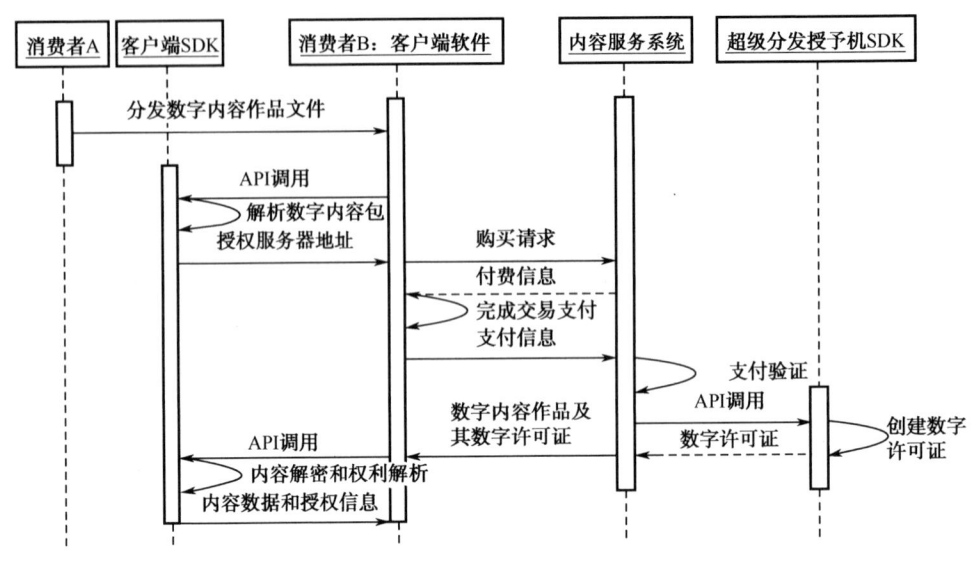

```
消费者A  客户端SDK   消费者B：客户端软件    内容服务系统    超级分发授予机SDK
         分发数字内容作品文件
              API调用
              解析数字内容包
              授权服务器地址
                           购买请求
                           付费信息
                           完成交易支付
                           支付信息
                                        支付验证
                           数字内容作品及   API调用       创建数字
                           其数字许可证    数字许可证      许可证
              API调用
              内容解密和权利解析
              内容数据和授权信息
```

图 6-6　超级分发流程图

（6）集成分发系统中的超级分发授权系统根据请求为该用户创建该数字内容作品的数字许可证，并返回给数字内容作品销售系统。

（7）数字内容作品服务系统将该数字许可证发送给消费者 B。

（8）客户端使用控制软件根据该数字许可证，获取数字内容交由数字内容使用软件使用，同时按照授权控制数字内容作品使用软件对该数字内容作品的使用。

6.6.2　二次分发

二次分发指的是用户购置的数字内容及其权利在不同设备、不同用户之间的转移。其难点在于如何确保权利的有效转移，确保源用户暂时或永久丧失已转移的数字内容使用权利，目标用户暂时或永久拥有相应数字内容的使用权利。

数字内容的二次分发，其关键在于权利的有效转移。不仅对动态数据进行管理与保护，还利用权利信息表来实现对权利使用的追踪，对权利信息进行有效控制与管理，并通过密码技术来保证权利信息表的安全性，防止恶意篡改，确保二次分发的有效性，实现数字内容权利的有效转移。以数字出版行业的图书馆模式为例，描述其流程如图 6-7 所示。

（1）借阅者通过数字图书馆（内容服务系统）的数字内容作品检索下载系统查询、借阅数字内容作品。

（2）数字图书馆的二次分发授权系统根据批量授权许可，为该数字内容作品创建二次分发授权许可，即二次分发数字许可证并发送给借阅者；同时，更新权限信息。

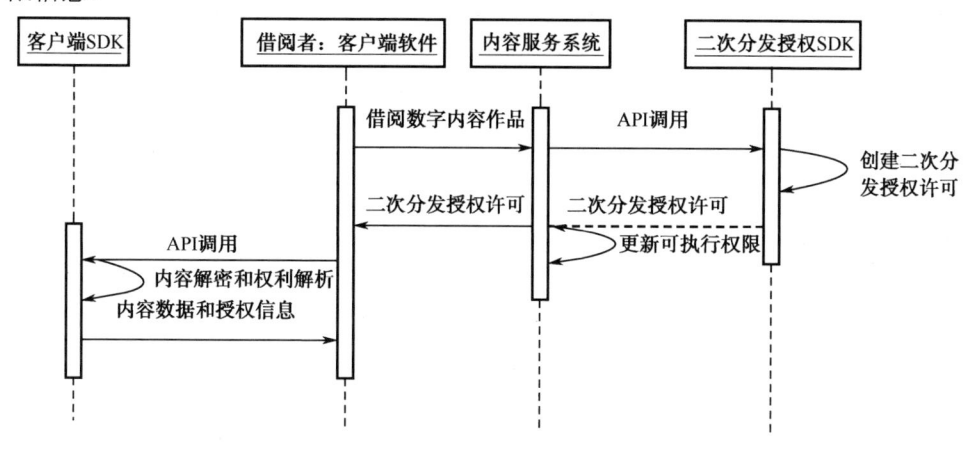

图 6-7 图书馆资源二次分发流程图

（3）数字内容作品检索下载系统将该数字内容作品发送给借阅者。

（4）借阅者设备上的数字内容作品使用软件根据借阅者的用户请求，调用客户端使用控制软件，根据二次分发授权许可使用数字内容作品。

6.6.3 批量分发

数字内容批量授权机制，为机构用户创建并颁发批量数字内容的授权许可证书，通过批量数字内容作品及其授权许可管理机制，包括对批量内容（元数据）的管理，对批量授权许可的验证、解析、管理与保护，以实现批量内容购买者能够将购买得到的数字内容作品及其权限进行管理和二次分发的目的。

具体地说，拟根据内容交易与分发权利描述模型，根据批量授权请求，采用前述内容密钥管理技术，利用用户标识，实现对批量内容密钥与用户的防复制安全绑定，进而根据权利描述模型，利用 XML 技术、加密技术、数字签名技术等，创建批量授权许可。同时，在批量内容购买者的系统中，提供批量内容及授权许可管理工具，实现对批量授权许可的验证、解析，并结合动态数据的管理与保护技术，将内容及权利信息安全导入内容购买者的内容服务系统，以便实施二次分发，如图 6-8 所示。

（1）集成分发系统将数字内容作品及元数据分发给内容服务系统；同时通过 API 调用批量分发授权 SDK 创建并返回批量数字内容的授权许可。

（2）集成分发系统将获取的批量数字内容的许可证发送给内容服务系统。

（3）内容服务系统通过调用二次分发授权 SDK 对批量内容及权利进行处理，并获取二次分发授权 SDK 返回的各数字内容权利信息。

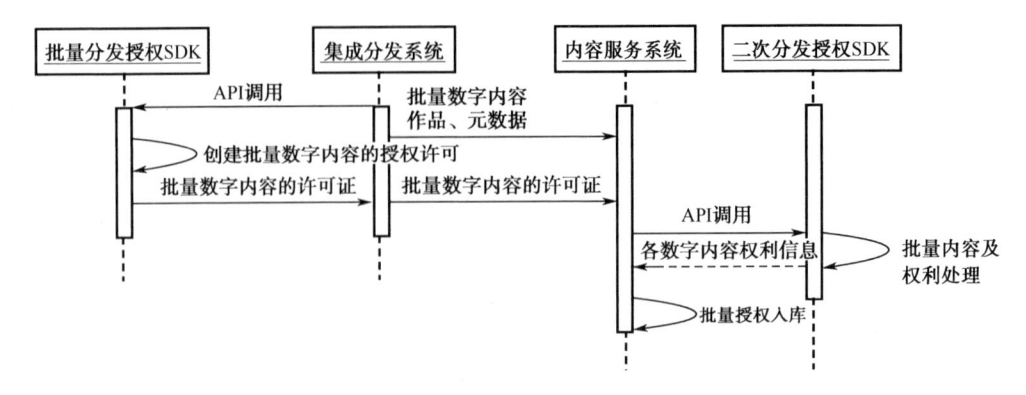

图 6-8　数字资源的批量分发模型

（4）内容服务系统将批量授权入库，以备使用。

6.7　基于可信机制的交易管理

为了提供数字内容业务的可信度，目前在理论上提出一种通过第三方参与的方案，本节将以数字出版行业为例，描述可信机制的交易过程。

在传统的印刷品（如纸质图书、杂志、报纸等）交易中，出版单位、批发商、零售商、机构用户，以及个人用户之间存在多种交易模式，但每种交易流程均可按照印刷品的交易数量进行结算。这是因为在这些交易过程中传递的印刷品是一本一本可见的实物，是可以直接进行计数的。

与传统的印刷品交易不同，在数字内容作品交易过程中，传递的不再是一本一本可以直接计数的纸制品，而变为不可见且只有计算机才可识读的电子文件。通常，电子文件是可以无限次复制的，而且每一次复制的文件与原始文件是完全相同的。正因为如此，目前国内外的出版单位或多或少地受到盗版冲击，国内的情况更为严重。

目前，国内外大部分数字内容作品交易系统，是由内容销售者运营，出版单位一般不直接运行数字内容作品交易系统。国外的出版单位与内容销售者之间依靠信用进行结算，而国内的内容销售者则很少与出版单位结算。目前，国内内容销售者与出版单位之间尚未建立可信的结算机制，同时监管部门在实施监管时也无法获得可信的数字内容作品销售的相关数据。为了达到传统印刷品交易的可信性，需要设立与交易各方相对独立的第三方交易数据管理平台，解决数字内容作品在交易过程中计数的"可信"问题，使各种交易数据可信赖、可监控。

可信机制是从交易监管的角度出发，将传统的交易记录完全数字化，提供计数信息的电子存储、查询、统计、数据交换等管理模式,解决数字内容作品在交易过程中的"计数"问题,使这些"无形"的数字内容作品可以计数,在数字版权被盗用后,容易追溯。通过在数字内容作品的版权拥有者、发行者、销售者之间建立可靠的计数机制,最终达到计数可信的效果,如图 6-9 所示。

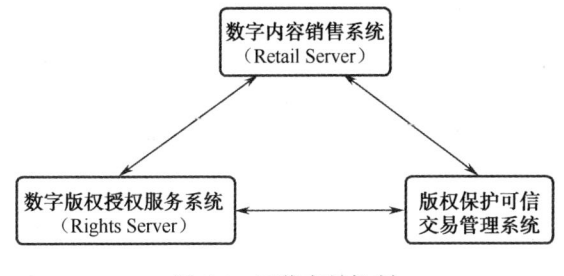

图 6-9 可信交易机制

数字版权授权服务系统(Rights Server)生成一个唯一标识 S-ID1,数字内容销售系统(Retail Server)生成一个唯一标识 S-ID2。其次,数字版权授权服务系统与版权保护可信交易管理系统互相认证身份,并把认证的确认状态保存在各自的系统中,可信交易管理系统还保存授权服务系统的唯一标识 S-ID1;数字版权授权服务系统和数字内容销售系统互相认证身份,并把认证的确认状态和对方的唯一标识保存在各自的系统中;数字内容销售系统向版权保护可信交易管理系统发送认证身份信息,可信交易管理系统保存销售系统的认证确认状态和唯一标识 S-ID2。

数字内容作品购买者通过销售系统进行购买操作时,销售系统向数字版权授权服务系统发送交易请求信息 B1,交易请求信息 B1 包含了数字内容作品的标识号和数字内容销售系统的唯一标识 S-ID2 等信息。如果数字版权授权服务系统确认 B1 信息并进行了交易操作,则数字版权授权服务系统返回给数字内容销售系统和购买者交易成功信息 B2,数字版权授权服务系统和数字内容销售系统分别记录一次交易的信息。另外,数字版权授权服务系统还把交易成功信息 B2,以及交易双方的唯一标识 S-ID1 和 S-ID2 发送给版权保护可信交易管理系统。

数字内容作品购买者根据交易成功信息 B2,向数字版权授权服务系统发送授权请求,请求的信息包括购买者的身份标识 S-ID4 和订单信息 B2 等;数字版权授权服务系统根据授权请求信息,生成授权文件发送给数字内容作品购买者,授权文件与数字内容作品购买者的身份标识 S-ID4 绑定,以保护数字内容作品的版权。

由于版权保护可信交易数据管理平台保存了数字内容销售系统和数字版权授权服务系统的交易信息,而且交换的信息都经过数字签名,所以在版权保护可信交易管理系统中可以统计出数字内容作品的交易结果数据,并且经过数字签名的交易信息是不可抵赖的。同时,数字版权授权服务系统和数字内容销售系统也分别存有交易的数据，所以数字版权授权服务系统、数字内容销售系统和版权保护可信交易管理系统的交易结果统计数据应该是一致的、不可篡改的。

数字版权授权服务系统主动把交易成功信息 B2，以及交易双方的唯一标识 S-ID1 和 S-ID2 发送给版权保护可信交易管理系统。但是在网络不通的时候，版权保护可信交易管理系统就不能及时获取数字版权授权服务系统主动提供的交易数据。因此，我们在版权保护可信交易管理系统中，拟设计定时监控机制，每间隔一段时间会主动向数字版权授权服务系统发送获取交易数据的请求，以此来保证数字版权授权服务系统、数字内容销售系统和版权保护可信交易管理系统的交易数据在更广泛的时间范围内保持一致。

版权保护可信交易管理系统还有监督各交易方交易数据是否及时上传的作用，为授权方提供交易方信誉预警的机制。以时间间隔为条件对交易系统进行监控，若发现交易数据上传不及时或交易数据量过少时，会向授权方通过发送消息的方式进行信誉预警，由授权方判断是否继续为该交易系统发送授权许可。

版权保护可信交易管理系统通过在数字内容销售系统和数字版权授权服务系统中引用的数字版权保护可信计数器收集内容交易数据，在交易数据来源的合法性通过验证后，将交易数据进行存储。交易数据在经过规范化的标识、计算和整合后，还提供交易数据的统计分析和查询认证服务。内容提供者、销售商和监管方可以通过版权保护可信交易管理系统审核本方相关交易记录的计数处理结果。

为了实现数字内容出版交易可信监管，对可信机制的交易管理需要建立可信计数系统和版权保护可信交易数据管理平台。

1. 可信计数系统

可信计数系统包括计数信息的规范化、安全传递、安全存储和处理机制等，解决交易记录的可靠计数，确保交易过程中的副本数、权限许可，以及交易数量等重要数据不可篡改，交易计数的数据真实、可信并可认证、审核，并规避交易过程中的并发风险，上传至版权保护可信交易管理系统。计数信息具有以下功能。

（1）计数信息的规范化：建立数字版权保护系统内的可信计数信息规范，规范化描述各种交易过程中的计数信息。

（2）计数信息的安全传递：建立计数信息与版权保护可信交易管理系统之间的安全传递机制，确保计数信息在传输过程中的抗攻击性与不可抵赖性。

（3）计数信息的安全存储：建立计数信息的安全存取机制，确保计数信息的正确性与安全性。

（4）交易信息的计数处理：建立交易记录的计数处理机制，根据多种业务模式需求，对数字内容作品的交易进行准确计数。

（5）可信计数软件开发包（SDK）和可独立运行的可信计数器：可信计数器

以"黑匣子"的方式部署在受监管的数字内容销售系统上，收集数字内容销售系统交易数据，经过计数规范化处理后，发送给版权保护可信交易管理系统。

2. 可信交易数据管理平台

版权保护可信交易数据管理平台作为交易双方相对独立的第三方数据中心，利用版权保护可信计数技术，对于网络上与数字内容作品交易相关的交易数据进行监测与管理，使这些交易数据成为交易活动的可信记录。通过版权保护可信交易数据管理平台的应用和实施，有效地保证内容提供者、内容销售者以及监管部门等交易各方的权利和利益，为各方提供各种数据进行查询、认证、监测与管理服务，保证多种商业模式和复杂应用环境下的各种交易数据的可信性和可监控性。可信交易数据管理平台具有以下功能。

1）交易数据接收

交易数据接收是通过安置于数字内容交易系统中的可信计数器，自动获取各交易方（包括面向各种机构和面向个人）的交易订单，同时支持对交易数据的批量获取。在获取的交易数据来源的合法性通过验证后，将交易数据发送给交易数据存储中心。

2）可信计数器管理

可信计数器管理主要用于管理可信计数器相关数据，验证发送交易信息的可信计数器身份的合法性，确保交易数据来源的合法性。

3）交易数据存储

交易数据存储为该平台上其他各个功能模块提供数据支持。存储由接收获取到的各种可信交易数据，同时为交易数据查询认证系统和位于平台后端的子系统提供数据支持。该数据存储中心保证所存储的数据不会被恶意篡改，并有相应的抗灾难性，即当接收到的数据达到存储中心上限或为其他子系统提供数据失败时，可通过相关的备份进行处理。

4）交易数据查询认证

交易数据查询认证基于交易数据存储中心的各种数据凭证，为该平台上的各种类型用户提供对其权限范围内的交易数据查询服务和交易信息的认证服务。对于未授权用户则不能提供相关服务。支持的查询认证维度包括订单号、图书、交易时间、读者用户区域、授权模式、出版单位等。对于出版社能提供准确作者信息的图书，可查询认证维度，支持作者维度，并支持查询结果文件导出。

5）交易数据处理

交易数据处理可根据多个内容提供者、内容销售者之间的合作模式及不同的商业模式，对交易数据进行规范化的标识、计算和整合，规范化后的交易数据符合常用的数据交换协议和其他各子系统的数据使用需求，并将处理结果存入交易数据存储中心。

6）交易数据统计分析

交易数据统计分析实现可信交易数据的统计功能，为使用该平台的用户提供可信的交易数据统计和分析，如营业收入结算、销售渠道分析、合作模式比较、信用评估等，既能为各交易方的系统运营提供决策和支持，还可以为监管部门提供参考依据。

6.8 数字版权跟踪

数字版权跟踪是对数字版权作品在版权交易过程中保证数字版权有效流转，防止出现盗版泛滥的有效手段。

6.8.1 完整版权的交易跟踪

在通常情况下，数字版权会以整体的数字内容为单位，在销售渠道中转移并最终传递到消费者手中。在数字版权传递过程中，权利的转移会按照一定的机制被记录，并汇总集中保存，如图 6-10 所示。

数字内容作品包含电子图书、电子杂志，以及音、视频文件。
- 版权统一登记注册中心是负责对数字内容作品进行登记管理的机构。
- 转授权是非原始版权拥有者将版权再次授权给其他机构或个人的权利。
- 版权使用者是对数字内容的作品在拥有版权的情况下，形成具体的产品进行使用或者销售的个人或者机构。
- 版权跟踪信息是指权利在转移过程中被记录的数据，包括转移路径、中间环节等。
- 版权销售是指拥有版权的个人或者机构将版权出售，购买版权的机构或者个人将该部作品在拥有版权的情况下做成产品进行销售获得商业利益。

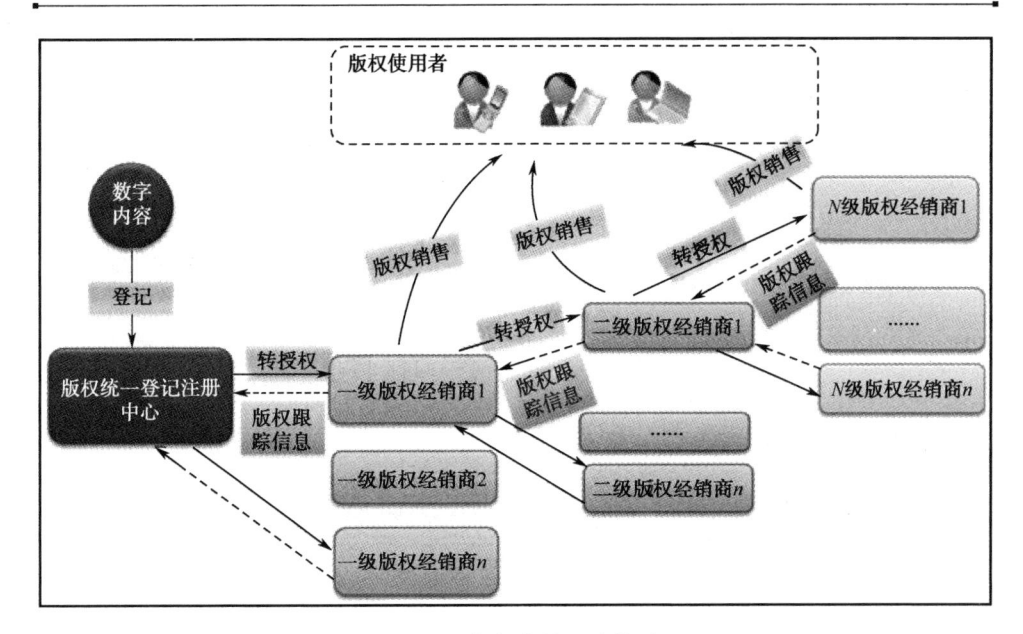

图 6-10　版权交易跟踪模型

数字内容作品在版权统一登记注册中心进行统一登记，每部作品必须采用唯一的 ID 进行识别。在该部作品进行二次转授权后，登记该作品的流转去向，在一级经销商转给二级经销商的过程中，一级经销商登记版权的流转去向，并将二级经销商的信息传给版权登记中心，以此类推，确保在版权统一登记注册中心可以查询到每部作品的版权流转过程和使用情况。

6.8.2　作品细粒度交易跟踪

有部分数字内容是一种集合的方式，如 SCROM 数据文件。一个数据内容会包含多个独立的内容单元，每个内容单元都有单独的版权信息。因此，数字内容对应的版权也是由多个独立的版权信息组成的。这样的数字内容在交易、分发和使用过程中，其包含的多个独立的版权信息也需要识别并跟踪其转移路径，如图 6-11 所示。

- 数字内容 A（B、C）是一部数字内容作品，其内容可以进行拆分，在本例中，数字内容 A 由 6 部分组成。
- 颗粒化，将数字内容作品进行拆分的过程，拆分成最小的单元。
- 细粒度内容重新组合，将每个最小的单元重新组合的过程。
- 版权标识，基于每个数字内容拆分单元的版权标识。版权标识具有唯一性和连续性。

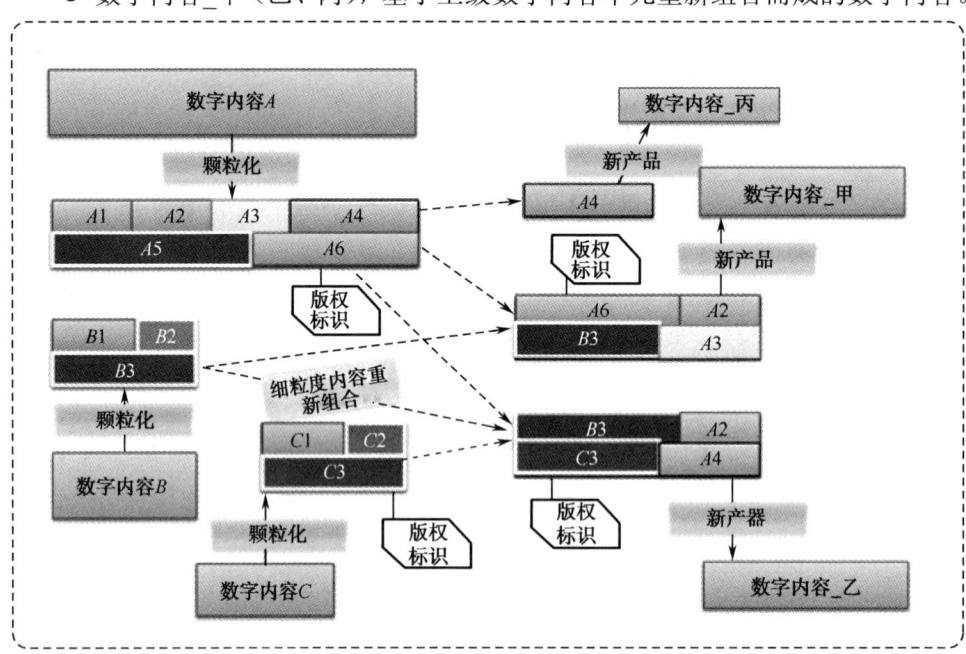

- 数字内容_甲（乙、丙），基于上级数字内容单元重新组合而成的数字内容。

图 6-11 作品细粒度交易跟踪模型

可拆分进行颗粒化的数字内容 A，进行颗粒化之后，加入版权标识，细粒度内容重新组合后形成新的数字内容_甲（乙、丙）。版权标识必须要有唯一性和连续性，唯一性是指任何一个单元的版权标识不能重复，连续性是指版权标识在流转过程中，利用不同作品的单元形成新的作品，在新的作品中带有单元内容的版权标识。这样，在对新作品的操作过程中，可以追溯到作品中单元内容的版权路径。

作品细粒度组合成新的作品后，能够利用版权跟踪的机制为上级权利人提供更加精确的和精准的版权服务和版税计算，确保版权交易过程中的可信度。

6.8.3 盗版跟踪

随着网络技术和数字信息技术的飞速发展，越来越多的数字信息产品通过网络来进行发布和传播，这种方式有诸多的优点，如可以快速而广泛地进行传播。但是这种方式也有其需要面对的问题，其中最为关键的就是数字版权的保护问题，这主要是由于数字信息具有无失真传输、易实现复制等特点，所以需要采取相应的手段对数字版权进行保护。对于数字系统的管理者或者数字信息的提供者来说，当其向授权用户提供数字信息服务时，通常需要先给予授权用户相应的解密密钥，然后对发送的数字信息进行加密操作，当用户收到数字信息时，利用解密密钥进行解密得到相应的数字信息。

在数字信息通信中，一般都假设授权用户是诚实的，也就是说他们不会把解密密钥泄露给他人或者进行盗版行为，但是在利益的驱使下，这种假设明显是不成立的。有些授权用户会把他的解密密钥泄露给他人或者进行重放攻击，这样就会让非授权用户同样得到这些数字信息。我们把这些泄露密钥或者参与盗版行为的授权用户称为叛逆者；而那些通过盗版行为获得数字信息的人，我们称为盗版者。对待这种盗版行为最为行之有效的方法是通过在用户终端采用添加硬件的方式来防止解密密钥的泄露或者重放攻击，这种方式的安全性毋庸置疑，但是由于授权用户的数量巨大而且硬件添加成本高昂，所以这种方式是无法在现实中实现的。

叛逆者追踪技术要达到的目的是当数字信息供应商在网络中发现盗版行为时，运用这种追踪技术可以确定该叛逆者的身份。叛逆者追踪方案是运用叛逆者追踪技术为核心进行构造的一种算法，这种方案由多个算法功能模块构成，首先可以对数字信息进行加密和传输；其次当发生盗版事件时，可以对叛逆者进行追踪；最后可以撤销叛逆者的解密密钥，使其无法再享受数字信息服务。在叛逆者追踪方案发展的过程中，有两类重要的叛逆者追踪方案。第一类是对称的叛逆者追踪方案，但该方案由于其数字信息的供应商知道用户的解密密钥，这就使得在发生数字版权纠纷时无法保证诚实用户不被诬陷。第二类是非对称的叛逆者追踪方案，这种方案通过非对称原理对其进行构造。通过第二类方法设计的叛逆者追踪技术，数字信息供应商无法知道用户的私钥，因而排除了对于诚实用户进行诬陷的可能性，也使得叛逆者无法对其行为进行抵赖。密文块与使能块构成了叛逆者追踪方案中的加密数据块。叛逆者追踪系统运行一般分为 4 个过程：首先系统要进行准备工作，也就是对系统进行初始化，在这个过程中需要通过用户信息对用户进行密钥的分配，对系统给予相应的参数值等；其次要对需要传输的明文数据进行加密；然后，经过广播通信使用户收到密文信息，利用系统分配的解密密钥对密文进行解密得到明文；最后，如果发生了盗版事件，系统还要能对叛逆者进行追踪并且可以对其密钥进行撤销。

自 20 世纪 90 年代以来，叛逆者追踪技术经过了十几年的研究之后已经有了长足的发展，经过世界各国学者的研究，已经有很多基于不同数学问题的叛逆者追踪技术方案被设计出来。虽然如此，与密码学等成熟学科相比，这种技术仍存在诸多问题，如叛逆者追踪技术还没有形成一种成熟的、系统的理论体系，而且虽然现在有很多叛逆者追踪方案被设计出来，但是这些方案都或多或少地存在一些缺陷，而这些缺陷会造成实践中的准确性下降或者安全性降低等问题。所以到目前为止，具有实用性的叛逆者追踪方案依然很少。

叛逆者追踪技术是信息安全技术中的一个分支，如果想要设计一个叛逆者追踪系统，需要对多学科的知识综合运用，比如通信原理中的编码技术、公钥密码学系统相关技术、信息隐藏技术等，这就使得设计一套叛逆者追踪系统需要进行多方面考虑和研究。国内外各机构和专家经过近 20 年的研究，也设计了众多精巧的叛逆者追踪技术，但是也相应出现了众多的问题需要去解决，这些问题主要集中在两个方面。一方面是出于对这种叛逆者追踪方案安全性的考虑，这是叛逆者追踪技术最核心的问题，首要问题是需要寻找一个有效的数学模型，这个数学模型一定是非对称的，只有这样才能对叛逆者追踪方案进行构造。另一方面就是该叛逆者追踪系统的抗攻击性，尤其在面对合谋攻击时，该方案能否准确地找出进行合谋攻击的叛逆者身份。

叛逆者追踪方案的主要功能是对叛逆者进行有效、准确的追踪。为了实现这一目标，需要对广播通信系统中的传输信息进行加密处理，并且通过密钥产生系统给予每个授权用户相应的解密密钥，通过广播通信进行传输，在用户得到通过数字信息的版权所有者加密的数据后，对其用解密密钥进行解密，得到相应的数字信息。为了保证数字信息传播的安全性和对叛逆者的追踪，把叛逆者追踪方案中被数字信息的版权所有者加密的数据结构形式分为两部分，一部分是加密系统对明文信息进行对称加密后所生成的密文，这部分数据块称之为密文数据块；另一部分是把对明文信息进行对称加密的密钥通过一系列的算法进行封装，使非授权用户无法破解，只有授权用户通过解密密钥才可以破解，得到可以对密文块进行解密的密钥，这部分数据块称为使能数据块。经过加密分组的数据通过广播系统的传播，由相应的授权用户得到，在分组数据被用户得到后，用户需要对其进行解密，要获得密文块中的明文信息就需要获得对明文进行对称加密的解密密钥，然而这个解密密钥被封装在使能数据块中，所以第一步是对使能数据块进行破解。用户使用系统给予的解密密钥对使能数据块进行拆封装，得到对称加密的解密密钥，从而就可以从密文数据块中得到明文信息。

一个完整的叛逆者追踪方案不仅要包括密码系统中的明文空间、密文空间、加密密钥空间、解密密钥空间、密钥生成算法、加密算法和解密算法，更重要的是要实现对有效的对叛逆者的追踪，还需要有一套有效的叛逆者追踪算法。

经过世界各地专家学者的潜心研究和探索，基于不同原理的叛逆者追踪方案已经被各个研究机构和个人相继设计出来。在已被设计出来的叛逆者追踪方案中，通过用户解密密钥分发方式与该方案具体的适用情况，可以将其进行相应的分类，主要有 3 种分类方式。

第一种分类方式的根据是，在通信过程中，对于叛逆者追踪方案中加密数据块的使能数据块，以不同的方式对明文进行对称加密的会话密钥进行封装。通过这种分类方式，可以把现有的叛逆者追踪方案分为对称叛逆者追踪方案和非对称叛逆者追踪方案。对于对称叛逆者追踪方案，数字版权拥有者向每个用户分发个人解密密钥时，不但每个用户了解其所拥有的个人解密密钥，数字版权拥有者也同样知道所有授权用户的个人解密密钥。在这种情况下，如果发现某用户泄露了个人解密密钥或者对数字信息进行非法复制时，即使掌握该叛逆者用户的解密密钥与相对应的个人信息，但是出于无法完全排除陷害诚实用户的可能性，数字版权拥有者也不能够向仲裁机构申请仲裁，让这个叛逆者对其行为负责。对于非对称叛逆者追踪方案，由用户密钥分发系统向每个授权用户分配密钥，在此过程中数字版权拥有者无法了解到用户的个人解密密钥，即这个密钥就成为了每个授权用户的私钥，只有每个授权用户自己知道，这样当发生非法复制时，数字版权拥有者可以对叛逆者进行追踪，找到该叛逆者。由于不存在诬陷性，叛逆者无法对其盗版行为进行抵赖。所以在实际应用中非对称的叛逆者追踪方案更加准确和安全。在非对称叛逆者追踪方案研究初期，设计方案的非对称性依据经常利用用户与版权拥有者在密钥生成时所用算法协议的不同，来实现方案总体的非对称性。但是这种方式存在一个不容忽视的问题，就是当用户数量大幅增加时，传输数据量也会大幅增加，而导致该方案的效率受到影响。为了解决这个问题，利用公钥密码体制，设计了一种基于公钥密码体制的叛逆者追踪方案，在此之后基于公钥密码体制的叛逆者追踪技术由于其安全性更好，所以更多地被各大机构研究。目前已设计的多数叛逆者追踪方案是基于公钥密码体制中的算法进行设计的。这种基于公钥密码体制的叛逆者追踪技术实现非对称时，是通过一个可信的第三方，即一个任何人都无法对其进行干涉的密钥分发系统，对授权用户进行密钥的分发，但是这种方案也不能完全排除对诚实用户的陷害（由于第三方和版权拥有者的合作），所以这种方案也不是完全意义上的非对称。另外一种非对称的叛逆者追踪方案的基础是不经意多项式的估值，但是这种方式需要的计算复杂度过大，使其实用性大大降低。

  第二种分类方式的根据是，在通信信息加密的过程中，在对用户私密钥进行分配之后，用户的个人密钥是否会发生变化。通过这种分类方式把现有叛逆者追踪技术方案分为静态叛逆者追踪方案与动态叛逆者追踪方案。静态叛逆者追踪方案是在广播通信过程中，用户个人解密私钥经过最初的密钥分配后，在享受信息服务过程中，其解密密钥是完全不变的。动态叛逆者追踪方案是在广播通信中，用户密钥进行最初的分配之后，如果发现盗版行为，为了对叛逆者进行追踪，用户的个人解密密钥可以进行适当的再次分配。动态叛逆者追踪技术方案的核心思路就是：如果数字信息版权所有者发现网络上出现了盗版现象，而且这种盗版是通过重放攻击产生的，则需要这种叛逆者追踪方案提供相应的应对措施。首先需要对所有的授权用户进行分组，不同组的用户从通信系统得到的数据中所嵌入的数字水印是不同的，通信系统发出数据后等待各个用户反馈，根据每个用户所反馈的情况不同，数字信息版权所有者会再次对用户进行分组，如此循环往复，最后就可以对叛逆者的身份给予确定。但是这种方案也有其缺点，就是对于算法的实时处理能力要求非常高，并且由于多次的分组和反馈分析，会造成跟踪时间过长。

另外，经过这些年的研究，一些其他的叛逆者追踪方案也相应设计出来。例如，有些叛逆者追踪技术具有自我强化性，这种自我强化性就是指密钥管理中心对每个用户的私密密钥进行制作时，会把用户一些重要的个人信息，如银行账户、数字签名等加入其中，这样，如果该授权用户把其解密密钥泄露，那么相应的重要个人信息也会被泄露，因此，对防止解密密钥的泄露有一定的帮助。另外，还有两种重要的追踪方案是门限追踪方案与流密码追踪方案，随着叛逆者追踪技术的发展，越来越多安全性更高的方案将会被设计出来。

在叛逆者追踪技术的实际应用中，各种叛逆者追踪方案面对最多的攻击方式是来自授权用户的合谋攻击，所以对于叛逆者追踪方案的设计者来说，如何使其设计的方案可以更好地抵抗合谋攻击是应该最先考虑的问题。这种合谋攻击是通过多个合法授权用户之间相互串通，对他们各自所拥有的通过密钥分发系统得到的解密私钥进行分析，从而产生一个全新的解密私钥。通过这种方法，可以防止这些密钥信息的泄露者被数字信息的版权拥有者追踪到。造成这种不安全性的原因是所有的叛逆者追踪方案在实际设计的时候，都会对该方案设计一个相应的合谋门限阈值，但是如果当合谋者的数量过多，超过这个门限阈值时，叛逆者追踪方案就不再起作用，而在实际过程中阈值的选取如果过大，会造成相应的资源浪费且增加计算的复杂度。

当数字信息的版权拥有者发现盗版行为，对其进行追踪并且得到一个盗版的解码器时，这个解码器中相应地通过合谋攻击得到的、新的解密密钥就成为对泄露密钥叛逆者追踪的最重要的证据。在对盗版解码器中的解密密钥的获得过程中，有些解码器可以由数字版权的拥有者直接打开，从中得到相应的解密密钥，并且对叛逆者进行追踪，这种追踪方式称为非黑箱追踪。但是有时如果解码器无法打开或者打开解码器会对密钥产生影响，这样就需要数字版权拥有者通过向解码器输入一组相关的数据，然后通过对比输入与输出数据对解密密钥进行还原，从而得到解密密钥。

从解码器中获得的解密密钥，由于每一组私钥都是根据每一个授权用户的个人信息生成的，所以数字内容作品的版权拥有者通过对私钥与相应的用户信息进行对比，很容易追踪出泄露密钥的叛逆者。此时，数字内容作品的版权拥有者可以通过使叛逆者的解密私钥作废，而使其无法再像其他授权用户一样获得相应的数字信息，而在这个过程中，由于采取的是公钥加密算法，所以叛逆者废除私钥的行为对其他合法用户毫无影响。

第 7 章
Chapter 7

数字版权保护技术的典型应用

随着数字内容业务的发展，数字版权保护技术逐步进入各种新形态业务应用领域，包括电子图书、网络原创文学、移动数字音乐、数字电视等。在不同的业务应用环境中，数字版权保护技术呈现出不同的表现和技术形态。例如，以文件格式为主的电子图书的版权控制、以新的业务形态和服务方式为主的网络原创文学和以硬件固化版权保护机制为主的数字电视业务等。

在当前的数字业务市场中，多家商业化运营的版权保护平台逐步成熟起来，例如，Real 公司的 Helix 数字版权保护方案、苹果公司基于 App Store 和 iTunes Store 业务模式的完整的版权保护生态圈，以及亚马逊公司基于电子书设备 Kindle 的电子书版权保护机制和音乐、视频的版权管理。

我国新闻出版业高度重视版权保护技术。《国家"十一五"文化发展规划纲要》明确、系统地提出了数字版权保护技术研发专项技术探索任务，并由国家新闻出版广电总局（原新闻出版总署）牵头，组织开展了数字版权保护研发工程。

目前对数字版权的保护除了在技术上进行深入研究外，在电子书系统、流媒体系统，及软件应用、移动设备等环境中也开展了广泛的应用。同时，也吸引了很多国际化标准组织、技术供应商、出版行业等社会团体的关注。

7.1 电子图书

针对电子书的数字版权保护技术，自 2000 年以来逐渐普及。国内外的电子书数字版权保护技术系统虽然在实现方法上有区别，但都具备一些共同的特点，如对电子书的副本数进行控制，使电子书像纸质图书一样按"本"销售；读者可以购买电子书或者借阅电子书等。数字版权保护技术使电子书与普通电子文档相比，也具有了复制代价更高和以"本"进行销售、统计的特性，更像我们熟悉的纸质图书了，从而能保证电子书行业的可持续发展。

微软公司的电子图书数字版权保护技术系统主要包含服务器端（Digital Asset Server，DAS）和客户端（Microsoft Reader）。

DAS 由两个组件组成：一个组件是 DAS 服务器端组件，包含 repository（内容服务器数据库）和 packager（完成数字版权保护封装功能）；另一个组件是 DAS 电子商务组件，可以集成到零售商的电子商务网站上。

DAS 可由服务提供者或电子图书零售商使用。它通过基于 Passport 的用户标识和注册系统紧密地与数字版权系统集成在一起，与客户端（Microsoft Reader）配合完成相应的数字版权控制。

Adobe 公司的可移植文档格式（PDF）早已成为电子版文档分发的公开实用标准。其基于 PDF 格式的 Adobe Content Server（ACS）电子图书版权保护方案，在传统印刷出版领域一直有着深远影响。出版商可以利用 Content Server 的打包服务（Packagine Services）功能对 PDF 格式的电子图书进行权限设置（如打印次数、阅读时限等）。

Adobe Acrobat 是 PDF 格式的电子图书最重要的转换工具。使用 Adobe Acrobat 几乎可将任何文档转换成 Adobe PDF 格式文件。Adobe PDF 文件可以在众多硬件和软件中可靠地再现，而且外观与原文件如出一辙，页面设置、格式和图像完好无损。

在大众阅读领域，EPUB 是一个完全开放和免费的电子图书标准。为了适应当前多媒体电子图书内容，国际数字出版论坛（international digital publishing forum，IDPF）2011 年发布了 EPUB 3。它可以"自动重新编排"内容，也就是说文字内容可以根据阅读设备的特性（不同屏幕尺寸和平台），以最适于阅读的方式显示，并支持多种内容形式和展示功能，具体包括以下特性。

MathML：MathML 是 HTML 5 和 EPUB 3 的一部分，对编辑出版含有数学公式和科学内容的图书非常有用，它可以让公式成为 XHTML 标记语言的一部分，而不是把公式当作图片进行处理。这意味着公式内容将是随版式可变的。

音频内容：使用 HTML 5 标记，音频内容可以嵌入到电子图书文件中。这曾是苹果、巴诺及亚马逊等都在使用的将音频内容嵌入到增强型电子书（ebook 3.0）中的技术，如今它成为 EPUB 3 的标配。

视频内容：EPUB 3 对于具体的视频格式没有明确规定，阅读设备开发商可以根据自己的需要加入特定的视频格式。

媒体覆盖（Media Overlays）功能：能够让文本和其他媒体内容封装在一起，如实现文本朗读。

SVG：可变矢量图（Scalable Vector Graphic，SVG）文件早就已经纳入到 EPUB 中了，但对它的使用却很有限，主要是因为阅读设备不支持。EPUB 3 现在要求阅读设备必须能够处理电子书中的 SVG，包括允许用户在 SVG 文件的内容中选择文本和搜索。SVG 中唯一不被允许的部分是动画功能。

字体：EPUB 3 支持 OpenType 和 WOFF（web open font format）字体，以满足传统排版和网页排版的需要。EPUB 3 还支持字型格式的模糊处理（font obfuscation）和通用字型资源。

脚本嵌入和互动性：EPUB 3 具备这些新功能，靠的还是 HTML 5 的展现能力。尽管脚本嵌入可能会模糊电子图书和应用之间的界限，但值得注意的是，阅读设备并不是非得支持脚本嵌入不可。此外，阅读设备还可以对脚本嵌入功能施加额外的限制，原因有很多，包括安全性和保持处理速度上的考虑。

链接：EPUB 3 编制了一套 Canonical Fragment Identifier（简称 EPUB CFI）规格，用于在内容中进行定位。使用这个技术可以让内容内部的索引链接精确到词，使得内容获取变得更加精细化。它还是将来文档之间链接技术的基础。

可获取性：EPUB 的早期版本 2.0.1 实际上包含两个部分——EPUB 和 DTBook。DTBook 是一种辅助系统，帮助视觉障碍读者通过盲文阅读器和其他技术实现阅读。此次新版修订中决定不再将 DTBook 独立出来，而是直接纳入到 EPUB 中。

7.2 原创文学

7.2.1 原创模式的数字出版平台

随着互联网的兴起，用户对内容数量的需求和生产更新速度的要求，越来多，也越来越快。原有的传统出版模式已明显跟不上时代的节奏。新形态的、基于网络的出版模式已逐步成熟。作品不再是以往的创作、编辑、印刷等界线分明的制作步骤，取而代之的是原创的模式，即作者创作、内容的编辑、发布交替进行。这种新形态的模式，必然需要一个基于网络的出版平台。平台以原创模式为基础，同时满足原创群体和传统出版机构高效数字出版需求，通过统一的入口进行内容采集或创作，由平台完成内容的编辑、加工、产品化等一系列数字出版中间环节，最终形成多业态数字内容产品进行多渠道发布，实现用户的在线与离线阅读等功能。

如图 7-1 所示，服务平台主要包括 6 个功能系统。

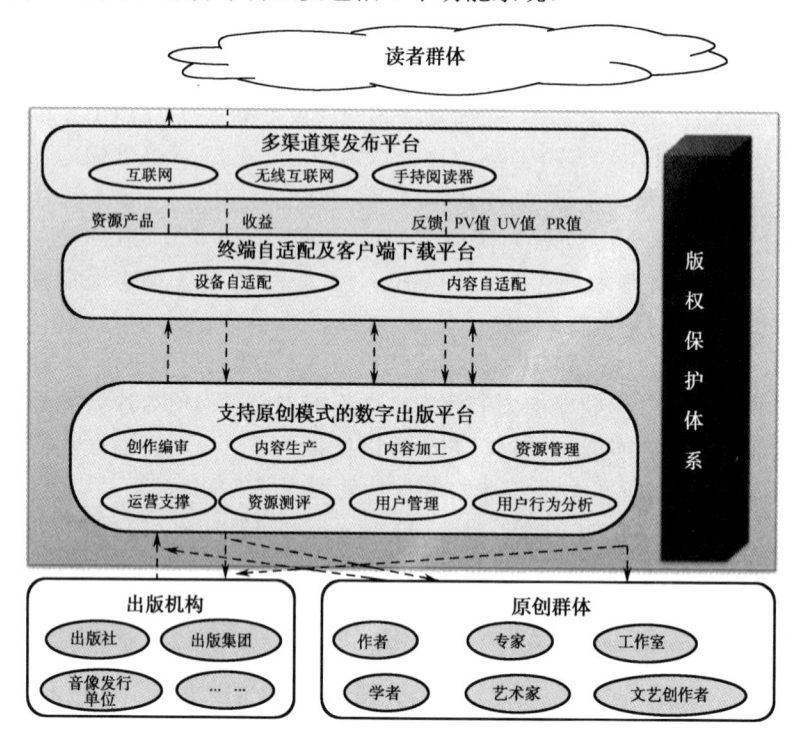

图 7-1 原创模式的平台化数字出版新模式

1. 内容资源采集及加工系统

内容资源采集及加工系统面向原创群体和出版机构，分别提供在线创作和内容上传等资源采集服务，并对采集的内容资源进行格式转换、标注标引，以及章节、知识条目拆分等深度的结构化加工，提供内容的结构化管理、标引和分类管理，为多类型产品加工系统提供内容资源。本系统包括资源采集、面向原创群体创作、面向出版机构的编审和权利服务等模块。支持原创作者在线创作、出版机构内容上传、内容颗粒化加工、权利注册等功能。

2. 多类型产品加工系统

多类型产品加工系统是对内容资源进行产品化处理，通过产品形式和系统适用性的加工，形成可供发布的数字内容产品，为多渠道发布系统提供产品资源。系统包括产品形式加工和系统适用性加工两大模块。支持互联网、无线互联网、手持阅读器客户端等不同类型的数字内容产品的加工功能。

3. 多渠道发布系统

多渠道发布系统是将加工完毕的数字内容产品通过多种渠道发布至对应的阅读门户。本系统包括产品发布、产品管理、客户关系管理和短彩信互动服务等模块。支持多业态的产品发布、产品定价、用户行为分析、短彩推送等功能。

4. 数字出版平台阅读门户系统

数字出版平台最终的产品将通过统一的阅读门户系统呈现给广大读者。本阅读门户系统包括标准网站和客户端下载两大模块，支持用户使用计算机、手机、移动阅读器等各类终端通过互联网、无线互联网、客户端等方式进行在线或离线阅读。

5. 运营支撑体系

运营支撑体系包括产品管理、用户管理、渠道管理、产品营销、在线结算和数据分析等支撑平台运营的功能模块。支持原创作者、出版机构对各自的内容资源和产品进行自主管理和营销，最大限度地给予他们产品运营的主导权。

6. 版权保护体系

数字版权保护对原创文学是非常重要的，它保障了整个商业模式的顺利实现。它以技术体系的方式集成在平台的各个系统部件中，包括内容分段授权、内容分段控制、内容授权加密、封装设备绑定、内容交易与分发保护、用户鉴权绑定和内容可信计数等数字版权保护相关的模块，通过从内容创作到发布的全过程数字版权保护及追踪机制，有效地保护平台中所有内容资源和产品的版权，确保作者和出版单位的权益不受侵害。

7.2.2　原创模式的数字出版服务方式

原创模式的平台化新型服务方式包括 3 种类型（如图 7-2 所示）。

（1）原创作者以个人名义直接通过数字出版平台进行创作，并由平台完成编辑、审核、发布等数字出版流程。

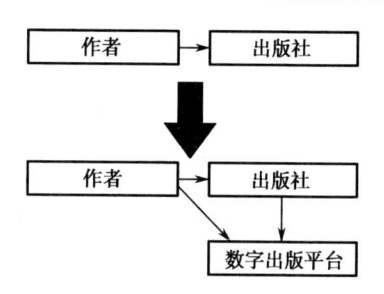

图 7-2　数字出版上游方合作关系

（2）出版社直接将作品上传，由平台完成数字化加工、处理、产品化等环节，并进行多渠道发布。

（3）与出版社签约的作者，可以通过平台直接进行作品创作，出版社在线对作品进行编辑，然后由平台完成加工、产品化等工作，最终进行多渠道发布。

7.3　移动数字音乐

数字音乐是以数字格式存在和存储的，所以其特点表现为通过网络的传输，可以很方便地复制、播放，并且音乐的质量不会下降。另外，数字音乐也是利用数字化技术而制作的，随着数字化技术的发展，各种简便、快捷的软件在互联网上随手可得，这就使数字音乐的制作变得较为简单。与传统音乐的创作相比，它不需要制作者具备深厚的乐理知识，即便是一个不懂任何音乐知识的人也可以利用各种软件直接将传统音乐作品转换为数字音乐。例如，利用软件将 CD 唱片直接转换为 MP3 等格式存在的数字音乐。同时，数字音乐的应用范围十分广泛，除了流行音乐、影视配乐、广告音乐等传统领域外，还在 Flash 动画、网页设计等方面大显身手，甚至与我们日常交流密切的手机也有了数字音乐的用武之地，由此可知，在营销范围方面数字音乐也比传统音乐的营销范围更广泛。

目前在数字音乐市场上，只有移动音乐领域建立了良好的消费习惯和顺畅的收费途径。数字音乐的经营收入中有 90%来自于移动音乐。以中国市场为例，这部分收入主要来源于中国移动及中国联通的彩铃、炫铃这些无线业务。同样的歌曲，如《老鼠爱大米》在互联网上几乎没有收入，但是在无线业务上却可以轻松取得成百上千万的收入。

随着无线移动网的发展，移动数字音乐的数字版权保护也成为数字音乐版权保护的重要方面。移动数字音乐数字版权保护系统由手机客户端、用户展现、支撑平台、互动平台 4 个部分构成，其中手机客户端和用户展现部分构成业务系统的前端系统，而支撑平台和互动平台则构成业务系统的后端组成部分。

手机客户端主要实现音乐的下载、播放和音乐数字版权在手机上的保护。其中音乐播放器实现音乐的播放和音乐文件的管理，数字版权保护代理实现数字版权保护功能。由于 WAP、Web 具有较强的表现，因此音乐业务系统以 WAP、Web 为主门户，用户可以通过互联网登录 Web 门户和通过移动网登录 WAP 门户这两种方式发现、搜索、下载或订购自己所喜欢的音乐。

支撑平台完成业务系统服务器端的主要业务功能，包括数字版权保护系统、管理平台、计费平台、结算平台、接入平台、接口平台。互动平台主要提供与现有移动增值业务系统，如短消息中心、WAP Push 网关、MMS、流媒体平台等的接口，使得音乐业务可以通过多种方式进行互动。目前，已经可以实现 Web、WAP、SMS、IVR 等多种方式的业务模式，以及互联网下载和空中下载等多种下载方法。

目前的移动数字音乐运营系统中，典型的数字版权保护流程是：首先建立数字音乐授权中心，数码压缩数字音乐内容，然后利用密钥（Key）对编码后的数字音乐进行加密保护（Lock），加密的数字音乐头部存放着 KeyID 和音乐授权中心的 URL。用户在点播或下载时，根据音乐头部 KeyID 和 URL 信息，就可以通过数字音乐授权中心的验证授权后送出相关的密钥解密，音乐方可播放。

下面以高通 DVD 为例，介绍移动数字音乐版权保护解决方案。

Qualcomm DMD 是高通公司基于 BREW 平台设计的一套移动数字音乐版权保护解决方案，BREW 是高通公司 2001 年推出的基于 CDMA 网络"无线互联网发射平台"上增值业务开发运行的基本平台。相对 Java，BREW 是一个更低层的技术。

BREW 提供一个高效、低成本、可扩展和熟悉的应用程序执行环境（AEE），着重开发可无缝植入任何实际手持设备的应用程序。制造商和开发人员可以随时对运行环境进行扩展，提供应用程序需要的各种附加性能模块，如"无线互联网发射平台"中包含的多媒体、多种连接方式、位置服务、用户界面、网络等功能套件。在此 DMD 方案中用到的一个很重要的模块 BREW Forward Lock 就是 BREW 提供的，用 BREW 开发的软件都带有 BREW Forward Lock 的基本功能。该软件保障了相关数据文件等不被非法转移分享。只有 BREW 的平台才能加入 BREW Forward Lock 插件；只有存在该客户端的内容才能得到 BREW Forward Lock 的保护。

7.4 数字电视

数字电视以客厅为核心，整合家庭中的其他视听及信息设备，形成多元应用的家庭网络；不仅如此，数字电视与手机也向整合之路发展，移动电视（MobileTV）已在全球各地推广之中。当电视广播系统与网络、甚至是移动蜂窝系统结合时，包括视频、语音与数据的服务自然走向多元汇流,这是一个比过去单一媒体形式复杂许多的应用环境,而数字机顶盒(Set-top-box)正位于此架构的核心位置。

根据电视节目发送管道的不同,数字机顶盒又可分为数字地面(Terrestrial)机顶盒、数字卫星(Satellite)机顶盒、数字有线(Cable)机顶盒,以及通过网络(xDSL、CableModem、光纤)的 IP 机顶盒等形式。整体而言,数字机顶盒的技术主轴朝向支持 HDTV(High Definition TV)及互动性(Interactive)发展,但不同市场区块仍有技术及应用上的偏重。为了达到产品的差异化定位,加入硬盘的数字视频录像机(DVR)及整合家庭网络功能的家庭网络网关器(Residential Gateway,RG),也是数字机顶盒的重要设计方向。

为了保证数字信号不被盗用,数字电视内容管理方式以条件式接取授权证书和数字版权技术作为基本保护机制。目前国内的数字电视机顶盒采用的管理方式就是条件式接取这种机卡分离的方式,用户必须通过专属的智能卡来取得授权才能够接收被解码的信号,而服务提供商也能够通过这种方式接收用户的信息,包括用户户名、地址、智能卡卡号和收看数字电视的费用等信息。这种机卡分离的机顶盒使用方式被美国、欧洲和亚洲等国视为数字电视发展的机顶策略。

机顶盒数字版权保护采用的是许可证管理策略,由数字电视信号运营商对节目源进行加密,在用户通过机顶盒发出节目接收请求之后,系统会自动检查是否经过许可,而认证的方式也同样是通过 IC 卡等带有账号、密码等信息进行的多种版权保护技术。由于数字电视信号必须通过机顶盒才能接收,同时采用了用户身份认证的防盗用方式,所以有线数字电视节目只有一部电视机搭配一部机顶盒才能够正常观看,在目前大多数市民家中同时拥有一部以上电视的情况下,如果希望每部电视机都能够收看数字电视,必须购买数量相对应的机顶盒。

机顶盒版权保护的使用流程如下:

(1)用户选择收看一个受版权保护的节目。
(2)机顶盒向 Web 服务器或流媒体服务器请求并获得媒体文件。
(3)机顶盒向密钥及权限管理中心申请密钥及播放权限。
(4)密钥管理中心向 VNET 后台申请检查该用户的余额是否足够支付。
(5)如果余额足够,则密钥及权限管理中心向用户机顶盒提供密钥及播放权限。
(6)用户使用密钥进行解码播放。

7.4.1 付费数字电视领域 DRM 应用

多频道付费数字电视是指当前的电视台往往有一系列的服务或频道,如中央台,有新闻综合频道、体育频道、经济频道、影视频道等,节目提供商对各个频道分别收费,用户可以方便地订购其中的一些频道或者退订不再需要的频道。内容发行商（频道）通过公共信道广播其节目流，而只有该频道的付费用户才能解密节目流并正常收看节目。

1. 内容选择服务

由于付费数字电视是一个单向广播信道系统，所以用户只能通过收看不同的频道来选择节目。在多频道付费数字电视系统中，用户通过订购或退订不同的频道来选择其服务。

2. 内容分发服务

内容提供商通过单向广播信道来发送其受保护的节目流。DRM 客户端（用户）采用机顶盒来接收受保护节目流。

3. 付费及授权服务

用户到指定的收费中心或代理处付费并取得许可证，在这里许可证一般采用智能卡的形式发放。

4. 打包服务

内容提供商用广播加密方案加密节目流。在 DRM 客户端，机顶盒访问智能卡，取得秘密信息，解密节目流。

5. 权利迁移服务

目前在多频道付费数字电视中，许可证一般存放在智能卡中，采用机卡分离技术，则同一许可证（智能卡）可方便地在不同的机顶盒上使用。

由于在单向广播信道中，DRM 客户端无法和内容提供商在线交流，故应用层的各种服务实际使用的模式较为固定。

多频道付费数字电视一般应符合下列要求：
- 用户能够方便地订购或取消频道。
- 用户只能收看已经订购的频道节目。
- 由于合法用户一般愿意将自己的秘密信息泄露给亲友或其他人，使得其能够收看未订购的频道。因此，存放合法用户密钥的安全芯片需要满足下面 3 个属性：即非易失性、安全性、抗篡改。非易失性是指在断电后，芯片中的秘密信息不会丢失。安全性是指数据不容易被芯片外的非法设备获取。抗篡改是指安全存储的数据不容易被芯片外的非法设备修改。
- 此外，阻塞用户和盗版追踪系统也是必不可少的。在市面上发现大量的盗版设备后，一方面要进行盗版追踪，识别盗版的来源；另一方面要在不影响其他合法用户的情况下，阻止通过此秘密信息解密节目流的用户继续收看节目。这样既可以有效打击盗版设备，也可以防止合法用户主动泄露秘密信息给其他人。

数字电视是一个单向的广播系统，并且其用户数量巨大而且不固定，因此无法简单地采用对称加密或非对称加密技术。广播加密是一种多用户加密方案，利用广播加密技术，内容提供商可以将加密的数据通过公共信道传送给用户，而只有被授权用户才能解密接收到的数据，是目前最为适合的数字电视用户管理加密技术。然而付费数字电视拥有多个频道，因此它是广播加密的一种特殊应用场合。由于大部分已知的广播加密系统只能将一个内容提供商的节目流提供给用户，如果直接将广播加密系统应用于付费数字电视中，即一个频道用一套单独的广播加密系统，那么在用户端就需要存储相应倍数的密钥。在用户端，一般都采用智能卡来存储密钥，而智能卡中能用于安全存储的空间非常有限，因此需要一个能应用于付费数字电视的高效广播加密方案。

到目前为止，Narayanan 提出了一个实用的可以广播多频道内容的付费数字电视方案，并且每个用户端需要存储的密钥数与频道的数目无关。但此方案不能实现用户退订频道的功能，因此，当有用户退订一个频道时，内容提供商和所有订购此频道的用户必须更换其频道密钥，这在用户数量庞大，以及时常发生退订节目的情况下花费是巨大的。

条件接收系统（Conditional Access System，CAS）是付费数字电视广播的核心技术，其主要功能是阻止非法入侵数字广播网络，并允许被授权的用户收看特定的节目而使未被授权的用户无法收看。CAS 的主要任务是阻止用户接收未被授权的节目和如何从用户处收费的问题，而在广播电视系统中，在发送端对节目进行加扰（Scrambling）、加密（Encryption），在接收端对用户进行寻址控制和授权解密、解扰是解决这两个问题的基本途径。

CAS 由前端（广播）和终端（接收）两个部分组成：前端完成广播数据的加扰并生成授权信息，以及完成解扰密钥的加密工作，从而将被传送的节目数据由明码变为密码，加扰后的数据对未授权的用户无用，而向授权用户提供解扰用的信息，这些信息以加密的形式复用到 MPEG-2 的传送流中，授权用户对它进行解密后即可得到解扰密钥，即控制字（Control Word，CW），并实现对信号的解扰和 MPEG-2 解码。终端由智能卡（或其他 CA 卡）和解扰器完成解密和解扰。CAS 是实现付费电视广播的技术保障。

完整的条件接收系统（CAS）主要由以下 8 个子系统组成：集成管理系统（IMS）、节目管理系统（PMS）、用户管理系统（SMS）、前端条件接收系统（CAS）、电子节目指南系统（EPG）、复用加扰处理系统、接收端 CA 系统、智能卡发行与管理系统。各部分子系统的主要功能如下所述。

（1）集成管理系统：设置系统参数，连接系统中各组成部分，管理和控制系统的执行。

（2）节目管理系统：对节目进行定义、编辑、编排、查询，产生节目时间表。

（3）用户管理系统：对用户信息、用户设备信息、节目预定信息、用户授权信息、财务信息等进行处理、维护和管理，同时为其他子系统提供用户授权管理的基本数据。

（4）前端条件接收系统：完成用户授权控制信息（ECM）及用户授权管理信息（EMM）的获取、生成、加密、发送等处理。

（5）电子节目指南系统：自动提取节目数据库中的节目描述信息，并转化为DVB的业务信息（SI），同时按一定的周期发送这些信息给复用器。

（6）复用加扰处理系统：定义了同密同步器（SCS）、授权管理信息发生器（EMMG）、业务信息发生器（SIG）的接口，加扰采用了标准的 DVB 加扰算法。

（7）接收端 CA 系统：接收并处理前端 CA 系统发送来的 ECM、EMM 信息，并通过标准的通信接口与智能卡进行数据交互，获取解扰控制字，传给解扰器完成解扰工作，同时提供有关 CAS 的辅助信息给接收设备，供接收设备显示。

（8）智能卡发行与管理系统：发行 CA 系统中所需的各种智能卡，包括系统母卡、系统钥匙卡、系统控制卡、用户接收卡等。针对上述各种智能卡，分别设计了不同的卡发行系统，这些系统包括母卡密钥发行系统、母卡授权发行系统、系统卡发行系统、用户接收卡发行系统、用户接收卡授权编辑系统等。

7.4.2 数字版权保护技术在数字电视领域应用现状

近年来，DRM 得到了国际上广播电视产业界、学术界和相关政府部门越来越多的关注和重视。1999 年 9 月，TV Anytime 论坛在美国成立，由来自美国、欧洲和亚洲的不同行业，如传统的广播商、互联网广播商、内容提供商和服务提供商等组成，其成立的目标之一就是对提供的广播电视内容进行安全保护。2002 年，欧洲 DVB 论坛开始制定内容保护和复制管理（Content Protection and Copy Management，CPCM），目的是促进数字内容作品在最广泛的商业模式下发布。2004 年 10 月，由松下、索尼等 7 家企业成立了旨在确立数字版权管理互操作性的团体"Coral Consortium"。该团体将致力于实现无论与哪家 ISP 签约、使用何种设备，都能使消费者方便地访问和享用数码音乐及视频环境。Coral Consortium 开发了一个通用的技术框架，使得内容、设备、服务提供商不用考虑他们各自采用的具体DRM 技术就可以互联互通。在整个标准化领域，国际范围内比较有影响的有 MPEG标准 IPMP、移动通信领域 2001 年发起并建立的 OMA DRM 和 2003 年建立的数字媒体计划（DMP）3 个标准。MPEG 是数字媒体领域采用的主要标准。在 MPEG-21标准中，知识产权管理与保护（Intellectual Property Management and Protection，

IPMP）成为标准一个重要的独立部分。开放移动联盟（Open Mobile Alliance，OMA）目标是为移动通信网建立数字保护环境。而数字媒体计划（Digital Media Project，DMP）是由 MPEG 大会主席 Leonardo 发起的一个民间运动，旨在从数字媒体时代的角度，将政策措施和技术措施协调起来，克服目前 DRM 解决方案不能很好满足商业用户，以及对传统的消费者权利和隐私造成约束的状况。

在国内，数字音视频编解码技术标准工作组（AVS 工作组）在 2002 年成立了数字版权管理专题组（与视频专题组、音频专题组、系统专题组等并列）。2003 年开始征集 DRM 标准提案，2004 年 3 月开始陆续完成 AVS-DRM 标准的各部分。AVS-DRM 的基本理念是制定开放的、支持互操作的数字版权管理系统，支持高分辨率数字广播、高密度激光数字存储媒体、无线宽带多媒体通信和互联网宽带流媒体等重大信息产业应用。

7.5 基于智能卡的数字版权保护

随着互联网的飞速发展，人们可以很容易地在互联网上找到各种盗版的软件和影音作品。这种盗版行为不仅侵害了作者的知识产权，而且极大地损害了作者的经济利益。在互联网和移动通信紧密结合的今天，使用手机上网看电影、听音乐也变得越来越流行，随之而来的版权保护问题也日益突出，为了保护内容提供商的利益，促进移动增值业务的良性发展，一个在手机上使用的、基于智能卡的 DRM 数字版权保护系统被设计出来了。手机用户可以通过付费，有偿使用数字资源，同时该系统可以限定用户的权限（如一部电影只能播放几次，不允许和其他用户共享等），从而最大限度地保护数字版权。

7.5.1 智能卡技术

智能卡（Smart Card），也称 IC 卡，它可以核实版权中的权限，如果权限确实属于该用户，且没有使用完，卡上的密码处理器使用卡中的用户私钥解密出对称密钥，并将对称密钥发送给手机中的合法播放器，播放器使用该密钥解密数字内容进行播放。为了防止非法的播放软件窃取对称密钥，智能卡设有访问口令，只有合法的播放器才可以访问微处理器和存储器等微型集成电路芯片的、具有标准规格的卡片。智能卡已应用到银行、电信、交通、社会保险、电子商务等领域。对于应用于 PKI 体系的智能卡，一般都带有硬件仿真随机数发生器、RSA 协处理器，可以用硬件实现 RSA 的运算。另外，还具有 DES 和 SHA1 等密码算法，保证在硬件内部产生密钥对，并在硬件内部完成加、解密运算。将用户私钥存放在智能卡存储器中，利用硬件运算 RSA，完成解密工作。

7.5.2 基于智能卡的数字版权保护系统

基于智能卡的数字版权保护系统的基本原理是：首先使用对称密钥加密数字内容，当用户请求下载时，再使用用户的公钥加密对称密钥，将加密后的密钥和相应的权限包含在版权中，然后将加密内容和版权一起传给用户。用户得到版权后，使用自己的私钥即可解密出对称密钥，并用它解密数字内容进行使用。

因此，整个系统可以由 2 个模块组成：客户端模块和后台服务模块。客户端模块包括用户浏览器（Browser）、下载代理（Download Agent）和版权代理（DRM Agent）。后台服务模块包括服务器（Presentation Server）、版权提供商（Right Issuer）和内容提供商（Content Issuer）。

后台服务模块负责数字内容的加密。内容提供商使用对称密钥加密原始的数字内容，并把对称密钥和该数字内容的标识发送给版权提供商，以便生成版权信息。客户端模块负责数字内容的解密和播放。客户端收到加密的内容和版权后，版权被发送到手机智能卡中，智能卡核实版权中的权限，如果权限确实属于该用户，且没有使用完，卡上的密码处理器使用卡中的用户私钥解密出对称密钥，并将对称密钥发送给手机中的合法播放器，播放器使用该密钥解密数字内容进行播放。为了防止非法的播放软件窃取对称密钥，智能卡设有访问口令，只有合法的播放器才可以进行访问。

基于智能卡的 DRM 系统的安全架构由参与实体、网络安全协议和安全基础设施 3 个部分组成。各部分在系统中起着不同的作用，PKI 作为安全基础设施是安全协议有效实施的基础，一切基于身份鉴权认证的应用都需要 PKI 的支持；ROAP 是一种安全传输协议，它与 PKI 相结合实现了身份认证、公钥发放等功能；在此基础上，各参与实体相互通信完成了内容和版权的生成、传输下载及播放。

手机客户端通过 GPRS 无线信道和后台服务模块交互，获取数字内容和版权，考虑到无线信道传输收到加密的内容和版权后，版权被发送到手机智能卡的不安全性，为了防止其他人非法冒充窃取相关内容，使用了 OMA DRM 标准中的 ROAP 协议进行数字内容和版权的传输。ROAP（Rights Object Acquisition Protocol）是 OMA DRM 中的一个传输协议标准。在该协议中，版权提供商和版权代理经过一系列的相互认证，确认彼此的合法性，在传输过程中采用严格的请求响应机制，因此可以保证数字内容不会被非法窃取使用和传播。

ROAP 协议分成 2 个过程：即登记识别与下载内容和版权。

（1）登记识别。登记识别是为了让用户和服务器相互确定对方的合法性，如果用户首次登录将执行登记过程，否则执行识别过程。

首先，客户端浏览器（Browser）发送一个 HTTP 登记请求，版权提供商（RI）收到后生成一个登记触发器（Registration ROAP Trigger）并把它传送给服务器（Presentation Server），服务器将带有下载描述符（DD）和登记触发器（Registration ROAP Trigger）的 HTTP 响应返回给下载代理（Download Agent），下载代理读取后把登记触发器（Registration ROAP Trigger）传给版权代理（DRM Agent），版权代理启动与版权提供商的会话。执行完毕后，下载代理将指向下一个 URL，以供下次使用。服务器返回给用户登记成功的响应。

（2）下载内容和版权。

登记识别成功后，用户将确定自己需要的数字内容的使用权限并连同支付的电子货币一起通过 HTTP 发送给服务器。服务器确认后，和版权提供商交互生成一个相应的版权标识，同时版权提供商生成一个登记触发器并传给服务器，服务器将带有下载描述符和登记触发器的 HTTP 响应返回给下载代理。下载代理读取后将登记触发器传给版权代理，版权代理发送下载请求至版权提供商，版权提供商将版权标识连同从内容提供商处获得的内容一起传送过来（版权和内容在逻辑上相互分离，也可以采用分开传送的方式）。

通过以上过程，加密内容和版权被安全地传输到了合法的用户手中，客户端就可以解密出数字内容进行使用了。

通过合理设置版权中的属性，保证了版权只能按照相应的权限进行使用，防止合法用户无限制使用版权和非法传播共享的现象发生。

在手机上网日益普及的今天，为了保护无线下载内容的数字版权，基于手机智能卡的数字版权保护技术应运而生，基于内容提供商的利益，越来越多的商家参与无线下载技术的产品研发并投入使用。由于该技术有效地保护下载内容的创造和发布，为广大手机上网用户提供了越来越多的优质数字影音资源，同时还促进了移动增值业务的发展，为运营商产生了巨大的经济效益。

7.6 Real 公司数字版权保护方案

Helix 数字版权保护方案是 Real 公司开发的第一个能安全传输媒体至任意设备的多格式数字版权管理平台。

Helix DRM 是一个综合、灵活的平台，确保标准格式和 Internet 格式，如 RealAudio、RealVideo、MP3、MPEG-4、AAC、Sony 的 ATRAC3、H.263 和 AMR 等格式媒体的安全传输。有了 Helix DRM，不仅能将这些格式媒体传至 PC，还能

第 7 章　数字版权保护技术的典型应用

传至包括移动设备和家用电器在内的多种非 PC 设备。Helix DRM 提供安全的媒体打包和加密保护,可传输高品质内容至多种设备。它延伸了 RealOne Player 和 Helix Platform 以容纳多种版权管理系统。它集合了所有现有的基础设备和后台系统,支持多种商业模式,如采购、租赁、视频点播和订阅服务等。

Helix DRM 是一个完整的端对端数字媒体安全传输平台,主要由以下 4 部分组成。

（1）Helix DRM Packager。Helix DRM Packager 使用强大的的加密算法和安全的组件容器技术,防止用户非法使用内容,为内容通过流式传输、下载或其他传输方法分发做准备。打包的媒体内容和与之关联的打开、使用内容的商业规则是分开存储的,这样单个文件在不同的时间可应用不同的商业规则。Helix DRM Packager 支持多种媒体格式,与 Helix Producer 一起使用,可以安全传输直播内容。

（2）Helix DRM License Server。Helix DRM License Server 是一个可扩展、灵活的服务器,允许零售商、Internet 音乐、电影服务商和企业管理,发放许可和报告内容交易。Helix DRM License Server 鉴定请求、核发许可给 RealOne 等可信任的最终用户客户端,提供审计信息以简化版税支付。若有用户违规,内容拥有者可以撤回许可。

（3）Helix DRM 客户端。Helix DRM 客户端可在反篡改环境里下载和播放安全格式内容。这个环境基于内容拥有者定义的使用规则。客户端程序（如 RealOne Player）可根据 Helix DRM 客户端标准开发制作。

（4）Helix Universal Server DRM 插件。这个插件能使受保护的媒体进行流式传输。

Helix DRM 对重要的数字化信息提供端对端的全面保护,具有内置的反篡改功能和可更新客户端技术。另外,Helix DRM 可让众多消费类电子产品支持多种安全格式。

Helix DRM 拥有内置的灵活性。使用 Helix DRM,内容和权限管理是分离的。这就意味着内容拥有者可随时修改与内容相关联的商业规则,而无须重新编码或打包。其灵活性还表现在:

- 支持多种使用权限,如允许用户在指定时间内播放、限制每个媒体文件播放的次数。
- 支持多种商业模式,如租赁、订阅服务、内容联合、内容交易和推广、付费观看和视频点播。
- 支持多种传输模式,安全内容可以通过流式传输（直播或点播）、下载、物理介质或 P2P 文件共享网络来分发。
- 后台系统兼容性,能与已有的信息交换系统、支付系统、零售店面、数据库、客户关系管理软件和其他基本的商业系统兼容互联。

目前，国内数字内容视频发布大多采用 Real System 架构，Real Media 格式具有使用简单、适合网络传输、支持多种媒体格式等许多优点，编码率编码压缩、智能网络传输、支持多声道等众多特性，紧扣宽带网络的发展，在我国得到了普遍的应用。

Helix 数字版权保护方案提供安全的媒体打包和加密保护，可传输高品质内容至多种设备。它确保了 RealOne Player 和 Helix Platform 可以容纳多种版权管理系统。它集合了所有现在的基础设备和后台系统，支持多种商业模式。

7.7　苹果公司应用版权保护

苹果公司在以公开专利的方式保护自己的设计创意之时，通过 App Store 和 iTunes Store，为软件与数字音乐建立了一套完整的知识产权生态保护圈。

iTunes Store 是一个由苹果公司运营的音乐商店，需要使用 iTunes 软件连接。下载的音乐档案有使用上的限制，由苹果公司的"FairPlay"数字版权管理技术保护。

App Store，即 Application Store，通常理解为应用商店。App Store 是一个由苹果公司为 iPhone 和 iPod Touch、iPad，以及 Mac 创建的服务，允许用户从 iTunes Store 或 App Store 浏览和下载一些应用程序。用户可以购买或免费试用，让该应用程序直接下载到 iPhone、iPod Touch、iPad 或 Mac。

1. App Store 业务模式

App Store 是苹果公司于 2008 年 7 月发布，为 iPhone 手机用户提供的应用下载平台。

苹果公司通过开放的 iPhone SDK 为开发者提供开发支持，iPhone App 开发者基于该 SDK 开发符合 App Store 上线标准的应用，由 App Store 统一进行营销，获得的收益由 App 苹果公司与开发者分成，其基本业务流程如图 7-3 所示。

苹果公司成功运营 App Store 的核心是建立了端到端的支撑控制框架以实现对平台的唯一控制权。

2. 版权保护

以音频文件的下载方式为例，在苹果公司的运营模式之前，任何一部国产的 MP3/MP4，都是通过复制的方式直接下载歌曲。但是苹果公司的产品中，无法直接复制下载歌曲进行播放，你需要将它放置进一个 iTunes Store 的软件当中，由它将你的歌曲进行转换，这样才能使用。而这样一个小小的举动，就赋予了苹果公司无以伦比的知识产权保护姿态。

第 7 章　数字版权保护技术的典型应用

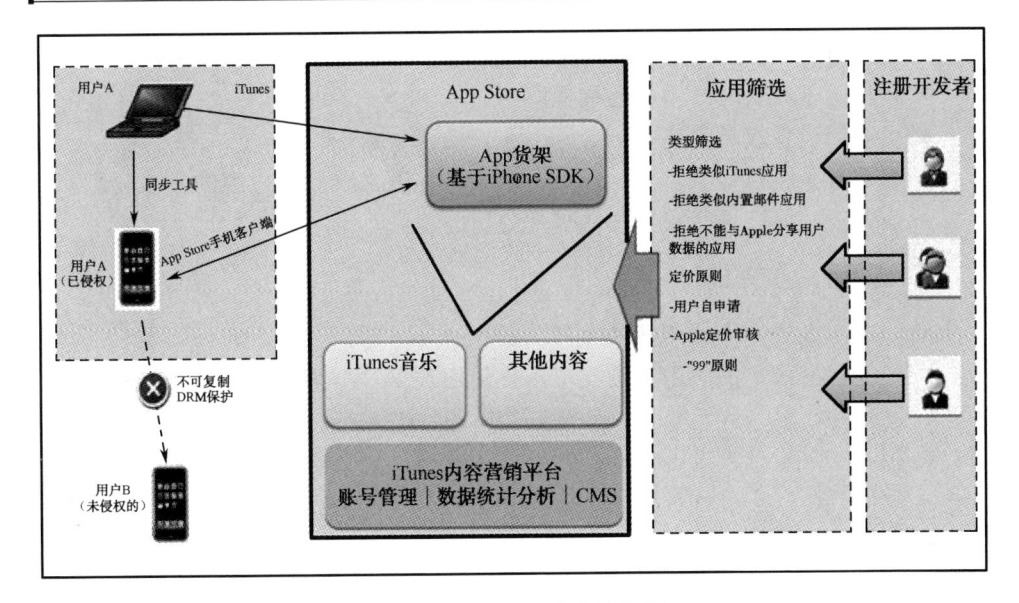

图 7-3　App Store 业务流程图

对待 iTunes Store 的下载模式从最初的不习惯到现在的习以为常，会发现这种下载模式带给你完全不同的体验，从下载速度到音乐同步，还会根据你的个人喜好来整理你的歌曲，完全不只是一个音乐播放器带来的体验。

同样，伴随 iPhone 上市而上线的应用程序商店 App Store，用相似的手法改变了应用软件业界。这个一体化极强的应用程序商店将从前付费手段繁多、复杂、令人头疼的软件零售业彻底变革：iOS 与 Mac OS 提供了富有魅力的开发平台，全世界开发者的应用软件成果经审查后可以立即发布在全世界用户面前，当用户单击"购买"，代表程序的图标"飞"进设备的同时，用户的信用卡即刻付费，售价的 70%立即划拨开发者账下，其余 30%归苹果公司所有。凭借一个好看、易用的商店，苹果公司让无数用惯了免费下载的用户觉得"花 6 块钱买个水果忍者玩玩也挺不错"。

通过上述介绍会发现苹果公司采用了自己的利润共享知识产权保护体系。

（1）版权保护的原则。
- 保护版权方利益。
- 下载资源不能非法传播。
- 同时保护消费者权益。

（2）Apple 版权保护采用自主知识产权的 FairPlay 数字版权保护技术，具有以下特点。
- 未授权禁止复制。
- 单账号 5 台同步授权设备许可。

- 使用 Apple ID 和数字签名鉴权。
- 授权数据在 Apple 服务器端保存。
- 可取消设备授权绑定。
- 通过数字版权保护技术，Apple 从某种程度上限制了内容的自由复制和非法传播，保护了产权方，如唱片公司的利益。

3．应用上线管理机制

App Store 的应用上线审核机制较为封闭：
- 根据保密协定，应用必须共享用户使用数据，拒绝不能共享用户使用数据的软件。
- 拒绝实时导航、设备自动控制、车队管理、生命拯救和急情况处理等 LBS 软件。
- 拒绝使用爬虫、机器人、网站搜索，以及非法收集用户个人信息等类型软件。
- 拒绝色情、恶意、违反开发者协定的软件。

通过严格的审核，基本实现保护自有产品的生存空间，充分分享用户数据和保有并进一步扩大 iPhone 用户规模的目的。

4．应用支付渠道

App Store 的支付承袭了 iTunes 的支付渠道：VISA、MasterCard、美国运通卡，如图 7-4 所示。

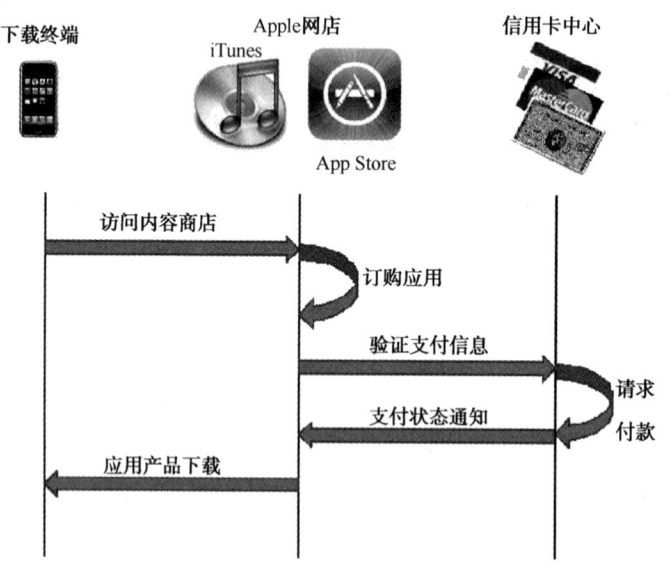

图 7-4　App Store 支付流程简图

苹果公司为第三方软件的提供者提供了方便而又高效的一个软件销售平台，使得第三方软件的提供者参与其中的积极性空前高涨，适应了手机用户们对个性化软件的需求，从而使得手机软件业开始进入了一个高速、良性发展的轨道。

截至 2011 年 1 月，苹果公司已向唱片公司支付 120 亿美元分成，向应用软件开发者支付 20 亿美元分成。利润共享成为支撑知识产权生态圈的重要秘笈。

7.8 亚马逊 Kindle 应用版权保护

亚马逊推出 Kindle 系列，用于拓展其网络书城的阅读业务。亚马逊这一做法取得了巨大的成功，Kindle 已经成为美国最畅销的电子书。在美国，纸质图书的价格非常昂贵，特别是教科书，即便是从国外购买再加上运费的书籍都比购买美国本地生产的书便宜。但电子书的价格相对来说就便宜了许多。购买了 Kindle 的用户，可以在亚马逊书城挑选自己喜爱的正版电子书，付费下载阅读。

亚马逊网站专门给出版社和个人著作权拥有者分别提供了数字出版的自主出版系统。出版机构和个人作者或者版权拥有者可以直接登录自主出版系统（Digital Text Platform），将电子图书上传给亚马逊网站，图书即可在 Kindle Store 销售。而读者只需通过 Kindle 阅读器自带的无线下载功能，直接下载阅读即可。

正因为亚马逊搭建了统一的图书销售平台，采用了有偿购买的电子图书模式，从而保障了作者、出版社的版权利益。Kindle 的版权保护技术使其用户无法与他人共享电子书，也不能在非亚马逊的平台上进行阅读。亚马逊 Kindle 电子阅读器模式，保护了传统出版业的价值链，同时在整个商业模式中又能占据主动地位，更好地保障了图书内容的版权。

1. 版权保护

Kindle 的成功很大一部分原因在于亚马逊庞大的电子书库，而这一模式的核心在于对版权的有效保护。就受版权保护的书籍而言，每本进入亚马逊在线书店的电子书都必须转化为支持 Kindle 阅读器的 Azw 格式，Kindle 只能显示亚马逊网络书店销售的电子书，而这些电子书也只能在 Kindle 上阅读。用户购买了一本电子书之后，只能在同一款 Kindle 阅读器上阅读，甚至不能转借或者转售。

亚马逊 Kindle 电子图书出版模式，很好地解决了版权问题，保护传统出版机构的核心利益，所以受到了传统出版机构的欢迎。电子图书的出版不一定要求全，关键是要有最新的图书推出，才能够受到读者的欢迎。

2. B2C 模式下的"订阅"式购物

这是一项被称为"定购并省钱（Subscribe & Save）"的计划，是亚马逊网站专门针对一些日用消费品，如包装食品、洗漱用品、保健品、婴儿用品等设计的自动订购服务，类似于我们熟悉的报刊、杂志订阅。用户可以选择那些需要经常购买的商品，然后加入这个服务，并设定寄送的间隔时间。为了增加这项服务的吸引力，亚马逊设置了很多优惠条件，包括提供高达 15%的折扣、优先进行订单处理和运送、允许用户随时更改或取消订单、保持价格稳定，等等。这些优惠条件看似普通，可一旦依托在亚马逊这个全球最大的 B2C 平台上，吸引力就不可小觑了。

作为长尾理论的最佳实践者，亚马逊网站上提供的产品种类毋庸置疑是零售业中最为庞大的。尤其那些处于长尾末端的商品，全世界的零售商中也只有亚马逊能够保证持续供给了。有很多亚马逊提供的日用消费品，并不是在所有超市都能买到，即便有，也会经常断货，或者是价格偏高。

而亚马逊则能为消费者提供稳定的供货，加上亚马逊网购不收消费税，并且提供免运费和其他折扣优惠，让这种"订阅"式购物在价格上无懈可击。对于亚马逊本身来说，推行这项"定购并省钱"服务虽然降低了商品价格，减少了单位销售收入，却能够为降低库存成本、增加用户黏度等方面带来积极影响。尤其对那些长尾商品来说，由于需求量相比大众商品要小得多，其仓库出货量很不确定。而当有一定数量的用户加入这项"订阅"式购物服务后，网站的进货频率和出货量都变成可预测的。这些数据不仅是亚马逊与供应商签订合同时的重要依据，也是其与供应商进行价格谈判的有利筹码。

"订阅"式购物，只不过是亚马逊 B2C 业务中一项小小的创新。而数字内容服务，则是亚马逊 B2C 领域探索工作的重中之重。

3. 数字音乐商店

在 2007 年，亚马逊就推出了自己的网上音乐商店"亚马逊 MP3"。当时亚马逊音乐商店的最大卖点就是其销售的上百万首音乐均未采用数字版权保护技术。消费者可以将歌曲复制到多台计算机、刻成光盘，或者传到 iPod、iPhone 和微软 Zune 上播放。在 2008 年 Google 首款 Android 手机 G1 上市前，亚马逊与 Google 达成合作意向，将其数字音乐商店预装到每一部 G1 手机上。

经过几年的发展，亚马逊 MP3 在音乐爱好者心目中的影响力与日俱增。2009年，CNET 的 3 名资深编辑曾对亚马逊和苹果公司的两个数字音乐商店进行了一次全面评测，而结果则出人意料。

整个评测包括 5 个方面，分别是用户界面、音乐库、兼容性、音质和价格。尽管在用户界面和收录曲目的数量上，亚马逊 MP3 要略逊苹果 iTunes 一筹，但在音质方面，两者打成平手。而在剩下的两个方面，亚马逊 MP3 得到的评价要比苹果 iTunes 高出很多。亚马逊销售的数字音乐可以在几乎任何音乐播放器中播放，而苹果一如既往执着于自有的音乐文件格式，并且只是从最近才开始提供不带数字版权保护的音乐文件。在价格方面，亚马逊 MP3 同样具有优势，专辑的最低价格达到 2.99 美元，而一些热门歌曲也可以用 0.79 美元买到。相比苹果 iTunes 歌曲 0.99 美元、专辑 9.99 美元的一口价，亚马逊 MP3 的低价策略成为吸引用户的一个重要因素。

亚马逊音乐商店的终极优势，还是价格。如果消费者在购买一首歌曲的同时，又被其他的推荐商品吸引，另外购买了一部价值 200 美元的 MP3 播放器，那么亚马逊会非常乐意以 0.79 美元甚至更低的价格，出售这首歌曲。这种关联销售带来的定价优势，是苹果 iTunes 永远无法具有的。当然，苹果 iPod 对其数字音乐销售的促进，亚马逊短时间内也很难复制。

4．视频流媒体

除了在数字音乐销售业务方面表现出色，亚马逊还成功进入了流媒体服务领域。2008 年 9 月，亚马逊网站背靠庞大的视频内容资源，推出流媒体点播服务亚马逊 VOD。目前，Amazon VOD 用户可以选择租或买一部电影直接观看，价格分别是 3.99 美元和 14.99 美元。不过，这只是亚马逊流媒体战略的一部分。

事实上，早在 1998 年，亚马逊就收购了 IMDb 网站，并将其发展成为互联网上规模最大、用户最多的影视数据库。现在，亚马逊正悄悄在 IMDb 上实验一项新的业务——免费视频搭载广告。这表明亚马逊仍然在不断试探视频流媒体服务的最佳商业模式。

亚马逊流媒体服务通向用户的第三条渠道，就是与 HDTV 及其他硬件厂商合作，将网络视频直接发送到用户家中的电视上。亚马逊先后与 Sony、Panasonic、Vizio 等 HDTV 制造商，以及 Roku 这样的数字视频播放器厂商达成合作协议。

亚马逊在流媒体服务上的布局，瞄准的主要是 3 类竞争对手。第一类，是 Netflix、Blockbuster 这样的传统 DVD 碟片租赁商。目前，Netflix 用户可以通过支付月费的方式，在网络上直接观看感兴趣的电影视频。第二类，是以 iTunes Store 为代表的付费下载数字内容提供商。第三类，则是 Hulu 这样的免费电影搭载广告服务商。而 YouTube 这种基于 UGC 的视频网站，在短时间内，还不会成为亚马逊的进攻对象。

这 3 类竞争对手，分别以 3 种不同的商业模式，在各自领域内取得了不错的成绩。亚马逊无论在哪一个领域内，想在短时间内取对手而代之，都非常不易。不过，亚马逊已经在自身的 B2C 网站和 IMDb 网站上积累了大量对影视产品感兴趣的深度用户，而将他们顺利转化为视频流媒体服务用户，也许会成为亚马逊制胜的关键。

亚马逊在流媒体服务领域的优势，在于其成熟的网络零售商业模式、内容和价格优势，以及较低的运营成本。

7.9 移动出版业务的数字版权保护

目前，移动出版主要采用客户端、彩信 MMS 及 WAP 方式提供内容服务。在内容提供方面，移动出版可以采用以下两种形式。

（1）通过与运营商合作。目前运营商都提供了自己的阅读出版合作模式，如中国移动构建了移动阅读基地，提供 WAP，实现客户端、彩信 MMS 方式的书籍、漫画移动出版。

与运营商合作，移动出版的优势包括移动运营商提供了便捷的计费方式，用户体验方便快捷。另外，运营商利用自己的网络优势，提供了很好的用户终端适配等技术保证移动出版的便捷使用。

而移动出版内容提供商无法直接管理用户，无法与用户进行进一步的沟通、分析以提高。对出版方而言，运营商主要完成计费功能。

（2）直接使用移动互联网实现移动出版。随着移动网络的发展，3G 包括 LTE、WIFI 等技术，数字内容出版商直接进行移动数字出版将是未来的发展必然。

无论移动出版与运营商的合作方式采用哪一种，都需要解决移动出版版权保护在移动网络的"客户端保护方式"、"彩信 MMS 保护方式"，以及"WAP 保护方式"的应用模式。

1."客户端保护方式"的应用模式

移动阅读基地客户端设计了"DRM 1.0+标准"实现数字版权保护。其基本原理是：加密打包后的受保护书刊内容通过下载服务器传送至手机阅读客户端，用户通过客户端从版权提供商获取许可证后，使用受保护的书刊内容。目前，移动阅读基地小部分客户端采用了这种版权保护模式，多数客户端都没有采用版权保护。

移动出版版权保护需要考虑移动数字出版的版权保护整个过程，包括数字内容分发、传输、使用过程的版权保护，完善的管理跟踪服务，实现优势在于：

（1）独立于运营商网络，可运营于中国移动、中国联通与中国电信网络。

（2）客户端方式，采用开放的架构体系，支持未来新技术的发展，集成了国内数字出版的尖端技术。

2."彩信 MMS 保护方式"的应用模式

彩信 MMS 可归类为下载类业务,目前彩信标准格式中并没有提供版权保护的

第 7 章 数字版权保护技术的典型应用

方式,普通彩信被用户下载以后,就无法进行有效的版权控制,而且彩信很容易进行点对点传播和扩散。

"彩信 MMS 方式",从彩信获取、传输及下载过程进行控制,另外对点对点转发方式提供了版权保护方案。

在服务下载及传输阶段,需要移动系统作以下升级:

(1) 升级彩信中心下载系统的版权跟踪监控,这部分也可以通过分析服务器,分析彩信中心的日志实现跟踪。

(2) 在运营商彩信中心增加网关协控系统,对附带有数字水印的 MMS 彩信进行拦截、记录与计费处理。

(3) 通过短信方式提醒用户版权的下载、使用、计费相关信息,引导用户终端到提醒界面进行提示。

"彩信 MMS 保护方式"实现了下载、使用、转发过程中的版权控制,但前提是要通过移动网络进行数字内容的传输。

3. "WAP 保护方式"的应用模式

目前,移动网络的 WAP 内容出版方式,主要以访问、计费控制为主,对内容传输还没有实现版权保护机制。

使用 WAP 客户端浏览器,通过移动网络访问可信及网关协同,实现对 WAP 访问客户端的可信限制,从 WAP 服务端实现 WAP 业务的访问、阅览等版权保护控制。

应用在目前移动网络中,需要运营商提供 WAP 网关白名单传输,服务器根据用户访问的 Header 信息获得用户的手机号码、终端类型,服务端生成临时令牌,实现对内容访问的保护。用户转发 WAP 的 URL 给其他用户的时候,版权就会自动失效,需要新用户进行版权验证处理。

"WAP 保护方式"的应用模式,对目前运营商及出版机构没有改造要求,主要是服务端采用版权保护技术,与 WAP 网关进行数据交换,验证用户并进行传输过程的版权控制。

7.9.1 应用场景一:客户端的数字内容版权保护应用

1. 当用户通过阅读客户端来使用数字内容时

(1) "移动应用前端服务系统"发送目录到用户的客户端。

(2) 客户端发送获取数字内容的请求。

(3) "移动应用前端服务系统"发送数字内容和相应的授权到用户客户端。

(4) 用户使用客户端阅览数字内容。

2. 数字内容的转移

使用客户端的移动版权保护如图 7-5 所示。

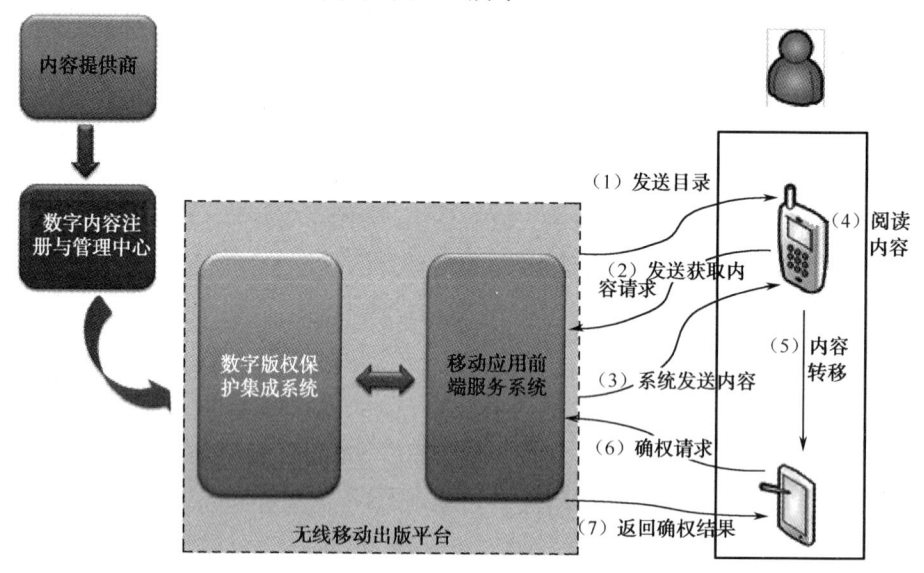

图 7-5 使用客户端的移动版权保护

（1）数字内容从一个终端设备转移到另一个终端设备上。

（2）用户在阅读该内容时，客户端会向"移动应用前端服务系统"发送"确权"的请求。

（3）系统返回确权结果：如果是合法授权，则可正常阅读；否则无法阅读。

7.9.2 应用场景二：彩信方式的数字内容版权保护应用

当用户使用移动通信设备，通过彩信的方式使用数字内容时，移动版权保护如图 7-6 所示。

（1）"移动应用前端服务系统"发送通知彩信至用户的移动终端设备上面；该彩信中包括通知客户购买数字内容的扣款信息和下载 URL。

（2）用户确认后，单击下载 URL，向"移动应用前端服务系统"发送获取内容的请求。

（3）"移动应用前端服务系统"通过彩信方式发送相应的数字内容到用户的移动终端。

本应用场景通过移动网络网关传递的 Header 信息，验证用户的可靠性，同时在下载过程中保证信息的安全传输。同时结合网关协控系统，保证信息在点对点

第 7 章　数字版权保护技术的典型应用

转发过程中也能得到控制。

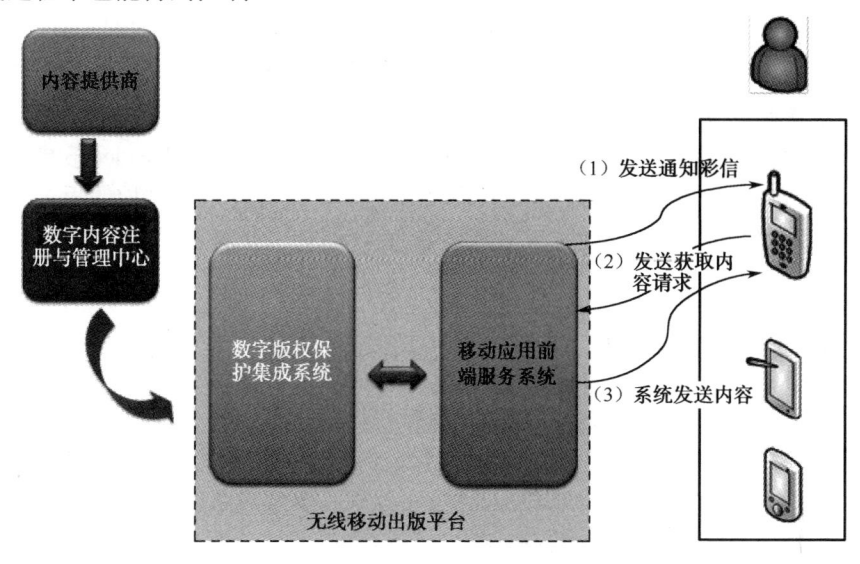

图 7-6　使用彩信方式的移动版权保护

7.9.3　应用场景三：WAP 方式的数字内容版权保护应用

用户访问 WAP 使用数字内容时，移动版权保护如图 7-7 所示。

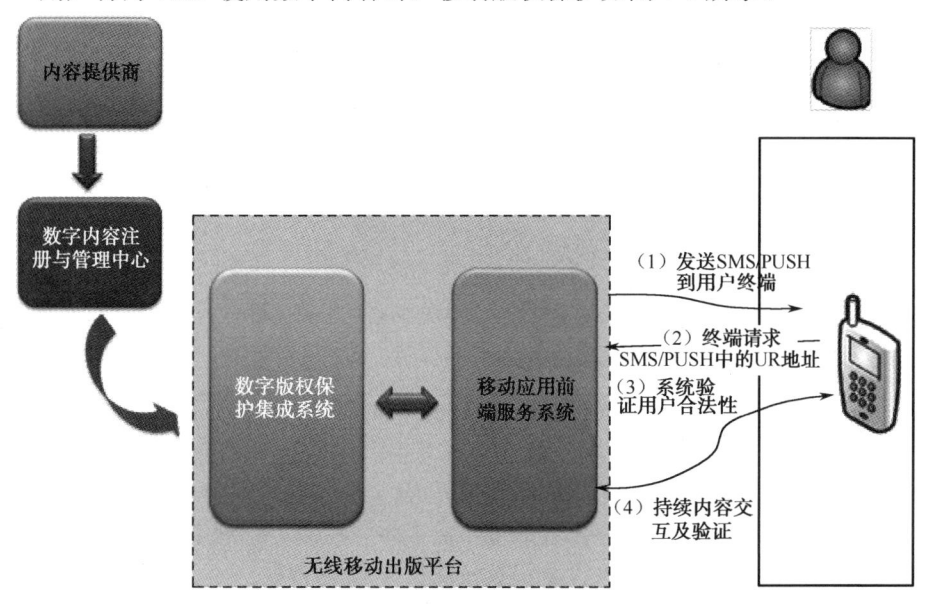

图 7-7　使用 WAP 的移动版权保护

（1）用户终端访问 WAP 的 URL 地址。
（2）系统根据运营商网络参数传递，验证用户的合法性和唯一性。
（3）系统为合法用户发放带有加密令牌参数的 URL，客户端持续与服务器进行内容及权利交互。

WAP 方式主要是保证信息传递的版权保护，通过移动网关 Header 信息确认用户的可靠可信性，并通过随机令牌变换及超时控制来进行访问过程的版权保护。由于手机内容转发困难，因此，WAP 形式的版权保护主要着重于传递过程的保护。

7.9.4 应用场景四：通过渠道进行内容分发

通过渠道进行内容分发的移动版权保护，如图 7-8 所示。

首先，当内容提供商提供的数字内容通过"数字内容注册与管理中心"进行注册后，将会分配唯一版权标识并入"数字版权保护集成系统"。其次，由"数字版权保护集成系统"将数字内容和授权分发给"渠道运营商"。

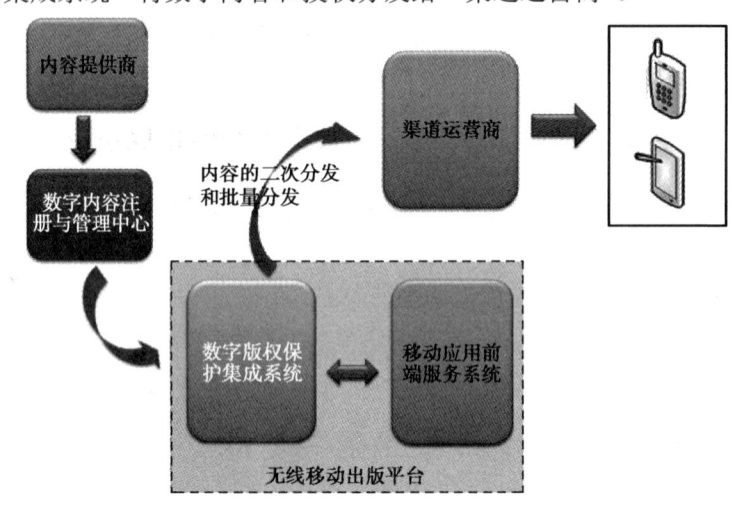

图 7-8　通过渠道分发内容的移动版权保护

7.9.5 应用场景五：在线阅读

在线阅读的移动版权保护，如图 7-9 所示。

当内容提供商提供的数字内容通过"数字内容注册与管理中心"进行注册后，将会分配唯一的版权标识并入"数字版权保护集成系统"。

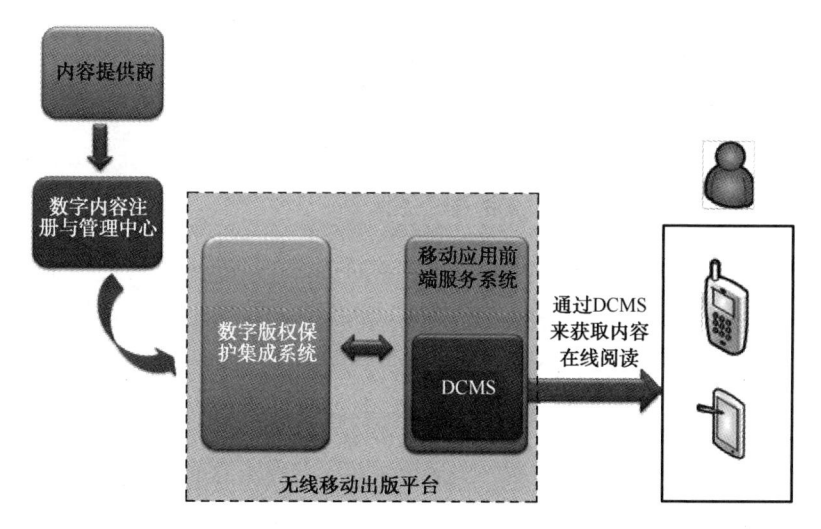

图 7-9 在线阅读的移动版权保护

通过"数字版权保护集成系统"将数字内容分发至"移动应用前端服务系统"；用户可以通过客户端使用在线阅读版权保护技术进行数字内容的在线阅览。

7.10 互联网出版应用

互联网出版应用，主要包括面向个人的内容销售系统和面向机构的内容服务系统，应用于出版机构、图书馆、数字内容运营商、内容集成商基于互联网出版系统进行数字出版业务。

7.10.1 互联网出版业务

互联网出版的业务范围如下：

（1）数字内容提供商将数字内容作品发布给内容集成商，内容集成商将数字内容作品发布给内容运营商，或者内容提供商直接将数字内容作品发布给内容运营商，内容运营商开展数字内容服务、销售和按需印刷等业务。

（2）内容运营商为机构用户开通服务，为机构内的读者开展服务，读者可以将数字内容作品借阅到计算机或者移动存储设备上。

（3）内容运营商进行数字内容作品的销售活动，个人读者购买数字内容作品，根据购买的阅读权限不同来使用数字内容作品。

（4）按需印刷服务商在自己的内容分发平台开展业务，读者选购要印刷的内容作品，待印刷点在版权保护控制下印刷作品，物流商将印刷品递交给读者。

上面的所有交易数据都由监管方监管，保证交易的公平、可信。

7.10.2 互联网出版平台各组成部分

互联网出版应用包括两大部分，分别是对读者的一站式服务和数字内容作品的运营管理。前者包括数字内容作品检索、信息展示、销售、内容服务、数字内容的加工和用户服务。后者负责数字内容作品的运营管理，包括数字内容作品管理、系统管理、用户管理、面向读者的服务。具体功能如下：

（1）数字内容作品检索。提供对数字内容的关键词检索、全面检索、高级检索、二次检索、全文检索等功能。支持多种数字内容作品的源数据结构。

（2）数字内容作品的信息展示。展示管理员推荐给读者的数字内容作品，有新书推荐和分类推荐，还包括各类数字内容作品的排行，如销售排行、借阅排行、评分排行等。

（3）数字内容作品的销售。为读者提供作品的销售功能，可以按章节销售，读者在购买前可以进行章节内容试读，如果感兴趣可以购买。为读者的购买活动进行积分，为不同级别的用户提供不同的打折幅度，交易活动支持版权保护可信交易数据的管理。读者可以将购买的数字内容作品购买到手机等移动存储设备上，支持硬件适应性、多设备共享。

（4）数字内容作品内容服务。面向机构用户提供内容服务，可以开通包年/月服务，也可以按照副本数对机构内的读者开发借阅服务，与机构的交易活动支持版权保护可信交易数据的管理。可将借阅的数字内容作品下载到手机、USB 等移动存储设备上，支持硬件适应性、多设备共享等。

（5）数字内容的加工。要求兼容多种主流格式的原始文档，并支持自定义元数据结构和多系统、多终端发布。

（6）用户服务。为平台内的读者提供基本的服务，如登录、注册，还提供基于 Web2.0 的服务等。

（7）数字内容作品的运营管理。主要包括对数字内容作品进行运营的各种管理活动，为平台管理员，即运营商提供业务支持。

平台的数字内容作品的授权策略都由内容提供商授予，包括：设定一次购买可下载的设备数量、数字内容作品总共可复制的字数上限、每次复制操作可复制的字数上限、一段时间内可复制的字数上限、是否可以打印、可打印的数字内容范围、数字内容作品可以阅读的时间范围等权限。在平台内运营商只能按照指定的授权进行运营。内容运营商对数字内容的加工要求兼容多种主流格式的原始文档，并支持自定义元数据结构和多系统、多终端发布。

7.11　我国政府对数字版权保护技术的重视

近年来,党和政府高度重视数字内容产业的发展,重视知识产权保护工作。《国民经济和社会发展"十一五"规划纲要》、《国家中长期科学和技术发展规划纲要》、《国家"十一五"文化发展规划纲要》、《国家知识产权战略纲要》等一系列文件都对此有相应的要求。

(1)《国民经济和社会发展"十一五"规划纲要》提出"鼓励教育、文化、出版等领域的数字内容产业发展,丰富中文数字内容资源,发展动漫产业",要求"加强基础研究、前沿技术研究和社会公益性技术研究,在信息……领域超前部署,集中优势力量,加大投入力度,力争取得重要突破。为适应国家重大战略需求,启动一批重大科技专项,在……信息、健康等领域加强关键技术攻关,实现核心技术集成创新与跨越。实施重大产业技术开发专项,促进引进技术消化吸收再创新",要求"加大知识产权保护力度,加强公民知识产权意识,健全知识产权保护体系,建立知识产权预警机制,依法严厉打击侵犯知识产权行为。"

(2)《国家中长期科学和技术发展规划纲要》指出,要"重点研究数字化设计制造集成技术,建立若干行业的产品数字化和智能化设计制造平台。开发面向产品整个生命周期的、网络环境下的数字化、智能化创新设计方法及技术,计算机辅助工程分析与工艺设计技术,设计、制造和管理的集成技术","重点开发面向文化娱乐消费市场和广播电视事业,以音、视频信息服务为主体的数字媒体内容处理关键技术,开发易于交互和交换、具有版权保护功能和便于管理的现代传媒信息综合内容平台。"同时强调,"保护知识产权,维护权利人利益,不仅是我国完善市场经济体制、促进自主创新的需要,也是树立国际信用、开展国际合作的需要。要进一步完善国家知识产权制度,营造尊重和保护知识产权的法治环境,促进全社会知识产权意识和国家知识产权管理水平的提高,加大知识产权保护力度,依法严厉打击侵犯知识产权的各种行为。"

(3)《国家"十一五"文化发展规划纲要》是第一个明确系统地提出数字版权保护技术研发的国家重要文件。该文件将数字版权保护技术列为重大文化技术专项。具体内容是:"数字版权保护技术专项——重点突破 DRM 系统的体系结构、数字内容加密、身份识别、密钥管理、数字权利转移、数字版权描述、数字内容交易、数字内容使用的跟踪和审核等技术。"

此外,该文件还明确指出:"积极发展以数字化生产、网络化传播为主要特征的数字内容产业。加快发展民族动漫产业,大幅度提高国产动漫产品的数量和质量。积极发展网络文化产业，鼓励扶持民族原创的、健康向上的网络文化产品的创作和研发，拓展民族网络文化发展空间。"该文件要求，"加强数字和网络等核心技术的研发和应用，确定一批重大文化产业技术专项，推动文化与科技的融合，丰富表现形式，拓展传播方式。"该文件强调要加快文化领域核心技术研究，指出："瞄准世界文化科技发展的战略前沿，加强数字技术、数字内容、网络技术和安全播出等核心技术的研究，提高装备技术和制造技术的水平。重点开发以音/视频信息服务为主体的数字媒体内容处理关键技术，开发易于交互和交换、具有版权保护功能、便于管理的现代传媒信息综合内容平台。确定一批重大技术专项，落实对前沿文化科技项目的政策性支持。"

第 8 章
Chapter 8

▶数字版权保护技术发展趋势与思考

数字版权保护与传统加密内容保护（或访问控制）技术的一个主要区别，就是从"限制"走向"保护"。简单地进行加密、限制，既无益于公众对信息的自由获取，又无益于版权人、出版商、发行商市场份额的扩大。原则上说，只有通过利益诱导，借助成本/利益约束改变人们在博弈中的普遍行为选择，才能达到可预期的相对安全，即使有少量不安全的因素存在，也是可以容忍的。数字版权保护价值理念的精髓，是要借助综合的技术、法律手段乃至经济杠杆达到一种平衡：既保护版权人的合法权益，使创新得以持续；又保护公众合法、自由获取知识信息的权益，使有用的知识得以迅速传播。买卖双方均在交易中获得利益，这是人类一切社会经济活动的本质和出发点。从最终结果看，数字版权保护所要做的，就是要减少交易磨擦，不断降低交易成本。如果采取合法行动的成本低且收益够高，而非法行为的成本高且收益较低，那么大多数人自然会自觉采取合法行动。

8.1 数字版权保护技术的局限性

8.1.1 产业界对 DRM 的反思

有人说，互联网的基因是免费。不管这话正确与否，互联网因其大量免费内容的存在，已成为广大消费者进行知识分享、信息传播、互动娱乐的最大开放平台。谁能准确统计：互联网上的收费内容占互联网全部内容的比例有多少？百分之一？千分之一？万分之一？十万分之一？还是更多？如果说连十万分之一都不到，数字内容作品的收费模式，在互联网时代面临的挑战将成为事实。目前，互联网上的收费模式多以学术著作为主，因为学术著作具有独占的内容和消费上的刚性需求，因而无论以什么样的方式提供，都有人买单。但大众化内容就没这么幸运了。而 DRM 的目的，恰恰在于通过限制免费使用，来实现数字内容作品的创收。

由于 DRM 限制了数字内容作品的使用范围，因而也间接影响了数字内容作品的销售数量。在这种情况下，美国的唱片业率先放弃 DRM 技术。当然，这个肇始者还不是美国唱片公司，而是拥有 iTunes 商店的美国苹果公司。

2007 年 2 月 8 日，当欧洲用户抱怨在 iTunes 上的歌曲不能在 iPod 以外的播放器播放时，苹果公司 CEO 乔布斯发表了一封题名为 "Thoughts on Music" 的公开信，公开信呼吁唱片公司放弃 DRM 技术，因为唱片公司在向苹果公司提供音乐时就要求其在出售时必须进行保护，这样苹果公司就不得不使用 DRM 技术来防止盗版。

让乔布斯呼吁放弃 DRM 技术的原因是商业利益。根据当时的调研数据，苹果公司 2006 年共售出 9000 万台 iPod，而歌曲才售出 20 亿首，平均每台 iPod 上仅 22 首，但实际上，用户的 iPod 上却有近 1000 首歌曲，这意味着这 1000 首歌曲中只有 22 首是通过 iTunes 购买的，而其他的歌曲要么是盗版，要么是从其他渠道购得。DRM 便是阻止用户到 iTunes 上购买歌曲的原因之一。

事实上，唱片公司坚持要求数字音乐零售商采用 DRM 技术，保护自己的唱片不受盗版侵害，但在盗版猖獗的互联网上，DRM 如同纸糊的墙壁，只是唱片公司的心理安慰。苹果公司乔布斯所说的话更加确切地表述了其 "以往版权管理技术形同虚设" 的看法："在打击音乐盗版问题上，DRM 技术过去并不见效，或许永远都不会有效。"

百代（EMI）率先响应乔布斯的呼吁，决定放弃使用音乐版权管理技术。百代表示，其今后销售的所有数字音乐作品都不会带有 DRM 技术的保护。在苹果公司宣布放弃 DRM 之后仅两个月，另一家软件巨头微软也宣布销售不带 DRM 的数字音乐作品。微软表示，它们已经跟百代和其他唱片公司进行了谈判，在其 Zune Marketplace 上提供不带 DRM 版权保护的音乐。一年后，华纳音乐集团（Warner Music Group，WMG）宣布通过 Amazon 在线商店销售不带 DRM 的音乐作品，索尼（Sony BMG）随后也宣布提供不带 DRM 技术的音乐唱片。至此，两大软件巨头、四大唱片公司均宣布全部或部分放弃 DRM 技术在数字音乐作品上的应用。

美国的消费者们一直反对唱片业使用 DRM 技术，因为这种技术在禁止消费者非法复制音乐的同时，也限制了消费者自由使用已经合法购买的音乐，这对消费者来说也是一种不公平措施。

另外值得一提的是，苹果公司使用的 DRM 系统禁止消费者把从 iTunes 商店购买的音乐作品放到非 iPod 播放器上播放，这种限制也引起了各方特别是欧洲监管机构的批评，欧洲监管机构称其限制了消费者的选择权。

最近，除美国唱片界外，游戏界也开始出现放弃 DRM 的情况。有消息说，根据 CD Project 的游戏设计组长 Maciej Szczesnik、市场总监 Michal Platkow-Gilewski 和常务董事 Adam Badowski 的说法，《巫师 3》将不会采用 DRM 技术，战斗系统会获得提升，并且动作会更加丰富。Adam 说："我们不会使用 DRM，如果有人想破解一款游戏，你怎么做他都会最终破解的，你什么也做不了。DRM 用处不大而且伤害了玩家的感情。在我们移除了 DRM 之后，种子下载网站居然很贴心地建议玩家不要下载我们的游戏，因为我们没有使用 DRM。"

育碧娱乐软件公司（Ubisoft Entertainment）也正式宣布彻底放弃其 PC 游戏中饱受争议的 DRM 技术，因为这种保护措施要求玩家时刻保持在线，因此一直受到玩家抱怨。而在此一年前，育碧还曾宣布他们的版权保护策略很成功，盗版率明显下降。仅一年时间，形势就发生了逆转，说明 DRM 在应用层面还是有不少问题的。

相比唱片业和游戏业来说，出版业，特别是学术出版业对 DRM 基本上还是持肯定态度的，这可能与图书的特性有关。但 2012 年麦克米伦旗下的出版社 Tor/Forge 宣布，将推出电子书商店，并专门销售不带 DRM 的电子图书。Boing Boing 联合创始人之一多克托罗自己创作的书籍不仅不加 DRM，而且还可以免费下载。

当然，放弃 DRM，实际上只是放弃或改变 DRM 中对数字内容作品的封装加密方式，并不意味着完全不要版权保护措施。版权保护的技术也在因产业需求的不断发展变化而日益丰富着。

8.1.2 DRM 的法律禁区

版权法是一项非常机巧的设计，它是对围绕作品形成的各方利益（包括公共利益）的一种非常有趣的平衡。一方面，它旨在保护作品原创者的权益不被非法侵犯，因为只有保护了原创者的权益不被非法侵犯，才能有效地保护原创者创作的积极性，从而有效地保障内容作品进行更广泛的传播与共享。当任何人或组织可以任意地复制、传播、改编原创者的作品，并不支付报酬，甚至自行获利时，没有人再会进行原创了，没有原创的结果就是没有新作品的诞生，最终受影响的是整个产业和社会，甚至是广大消费者。也就是说，只有保护了原创者的权益，才能保护新作品的诞生和传播，越是保护原创者的权益，越有利于内容的传播与共享。但同时，保护与传播又是一对矛盾，过度的保护又不利于广泛的传播，从而有可能限制知识共享与社会进步，反过来也影响了原创者的利益和创作积极性。因此，其中的平衡显得格外重要。平衡的结果就出现了版权作品的"合理使用"。

"合理使用"是版权保护中一项非常重要的制度，是指根据著作权法的规定，以一定方式使用作品可以不经著作权人的同意，也不向其支付报酬。在一般情况下，未经著作权人许可而使用其作品的，构成侵权，但为了保护公共利益，对一些对著作权危害不大的行为，著作权法不视为侵权行为。但在"合理使用"作品时，不得影响作品的正常使用，也不得不合理地损害著作权人的合法利益。

版权机制的精髓就在于最大限度地维护原创者权益的基础上，又最大限度地平衡了各方利益（包括公共利益），从而推动了整个社会的繁荣与发展。毕竟，任何作品，严格意义上说，都是人类集体智慧的结晶，它一定不是空穴来风的完全独立创作，它一定在某些方面继承了前人的成果。因此，任何作品完全由个人垄断都是不适宜的，也都是与社会发展相悖的。

为了平衡作品的个人垄断，著作权法首先规定了作品的保护期限，期限内，作品受法律保护，期限届满，作品不受保护，自动进入公共领域。当然，这里的期限指的是对作品财产权的保护期限。目前，绝大多数国家著作权法均规定，公民作品的著作财产权保护期为作者有生之年加死后50年。我国在制定著作权法时，参照《伯尔尼公约》要求的最低标准，规定了作者有生之年加死后50年的著作财产权保护期。

其次，著作权法规定了作品的"合理使用"范围。我国著作权法第22条规定了12种合理使用方式：

（1）为个人学习、研究或欣赏，使用他人已经发表的作品；

（2）为介绍、评论某一作品或者说明某一问题，在作品中适当引用他人已经发表的作品；

（3）为报道时事新闻，在报纸、期刊、广播、电视节目或者新闻记录影片中引用已经发表的作品；

（4）报纸、期刊、广播电台、电视台刊登或者播放其他报纸、期刊、广播电台、电视台已经发表的社论、评论员文章；

（5）报纸、期刊、广播电台、电视台刊登或者播放在公众集会上发表的讲话，但作者声明不许刊登、播放的除外；

（6）为学校课堂教学或者科学研究，翻译或者少量复制已经发表的作品，供教学或科研人员使用，但不得出版发行；

（7）国家机关为执行公务使用已经发表的作品；

（8）图书馆、档案馆、纪念馆、博物馆、美术馆等为陈列或者保存版本的需要，复制本馆收藏的作品；

（9）免费表演已经发表的作品；

（10）对设置或者陈列在室外公共场所的艺术作品进行临摹、绘画、摄影、录像；

（11）将已经发表的汉族文字翻译成少数民族文字在国内出版发行；

（12）将已经发表的作品改成盲文出版。以上规定适用于对出版者、表演者、录音录像制作者、广播电台电视台的权利的限制。

通过以上的法律分析，不难看出，目前的 DRM 技术，在某些方面与现行法律存在冲突。在作品著作财产权保护期限方面，法律规定的是"作者有生之年加死后 50 年"，而目前的 DRM 加密封装技术，可能导致这个期限结束后未授权也无法解密的情况。也就是说，这项技术可能会限制作品依法进入公共领域。这明显与法律规定相冲突。

在作品的"合理使用"方面，我国著作权法共规定了 12 种方式。但 DRM 的实施，可能使其中的多数方式都无法执行。美国的情况也一样如此。因此，美国对《数字千年版权法案》（DMCA）做的最新修改中特别对破解技术进行了规定，即主要内容涉及在特定情况下破解技术措施不构成违法，尤其表现为破解 iPhone 和基于教育或评论目的转换 DVD 属于合法行为。巴西法律规定，DRM 的限制一旦超出法律规定的"公平使用"范围，将面临罚款；同时，不以侵权为目的的破解行为，不触犯法律。

此外，DRM 的实施，还可能限制消费者自行处理购买物的行为，比如借阅、赠予等，这也有悖消费习惯和法律许可。

DRM 一旦过度保护，就有触犯法律的风险。这充分说明，DRM 只有在弘扬法律精神的前提下才具有法律效力，如果 DRM 剥夺了法律授予消费者或使用者的其他权利，其自身也可能是非法的。

8.1.3　DRM 技术的不足

虽然 DRM 技术有了长足的发展，但由于技术标准的不统一、保护对象的特征差异、企业间竞争关系的存在、技术与应用之间的矛盾、新模式的不断出现，再加上在数字内容作品领域，保护与破解、盗版与反盗版的永恒斗争，这些都使现行 DRM 技术呈现出许多难以令人满意的地方，存在着不足。具体表现在以下几个方面。

第一，DRM 出现之日起，由于不同产业集团各自的利益驱使，形成了互不兼容的版本。像目前苹果公司的 iTunes 和微软的基于 Windows 平台的媒体播放器采用了不同 DRM 技术，且互不兼容，限制了用户对内容的灵活使用，破坏了用户的消费体验，降低了用户的消费欲望。

第二，对当前数字内容作品的版权信息缺乏统一的规划和监管（如统一的登记平台），出现纠纷时，没有足够的技术手段进行版权认定。

第三，由于内容的碎片化趋势，现有 DRM 系统对超小额费用的"微支付"支持不够。在已知的所有 DRM 解决方案中，均未明确提出"微支付"的概念。这使得按章节付费、按次付费等模式难以真正实行。

第四，现有的 DRM 系统中，一些关键技术（不同媒体形式、不同内容粒度）方面还存在局限。如在加密视频数据方面存在密文脆弱的缺陷，必须从头到尾无误地解密，如果密文被修改或传输丢失，解密过程即使使用正确的私钥也不能恢复出密文。另外，这种将文件加密成密文的方法，在将密文解开后就失去了保密意义，而且还容易引起好事者破译的兴趣。

8.2 理论与技术的进步对版权保护的潜在影响

8.2.1 本体论的产生

本体论（ontology）最初是一个哲学概念，其抽象的定义与我们现实世界仿佛离得很远。但随着计算机技术的发展，这一概念正被引入到内容生产领域，或许在将来，本体论可能改变内容生产的模式，提高内容共享程度和机器智能的水平，进而改变内容服务与消费的模式，甚至改变版权管理的模式。

对"本体"的研究，可以追溯到古希腊时代。从米利都学派开始，希腊早期哲学家就致力于对组成世界万物的最基本元素——"本原"（希腊文 arche）的探索。之后的巴门尼德从对"是"和"存在"（being）的探讨出发，建立了本体论的研究方向。在古希腊哲学中，本体论的研究主要是探究世界的本原或基质。各派哲学家力图把世界的存在归结为某种物质的、精神的实体或某个抽象原则。亚里士多德认为哲学研究的主要对象是实体，而实体或本体的问题是关于本质、共相和个体事物的问题。从此，本体论的研究转入探讨本质与现象、共相与殊相、一般与个别等的关系。

到了近代，西方著名学者笛卡儿、莱布尼茨、康德、黑格尔等都对本体论的

第8章 数字版权保护技术发展趋势与思考

研究做出过巨大贡献,并形成了一些逻辑体系。而现代西方哲学中,胡塞尔的"先验的本体论"、海德格尔的"基本本体论"、哈特曼的"批判本体论"等,更是试图借助于超感觉和超理性的直觉去建立概念体系。

随着计算机技术的发展,本体论这个哲学概念,越来越多地被应用到计算机领域,并在人工智能、计算机语言以及数据库理论中起到了越来越重要的作用。然而,到目前为止,对于本体论,还没有统一的定义和固定的应用领域。斯坦福大学的 Gruber 给出的定义得到了许多同行的认可,Gruber 认为本体论是对概念化的精确描述,是描述事物的本质。

在真正的计算机应用上,本体论往往是概念化的详细说明,一个 ontology 往往就是一个正式的词汇表,其核心作用就在于定义某一领域或领域内的专业词汇以及他们之间的关系。它就如同基因谱一样,为领域的知识体系和交流各方提供一个统一的认识。在这一系列概念的支持下,知识的搜索、积累和共享的效率会大大提高,真正意义上的知识重组与共享也会成为可能。基于此,Web 上的相关技术应运而生,包括 XML(Extensible Markup Language,可扩展标识语言),Web Service(网络服务)技术等,促进了网络上的知识共享应用。

本体论可分为 4 种类型:领域、通用、应用和表示。领域本体包含着特定类型领域(如电子、机械、医药、教学等)的相关知识,或者是某个学科、某门课程中的相关知识;通用本体则覆盖了若干个领域,通常也称为核心本体;应用本体包含特定领域建模所需的全部知识;表示本体不只局限于某个特定的领域,还提供了用于描述事物的实体,如"框架本体",其中定义了框架、槽的概念。

本体论为知识的碎片化加工与应用提供了理论基础。但当知识可以被碎片化使用,甚至重组的时候,其版权归属将如何体现?版权保护机制又将如何实现?本书里我们介绍了数字版权保护的分段技术,它可以细粒度地保护数字内容作品的版权,如把一本书拆成章、节加以保护和使用。但章、节仍然具有明确的版权归属,如果更细粒度地拆成词汇、概念,并通过关联对与其相近的内容作品进行重组,这可能会带来版权法上的新挑战。当然,本体论在数字内容作品领域的应用才刚刚开始,也极不成熟,但它对版权保护机制的影响可能真实存在。这一点我们在后边的介绍里将逐步展开,予以讨论。

8.2.2 语义网、知识库等内容碎片化技术的出现

语义网(Semantic Web)是由万维网联盟的蒂姆·伯纳斯-李(Tim Berners-Lee)在 1998 年提出的一个概念,它的核心是:通过给万维网上的文档(如 HTML)添加能够被计算机所理解的语义描述(Meta data),从而使整个互联网成为一个通用的信息交换媒介。语义万维网通过使用标准、置标语言和相关的处理工具来扩展

万维网的信息交流与共享能力。

　　语义网是一种能理解人类语言的智能网络，它不但能理解人类的语言，而且还可以使人与计算机之间的交流变得像人与人之间交流一样轻松。它好比一个巨型的大脑，智能化程度极高，协调能力非常强大。在语义网上连接的每一部计算机不但能理解词语和概念，而且还能理解它们之间的逻辑关系，可以从事人的工作。它将使人类从搜索相关网页的繁重劳动中解放出来，真正把用户变成全能的上帝。

　　语义网的实现需要三大关键技术的支持，即 XML、RDF 和 Ontology。

　　XML（eXtensible Marked Language，即可扩展标记语言）可以让信息提供者根据需要，自行定义标记及属性名，从而使 XML 文件的结构可以复杂到任意程度。它具有良好的数据存储格式和可扩展性、高度结构化以及便于网络传输等优点，再加上其特有的命名空间机制及 XML Schema 所支持的多种数据类型与校验机制，使其成为语义网的关键技术之一。

　　RDF 是 W3C 组织推荐使用的用来描述资源及其之间关系的语言规范，具有简单、易扩展、开放性、易交换和易综合等特点。但 RDF 只定义了资源的描述方式，却没有定义用哪些数据描述资源。

　　Ontology 是 Semantic Web 实现逻辑推理的基础。Ontology 是一个形式化定义语词关系的规范化文件。对于 Semantic Web 而言，最典型的 Ontology 具有一个分类体系和一系列的推理原则。其中，分类体系定义对象的类别和类目之间的关系。实体之间的类/子类关系对于 Web 应用具有重要的价值。在 Ontology 中，还可以为某个类添加属性来定义更多的类目关系。这些类目关系提供了推理的基础。RDFS 借助几个预先定义的语词（如 rdfs:Resource，rdfs:Class，rdf:Property，rdfs:subClassOf，rdfs:subPropertyOf，rdfs:domain，rdfs:range），能够对概念之间的关系进行有限的描述。为了更方便全面地实现 Ontology 的描述，W3C 在 RDFS 的基础之上，借助 DAML 和 OIL 的相关研究，正在积极推进 OWL（Web Ontology Language）的应用。目前，OWL 已经成为 W3C 推荐的标准。借助本体论中的推理规则，语义网应用系统可以提供更强的推理能力。

　　目前，对语义网的研究有两种趋势，一种是传统的自底向上的方法，另一种是新兴的自顶向下的方法。前者关注于标注好的信息，使用 RDF 表示，所以这些信息是机器可读的。后者侧重于利用现成的页面信息，从中自动抽取出有意义的信息。近年来每一种方法都有一定的发展。但自底向上的方法，更多地应用于学术研究领域，包括大学和一些科研院所，其研究成果表现出结构严谨、关联细腻的特征，但实用性不强，属于基础性的研究工作。而自顶向下的方法，由于内容产业本身拥有庞大的资源，显得更为实用，不足之处是，这还仅是初步的应用，离真正的语义网的要求，还有相当长的距离。

除语义网外，目前在人机交互的研究方面还有自然语言处理（Natural Language Processing，NLP）技术。扔掉枯燥的编程语言，以自然语言的形式与计算机通信，这是人类自有计算机以来就有的梦想。随着计算机和互联网的广泛应用，计算机可处理的自然语言文本数量急速增长，面向海量信息的文本挖掘、信息提取、跨语言处理等技术的研发已具有客观的可能性和实际的需求，其进展从大的方面说，必将对人类社会的发展产生深远影响，从小的方面说，也将对内容产业及版权保护产生深远影响。自然语言处理范围包括：文本朗读（Text to speech）、语音合成（Speech synthesis）、语音识别（Speech recognition）中文自动分词（Chinese word segmentation）、词性标注（Part-of-speech tagging）、句法分析（Parsing）、自然语言生成（Natural language generation）、文本分类（Text categorization）、信息检索（Information retrieval）、信息抽取（Information extraction）、文字校对（Text-proofing）、问答系统（Question answering）、机器翻译（Machine translation）、自动摘要（Automatic summarization）、文字蕴涵（Textual entailment）等。

实现人机间自然语言通信意味着要使计算机既能理解自然语言文本的意义，也能以自然语言文本来表达给定的意图、思想等。前者称为自然语言理解，后者称为自然语言生成。因此，自然语言处理大体包括了自然语言理解和自然语言生成两部分。目前，对自然语言理解研究较多，而对自然语言生成研究较少。

无论实现自然语言理解，还是自然语言生成，都远不如人们最初想象的那样简单。造成困难的原因是自然语言文本与意义之间存在着多对多的关系，这种关系使歧义性和多义性广泛存在。为了消除歧义，需要收集和整理出海量的知识并建立起各种关联，只有这样计算机才能根据上下文语境进行推理和判断。这不是少数人短期内进行简单的研究就可以完成的。从目前的理论和技术现状看，通用的、高质量的自然语言处理系统的研发，还有漫长的路程要走，但是针对一定应用，具有相当自然语言处理能力的实用系统已经出现，有些已商品化，甚至开始产业化，如多语种数据库和专家系统的自然语言接口、各种机器翻译系统、全文信息检索系统、自动文摘系统等。

客观地讲，语义网、自然语言处理、知识挖掘等技术的出现，最初并不是针对内容产业的，今天的主要用途也不局限于内容产业。它是人类利用计算机技术，更好地处理日常事务的客观需要。但这些技术的进展，将给内容产业带来新的冲击。因为纵观人类文明的发展，内容生产从最初朦胧的、短小的语句起步，逐渐走向大部头的著作。这是伴随着人类智力的不断演进、内容加工技术的不断发展而逐渐形成的结果。但随着新技术的发展，知识集成式的大部头著作出版的时代，可能会被终结。人们可能会以知识的碎片化存储、知识间关联的建立，形成真正的海量知识体系。就像人脑一样，人脑从来不会把所读过的书整本地存储于脑中，而是将知识点、概念及其关联性存储于脑中。虽然书是大部头出版，但人们学习和使用知识，实际上也是碎片化、按体系地进行的。如学生是一课一课、一节一节、一章一章地学习，而不会是一下子就把一本书学完，这种按课程、按章节的学习，也可以理解为是碎片化地学习。因此笔者大胆猜想，未来知识的提供，很可能是以知识点和其关联性，以体系的方式提供的。这对内容生产来说意义尤为重大。也就是说，大部头出版的时代总有一天会过去。

如果说知识的生产是以碎片化方式进行，同时知识的使用也是以碎片化方式进行的，几百年来的那种以封装型作品为保护对象的版权机制将如何延续？数字版权保护技术将是一种什么样的模式？这些都是值得思考的问题。

8.2.3　云计算、大数据等内容管理技术的发展

将数字内容作品存放在本地服务器上，除被病毒与黑客攻击外，数字内容作品是安全的。但将其存放到平台商或运营商的远程服务器上，不仅要防止病毒与黑客的攻击（这些应由平台商或运营商解决），还存在内容盗版和丢失的风险。因为数字内容作品不像实物，它的转移可能永远以复制的方式进行。同时这些数字内容作品还可能存在被碎片化加工和再利用的风险，被碎片化加工和再利用后，平台商或运营商也许永远不会向内容提供商或作者提供任何报酬。

以数字出版为例，某些平台商或运营商本身就是电子图书生产与销售企业，同时，它们还为出版单位提供电子图书加工与销售服务。它们挟技术与渠道优势，进军内容产业，使传统的出版单位毫无招架之力，只能被动跟随。出版单位与平台商或运营商的关系，与它们和传统地面书店的关系完全不同。受物理条件和各自产业链中的定位所限，传统的地面书店只能做图书的整体销售业务，做不了其他事情，如果图书销售不出去，只能选择退货。但出版单位与平台商或运营商的关系则不同，由于出版单位提供的是电子图书，这些电子图书通常情况下出版单位自己是不做安全性处理的，提供给平台商或运营商后，由平台商或运营商进行各种技术处理，包括安全性处理，如DRM加密封装等。因此，其安全性已完全掌握在平台商或运营商手里了。

当然，大的平台商或运营商的出现，本身也是技术发展到一定条件下的产物，数字技术带来了内容作品的高度集约性，这本身也是对传统出版单位或传统内容提供商的一种挑战。问题是，当这种情况出现以后，传统的版权机制将如何延续？数字版权保护技术将如何实现其真正的保障作用？

当平台发展到一定程度后，云计算技术和云服务又出现了。云的出现是以构建海量数据服务、海量计算的基础架构为目标的。随着移动互联网、物联网，以及数据计算分析的普及应用，计算无处不在，数据随处可寻，大数据便随之产生。因此有人说现在已经进入到了云时代或大数据时代。那么云计算技术与大数据对

内容产业将会带来一种什么样的影响呢？

云计算（cloud computing）技术，本质上是一种分布式计算技术，它是通过网络把庞大的计算处理程序拆分成无数个子程序，交由多部服务器组成的系统进行处理，经搜寻、计算分析后将处理结果回传给用户。通过云计算技术，平台商或运营商可以在数秒内处理数以千万计甚至亿计的数据，达到和"超级计算机"同样强大的效能。

云计算技术虽然时尚，但实际上它更多地体现的是一种商业模式。它的目标是把一切都放到网上，云就是网络，网络就是计算机，就是服务。既然一切都放到了网上，那么计算机的最基本功能——数据存储功能也一定会在网上进行，这就是云存储。

云存储是构建在高速分布式存储网络上的数据中心，它将网络中大量不同类型的存储设备通过应用软件集合起来协同工作，形成一个数据存储和访问系统，适用于各大中小型企业与个人用户的数据资料存储、备份、归档等一系列工作。云存储最大优势在于将单一的存储产品转换为数据存储与服务，在这种技术模式下，云存储可能会像银行那样，在单一存储服务基础上，衍生出更多增值服务。其中，大数据，就是值得一提的服务。如果说云计算和云存储技术代表着网络时代一种实际需求，那么在这个时代谁拥有庞大的数据，谁就有可能提供更广阔、更深入的服务，进而占领商业至高点。因此，在大数据时代，不仅软件即服务，而且分析即服务，出版即服务。

最早提出大数据时代的是全球知名咨询机构麦肯锡公司。麦肯锡在研究报告中指出，数据已经渗透到每一个行业和业务职能领域，逐渐成为重要的生产因素；而人们对于海量数据的运用将预示着新一波生产率增长和消费者盈余浪潮的到来。

麦肯锡的报告发布后，大数据成为IT界迅速争传的话题。数据就是资产的观念开始形成。如何盘活数据资产，使其为国家治理、企业决策乃至个人生活提供切实的服务，成为IT界、企业界普遍关心的问题。全球互联网巨头也开始通过收购大数据相关厂商来实现技术整合。

大数据技术的意义不在于掌握庞大的数据信息，而在于对这些含有意义的数据进行专业化处理。如果把大数据比作一种产业，那么这种产业实现盈利的关键，在于提高对数据的加工分析能力，通过加工实现数据的增值。

云计算、云存储、大数据如此美妙、便捷，但对内容产业来说却潜藏着版权风险。如一些个人或团体将影视、音乐、电子图书等数字内容作品通过云存储的客户端上传至网上，再通过分享方式对圈子内提供免费下载，这种非法侵权行为对正版作品的销售必将带来冲击。虽然部分云存储提供商在版权单位的压力下开始限制链接分享范围，加强文件过滤，但这些手段并不能从根本上解决云存储中用户非法传播行为的发生。

此外，提供云存储服务的企业，对用户上传的数字内容作品进行加工再利用，也会涉及版权问题。

云计算和大数据的思想对内容生产、存储、传播技术和商业模式都产生了影响。数字内容的版权以及个人隐私的保护都将面临着新的挑战和冲击。从数字版权保护技术角度看，有些国内外版权保护企业开始利用云计算技术进行版权保护信息的聚合与盗版检测，实现面向海量内容数据的分布式盗版情况分析与全流程、大范围、多渠道的盗版监管体系，并针对不同的数字内容作品形式，如影视、音乐、电子图书等研发专用的版权保护体系和技术。

8.2.4　P2P 等内容传播技术的崛起

如前所述，本体论、语义网、知识库这些理论与技术的发展，未来很可能会给内容产业带来影响，其碎片化加工与碎片化服务模式的出现，很可能会对版权保护方式带来挑战。同时，云计算、云存储、大数据这些管理技术的出现，可能会从安全性与商业模式上给内容产业带来影响，进而对版权保护机制和版权保护技术提出新的挑战。除以上两类技术外，还有一种技术，也会给内容产业及其版权保护机制带来冲击，这种技术就是 P2P 技术。P2P 技术是从传播方式上对内容产业及其版权保护机制产生影响的。

P2P 技术使网络传播方式从集中走向分布，网络应用的核心从服务器端走向每一个网络节点。在 P2P 方式中，没有中心服务器，也没有网络拓扑结构和网络规模的限制，网络中每个节点都有高度的自治性和随意性，可以随时加入和退出网络，节点之间可进行匿名的信息交换。根据拓扑结构的不同，P2P 可分为集中式 P2P 网络、完全分布式非结构化 P2P 网络、完全分布式结构化 P2P 网络和混合式 P2P 网络。

由于 P2P 这种特性，使 P2P 环境下的网络侵权成为非常容易的事情，甚至某种意义上说，P2P 成了网络侵权的工具。有些 P2P 网络本身就是盗版网站。2000 年初，美国最有影响的 P2P 网站 Napster 因其严重的侵权行为，被五大唱片公司告上法庭，并被判违法。2001 年 7 月，Napster 在压力下不堪重负，被迫停止服务，次年 6 月申请破产，2002 年 11 月被美国 Roxio 公司以 530 万美元低价收购。

但 Napster 的破产并不意味着 P2P 技术和其服务模式的终结。P2P 技术的出现就像打开了一个潘多拉魔盒，Napster 最多时曾为 5000 万用户提供免费文件交换服务。Napster 之后的 P2P 服务更加隐蔽，不仅在服务器中不存在盗版的音乐数据文件，甚至还能隐藏用户的 IP 和真实身份，这给美国唱片协会（RIAA）的诉讼取证工作制造了相当大的难度。更糟糕的是，美国唱片协会真正应该起诉的可能是近

6000 万音乐文件的 P2P 共享者。

目前，P2P 环境下的数字版权保护技术还处于研究阶段。有人提出了一种基于 P2P 模式的 DRM 系统，设计思想是将经过版权处理的加密文件通过 P2P 的方式分发，用户可随意复制、传播，但在播放时将要求用户到指定的许可证管理器去获得许可证。

还有人提出一种基于 P2P 信任机制的 DRM 模型 TSDRM（Trust Scheme Based Digital Rights Management）。它是使 P2P 环境下传输的容错性、入侵容忍性、安全性以及实用性方面都比较好的一种 DRM 模型。基于 P2P 信任机制的 DRM 模型，其特点在于通过 P2P 中的信任节点构成权威机构，权威机构通过对许可证的发放和验证来实现对数字内容作品的版权保护。

目前，P2P 环境下的 DRM 模型还很不完善，很多 DRM 模型的改进仍无法摆脱第三方的设置，没有走出 C/S 模式的架构。P2P 环境下 DRM 模型的研究需要解决的问题就是如何取代第三方验证服务器进行身份验证。有人给出了一种基于友元节点的 DRM 模型 FDDRM（李莉：《P2P 环境下 DRM 模型的研究》），利用 k 阶门限方案的容错思想来分发私钥，给出友元节点的计算方法选出友元节点，将私钥额存放到友元节点上，利用友元节点进行身份验证。这种方法改进了基于 P2P 系统信任模型的 DRM 模型 TSDRM，避免了使用信任模型带来的网络花销太大的问题，与使用信任模型相比，针对资源发布节点计算其友元节点的方法，使得时间复杂度和网络中的消息传递量大大降低。

8.3 开源与开放催生了新的授权模式

8.3.1 互联网的新特征

传统内容产业在向数字化转型过程中，一直都不顺利。主要原因是传统内容产业是版权产业，版权机制保障了内容产业链条上利益各方的平衡性，而数字技术和互联网的特点，使传统版权保护机制无法实行，仅有的法律条文也不足以打击侵权盗版行为的高频度发生。版权机制出现问题的结果是：互联网成了免费的午餐，没有人为内容原创付费，产业链条上利益各方的平衡被打破。

那么，传统的内容产业有什么特点呢？首先，传统的内容产业经营的大都是一种产品，这种产品往往是被封装起来的，如书报刊、音像制品、电子出版物等。第二，传统的内容产业是有一个策划、审核中心的，这个中心往往是一种树状垂直的拓扑结构，如责任编辑、编辑部主任、副总编或总编等，通过这种树状垂直的拓扑结构，纵向管理着内容的生产与传播。这种结构也表明，在传统的内容生产模式中存在着一个中心化的组织。第三，传统的内容产业是一种精英生产的模式，作者是高智商的、训练有素的高级知识分子，一般人若想把自己创作的内容发表出来，几乎不可能。

数字技术与互联网对传统的内容产业和版权机制带来了什么样的冲击呢？

第一，内容与介质产生了分离，内容可以独立于介质进行生产、制作，以至传播、消费。这种模式对传统版权保护机制带来了巨大的冲击。因为传统的版权保护方式是对载有内容的介质进行保护，即只要禁止载有内容的介质不被非法复制，就保护了其内容的安全，进而保障了权利人的权益。但内容与介质分离后，内容以独立的比特流方式存在，人们可以直接对内容进行创作、加工、修改、复制、传播等。由于传统内容作品的封装型特征，其本身就形成了对内容的一种保护，一般人很难对其进行复制与传播，非法盗版行为往往发生在机构里面，如印刷厂的盗印、光盘生产线的盗版等。而脱离了介质的内容，任何人都可以在计算机上通过 Ctrl+C 和 Ctrl+V 两个简单的手指动作进行复制与传播。因此，在西方曾有人认为比特流是不可保护的（DRM 实际上正是对独立于介质的内容作品的一种直接的保护措施）。此外，封装型作品在销售上也是遵循着一般商品的销售路线：一级批发、二级批发、门市零售等。而数字化的内容作品，往往是即兴创作或即时创作，绕过配送渠道在网上随时发布，用户可以在任何客户端上、在任何时间点上随时下载阅读、消费，也可在线实时观看。因此，数字化内容作品无论在版权保护方面，还是在营销方面，对传统的内容产业都带来了巨大的冲击。

第二，互联网是一个开放的体系，具有去中心化的特点。互联网上绝大多数的服务器之间并不具有树状垂直的拓扑结构，人们对互联网的管理也不是垂直式的管理，而是形成了复杂的网络结构。正是这种复杂的网络结构，造就了用户创作内容（User Generated Contents，UGC）的模式。也就是说，互联网上的大部分内容作品，并非像传统内容产业那样，是由精英创作的，而是由广大网民自发创作的。如网络原创小说、网络原创音乐、博客等。甚至有些国家，还出现了市民记者的职业。这一方面，空前激发了内容创作的积极性，另一方面，对版权的管理也带来了挑战。因为在这种全民都可参与创作的模式下，任何人都可能把别人的版权作品自行复制、自行改编，并自行上传到网上，无论发布内容的平台，还是其他消费者，都可能难以判断其是否存在侵权行为。同时，网络传播的机制是一种转发模式，这种模式使任何内容都可以以圈子套圈子的方式迅速传播，并难以控制。这也是为什么国内外新的版权保护法律规定中，都保留了"避风港"条款的原因。

"避风港"条款是对用户创作内容模式下侵权行为的一种新的认定，即当提供空间服务的平台商（网络服务提供商，ISP）被告知侵权时，有义务删除侵权内容，如不删除即视为侵权。如侵权内容既不在 ISP 的服务器上存储，又没有被告知哪些内容应该删除，则不承担侵权责任。正是"避风港"条款的存在，使搜索引擎、网络存储、分发平台等互联网企业得以提供内容服务。

8.3.2 Copyleft 与 CC

Copyleft 译为著佐权，也有一种译法叫版权在左。它是一种开源思想的产物，其名称本身充分体现着西方人的幽默：版权不是叫 Copyright 吗？它叫 Copyleft，跟你相左，又不跟你相对。即它并非反版权，而是以现有版权的授权方式来挑战版权本身。更准确地说，它挑战的是版权中的财产权。版权法的出现本来就代表着一种利益关系的平衡，但 Copyleft 却主张放弃财产权，由于是从授权上声明放弃，它本身又不违反版权法的规定。

Copyleft 作品是有版权的，但它们加入了法律上的分发条款，保障任何人都拥有对该作品及其衍生品的使用、修改和重新发布的权力，前提是这些发布条款不能被改变。

Copyleft 不同于传统公共领域（public domain）的作品，公共领域作品，虽然任何人都可以使用，但只是使用，不包含回馈。而 Copyleft 作品的使用者若不按其许可证要求保持同样的授权条款，并将更改后的版本回馈社区的话，就违反著作权法的规定，就属于侵权行为。

Copyleft 授权许可有时被认为具有传染性，因为任何从 Copyleft 许可衍生出的作品也必须遵守 Copyleft 许可的规定。但 Copyleft 的传染与病毒传染不同，病毒传染是通过不为用户所知的途径进行的，而 Copyleft 则是公开透明的。

与 Copyleft 相似的另一种开源规定是 CC。CC 是 Creative Commons 的缩写，我国一般译为"知识共享"。CC 是一个非营利组织，也是一种创作的授权方式。其宗旨是增加创意作品的共享性，并使其成为他人创作的基础。与 Copyleft 一样，CC 也不违反版权法，而是对版权法的另一种解读，是版权法在数字时代的变种，带有数字时代开放共享的理念。

其实，传统的版权模式也保留了开放共享的理念，只是这种理念被限制得非常狭窄，它仅仅规定了进入公有领域作品的合理使用。CC 则不同，它试图在版权保护与合理使用之间从授权方式上找到灰色地带，使作品的使用更有弹性。CC 提供多种可供选择的授权方式及条款组合，使创作者可与大众分享创作过程。它在保留某些权利的同时，有授权他人再传播的权利。

CC 是一个相对宽松的版权协议，它只保留了几种权利（some rights reserved），除此以外的权利全部放弃。使用者可以明确知道所有者的权利，不容易侵犯对方的版权，作品可以得到有效传播。创作者可以选择以下 1~4 种权利组合：

① 署名（Attribution，BY）：必须提到原作者。

② 非商业用途（Noncommercial，NC）：不得用于盈利性目的。

③ 禁止演绎（No Derivative Works，ND）：不得修改原作品，不得再创作。

④ 相同方式共享（Share Alike，SA）：允许修改原作品，但必须使用相同的许可证发布。

CC 协议允许作者选择不同的授权条款和根据不同国家的著作权法制定版权协议，版权持有人可以指定以下的条件：

在没有指定 NC 的情况下，将授权对本作品进行商业利用；

在没有指定 ND 的情况下，将授权创作衍生作品。

这些不同条件共有 16 种组合模式，其中 4 种组合由于同时包括互相排斥的 ND 和 SA 而无效；1 种没有以上任何条件的协议，它相当于公有领域。在 CC 2.0 以上版本中，又有 5 种没有署名条款的协议被列为淘汰，因为 98%的授权者都要求署名。简化后剩下 6 种协议组合：

① 署名（BY）；

② 署名（BY）-相同方式共享（SA）；

③ 署名（BY）-禁止演绎（ND）；

④ 署名（BY）-非商业性使用（NC）；

⑤ 署名（BY）-非商业性使用（NC）-相同方式共享（SA）；

⑥ 署名（BY）-非商业性使用（NC）-禁止演绎（ND）。

在 CC3.0 协议中，署名（BY）权利成为必选项。相比较以前版本，CC3.0 极大地简化了协议的复杂程度。

CC 于 2001 年正式运行，创始人和主席是劳伦斯·莱斯格（Lawrence Lessig），最初版本于 2002 年 12 月 16 日发布。CC 的诞生是为了避免现代知识产权及版权法在信息共享方面的问题，参与人有些是长期对现代知识产权进行批评的学者、教授及律师。CC 的努力某种意义上说是为了反击支配现代社会的"权限文化"，有人认为这种"权限文化"是传统出版者为了维持并加强其在流行音乐、大众电影上的寡占，向社会大力推行的一种文化。

8.3.3 Open Access 等 Open 系列

如果说，Copyleft 和 CC 是一个涉及广泛的开源理念和基于开源的授权模式，Open 系列则是开源思想在一些领域里更具体的应用。Open 系列包括 Open Access、Open Access Library、Open Educational Resources 等。

Open Access（简称 OA），通常被译为"开放存取"，是开源思想在学术出版中的具体应用，它代表互联网上不受限制的访问和无限制的重用，它消除了价格障碍（订阅费、按次计费的费用）和许可障碍（大部分版权和许可限制），正逐渐成为学术期刊、论文和专著的一种新的出版与使用形式。

根据 Association of Research Libraries 的解释，Open Access 是在基于订阅的传统出版模式以外的另一种选择。这样，通过新的数字技术和网络化通信，任何人都可以及时、免费、不受任何限制地通过网络获取各类文献，包括经过同行评议过的期刊文章、参考文献、技术报告、学位论文等全文信息，用于科研教育及其他活动，从而促进科学信息的广泛传播，学术信息的交流与出版，提升科学研究的共享利用程度，保障科学信息的长期保存。这是一种新的学术信息交流的方法，作者提交作品不期望得到直接的金钱回报，而是提供这些作品使公众可以在公共网络上利用。

Open Access Library，也称 OA 图书馆，它通过提供高质量的学术文章，试图创建一个真正为学者服务的学术交流环境。

世界上成千上万的文章有着数百种格式，这就使得阅读这些文章存在一定的困难。Open Access Library 在谷歌和其他搜索引擎基础上，致力于为全世界的学术工作者收集高质量的免费文章，支持可持续访问，也会提供一个广泛的开放式访问选项以保证每个人都能阅读、使用最新最全面的研究报告。

Open Access Library 中的所有文章和专著都来自知名出版商和数据库，以满足各个领域学者的需求。同时，那些已经评审或者未发表的文章也都可以在线查看，以此提供学术交流的机会。读者可以用关键字 Open Access Library 搜索下载完整的 PDF 格式的文章，而不需要注册和支付任何费用。

Open Access Library 的目标是为学者和读者提供一个可以免费分享研究成果的平台，通过收集科研文章，团结起来建立一个友好和及时的学术交流平台。这个平台在尊重版权的前提下供作者和读者分享观点和科研精神。

Open Educational Resources（OER），开放教育资源，指基于非商业性目的，通过信息通信技术向有关对象提供可被自由查阅、参考或应用的各种开放性教育类资源。这些开放式教育资源可通过互联网免费获得，主要用于教育机构中教师的课程教学，也可用于学生的学习。其类型主要包括：讲义、参考文献、阅读材料、练习、实验和演示，另外也包括教学大纲、课程内容和教师手册等。

Open Educational Resources 运动本世纪初兴起于美国，2001 年由美国麻省理工学院启动的 Open Course Ware Project（开放课件项目）揭开序幕，该项目宣布将学校的课程教学材料通过互联网向全球免费开放。这项运动根据其内容特点分为：Open license and standard（开放的协议与标准）、Open contents and resources（开放的内容与资源）、Open source software and tools（开源的软件与工具）三部分。其中，Open contents and resources（开放的内容与资源）旨在向学习者提供可用于阅读、参考和查阅的免费数字化内容，包括直接与教学相关的资源、电子课件、资源库等。

2003年10月，中国也成立了自己的开放教育资源协会，即China Open Resources for Education（CORE），它是一个非盈利机构，是由部分中国大学及全国省级广播电视大学组成的联合体。CORE 的宗旨是吸收以美国麻省理工学院为代表的国内外大学的优秀开放式课件、先进教学技术、教学手段等资源用于教育，以提高中国的教育质量。同时，将中国高校的优质课件与文化精品推向世界，促成教育资源的交流和共享。

CORE 提倡和宣传资源共享理念，搜集、组编课件资源进行交流。除了组织翻译国外课件外，CORE 也将中国的优质课件译成英语，在 CORE 网站上共享。同时，CORE 还经常与各校教师联系，及时宣传并提出有关要求，组织拟订质量标准和评估办法，定期组织评估，对工作优秀者和优秀课件的创作人进行表扬和奖励。

8.3.4　加强版权保护与开放版权将并存

上面介绍的 Copyleft、CC、Open 系列，都是一种开源思想的产物。实际上，由于互联网本身的开放特点，使用户创作内容（UGC）成为可能，这也客观上造成了互联网上绝大部分内容都是以开放或开源形式提供的，因此互联网也常被说成是"免费的午餐"，也有人说互联网的基因就是免费，在这种环境下，任何人只要登录网站进行相关内容的访问，绝大多数情况下是不需要支付任何报酬的。我们能称互联网带来的是一场"免费运动"吗？如果这样表述，肯定会遭到产业界的批评。因为内容产业本质上是版权产业，版权机制平衡的就是一种利益关系，如果否定了版权，内容产业本身将不复存在。

因此，现阶段我们看到两种并存的情况出现了：一种是进一步强化版权保护机制，包括法律层面的和技术层面的。法律层面我们不仅看到了法律条款的修订，还看到了法律案例的不断激增，对侵权者的打击力度在加大，传统的内容提供商在诉讼中经常胜出。而在技术层面，我们看到了各种形式的版权保护技术在探索和研发中，也在广泛地被应用中，这其中就包括针对不同操作系统的封闭版权保护系统，面向各种移动终端的硬件绑定技术，以及用于权利识别和监管跟踪的数字指纹技术等，这些新技术的研发和应用促进了数字版权保护机制的系统化，进一步提高了系统的安全系数。

本书编著者无意把 DRM 当成放之四海而皆准的原则，它只是向作者、内容提供商提供在互联网时代版权保护技术方式的一种选择，同时开放与开源也正在成为另一种趋势。

我们以新浪博客为例，看看开放内容或开放版权在实际内容生产领域中已发展到了什么样的程度。

博客（Blog），又译为网络日志、部落格等，是一种简易的个人信息发布系统。任何人都可以通过在博客网站上的简单注册，完成个人网页的创建、发布和更新。博客充分利用了互联网的多向互动、即时更新等特点，快速获取最有价值的信息与资源，并充分发挥个人的表达力，及时记录和发布个人的知识思考、生活故事、激情灵感等，也可以转发他人的作品。同时，它既可以以文会友，对信息内容进行深度的交流与沟通，又可以通过转发和评论，参与任何问题的讨论。

新浪博客于 2005 年推出后，迅速发展为一个拥有每日数亿访问规模的个人写作与用户分享的交互平台。在这个平台上，聚集着全国最知名的专家、最耀眼的明星、最犀利的评论人、最自我的草根等。新浪博客频道几乎包含了日常所有领域的内容：娱乐、体育、文史、女性、IT、财经、股票、汽车、房产、教育、游戏、军事、星座、美食、家居、育儿、健康、旅游、收藏、尚品、草根、图片、校园等。

很多人把新浪博客当成自媒体看待。人们在博客上发表文章，目的不是为了赚钱，而是为了表达思想，分享感受，交流信息。这更接近内容生产的本质。而内容的产业色彩正在褪去，或者说正在转型，即内容作品本身正在从直接的产业销售转型到间接的产业销售的模式中，这种间接的产业销售是指内容作品本身渐渐成为一种引擎，而不是一种封装型、可卖钱的产品，它在传播思想、感情的同时，启动了一种新的产业链。这种新的产业链也许正是新浪网建立起来的互联网媒体的产业模式。

总之，内容直接卖钱的时代正在部分地向内容免费的时代过渡，这种过渡直接冲击了版权产业。在这种情况下，数字版权保护技术将如何发展，的确值得思考。但放弃版权中的财产权，并不意味着放弃其中的人身权。原创者可以不靠内容挣钱，但这决不意味着张三创作的作品可以任意地变成李四创作的作品，也就是说内容作品的属名权是不能放弃的。从这一点上来说，数字版权保护技术仍有用武之地，它或许会从统一规范的强保护，向灵活适配的轻保护发展；从加密封装型的整体保护，向更重视人身权等具体权益的分类、分步骤保护方向发展，包括权利登记、权利描述、唯一标识符的嵌入、特征库的建立、分段技术的应用等。但对于学术作品来说，DRM 的强保护措施，目前仍有其存在的价值。

参 考 文 献

[1] 吴汉东. 从电子版权到网络版权. 私法研究, 2002 (1)

[2] 著作权集体管理条例, 2005.

[3] W. Rosenblatt, W. Trippe and S. Mooney. Digital Rights Management: Business and Technology. M&T Books, New York, 2002.

[4] 俞银燕, 汤帜. 数字版权保护技术研究综述. 计算机学报, 2005, 28 (12): 1957-1968.

[5] Association of American Publishers, Inc. Digital Rights Management for Ebooks: Publisher Requirements Version 1.0, http://www.ebookpars.com/ebooks/drm.pdf.

[6] Nic Garnett. Digital Rights Management, Copyright, and Napster. ACM SIGecom Exchanges, 2001, 2 (2), 1-5.

[7] William Ku and Chi-Hung Chi. Survey on the technological aspects of Digital Rights Management. Lecture Notes in Computer Science 3225, Berlin: Springer-Verlag, 2004, 391-403.

[8] Niels Rump. Digital Rights Management: Technological Aspects. Definition, Aspects, and Overview. LNCS 2770, 2003, 3-6.

[9] Paul Koster and Willem Jonker. Digital Rights Management. Multimedia Retrieval (Data-Centric Systems and Applications). Springer, 2007, 321-345.

[10] Renato Iannella. Rights Management and Licensing Multimedia Services. Studies in Computational Intelligence (SCI) 120, 2008, 327-349.

[11] Niels Rump. Digital Rights Management: Technological Aspects. Definitions, Aspects, and Overview. Lecture Notes in Computer Science 2770, Berlin: Springer-Verlag, 2003, 3-6.

[12] Garnett N.. Digital rights management, copyright, and napster. ACM SIGecom Exchanges, 2001, 2 (2): 1-5.

[13] Davis R.. The digital dilemma. Communications of the ACM, 2001, 44 (2): 77-83.

[14] Biddle P., England P., Peinado M., and Willman B.. The darknet and the future of content distribution. In: Feigenbaum J. (ed.), Digital Rights Management, LNCS 2696, Berlin: Springer-Verlag, 2003, 155-176.

[15] Stefik, Mark. Letting Loose the Light: Igniting Commerce in Electronic Publication. Internet Dreams: Archetypes, Myths, and Metaphors. Cambridge, MA: MIT Press, 1996.

[16] Wenjun Zeng, Heather Yu, and Ching-Yung Lin. Multimedia Security Technologies for Digital Rights Management. Academic Press, 2006.

[17] OMA DRM，http://www.openmobilealliance.org.

[18] Microsoft Corporation. Architecture of Windows Media Rights Manager. http://www.microsoft.com/windows/windowsmedia/howto/articles/drmarchitecture.aspx.

[19] Apabi DRM. http://www.apabi.cn/develop.shtml.

[20] Microsoft DAS. http://www.microsoft.com/reader/es/das/components.asp

[21] O. Sibert，D. Bernstein，D. V. Wie. The DigiBox：A Self-Protecting Container for Information Commerce. In：Proceedings of the 1st USENIX Workshop on Electronic Commerce，New York，1995，171-183.

[22] Joshua Dubl，Susan Kevorkian. Understanding DRM Systems：An IDC White Paper IDC，2001. http://www.digitalasset.co.kr/IDCUnderstandingDRMSystems.pdf.

[23] M A Kaplan IBM Cryptolopes，SuperDistribution and Digital Rights Management. IBM，1996. http://www.research.ibm.com/people/k/kaplan/cryptolope-docs/crypap.html.

[24] U. Kohl，J. Lotspiech，S. Nusser. Security for the Digital Library-Protecting Documents Rather Than Channels. In：Proceedings of the Ninth Workshop on Database and Expert Systems Applications，IEEE Computer Society，Vienna，Austria，1998，316-321.

[25] Jeffry Ullman，Digital Rights Management（DRM）IBM's Electronic Media Management System（EMMS），2002 Content Management Technical Conference，San Diego，CA，2002. http://www-306.ibm.com/software/data/emms/.

[26] RealSystem Media Commerce Suite，Technical White Paper，http://docs.real.com/docs/drm/DRM_WP1.pdf.

[27] Helix DRM，http://www.realnetworks.com/products/drm/index.html.

[28] Adobe Content Server，http://www.adobe.com/products/contentserver/main.html

[29] SealedMedia，http://www.sealedmedia.com/products/default.asp.

[30] Authentica Active Rights Management，http://www.authentica.com/technology/ overview. aspx.

[31] Dhamija R.，Wallenberg F.. A framework for evaluating digital rights management proposals. In：Proceedings of the First International Mobile IPR Workshop：Rights Management of Information Products on the Mobile Internet， Helsinki，Finland，2003，13-21.

[32] Kwok S. H.. Watermark-based copyright protection system security. Communications of the ACM，2003，46（10）：98-101.

[33] Fromm M.，Gruber H.，Schutz M. Evaluation of digital rights management systems. Vienna University，Seminar Paper，2003. http://wi.wu-wien.ac.at/people/Guth/evaluation%20of%20drm%20systems.pdf.

[34] 王之，郭斌，徐大鹏. 大容量文件分段加密技术，中国专利，CN1307420，2001. 8.

[35] Seong Oun Hwang，Jeong Hyon Kim，Do Won Nam，and Ki Song Yoon. Protection of

参考文献

MPEG-2 Multicast Streaming in an IP Set-Top Box Environment. ETRI Journal，October 2005，Page（s）：595-607.

[36] Brant L. Candelore. Multiple selective encryption with DRM. US Patent. US20050169473，2005.

[37] 刘靖．一种文档分段加密及授权方法［D］．北京大学， 2009．

[38] R. Qiu，Z. Tang，L. Gao，Y. Yu. "A Novel XML-Based Document Format with Printing Quality for Web Publishing，" Imaging and Printing in a Web 2. 0 World，SPIE 2010.

[39] Tien-Yan Ma，Ting-Wei Hou，and Shau-Yin Tseng. Hierarchical Key Management of Scalable Video Coding. IIHMSP 2007. Third International Conference on Intelligent Information Hiding and Multimedia Signal Processing，Volume 1，Nov. 2007， 399-402.

[40] 韩心慧，龙勤司端锋，诸葛建伟，叶志远．一个基于单向散列函数的实用等级密钥管理方案．北京大学学报（自然科学版），2008，44（4）：527-536.

[41] 李斓，何永忠，冯登国．面向 XML 文档的细粒度强制访问控制模型．软件学报，2004，15（10）：1528-1537.

[42] 李漩，刘杰，吴岳辛．一种细粒度下基于角色的访问控制模型．电信科学，2008，24（8）：81-84.

[43] Paul Koster，Javier Montaner，Najib Koraichi，and Sorin Iacob. Introduction of the Domain Issuer in OMA DRM. IEEE Consumer Communications and Networking Conference，2007，940-944.

[44] Carlos Serrao and Joaquim Marques. Enabling Digital Content Protection on Super-Distribution Models. Proceedings of the International Workshop for Technology，Economy，Social and Legal Aspects of Virtual Goods（Virtual Goods 2004），Ilmenau，Germany，2004，101-112.

[45] Ryoichi Mori. Superdistribution：The concept and the architecture. The Transactions of the IEICE，1990，73 E（7）：1133-1146.

[46] B. Cox. Superdistribution. Wired，2. 09，1994，89-92.

[47] Axel Kupper，Sophie Ahrens，etc. Superdistribution of Digital Content‐Overview，Opportunities and Challenges. 2007，173-179.

[48] PARK J，SANDHU R. The UCONABC Usage Control Model. ACM Transactions on Information and System Security，2004，7（1）：128-174.

[49] 张茹，杨榆，张啸编著．数字版权管理．北京：北京邮电大学出版社，2008．

[50] 王兆样，郭义喜．使用控制模型在 DRM 中的应用．微计算机信息，2007，23（1-3）：74-75.

[51] 张维勇，梅勃，聂丽平．基于使用控制模型的数字版权管理应用研究．合肥工业大学学报（自然科学版），2008，31（2）：175-178.

[52] Chor B，Fiat A，Nor M. Tracing Traitor［C］．Advance in Cryptology-Crypto'94［C］，Berlin：Springer-Verlag，1994：257-270.

[53] 何新华，杨波. 叛逆者追踪方案与数字版权保护. 计算机工程，2006，32（2）：151-152.

[54] 冯慧娟，马华，杨波. 一种新的基于 RSA 加密算法的叛逆者追踪方案. 计算机应用研究，2007，24（5）：135-136.

[55] 张学军. 一种完整的非对称公钥叛逆者追踪方案的密码学分析与改进. 计算机应用，2008，28（11）：2808-2810.

[56] 王爱华，孙世兵，朱本军. 数字权限描述语言及其比较研究. 开放教育研究，2005，11（4）：77-81

[57] 冯明，唐宏，陈戈编著. 数字版权管理技术原理与应用. 北京：人民邮电出版社，2009.

[58] 郝振省. 2009—2010 中国出版业发展报告. 北京：中国书籍出版社，2010.

后　　记

　　传统内容产业本质上是版权产业，内容提供商靠卖内容为生，因而有"内容为王"之说。但在互联网时代，绝大部分内容已成了"免费的午餐"，内容已经难以为王，如果没有版权保护机制，内容提供商将不敢把自己的内容放在互联网上，因为一旦无保护地放在互联网上，其内容将会迅速被非法复制，免费传播，从而失去产业价值。这就是为什么数字版权保护技术对传统内容产业的数字化转型显得尤为重要的原因。

　　安全可靠的数字版权保护技术是数字内容产业蓬勃发展的必要条件。同时数字版权保护技术的研发和应用过程，也是多种矛盾不断相互作用的结果。其中，数字版权保护技术与盗版攻击技术此消彼长，互相研究和借鉴，促进了数字版权保护体系和技术的不断革新。数字版权保护强度和内容受影响程度之间不断权衡，不断平衡权利人的权益与消费者的体验感受，针对不同媒体形式和作品需求，实现满足用户体验的安全保护体系。数字内容作品的传播控制与市场占有份额之间的矛盾，也是数字版权保护技术应用中常见的问题。一些权益人在进入市场初期更加注重市场份额的占有，甚至有意忽略版权问题。

　　数字版权保护技术随着新的媒体形态、阅读习惯、呈现方式、传播模式的变化而不断发展。逐步由单一内容生产环节的保护，向整个内容生产流程的保护模式扩展。本书力求面向整个数字内容生产流程进行版权保护体系和主要技术的介绍，为数字版权的新技术研发和创新提供理论和应用基础。

　　由于水平所限，笔者在编著过程中参考和引用了现有的版权保护技术的相关文献和网络资料，并在实际工作中参与了"数字版权保护技术研发工程"，在本书创作期间对工程内容也有所借鉴。书中错漏、不妥之处在所难免，恳请读者批评、指正。

编著者